혼자서도 완벽한
유럽 여행 베스트 코스북

<일러두기>
* 이 책에 수록된 여행 정보는 2025년 4월 기준이며 최대한 정확한 정보를 싣고자 노력했습니다. 하지만 출판 후 독자의 여행 시점과 동선, 현지 사정에 따라 정보가 변동될 수 있으니 주의하시길 바랍니다.
* 이 책은 국립국어원 외래어 표기법을 토대로 합니다. 그러나 여행자 사이에서 널리 사용되는 친숙한 명칭은 통용되는 것을 사용했습니다.
* 이 책에서 소개하는 나라별 시차는 서머타임을 적용하지 않은 것을 기준으로 합니다.

한 권으로 끝내는
✈ 유럽 10개국 17개 도시

혼자서도 완벽한
유럽 여행
베스트 코스북

맹지나 지음

길벗

한 권으로 끝내는 유럽 10개국 17개 도시
혼자서도 완벽한 유럽 여행 베스트 코스북

초판 발행 · 2025년 5월 19일

지은이 · 맹지나
발행인 · 이종원
발행처 · (주)도서출판 길벗
출판사 등록일 · 1990년 12월 24일
주소 · 서울시 마포구 월드컵로 10길 56(서교동)
대표 전화 · 02)332-0931 | **팩스** · 02)323-0586
홈페이지 · www.gilbut.co.kr | **이메일** · gilbut@gilbut.co.kr

편집 팀장 · 민보람 | **기획 및 책임편집** · 백혜성(hsbaek@gilbut.co.kr) | **제작** · 이준호, 손일순, 이진혁
마케팅 · 정경원, 김진영, 조아현, 류효정 | **유통혁신** · 한준희 | **영업관리** · 김명자 | **독자지원** · 윤정아

디자인 · 강상희 | **교정교열** · 한진영
CTP 출력 · **인쇄** · **제본** · 상지사

· 이 책은 저작권법의 보호를 받는 저작물로 이 책에 실린 모든 내용, 디자인, 이미지, 편집 구성은 허락 없이 복제하거나 다른 매체에 옮겨 실을 수 없습니다.
· 인공지능(AI) 기술 또는 시스템을 훈련하기 위해 이 책의 전체 내용은 물론 일부 문장도 사용하는 것을 금지합니다.
· 잘못 만든 책은 구입한 서점에서 바꿔 드립니다.

ⓒ 맹지나

ISBN 979-11-407-1341-7 (13980)
(길벗 도서번호 020135)

정가 20,000원

독자의 1초까지 아껴주는 정성 길벗출판사
(주)도서출판 길벗 · IT교육서, IT단행본, 경제경영서, 어학&실용서, 인문교양서, 자녀교육서 www.gilbut.co.kr
길벗스쿨 · 국어학습, 수학학습, 어린이교양, 주니어 어학학습 www.gilbutschool.co.kr

독자의 1초를 아껴주는 정성!
세상이 아무리 바쁘게 돌아가더라도
책까지 아무렇게나 빨리 만들 수는 없습니다.

인스턴트 식품 같은 책보다는
오래 익힌 술이나 장맛이 밴 책을 만들고 싶습니다.

땀 흘리며 일하는 당신을 위해
한 권 한 권 마음을 다해 만들겠습니다.

마지막 페이지에서 만날 새로운 당신을 위해
더 나은 길을 준비하겠습니다.

독자의 1초를 아껴주는 정성을 만나보십시오.

Prologue

여행은 스스로를 재발견하고 더 사랑하게 되는 시간이다. 함께 떠나는 사람 없이 혼자 낯선 곳에 발을 딛고 처음 경험하는 일들과 마주할 때 그 시간은 더욱 진하고 깊어진다.

여행작가로 십수 년간 활동하며 가장 많이 들었던 질문이 '혼자 여행은 어떻게 하냐'는 것이었다. 외롭지는 않은지, 심심하진 않은지, 혼자서도 충분히 즐거울 수 있는지…. 이 책은 혼자 떠나는 여행이 얼마나 행복하고 충만한지 알고 있어 그 기쁨을 널리 알리고자 시작한 작업이다.

혼자 여행은 그저 낭만적인 경험은 아니다. 여행 중 일어날 수 있는 다양한 돌발 상황과 어려움을 오롯이 나 혼자 감내해야 하고, 당혹스러움도 막막함도 전부 어디 나눌 수 없이 내 것이기 때문이다. 하지만 그렇기에 이겨낸 후의 성취감도 배가 되며, 도전 의식도, 더 큰 세상을 보고자 하는 마음도 자라난다.

    그동안 수없이 유럽을 누비며 여러 책을 집필한 경험을 녹여, 혼자 여행할 때 가보고, 해보고, 먹어볼 거리와 여행 노하우를 단계별로 추천했다. 혼자 여행을 전제로 정리했지만, 물론 여럿이 여행할 때도 함께 경험하면 좋은 것들이니 본인의 상황에 따라 유연하게 적용하면 더 풍성하고 즐겁게 여행할 수 있을 것이다.

    여행이 주는 희로애락을 내면화하는 것이 일상으로 돌아와서도 얼마나 긍정적인 영향을 미치는지, 첫 '혼여'에 도전해 보고 싶은 사람들에게 조금이나마 용기와 실용적인 도움이 되었으면 좋겠다고 바라본다. '혼자 떠나도 될까' 하는 생각에 이 책을 집어 들었다면 이미 혼자 여행할 수 있는 호기심과 도전 정신이 갖춰진 것이다. 지면의 정보와 팁으로 무장하여 떠나보자! 끝으로 긴 취재, 집필, 편집 과정을 함께해 준 길벗의 백혜성 편집자에게 감사를 전한다.

2025년 맹지나

Contents

006 작가의 말
012 유럽 여행 지도 한눈에 보기
054 나에게 맞는 유럽 혼여 레벨을 체크하자!

PART 1 혼자 여행 계획하기

016 혼자 여행 시작하기 Q&A
016 1. 유럽, 언제 가는 게 좋나요?
017 2. 유럽, 어디로 갈까요?
018 3. 유럽, 어떻게 가야하고 어떻게 다녀야 하나요?
020 4. 예산은 얼마 정도가 적당할까요?
021 5. 택스 리펀드란 무엇이고, 어떻게 하는 건가요?
022 6. 환전은 어떻게 하는 게 좋을까요? 신용카드를 꼭 준비해야 하나요?
022 7. 해외에서 휴대폰 사용 시, 요금 폭탄을 방지하려면 어떻게 해야 하나요?

024 혼자 여행 코스 짜기
026 7박 9일 코스 ❶ 런던 & 파리 서유럽 코스
026 7박 9일 코스 ❷ 이탈리아 일주 서유럽 코스
027 7박 9일 코스 ❸ 동유럽 대표 3국! 프라하/부다페스트/빈 코스
027 7박 9일 코스 ❹ 그리스 만끽 지중해 코스
028 14박 15일 코스 ❶ 스페인 & 포르투갈 정열의 이베리아 반도 코스
029 14박 15일 코스 ❷ 동류럽 주요 3도시 & 크로아티아 일주! 동유럽 플러스 코스
029 14박 15일 코스 ❸ 서유럽과 북유럽 경계의 매력, 네덜란드/벨기에/독일/발트3국/핀란드 코스

030　30박 31일 코스 ❶ 서유럽 끝판 왕! 런던/프랑스/스위스/이탈리아 코스
031　30박 31일 코스 ❷ 푸르고 맑은 지중해 여행! 그리스/이탈리아 남부(+시칠리아)/크로아티아 코스
032　테마 코스 ❶ 오로지 맛있는 것을 먹기 위해 떠나는 미식 2주 코스
033　테마 코스 ❷ 아름다운 도로를 달리는 베스트 드라이브 코스 – 남프랑스 2주 코스/독일 남부 로맨틱 가도 10일 코스
034　테마 코스 ❸ 축제와 나이트라이프를 즐기는 10일 코스

PART 2 혼자 여행 실전 꿀팁

038　1. 숙소 정하기
040　2. 유럽 여행 짐 싸기
042　3. 핵인싸되는 나라별 문화 꿀팁
044　4. 가끔 찾아오는 외로움 달래는 방법, 동행 만들기
046　5. 셀스타그램의 달인 되기, 유럽 여행 사진 잘 남기는 방법
048　6. 잠시도 지루할 틈이 없다! 여행 중 읽을 책과 볼 영화 추천
050　7. 기타 여행 팁

PART 3 베스트 유럽 가이드

런던 LONDON

058 런던 여행 정보
060 런던 베스트 3일 코스
062 혼자 여행 버킷리스트
065 런던 베스트 먹거리
066 런던 베스트 맛집
067 런던 베스트 스폿

파리 PARIS

072 파리 여행 정보
074 파리 베스트 3일 코스
076 혼자 여행 버킷리스트
079 파리 베스트 먹거리
080 파리 베스트 맛집
082 파리 베스트 스폿

밀라노 MILANO

090 밀라노 여행 정보
092 밀라노 베스트 3일 코스
094 혼자 여행 버킷리스트
098 밀라노 베스트 먹거리
099 밀라노 베스트 맛집
100 밀라노 베스트 스폿

로마 ROMA

106 로마 여행 정보
108 로마 베스트 3일 코스
110 혼자 여행 버킷리스트
112 로마 베스트 먹거리
113 로마 베스트 맛집
114 로마 베스트 스폿

피렌체 FIRENZE

120 피렌체 여행 정보
122 피렌체 베스트 3일 코스
124 혼자 여행 버킷리스트
127 피렌체 베스트 먹거리
128 피렌체 베스트 맛집
129 피렌체 베스트 스폿

베네치아 VENEZIA

136 베네치아 여행 정보
138 베네치아 베스트 3일 코스
140 혼자 여행 버킷리스트
142 베네치아 베스트 먹거리
144 베네치아 베스트 맛집
145 베네치아 베스트 스폿

이탈리아 남부 MEZZOGIORNO

152 이탈리아 남부 여행 정보
156 이탈리아 남부 베스트 3일 코스
158 혼자 여행 버킷리스트
160 이탈리아 남부 베스트 먹거리
162 이탈리아 남부 베스트 맛집
166 이탈리아 남부 베스트 스폿

바르셀로나 BARCELONA

180 바르셀로나 여행 정보
182 바르셀로나 베스트 3일 코스
184 혼자 여행 버킷리스트
186 바르셀로나 베스트 먹거리
188 바르셀로나 베스트 맛집
190 바르셀로나 베스트 스폿

마드리드 MADRID

198 마드리드 여행 정보
200 마드리드 베스트 3일 코스
202 혼자 여행 버킷리스트
204 마드리드 베스트 먹거리
206 마드리드 베스트 맛집
208 마드리드 베스트 스폿

 리스본 RISBOA

214 리스본 여행 정보
216 리스본 베스트 3일 코스
218 혼자 여행 버킷리스트
220 리스본 베스트 먹거리
222 리스본 베스트 맛집
224 리스본 베스트 스폿

포르투 PORTO

232 포르투 여행 정보
234 포르투 베스트 3일 코스
236 혼자 여행 버킷리스트
238 포르투 베스트 먹거리
239 포르투 베스트 맛집
241 포르투 베스트 스폿

 프라하 PRAGUE

246 프라하 여행 정보
250 프라하 베스트 3일 코스
252 혼자 여행 버킷리스트
254 프라하 베스트 먹거리
256 프라하 베스트 맛집
258 프라하 베스트 스폿

 부다페스트 BUDAFEST

266 부다페스트 여행 정보
268 부다페스트 베스트 3일 코스
270 혼자 여행 버킷리스트
272 부다페스트 베스트 먹거리
274 부다페스트 베스트 맛집
276 부다페스트 베스트 스폿

 빈 WIEN

284 빈 여행 정보
286 빈 베스트 3일 코스
288 혼자 여행 버킷리스트
290 빈 베스트 먹거리
292 빈 베스트 맛집
294 빈 베스트 스폿

 취리히 ZÜRICH

302 취리히 여행 정보
304 취리히 베스트 3일 코스
306 혼자 여행 버킷리스트
309 취리히 베스트 먹거리
310 취리히 베스트 맛집
312 취리히 베스트 스폿

 인터라켄 INTERAKEN

318 인터라켄 여행 정보
320 인터라켄 베스트 3일 코스
322 혼자 여행 버킷리스트
324 인터라켄 베스트 먹거리
325 인터라켄 베스트 맛집
327 인터라켄 베스트 스폿

 베를린 BELIN

332 베를린 여행 정보
334 베를린 베스트 3일 코스
336 혼자 여행 버킷리스트
338 베를린 베스트 먹거리
340 베를린 베스트 맛집
342 베를린 베스트 스폿

유럽 여행 지도 한눈에 보기

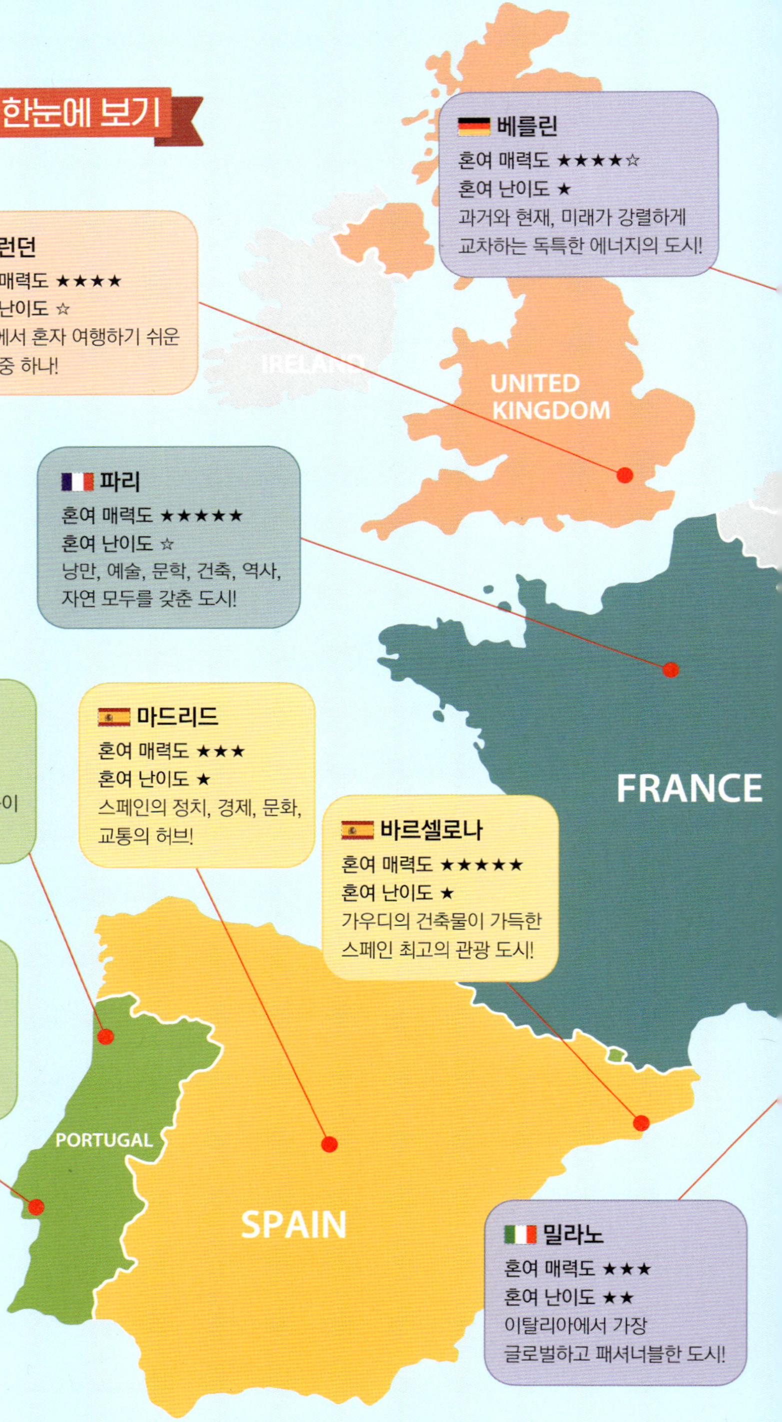

🇬🇧 런던
혼여 매력도 ★★★★
혼여 난이도 ☆
유럽에서 혼자 여행하기 쉬운 도시 중 하나!

🇩🇪 베를린
혼여 매력도 ★★★★☆
혼여 난이도 ★
과거와 현재, 미래가 강렬하게 교차하는 독특한 에너지의 도시!

🇫🇷 파리
혼여 매력도 ★★★★★
혼여 난이도 ☆
낭만, 예술, 문학, 건축, 역사, 자연 모두를 갖춘 도시!

🇵🇹 포르투
혼여 매력도 ★★★★☆
혼여 난이도 ★
유려하고 섬세한 아름다움이 있는 작은 도시!

🇪🇸 마드리드
혼여 매력도 ★★★
혼여 난이도 ★
스페인의 정치, 경제, 문화, 교통의 허브!

🇪🇸 바르셀로나
혼여 매력도 ★★★★★
혼여 난이도 ★
가우디의 건축물이 가득한 스페인 최고의 관광 도시!

🇵🇹 리스본
혼여 매력도 ★★★★
혼여 난이도 ★
친절한 사람들, 여유로운 분위기, 다채로운 문화!

🇮🇹 밀라노
혼여 매력도 ★★★
혼여 난이도 ★★
이탈리아에서 가장 글로벌하고 패셔너블한 도시!

IRELAND
UNITED KINGDOM
FRANCE
PORTUGAL
SPAIN

PART 1

혼자 여행 계획하기

혼자 여행 시작하기

Q1. 유럽, 언제 가는 게 좋나요?

A1. 봄, 가을! 내가 하고 싶은 것, 보고 싶은 것에 집중해도 좋습니다.

계절만 생각하면 유럽은 봄과 가을이 여행하기 가장 좋다. 보통 겨울에는 오래된 유적지나 관광지에서 보수 공사를 하거나 낮이 짧아지면서 관람 시간도 축소 운영한다. 반면 여름에는 전 세계에서 몰려드는 인파 때문에 어디나 북적이고 숙박과 식사 등 전체적인 경비도 오른다. 최근에는 지구 온난화로 인해 4월에도 눈이 오거나 12월에도 따뜻해 눈이 녹는 등 이상 기온이 빈번해지는 것도 염두에 두자.

혼자 여행할 때는 먼저 방학, 휴가 등 가능한 일정을 파악하고 나서 하고 싶은 것, 보고 싶은 것을 기준으로 여행지와 여행 일정을 좁혀 나가면 된다. 스키가 타고 싶다면 겨울, 마음껏 해수욕하고 싶다면 여름, 옥토버페스트나 크리스마스 마켓 등 축제 일정에 맞추어 여행을 계획할 수도 있다.

> **TIP**
>
> **각 나라의 국경일과 축제, 행사 일정도 참고하자**
>
> 크리스마스, 새해가 아니더라도 올림픽이나 월드컵 같은 대형 행사가 열리거나 고유의 명절, 국경일이 그 해의 여행에 큰 영향을 줄 수 있으니 가고 싶은 여행지에 특별한 행사가 있는지도 꼭 먼저 알아보자.

 **유럽, 어디로 갈까요?**

 예산과 시간, 체력과 취향을 고려한 여행지, 또는 평소 못 해 본 것에 도전할 수 있는 여행지를 추천합니다.

혼자 여행의 최대 장점은 누구에게도 맞추지 않고 오직 나만을 위한 최적의 여행을 할 수 있다는 점이다. 내 예산과 시간적 여유, 체력과 취향을 고려하여 마음에 쏙 드는 여행지를 선택하면 된다. 다만, 드물기는 해도 1인 예약은 받지 않는 액티비티 등이 있을 수 있다. 또, 외로움을 많이 탄다면 친구를 사귀거나 동행을 만나기 어려운 외진 곳, 아주 작은 소도시, 휴양지, 리조트촌 등은 피하는 것이 좋다.

평소 못 해 본 것에 도전할 용기를 마음에 두고 여행지를 정하는 것도 좋다. 소소하게는 요리, 목공, 사진 등의 단기 클래스도 있겠고, 단기 어학 프로그램이나 승마, 스카이다이빙, 서핑 등의 액티비티도 있다. 혼자 여행한다는 그 자체가 특별한 경험이지만, 좀 더 잊을 수 없는 여행을 만들고 싶다면 눈치 보지 않고 도전할 것들을 찾아 여행지를 고르는 것도 방법이다.

\ 나만의 취향 여행지 찾기 /

아래의 내용은 관심과 취향에 걸맞은 여행지를 찾는 보기입니다. 본인이 무엇을 좋아하는지 어떤 활동에 즐거움을 느끼는지 잘 생각해 보고 자신에게 꼭 맞는 여행지를 찾아보세요!

박물관, 미술관 관람과 뮤지컬 등을 사랑한다면

영국 런던
- 웨스트 엔드에서 뮤지컬 관람하기 p.062
- 라이브 공연 관람하기 p.063

술.알.못도 괜찮다! 와인의 매력에 빠져보고 싶다면

프랑스 보르도 와이너리
- 남프랑스 여행 p.078

이탈리아 요리를 직접 만들어 먹어보고 싶다면

이탈리아 피렌체
- 토스카나 쿠킹 클래스 p.125

아름다운 건축물을 사랑한다면 / 세계적인 축구 경기를 직관하고 싶다면
▼
스페인 바르셀로나
- FC바르셀로나 축구 경기 직관 p.184

동화에 나올 법한 아기자기한 소도시를 여행하고 싶다면
▼
체코 프라하/오스트리아 빈
- 프라하 테마 근교 여행 p.252
- 빈 근교 여행 p.288

아름다운 대자연을 만끽하고 싶다면
▼
스위스 인터라켄
- 하더 쿨름 p.322
- 골든 패스 p.323

Q3. 유럽, 어떻게 가야 하고 어떻게 다녀야 하나요?

A3. 한국~유럽 간 이동은 항공편, 유럽 내 이동은 저가 항공과 유레일(철도), 버스, 렌터카를 활용하세요.

❶ 인천~해외 이동 - 항공편

유럽에 취항 중인 주요 항공사들의 뉴스 레터를 구독하거나 SNS를 팔로잉하여 주기적으로 특가를 안내받아 예매하는 것이 가장 경제적이다. 항공권은 언제 가장 싸다는 공식이 없고, 비정기적으로 항공사들이 대폭 할인가에 내놓는 일이 많기 때문이다. 그러나 설과 추석, 크리스마스 등 공식적인 연휴는 가격이 가장 비싼 시기이기 때문에 이때 여행을 갈 예정이라면 가능한 빨리 사는 것이 좋다.

> **TIP 공항 이름을 반드시 확인한다**
> 큰 도시의 경우 공항이 여러 개인 경우가 있는데, 저가 항공사들은 주로 외곽에 있는 공항을 이용한다. 만약 환승해야 할 때 공항을 착각하면 아주 난감해질 수 있으니, 도시뿐 아니라 공항 이름도 반드시 확인한다.

❷ 유럽 내 이동 - 저가 항공

유럽 내에서 여러 나라를 여행하는 경우 기차, 자동차, 배, 항공편을 이용하여 각 나라로 이동할 수 있다. 저가 항공 LCC(Low Cost Carrier)는 대형 항공사의 편의 서비스를 제공하지 않는 대신 항공권을 저렴하게 판매하는 항공사로, 유럽에는 부엘링(Vueling), 이지젯(Easyjet), 라이언에어(Ryanair) 등 여러 회사들이 있다. 저가 항공은 이동 거리가 너무 멀때(시내~공항 이동 시간도 고려), 또는 다른 교통편보다 비용이 저렴할 때 이용하면 좋다. 단, 저가 항공은 짐 부치는 요금이 따로 붙거나 날짜, 탑승자 변경, 환불 조항 등이 많이 까다로우니 꼼꼼히 확인해야 한다.

❸ 유럽 내 이동 - 유레일

혼자 여행의 단점일 것이라 짐작하는 외로움이나 고독은 기차 여행을 즐거워하는 사람들에게는 이해할 수 없는 걱정이다. 컴퓨터 배경화면 같은 비현실적인 풍경이 파노라마처럼 펼쳐지기도 하고, 덜컹거리는 작은 흔들림과 철로 위를 달리는 소리를 듣다 보면 평온이 마음에 잦아들기도 한다. 바쁜 일상에서는 상상할 수 없었던, 책 한 권을 처음부터 끝까지 앉은 자리에서 다 보는 여유를 부려 보기도 하고, 이야기를 나누고 감상을 공유할 사람이 없기 때문에 일기나 엽서를 쓰며 생각을 조용히 정리해 보는 시간도 가질 수 있다. 카트에 가득 담아 파는 간식을 종류별로 여러 개 사서 나눠 먹을 수 없다는 점이 약간 아쉽긴 해도, 그만큼 기차를 자주 타면 될 일이다.

유럽 여행자 최대 특권 중 하나는 구간 티켓을 따로 살 필요 없이 자유롭게 유럽 대륙을 여행할 수 있는 유레일 패스다. 러시아와 터키를 제외하고 유럽 28개국의 국유 철도를 무제한 이용할 수 있고 일부 사철, 버스, 선박 무료/할인 혜택도 있다. 여행 국가와 기간에 따라 여러 종류가 있다.

유레일 패스는 총 3가지. 28개 국가를 열차로 여행할 수 있는 유레일 글로벌 패스, 2·3·4개국을 선택하여 여행할 수 있는 유레일 셀렉트 패스, 한 국가를 선택하여 여행할 수 있는 유레일 원 컨트리 패스가 있다. 모든 패스에는 '2개월 내 15일 탑승'처럼 타는 날을 지정하는 플렉시(Flexi) 옵션과 연속해서 타는 옵션이 있다.

스위스 취리히가 너무 마음에 들어 하루 더 머물기로 하거나, 몸 상태가 좋지 않아 스키를 타기로 한 체르마트행을 취소하는 등 스케줄 변동을 고려하면 플렉시가 좀 더 좋은 옵션이다. 역시 혼자 여행이기에 스케줄 조정이 좀 더 유연하다.

> **TIP 야간 열차의 매력에 빠져 보자**
> 밤에 출발해 다음날 아침에 도착하는 야간 열차. 대중교통이 다니는 시간에 맞추어 도착하느라 일반 기차보다 천천히 이동해 잠도 솔솔 잘 온다. 가장 비싼 1인실 침대칸 푯값은 2~3성 호텔 1박 숙박비와 비슷한데 숙박하면서 이동하는 것이라 더 경제적이다. 또 대부분의 유럽 도시들은 기차역이 시내에 있어 숙소로 이동하기 편하다는 장점이 있다. 1인실을 사용하면 짐을 신경 쓰지 않고 편하게 갈 수 있고 안전하다는 장점도 있다. 물론 경비를 더 절약하려면 다인실을 타고 갈 수도 있다. 야간 열차는 예약이 필수이고 유레일 패스에 포함되어 있지 않다.

TIP
유럽 국가별 철도청 홈페이지
프랑스 www.sncf-voyageurs.com
독일 www.bahn.de
이탈리아 www.trenitalia.com
스위스 www.sbb.ch
스페인 www.renfe.com
영국 www.britrail.net
네덜란드 www.nsinternational.nl
포르투갈 www.cp.pt
노르웨이 www.vy.no
핀란드 www.vr.fi
덴마크 www.dsb.dk
슬로베니아 potniski.sz.si
크로아티아 www.hzpp.hr
그리스 www.ose.gr
터키 www.tcdd.gov.tr
스코틀랜드 www.scotrail.co.uk
아일랜드 www.irishrail.ie

TIP
짐 관리
혼자 여행할 때는 모든 짐을 내가 관리해야 한다는 점에 유의하자. 수수료를 조금 지불하면 자리를 지정할 수 있는데, 짐 놓는 레일 근처나 짐이 보이는 자리로 예약하는 것을 추천한다. 버스로 장거리 이동을 할 때도 휴게소나 다른 정류장에서 사람들이 타고 내릴 때 짐칸을 살펴야 한다. 다른 여행자가 모르고 또는 고의로 내 짐을 들고 가는 경우도 종종 있다.

TIP
목적지에 기차역이 하나 이상이라면?

유럽의 대도시는 보통 기차역이 여러 개 있으니 예매하면서 꼭 역 이름을 확인하자. 숙소가 중앙역이 아니라 중심부에서 조금 떨어진 역과 더 가까운 경우도 있다. 일례로 베네치아의 중앙역은 산타루치아(Venezia Santa Lucia)지만 한 정거장 다음인 메스트레(Venezia Mestre) 쪽 호텔이 훨씬 가성비가 좋다. 때문에 많은 여행자들이 3분쯤 더 기차를 타고 가는 것을 마다 않고 메스트레에 숙소를 잡기도 한다.

❹ 유럽 내 이동 - 버스

가장 경제적이지만 가장 몸이 고된 교통편. 보편적으로 유럽 30여 개국을 잇는 수만 개의 루트를 운행하는 플릭스 버스(Flixbus)를 이용한다. 기차가 다니지 않는 곳, 야간 버스 등을 운행해 작은 마을들을 여행하는 유일한 방법이라 뚜벅이들이 애용한다. 요금이 매우 저렴하여 일정이 유동적인 경우에도 취소나 변경 수수료를 100% 내더라도 경제적 부담이 적다는 장점도 있다.

플릭스 버스 외에도 여러 버스 회사 연합으로 운영되는 유로라인스(Eurolines)가 600여 개 도시 이상을 누비는 최대 네트워크를 형성하고 있으며, 프랑스 철도청이 운영하는 블라블라버스(BlaBlaBus, 예전 위버스)도 있다.

여러 버스 회사의 노선을 한 번에 검색해 최저가를 찾아주는 콤파라버스(Comparabus) 등의 서비스를 이용하면 용이하다.

홈페이지
플릭스버스 global.flixbus.com
유로라인스 www.eurolines.eu
블라블라버스 www.ouibus.com
콤파라버스 www.comparabus.com

❺ 유럽 내 이동 - 렌터카

여럿이 여행한다면 자동차가 가장 경제적일 수도 있지만, 혼자 여행자는 그렇지 않을 수 있다. 경비에 민감하다면 렌트비를 미리 계산해보고 결정한다. 또 아이슬란드처럼 4륜 구동을 타야 할 정도로 길이 험하거나 고립될 가능성도 있는 도로라면 혼자 운전하는 것이 어려울 수 있다. 기차, 버스편이 잘 되어 있지 않거나 섬처럼 대중교통이 전혀 없어 구석구석 볼 수 없는 여행지도 재고하는 것이 좋겠다.

반대로 크로아티아나 남프랑스, 독일 등 도로도 잘 되어 있고 경치도 좋아 혼자 여행자들에게 렌터카를 추천하는 여행지도 있다. 허츠(Hertz) 등 렌터카 업체도 여럿이라 픽업/리턴이 자유롭고 한국 사무소도 있는 경우 더욱이 편의성이 높다. 또 혼자 렌터카로 이동하는 경우 기차나 버스를 타고 내리며 짐을 챙기는 스트레스를 덜 수 있다는 장점도 있다. 내가 좋아하는 노래를 크게 틀고 따라 부르며 멋진 해안 도로, 숲속 도로를 달리는 즐거움은 어디에도 비할 바 없다.

국제 운전 면허증 발급, 조항이 많아 꼼꼼히 따져봐야 할 보험 가입, 차량 픽업 후 상태를 구석구석 사진이나 영상으로 촬영해 차량 반납 시 불미스러운 일을 미리 방지하는 등 기본적인 준비 사항만 지키면 무척 즐거운 여행이 될 수 있다.

 **예산은 얼마 정도가 적당할까요?**

 여행 스타일과 여정에 따라 예산은 천차만별이기 때문에 정답은 없습니다. 아래 예시는 최대 예산이니 참고해서 본인의 경비를 예상해 보세요.

● 항공권
한국에서 떠나는 유럽행 이코노미 항공권의 평균 가격은 100만 원 전후이다. 드물게 파격가로 60~70만 원대 항공권이 나오기도 하고, 성수기에는 비즈니스 클래스 가격대까지 오르기도 하지만 보통은 100만 원대이다.

● 숙소
혼자 하는 여행의 경우 숙소에서 가장 큰 손해를 본다. 2인이나 1인이나 룸 1개 요금의 차이는 거의 없기 때문이다. 이럴 때는 호스텔이나 민박의 도미토리에 묵는 것이 가장 저렴한데, 물가에 따른 차이가 있지만 보통 6~8인실의 1박 요금은 약 3만 원 정도다.

● 도시간, 나라간 교통비
한 도시만 여행하는 것이 아니라면 기차, 버스, 렌터카, 항공편을 이용한다. 거리와 일정에 따라 가격이 천차만별인데, 보통 유럽 내 도시간 저가 항공권은 15만 원 정도다.

● 그 외 현지 경비(시내 교통, 입장권, 식비, 쇼핑)
하루 경비는 서유럽 기준으로 하루 10만 원 정도가 일반적인데, 동유럽은 좀 더 물가가 싸다. 여행지마다 교통과 관광지 입장권을 따로 또는 함께 묶어 여행자 전용 패스를 판매한다. 미리 가 보고 싶은 곳들을 정해 교통비와 관람료 등을 계산해 보자. 보통 패스가 훨씬 더 경제적이다.

> **TIP**
> 호스텔에 묵으면 주방을 이용할 수 있어, 간단한 한국 음식을 챙겨가면 식비를 상당히 줄일 수 있다. 아침이 제공되는 곳에서는 시리얼과 토스트, 커피 등으로 간단히 해결할 수도 있다.

1주일 1인 최소 기본 경비 예시

항공권 ·· 약 100~150만 원
숙소 ··················· 약 20만 원 (호스텔 기준 7박 x 3만 원)
여행지 간 교통비 ······································· 약 20만 원
경비 ····························· 약 70만 원 (7일 x 10만 원)
+ 여유 자금 약 20%

TOTAL 약 250~300만 원

※ 추가 경비의 변수는 호텔과 식비다. 호스텔을 3성급 호텔로 변경하면 1박당 최소 10만 원 정도가 추가된다. 아주 고급스럽지 않아도 레스토랑에서 먹고 열쇠고리나 냉장고 자석과 같은 간단한 기념품이라도 사려면 하루 경비를 5~10만 원 늘리면 된다.

TIP 산출한 경비에 최소 20%를 더 책정해 준비한다. 여행 중에는 기차표를 잃어버린다거나 부주의로 항공편을 놓치거나, 비상시 약값이나 병원비 등 예상하지 못한 지출이 발생할 가능성이 크기 때문에 사용할 경비만 딱 들고 떠나면 난감할 수 있다.

Q5. 택스 리펀드(Tax Refund)란 무엇이고, 어떻게 하는 건가요?

A5. 택스 리펀드란 여행을 목적으로 방문한 외국인이 여행 중에 산 물품을 자국으로 가져가는 조건으로, 현지에서 물건 값과 함께 납부한 부가가치세(VAT)를 환급해 주는 제도입니다.

> **TIP**
> 현금? 카드? 원화? 유로화?
> 현금으로 산 경우 그 자리에서 바로 환급해 주지만 수수료를 1% 정도 추가로 공제한다는 단점이 있다. 보통 원화로 받는 것보다 해당 국가의 통화로 받는 것이 더 이득이다.

● 택스 리펀드 방법

모든 쇼핑 품목에 해당되는 것은 아니고, 'TAX FREE' 표시가 있는 상점에서 일정 금액 이상을 샀을 때 신청할 수 있다. 최소 구매 금액과 최대 환불 금액은 나라별로 다르며 예를 들어, 영국은 각각 £25/500, 프랑스는 각각 €175.1/1,000이다. 면세 최소 금액은 같은 날, 같은 매장에서 구매한 금액으로 계산한다는 점에도 주의! 단, 유럽 공통으로 쇼핑 후 3개월 이내에 출국해야 하므로 세관원이 찍은 스탬프의 유효 기간을 잘 살펴야 한다.
상품을 구매할 때는 반드시 여권을 지참하고 환급 서류를 받아야 하는데, 보통 택스 리펀드가 되느냐고 물어보면 필요한 사항을 기입하여 서류를 준다. 스위스를 제외한 EU 국가 내에서는 최종 출발지나 경유지에서 한 번에 환급해 준다. 따라서 일정에 스위스가 포함되어 있다면 스위스로 들어가기 전에 환급을 받고, 스위스에서 산 것만 환급 받은 다음 여행지로 떠나야 한다. 영수증과 물건을 대조하는 세관도 있으니 공항에서 짐을 부치기 전에 물품 대조가 필요하면 바로 꺼낼 수 있도록 짐을 싸자. 택스 리펀드에 시간이 꽤 걸릴 수 있으니 비행기 또는 기차 출발 시간보다 최소 3시간 전에는 도착해서 진행하기를 추천한다.

● 대행사

이 경우, 택스 리펀드 대행사가 7~8% 정도의 수수료를 공제하기 때문에 실제 환급금은 부가세율보다 낮을 것이다. 보통 글로벌 블루(Global Blue, www.globalblue.com)와 플래닛(Planet, www.planetpayment.com)이 대표적이다.

 **Q6. 환전은 어떻게 하는 게 좋을까요? 신용카드를 꼭 준비해야 하나요?**

A6. 주요 통화인 유로화는 미리 환전하는 것을 추천합니다. 혹시 모를 상황을 대비해 현금 인출이 가능한 신용카드도 준비해 두는 것이 좋습니다.

여행 계획이 있다면 주기적으로 환율을 확인하여 최저라고 생각될 때 미리 환전해 두는 것이 좋다. 소도시나 특정 업장에서는 현금만 받는 경우도 있기 때문에 100% 카드만 사용하는 것은 추천하지 않는다. 유로는 평균적으로 1,300~1,500원대를 유지하지만 경제 상황에 따라 1,800~2,000원 가까이 치솟을 수도 있다. 보통은 주거래 은행이 환율 우대를 잘해주지만, 은행마다 이벤트로 환율 수수료 할인 쿠폰을 발급하기도 하니 그때그때 이용 은행을 결정하면 된다. 오프라인 환전은 출국 직전에 공항에서 바로 받아갈 수 있도록 앱이나 홈페이지로 신청하는데, 공항 환전소는 환율 수수료 우대율이 낮다는 단점이 있다. 우대율이 가장 좋은 곳은 서울역 환전소로 알려져 있다. 취급 통화 종류도 서울역 쪽의 지점들이 가장 다양한 편이다.
유로가 아닌 북·중·동부 유럽 화폐는 한국에서 취급하지 않는 경우도 있다. 이때는 현지 ATM에서 출금하는 것이 좋은지 유로를 가져가 환전소에서 환전하는 편이 나은지 후기를 검색하고 결정하는 것이 좋다. 외국의 환전소는 고정 환율을 정해 놓고 수수료가 0%라고 광고하여 바가지를 씌우는 경우도 있으니 ATM 출금이 안전한 경우가 많다.
ATM 출금 수수료와 결제 수수료를 할인해 주는 등 여행에 최적화된 신용카드 상품들이 주기적으로 출시되고 있으니 여행용으로 하나 발급받는 것도 좋다. 지갑 분실에 대비하여 같은 계좌에서 출금되는 신용카드를 하나 이상 발급받아 따로 보관하는 것도 팁이다.

 **Q7. 해외에서 휴대폰 사용 시, 요금 폭탄을 방지하려면 어떻게 해야 하나요?**

 **A7. 로밍이나 현지 유심(USIM), 또는 포켓 와이파이 휴대 중 선택하여 사용하면 됩니다.**

포켓 와이파이 기기는 무겁기도 하고 보통 1인 이상의 그룹 여행자들에게 경제적이라 혼자 여행자에게는 데이터 로밍이나 현지 유심 구매를 추천한다. 로밍이나 유심 사용은 여행 기간, 또는 본인 휴대폰 번호 사용 여부에 따라 결정하면 된다. 휴대전화 번호로 예약한 것이 많아 전화를 쓸 일이 많다면 한국 번호를 그대로 사용할 수 있는 데이터 로밍이 좋고, 여러 국가를 여행하고 일정이 길다면 현지 유심이 경제적이다. 특히 크로아티아나 체코 등 중부·동부 유럽에서는 현지 유심을 사용하는 것이 로밍 요금보다 훨씬 저렴하다.
SKT의 경우 데이터를 다 써도 최대 400kbps 속도로 인터넷을 계속 사용할 수 있는 BARO 요금제를 30일 동안 3GB, 6GB, 12GB, 24GB 등 다양한 데이터 용량으로 제공한다. KT는 최대 5명까지 이용 가능한 상품, 1인 상품 등을 역시 다양한 기간과 데이터 옵션으로 제공하며 LG는 데이터 알뜰형, 안심형으로 구분한 상품들을 제공한다. 각 통신사 홈페이지에서 여행지와 여행 기간, 사용량에 따라 맞춤형 로밍 상품을 확인할 수 있다.

혼자 여행 코스 짜기

STEP 1 IN-OUT 도시 정하기

인천국제공항에서 출발하여 도착한 여행의 시작 도시를 IN, 귀국 비행기를 타게 되는 여행의 마지막 도시를 OUT이라 한다. 예전에는 첫 유럽 여행일 경우 '런던 IN, 파리 OUT'으로 정하는 것이 보통이었지만 요즘은 그렇지 않다. 여행자의 취향이 다양해지고 취항 공항이 늘어나면서 루트에 따라 IN-OUT할 도시들이 매우 다양해졌다. 세부 루트를 짜면서 출발과 마지막 도시가 변하기도 한다. 가고 싶은 곳들을 추리고 가장 효율적인 동선을 고려해 양끝에 있는 도시 둘을 IN-OUT으로 삼으면 된다.

STEP 2 혼자 여행자의 필수 체크 사항

Ⓐ 유럽 도시들의 안전 정도를 확인하자

최근 참고할 만한 지수는 영국 주간지 이코노미스트(Economist)가 세계 60개 도시의 디지털 안정성, 보건 안전성, 인프라, 개인의 안전을 지표로 조사한 안전 도시 집계(Safe Cities Index)이다. 32위와 32위 사이가 평균점으로, 2021년 조사에서는 코펜하겐이 1위, 서울은 25위에 올랐다. 유럽 도시로는 암스테르담 6위, 스톡홀름 10위, 바르셀로나 11위, 프랑크푸르트 13위, 런던 15위, 취리히 19위, 마드리드 21위, 파리 23위, 브뤼셀 26위, 밀라노 27위, 리스본 28위, 로마 29위 등 북유럽과 서유럽이 상위권에 올랐다.

Ⓑ 여행지 관련 뉴스를 살펴보자

바이러스, 테러 등 갑작스런 요인으로 여행하기 어려운 지역이 생기고 있다. 모르고 있다가 닥치면 취소 수수료 폭탄을 맞거나 불안한 마음으로 여행하는 수가 있다. 여행지가 확정되면 해외 뉴스를 챙겨 보자. 가장 좋은 정보 출처는 외교부 해외 안전 여행 홈페이지와 각국의 관광청 홈페이지다.

외교부 해외 안전 여행 ww.0404.go.kr

Ⓒ 스톱오버가 가능한지 체크하자

스톱오버(Stopover)란 비행기를 갈아탈 때 경유지에 24시간 이상 머무는 것을 말한다. 목적지 외에 도시를 추가로 여행할 수 있다는 것이 장점이다. 24시간 이하 체류하는 경우는 레이오버(Layover)라고 한다. 외항사 또는 외항사와 제휴된 국적기를 이용하는 경우 활용할 수 있는데, 항공권 구매 시 스톱오버 조건을 확인해야 한다. 추가 요금, 이동 구역이나 시간 제한, 중간 기착지에서 짐을 찾아서 다시 부쳐야 하는지 등 여러 주의사항이 있다. 연결 항공편을 확인하고 수하물 처리를 끝내고 나서도 시간이 남으면 시내에 잠시 나갔다 오는 것도 좋다. 다음에 길게 올 만한 곳인지 살짝 엿볼 수 있는 절호의 기회다. 공항에서 시내가 멀지 않고 교통편이 편리한 도시라면 더욱 추천한다.

도시별 공항 ↔ 시내 최단 이동 시간

1. 스위스 취리히 (10~15분)
2. 덴마크 코펜하겐 (12분)
3. 벨기에 브뤼셀 (15~20분)
4. 포르투갈 리스본 (15분)
5. 오스트리아 빈 (16분)
6. 네덜란드 암스테르담 (18분)
7. 독일 프랑크푸르트 (30분)
8. 스페인 바르셀로나 (25~40분)
9. 스페인 마드리드 (40분)
10. 터키 이스탄불 (40분)

🅓 공항에서 밤을 새야 한다면

공항에서 머무는 시간이 짧고 도시 간 이동 편이 매끄럽다면 더할 나위 없이 좋겠지만, 부득이하게 공항에서 밤을 새거나 대기해야 하는 경우도 있다. 혼자 여행자는 짐도 챙기고 편하게 쉬기도 해야 해서 안전과 편의시설을 고루 갖춘 공항이 절실하다. 화장실, 무선 인터넷 유무 등 다양한 조건을 충족하는 유럽 최고의 '밤새기 좋은 공항'들을 미리 알아보자.

---TIP---

밤새기 좋은 공항을 알려주는 웹사이트, 슬리핑 인 에어포트

푹신한 의자, 무선 인터넷, 24시간 영업하는 식당 등의 유무, 청결 등을 기준으로 하고, 여행자들의 평가를 더해 세계 각국 공항의 '밤새기 좋은' 정도를 평가해 주는 웹사이트도 참고하면 좋다.

홈페이지 www.sleepinginairports.net

추천 유럽 공항

1. 핀란드 헬싱키 공항 Helsinki International Airport (HEL)
2. 네덜란드 암스테르담 스키폴 공항 Amsterdam Schiphol International Airport (AMS)
3. 독일 뮌헨 공항 Munich International Airport (MUC)
4. 스위스 취리히 공항 Zurich International Airport (ZRH)
5. 포르투갈 포르투 공항 Porto Airport (OPO)
6. 에스토니아 탈린 공항 Tallinn International Airport (TLL)
7. 체코 프라하 공항 Prague Václav Havel International Airport (PRG)
8. 독일 프랑크푸르트 공항 Frankfurt International Airport (FRA)
9. 덴마크 코펜하겐 공항 Copenhagen Kastrup International Airport (CPH)
10. 노르웨이 오슬로 공항 Oslo Gardermoen International Airport (OSL)

비추천 유럽 공항

1. 프랑스 파리 보베 공항 Paris Beauvais-Tille International Airport (BVA)
2. 독일 프랑크푸르트 한 공항 Frankfurt Hahn International Airport (HHN)
3. 이탈리아 베르가모 공항 Bergamo Orio al Serio International Airport (BGY)
4. 독일 베를린 테겔 공항 Berlin Tegel International Airport (TXL)
5. 이탈리아 로마 참피노 공항 Rome Ciampino International Airport (CIA)
6. 스페인 바르셀로나 지로나 - 코스타 브라바 공항 Barcelona Girona - Costa Brava International Airport (GRO)
7. 프랑스 파리 오를리 공항 Paris Orly International Airport (ORY)
8. 영국 런던 루턴 공항 London Luton International Airport (LTN)
9. 폴란드 바르샤바 - 모들린 마조비아 공항 Warsaw - Modlin Mazovia International Airport (WMI)
10. 이탈리아 로마 피우미치노 공항 Rome Fiumicino International Airport (FCO)

🅔 출입국 시간을 확인하자

공항에서 시내로 이동하는 교통편을 24시간 운행하는 도시는 별로 없다. 밤늦게 혹은 새벽에 도착해서 짐을 찾고 입국 심사를 마치면 택시를 타는 수밖에 없는데, 안전과 경비 측면에서 좋지 않다. 항공기의 연착이 일상적인 유럽 공항의 특성상, 예고 없이 밤 늦은 시간에 도착한다면 예약해 놓은 호텔 측에서 노쇼(No Show)로 간주하여 예약을 취소할 수도 있다. 호텔에는 미리 레이트 체크인(Late Check-in) 가능 여부를 알아보고 체크인 예정 시간을 알려 두는 것도 좋은 방법이다.

---TIP---

출입국 절차가 가장 힘든 공항

입국 심사는 사람마다 상황마다 다르다. 유럽 공항들은 대개 통과하기 쉽지만 몇몇 까다로운 공항도 있다. 악명 높기로 1등은 단연 런던의 히드로 공항이고, 이외에도 테러 위협이나 보안 이슈가 있었던 지역은 여느 때보다 훨씬 더 보안을 강화해 절차가 길어질 수도 있다. 입국 수속이 까다롭다는 공항을 이용할 때는 출입국 수속 시간을 넉넉하게 두고 시내 교통편과 숙소 체크인을 계산해야 한다. 입국 심사 시에는 귀국하는 항공권과 숙소 예약 바우처 등을 미리 준비하면 심사가 수월하다.

STEP 3 본격 코스 짜기

혼자 여행자가 인천국제공항 출발을 조건으로, 도시를 1개 이상 포함하는 최적의 추천 코스 몇 가지를 제시한다. 물론 여행자의 관심사와 제약 조건 등에 따라 더 좋은 루트가 있을 수 있으니, 루트 짜는 방법과 고려 사항들만 참조하며 봐도 좋다.

7 Days Course 일주일 코스

최소 10시간이나 비행기를 타고 가는 유럽에 일주일도 안 머무르는 것은 시차 적응하는 데 드는 체력과 항공권, 숙박비를 고려하면 그다지 추천하지 않는다. 일주일은 보통 도시 하나와 근교 한두 곳을 바쁘게 볼 수 있는 정도이며, 부지런한 여행자라면 큰 도시 두 곳 정도 돌아보기에 적당하다. 좀 더 촘촘하게 일정을 짜도 된다면 두 도시를 거점으로 삼아 주변 소도시들을 추가해 여정을 만들자. 혼자 움직이면 일행을 챙기고 확인하는 등 알게 모르게 허비하는 시간이 없어서 이동하기가 좀 더 여유롭다.

7박 8일 코스 ❶ 런던 & 파리 서유럽 코스

✈ 런던 IN → 파리 OUT

Day 1, 2, 3 런던

│ 유로스타

Day 4, 5, 6, 7 파리
(베르사유궁/지베르니/몽생미셸/디즈니랜드 등 근교 여행 1~2일 포함)

Day 8 귀국

7박 8일 코스 ❷ 이탈리아 일주 서유럽 코스

✈ 밀라노 IN → 로마 OUT

Day 1, 2 밀라노

│ 기차로 2시간

Day 3, 4 피렌체

│ 기차로 1시간 30분

Day 5, 6, 7 로마 (바티칸)

Day 8 귀국

> **TIP**
> 이탈리아는 가볼 만한 소도시가 정말 많다. 북부에서는 베네치아와 볼로냐, 베로나, 중부에서는 아시시, 아레초, 시에나, 남부는 나폴리와 아말피 해안 등 여행의 추억을 풍성하게 만들 여행지들이 차고 넘친다. 이 기본 틀을 활용해 얼마든지 확장할 수 있다. 소도시들까지 철도로 잘 이어져 있어 이탈리아 전역을 뚜벅이로 여행하기에도 전혀 어렵지 않다.

7박 8일 코스 ❸
동유럽 대표 3국! 프라하/부다페스트/빈 코스

✈ 프라하 IN → 빈 OUT

Day 1, 2, 3 프라하 (체스키 크룸로프/카를로비바리/
플젠 등 근교 여행 하루 포함)

야간열차

Day 4, 5 부다페스트

기차로 2시간 30분

Day 6, 7 빈

Day 8 귀국

* 야경과 역사보다 자연과 음악에 더 관심이 많다면 부다페스트 대신 오스트리아의 잘츠부르크/인스부르크로 대체해도 좋다.

7박 8일 코스 ❹
그리스 만끽 지중해 코스

✈ 이스탄불 IN-OUT
(아테네에서 OUT해도 인천행 직항편이 없어 이스탄불을 경유하게 됨)

Day 1, 2 이스탄불

비행기로 1시간 30분

Day 3, 4 아테네

야간 페리 보트

Day 5, 6 크레타섬, 또는 산토리니섬/미코노스섬

Day 7 아테네

Day 8 귀국

---TIP---
그리스의 섬들은 신혼여행지로 유명하지만 막상 가 보면 혼자 온 사람, 친구나 가족 여행자들도 많다. 미코노스섬은 여름에 클럽이 유명하다.

Ⓑ 15 Days Course
보름 코스

한 나라를 유명 도시 위주로 일주할 수 있는 최소 단위. 일주일 여행으로 한 번 다녀온 곳 중에서 마음에 드는 곳을 골라 여유롭게 여행하는 두 번째 여행에 적절한 일정이다. 현실적으로 '한 달 살기'는 불가능한 사람들 사이에서 15일은 합리적인 여행 기간으로 유행 중이다. 기본적으로 앞서 소개한 일주일 루트 4가지 중 2개를 선택하여 합치는 방법을 참고하고, 이 외에 새로운 코스를 소개한다.

14박 15일 코스 ❶
스페인 & 포르투갈 정열의 이베리아 반도 코스

✈ 바르셀로나 IN → 리스본 OUT

Day 1, 2, 3 바르셀로나
(지로나/몬세라트/피게레스 등 근교 여행 하루 포함)

기차로 2시간 40분

Day 4, 5 발렌시아

기차로 2시간

Day 6 마드리드

기차/버스로 3시간 40분

Day 7 그라나다

기차로 2시간 20분

Day 8, 9 세비야

비행기로 1시간 10분

Day 10, 11 리스본

기차로 3시간 20분

Day 12, 13, 14 포르투

Day 15 귀국

> **TIP**
> 발렌시아~그라나다 대신 바르셀로나에서 경비행기를 타고 마요르카섬이나 이비자섬으로 이동하는 것도 좋다.

14박 15일 코스 ❷
동유럽 주요 3도시 & 크로아티아 일주! 동유럽 플러스 코스

✈ 두브로브니크 IN → 프라하 OUT

(두브로브니크는 직항편이 없어, 직항편이 있는
자그레브나 다른 도시를 경유하여 IN 한다.)

Day 1, 2, 3 두브로브니크 (엘라피티섬, 로크룸섬,
몬테네그로 등 근교 1~2곳 포함)

차로 3시간, 페리로 4시간 20분, 버스로 5시간 10분

TIP
크로아티아 내 도시간 이동은 기차나 버스보다 렌터카가 훨씬 빠르다. 도로가 잘 닦여 있고 안전하며 해안가 풍경이 아름다워 운전을 추천한다.

Day 4, 5 스플리트 (흐바르섬 포함 가능)

차로 1시간 50분, 버스로 3시간

Day 6 자다르

비행기로 40분, 차로 3시간, 버스로 3시간 30분

Day 7, 8, 9 자그레브 (플리트비체 포함)

비행기로 55분

Day 10, 11 빈

기차로 2시간 30분

Day 12 부다페스트

야간열차

Day 13, 14 프라하

Day 15 귀국

TIP
크로아티아를 제외하고 체코의 체스키 크룸로프, 브르노, 플젠, 쿠트나 호라 등의 도시와 오스트리아의 잘츠부르크, 인스브루크, 할슈타트 등의 도시들을 추가하여 풍성한 여행으로 만들어도 좋다.

14박 15일 코스 ❸
서유럽과 북유럽 경계의 매력, 네덜란드/벨기에/독일/발트 3국/핀란드 코스

✈ 암스테르담 IN → 헬싱키 OUT

Day 1, 2, 3 암스테르담
(로테르담 근교 여행 하루 포함)

기차로 2시간

Day 4, 5 브뤼셀
(겐트/앤트워프 근교 여행 하루 포함 가능)

기차로 2시간

Day 6 쾰른

기차로 4시간 30분

Day 7, 8, 9 베를린

비행기로 1시간 35분

Day 10 빌니우스

버스로 4시간

Day 11 리가

비행기로 50분, 기차로 5시간, 버스로 4시간

Day 12 탈린

페리로 2시간 20분

Day 13, 14 헬싱키

Day 15 귀국

TIP
교통편이 불편한 발트 3국의 빌니우스와 리가를 제외하고, 베를린을 여유롭게 여행한 후 탈린으로 바로 이동하거나 함부르크 또는 프랑크푸르트 등 독일 도시를 하나 추가해도 좋다.

C 1 Month Course
한 달 코스

큰 맘 먹고 떠나는 유럽 여행 한 달! 길다면 길지만 볼거리가 워낙 많아 유럽 일주를 하기에는 턱없이 부족하기만 하다. 우선 유럽을 동/서/북으로 나누고 그중에서 여행지를 선별하여 계획해야 한다. 일정이 길어질수록 다양한 교통편을 비교해 보면서 효율적인 동선을 짠다. 역시 앞서 소개한 15일 루트 2개를 더해 일정을 만들어도 좋으며, 이외의 코스를 소개한다.

30박 31일 코스 ❶
서유럽 끝판 왕! 런던/프랑스/스위스/이탈리아 코스

✈ 런던 IN → 로마 OUT

Day 1, 2, 3 런던

↓ 유로스타

Day 4, 5, 6 파리

↓ 비행기로 1시간 30분

Day 7, 8, 9 니스 (그라스, 에즈, 생폴드방스 등 근교 포함 가능)

↓ 기차로 2시간 30분

Day 10, 11 마르세유

↓ 기차로 50분

Day 12, 13 엑상프로방스 (라벤더밭 근교 포함)

↓ 기차로 30분

Day 14 아비뇽

↓ 기차로 20분

Day 15 아를

↓ 기차로 3시간 50분 (1회 환승)

> **TIP**
> 다음 도시로 이동하는 교통편이 불편하고 숙소 이동도 번거로우니 아비뇽에서 당일치기로 아를을 다녀오는 것을 추천한다.

Day 16, 17 제네바

↓ 기차로 1시간 20분

Day 18 몽트뢰

↓ 기차로 2시간 10분

> **TIP**
> 통 유리창 너머 바깥 풍경을 파노라마로 감상하기 좋은 골든 패스 열차를 따로 예약해서 타 보자.

Day 19, 20 인터라켄

↓ 기차로 2시간 40분

Day 21, 22 취리히

↓ 기차로 2시간 15분

Day 23 루가노

↓ 기차/버스로 1시간 15분

Day 24, 25 밀라노

↓ 기차로 2시간

Day 26, 27 피렌체

↓ 기차로 1시간 30분

Day 28, 29, 30 로마

Day 31 귀국

> **TIP**
> 대도시를 피하고 싶다면 프랑스 파리 대신 알자스 지역(스트라스부르, 콜마르)이나 샤모니몽블랑을, 이탈리아 로마 대신 토스카나 지방이나 남부 소도시를 여행해도 좋다.

TIP

강렬한 햇살, 끈적임 없이 쾌적한 여름을 만끽하기 좋은 해안가 소도시들은 대도시에 비해 아기자기하고 사랑스러운 분위기가 특징이다. 한 곳에 머무는 날들을 조금씩 늘려 이동하느라 바쁘지 않은 일정이다.

30박 31일 코스 ❷
푸르고 맑은 지중해 여행! 그리스/이탈리아 남부(+시칠리아)/크로아티아 코스

✈ 아테네 IN → 두브로브니크 OUT

Day 1, 2, 3 아테네
비행기로 45분

Day 4, 5 스키아토스섬, 스코펠로스섬
TIP
이 두 섬은 영화 〈맘마미아〉의 촬영지로, 유명한 산토리니섬보다 가까우면서 그에 못지 않게 아름답기도 하다.

비행기로 1시간 50분

Day 6, 7, 8, 9 몰타
비행기로 50분

Day 10, 11, 12, 13, 14 팔레르모 (+북서 해안가)
TIP
욕심을 부려 시칠리아를 일주해도 좋고, 아니면 바다가 예쁘기로 유명한 북서쪽 해안가의 섬들(트라파니/마르살라/파비냐냐)만 둘러본 후 공항이 있는 팔레르모로 돌아와 이동해도 좋다.

비행기로 1시간 5분

Day 15, 16, 17, 18, 19 나폴리와 남부 (카프리섬, 아말피 해안 – 아말피/소렌토/포지타노/ 라벨로)
TIP
버스와 국철을 이용할 것을 추천한다. 나폴리의 교통 상황은 무법천지에 웬만한 현지 토박이들도 안전하게 운전하기 어렵다. 특히 해안 도로는 좁고 커브가 많다.

기차/버스로 3시간

Day 20, 21 바리
기차로 3시간 50분

Day 22 앙코나
야간 페리
TIP
아는 사람만 아는 특별한 이동 수단! 이탈리아와 크로아티아를 잇는 야간 페리를 타보자.
홈페이지 www.jadrolinija.hr

Day 23, 24, 25, 26 스플리트 (흐바르/비스 등 주변 섬 여행 포함)
차로 3시간, 페리로 4시간 20분, 버스로 5시간 10분

Day 27, 28, 29, 30 두브로브니크 (근교 섬 여행 포함)

Day 31 귀국
TIP
쇼핑은 마지막 도시에서
이동할 일이 많은 긴 여행에서 쇼핑은 마지막까지 미루는 것이 좋다. 계속 이동하는 중에 잃어버릴 가능성도 많기 때문이다. 특정 지역에서만 파는 특산품은 예외지만, 대부분 한 국가 내에서는 어딜 가든 구할 수 있기 마련이다.

Theme Course
테마 코스

내 관심사에 꼭 맞춘 일정! 여행자의 만족도를 최고로 끌어 올린 일정이다. 이동이 복잡하고 많아도, 좋아하는 것들만 쏙쏙 찾아 다니니 피로를 느낄 새가 없다. 나 좋자고 떠나는 테마 여행, 그 예시를 몇 가지 소개한다.

테마 코스 ❶
오로지 맛있는 것을 먹기 위해 떠나는 미식 2주 코스

✈ 파리 IN → 로마 OUT

Day 1, 2, 3 쇼콜라, 밀푀유 등 디저트 세계 1등, 파리

기차로 2시간 30분

Day 4, 5 와인의 명가, 보르도

> **TIP**
> 보르도의 최대 명소인 와인 박물관 라 시테 뒤 뱅(La Cité du Vin)은 반드시 들러 보자. 소문난 맛집과 와인 바는 예약이 필수다.

기차로 3시간 30분, 차로 2시간 40분

Day 6 유럽에서 미슐랭 별이 가장 많은 맛의 도시, 스페인 북부의 산 세바스티안

기차로 5시간, 비행기로 1시간 5분

Day 7, 8 타파스와 상그리아 파티 in 바르셀로나

비행기로 1시간 50분

Day 9, 10 바칼라우 (대구)와 에그 타르트를 먹으러, 리스본

기차로 3시간 20분

Day 11, 12 최고의 포트와인을 찾아 도루강 와이너리 투어, 포르투

비행기로 3시간

Day 13, 14 인생 파스타와 에스프레소, 젤라토를 만나게 될 로마

Day 15 귀국

테마 코스 ❷
아름다운 도로를 달리는 베스트 드라이브 코스

남프랑스 2주 코스
✈ 파리 IN → OUT

남프랑스는 도시나 마을 간 버스, 기차편이 잘 되어 있는 편이지만, 더 편하게 작고 예쁜 마을들을 누비고 싶다면 렌터카로 여행하는 것이 가장 좋다. 특히 6~8월에 만개하여 절정을 이루는 라벤더밭의 경우 따로 투어를 신청하지 않으면 찾아가기 어려운 위치라 남프랑스의 가장 예쁜 곳들을 보고 싶다면 드라이브 여행이 제격이다. 고속열차 TGV? · 파리와 남부 주요 도시를 잇고 있어 파리 IN, OUT도 어렵지 않다.

Day 1 파리

Day 2, 3, 4, 5 니스 & 에즈, 생폴드방스, 멍통, 그라스, 생장캅페라 등 근교 마을

Day 6, 7 앙티브, 칸

Day 8 생트로페

Day 9, 10 마르세유 (툴롱)

Day 11, 12 엑상 프로방스

Day 13, 14 라벤더밭이 있는 발랑솔(Valensole)과 고르드(Gordes)를 지나 아비뇽

Day 15 아비뇽 → 파리 → 귀국

독일 남부 로맨틱 가도 10일 코스
✈ 프랑크푸르트 IN → 뮌헨 OUT

프랑크푸르트에서 120km 정도 떨어져 있는 뷔르츠부르크(Würzburg)에서 시작하여 서른 개 이상의 마을을 지나는 350km의 낭만적인 드라이브 코스를 '로맨틱 가도(Romantische Straße)'라고 한다. 디즈니랜드 신데렐라성의 모티브가 된 노이슈반슈타인성이 있는 퓌센이 로맨틱 가도 최남단 종점이다. 이곳에서 110km 떨어져 있는 뮌헨으로 이동하여 기차 또는 비행편으로 OUT한다. 직선으로 달리면 3~4시간 안에 완주할 수 있으나 중간중간 멈추어 근처 도시에서 숙박을 하며 돌아보는 일정이다.

Day 1, 2, 3 프랑크푸르트 (뷔르츠부르크)

Day 4, 5 뉘른베르크 (로텐부르크)

Day 6, 7 슈투트가르트 (딩켈스뷜, 뇌르틀링겐)

Day 8, 9 뮌헨 (아우구스부르크, 란츠베르크, 퓌센)

Day 10 귀국

> **TIP**
> 렌터카로 이동하는 것이 아니라 기차나 버스 등 대중교통을 이용해 여행한다면 로맨틱 가도를 따라 위치한 작은 마을에는 역과 정류장이 없을 수 있으니 위 코스에서 숙박지로 제시한 인근 대도시를 기점으로 두고 여행하면 좋다.

테마 코스 ❸
축제와 나이트라이프를 즐기는 10일 코스

✈ 바르셀로나 IN → 자그레브 OUT

Day 1, 2, 3 바르셀로나 뮤직 페스티벌 소나르
(Sónar 6월 중순~말)

TIP
소나르와 함께 바르셀로나의 여름을 책임지는 프리마베라 사운드(Primavera Sound)도 6월 초에 열린다.
홈페이지 www.primaverasound.com

비행기로 50분

Day 4, 5, 6 이비자섬

TIP
클러빙을 위한 섬, 스페인 이비자섬은 5월 말부터 성수기가 시작돼 7, 8월에는 관광객들로 넘쳐난다. 여행하기 가장 좋은 때는 6~7월 초와 9월이다. 이때도 흥이 넘치도록 신날 만큼 사람들이 많지만, 어딜 가도 줄을 서야 하고 타파스 하나를 먹으려 해도 줄을 서야 하는 초성수기에 비하면 여유롭다.

비행기로 50분

Day 7, 8, 9 크로아티아 EDM 축제 울트라 유럽
(Ultra Europe 매년 세부 지역 변경, 7월 초)

TIP
크로아티아를 조용한 나라라고 생각한다면 큰 코 다칠 것이다. 전 세계에서 잘 노는 사람들이 모두 모이는 축제의 장이기 때문. 울트라 유럽 외에도 6월 말 파그(Pag)섬에서 열리는 하이드아웃 페스티벌(Hideout Festival)도 추천한다.
홈페이지 hideoutfestival.com

Day 10 귀국

TIP

그 외 추천 유럽 뮤직 페스티벌

투모로랜드 Tomorrowland
엄청난 규모와 입이 떡 벌어질 라인업을 자랑하는 세계 최대 EDM 축제, 벨기에 브뤼셀, 7월
홈페이지 global.tomorrowland.com

록 인 로마 Rock in Roma
세계적인 록 밴드들의 라인업이 두드러지는 음악 축제, 이탈리아 로마, 6월
홈페이지 www.rockinroma.com

록 엉 센 Rock en Seine
파리 센강에서 열리는 록 페스티벌, 프랑스 파리, 8월
홈페이지 www.rockenseine.com

TIP

여러 가지 이동 방법을 한눈에, 롬투리오
출발지, 목적지를 입력하면 가능한 이동 수단과 각각의 이동 시간을 지도 위에 안내한다. 여행 코스를 짤 때 편리하다.
홈페이지 www.rome2rio.com

PART 2

혼자 여행 실전 꿀팁

1 숙소 정하기

♀ 혼자 여행 실전 꿀팁

혼자 여행을 떠날 때, 숙소는 더욱 중요해진다. 유럽 솔로 여행자들에게 패키지 여행을 권하지 않는 이유는 숙소에서 싱글 차지(Single Charge)가 추가되기 때문이다. 또 패키지 여행은 최대한 모두를 만족시키기 위해 가성비를 최우선으로 두기 때문에 시내 중심에서 멀리 떨어진 2~3성급 호텔을 이용하는 경우가 흔하다. 교통편도 그리 좋지 않은 숙소에 추가 요금까지 지불해가며 패키지를 선택할 이유는 없다. 동행이 없으니 오롯이 내 취향, 내 편의, 내 여행의 목적을 위해 선택하면 된다. 물론 치안에 더 신경을 써야 하고, 특히 여자 여행자라면 더더욱 조심하길 바란다.

숙소 종류별 장단점

2~3성급 호텔

장점: 가장 무난하다. 보통은 싱글과 더블/트윈 가격 차가 적은 편이지만 1인으로 검색해 보면 싱글 룸이 따로 있는 객실을 보유한 호텔, 1인 요금이 더 싼 호텔도 꽤 나온다.

단점: 가장 공급이 많은 숙소 종류라 꼼꼼히 비교하여 선택하기가 어렵다. 여러 호텔들을 모아 놓고 예약할 수 있게 돕는 호텔스닷컴(hotels.com,) 부킹닷컴(booking.com), 인터파크 투어(interpark.com) 등의 웹사이트에서 평점 8점 이상, 원하는 동네, 인원, 기간, 무료 취소 가능 등 여러 필터를 걸어 검색의 범위를 좁혀 보자.

TIP 예약 업체보다 호텔 공식 홈페이지에서 예약할 때 더 싼 경우도 많으니 몇 군데를 골라서 공식 홈페이지도 꼭 확인해 보자.

4~5성급 호텔

장점: 혼자 여행의 자유를 극대화하는 럭셔리하고 포근한 잠자리! 동유럽처럼 물가가 착한 여행지에서는 가격 대비 객실 수준이 매우 좋은 고급 호텔을 고르는 것도 좋다.

단점: 가격이 비싸다는 것 빼고는 없다. 고급 호텔들은 위치, 서비스, 식음료도 훌륭하다.

TIP 유명한 관광 도시에서는 거의 그럴 일이 없지만, 작은 섬이나 소도시 등에서는 영어로 된 주소를 가지고는 길을 찾기 어려울 수 있다. 예약한 숙소의 이름과 주소는 영어와 현지 언어 두 가지로 적어 두자.

한인 민박

장점: 하루 최소 한 끼는 한식! 김치없이 못 사는 여행자들을 위한 곳이다. 어떤 민박은 아침, 저녁을 한식으로 제공하기도 하고 일정 중 먹을 수 있도록 도시락을 싸 주기도 하니 민박별 특징을 잘 찾아보고 예약하자. 교통권, 여행자 패스, 공연 티켓 예매 등을 대리로 해주거나 공항 픽업 서비스를 해 주는 곳도 많다. 한국인 여행자들과 여행 팁을 나눌 수 있고 동행도 쉽게 구할 수 있다. 쓰다 남은 교통권이나 가이드북 나눔도 종종 받을 수 있다. 도미토리 방에 묵으면 호스텔처럼 숙박료가 저렴한 것도 장점.

단점: 허가를 받지 않고 운영을 하는 곳은 합법성, 신뢰도, 안전성을 의심할 수 밖에 없다. 꼭 합법적으로 허가를 받고 운영하는 곳인지 확인해 보자.

TIP 세계 각지의 한인 민박 예약 대행 사이트 민박다나와(www.theminda.com)에서 100여 개 도시에 있는 한인 민박들을 살펴볼 수 있다.

안전한 숙소 고르기 위해서 꼭 알아야 할 점

❶ **시내 중심부로 가자**
유동 인구가 많은 시내 중심부가 외곽보다 당연히 더 안전하다.

❷ **기차역 주변은 되도록 피하자**
기차역 부근은 대체로 더 위험한 편이며, 유동인구가 많아 소매치기 가능성도 더 높다.

❸ **치안 정보를 검색하자**
도시별로 치안이 특히 더 나쁜 곳이 있다. 여행 전에 도시별 치안에 대한 최소한의 후기를 찾아보는 것을 추천한다. 예를 들어 파리는 북역 부근, 19구는 치안이 확연히 나쁜 편.

호스텔

장점: 가격! 너무나 착한 가격. 도미토리가 아니라 싱글 룸에 묵어도 3성 호텔보다 싸다. 장기 여행을 할 때 호스텔 싱글 룸에 묵으면 개인 공간도 보장되며, 잠시 동행할 친구를 구하거나 현지인들의 생생 정보도 얻을 수 있다. 또, 취사 시설이 있어 직접 밥을 해 먹기도 편하다. 이외에도 해피 아워, 라운지 등의 공용 공간에서 열리는 파티, 자체 투어 등 재미난 프로그램들을 준비하는 곳이 많다.

단점: 싼 데는 다 이유가 있다. 침대, 침구 상태가 별로일 수 있고, 짐 보관함 자물쇠나 멀티 탭, 수건 등은 챙겨 가야 하는 경우가 많으니 미리 확인해야 한다. 특히 혼자 여행할 때는 샤워, 식사 등을 하러 방을 잠깐이라도 비울 때 소지품을 꼭 로커에 넣고 잠궈야 하는 것이 꽤 번거롭다.

TIP 생생한 후기를 보고 예약할 수 있는 호스텔닷컴(hostel.com), 호스텔월드(hostelworld.com) 등을 살펴보자.

단기 렌트

누군가 살던 거주지를 빌려서 묵는 것이다. 에어비앤비(www.airbnb.co.kr)가 대표적인 단기 렌트 플랫폼이다.

장점: 현지인의 일상을 최대한 생생하게 경험할 수 있으며, 정형화된 인테리어가 아니라 집 주인의 취향이 드러나는 개성 있는 공간에 머무를 수 있다. 취사 시설도 완비되어 있고 독채를 빌리거나 방 하나만 빌리는 등 옵션에 따라 가격대가 다양하다.

단점: 임대 업체가 운영하는 곳도 늘고 있지만 거의 대부분 개인 대 개인으로 집을 빌리다 보니 잡음이 없을 수 없다. 특히 여자가 혼자 여행할 때는 걱정스러운 부분이 많은데, 이를 최대한 피하려면 에어비앤비에서 좋은 후기가 쌓여야 받을 수 있는 '슈퍼 호스트'로 인정한 호스트에게서 집을 빌리자.

TIP 물가가 비싼 런던이나 북유럽, 스위스 등의 도시는 숙박비도 비싸다. 또 부활절, 카니발, 크리스마스, 연말연시 등 축제와 공휴일이 끼었을 때는 숙박비가 훨씬 비싸다. 물론 이때 여행을 가면 훨씬 더 흥겹고 특색 있는 모습을 볼 수 있어 일장일단이 있다.

카우치 서핑

카우치 서핑은 소파(Couch)를 유영(Surfing)하며 묵는다는 뜻. 방도 아니고 집도 아니고, 말 그대로 소파에서 눈만 붙이는 식으로 잠을 자는 것이다. 카우치 호핑(Couch Hopping)이라고도 한다. 카우치 서핑 홈페이지(www.couchsurfing.com)를 통해 구할 수 있다.

장점: 현지에 사는 호스트와 친해지고, 숙박비는 무료!

단점: 갑자기 예약이 취소된다거나 호스트와 연락두절 등 당황하게 될 가능성이 있다. 또, 호스트들은 세계 각국 여행자들과 친구가 되고 싶어 무료로 거실을 내주는 것이기 때문에 나만의 시간을 보낼 가능성은 희박하다. 불편함과 안전 문제도 있다.

2 유럽 여행 짐 싸기

🔖 혼자 여행 실전 꿀팁

혼자 여행하기 때문에 챙겨 가면 더 좋은 것들이 있다. 의존할 수 있는 동행이 없기 때문에 만반의 준비를 해 가면 분명 뿌듯한 순간이 있을 것이다.

파우치, 샤워 백

호스텔이나 민박의 도미토리에서 묵는 경우 필수품. 샤워용품만 필요한데 짐을 다 꺼냈다가 다시 넣어 잠그고 나가는 일은 매우 귀찮다. 파우치나 샤워 백에 세면도구를 따로 넣어 두면, 이것만 들고 화장실, 샤워실을 편하게 다녀올 수 있다.

자물쇠

유럽에서 꼭 사 올 물건들도 있지만 반대로 꼭 챙겨 가야 할 것도 있다. 그 중 하나는 바로 자물쇠. 유럽 자물쇠는 비싸고 질도 안 좋다. 호스텔, 민박 등에서 제공하는 로커는 자물쇠가 없는 경우가 많으니 미리 준비하자.

슬리퍼

야간 기차나 숙소 등에서 신발을 벗고 지낼 때 유용하다. 단, 기내에서 슬리퍼를 주는 경우도 많으니 비행기에서 챙겨 두었다면 따로 준비할 필요는 없다.

상비약

외국에서 아프면 현지 언어는 물론이고 영어 단어마저도 생각나지 않아 약국에서 증상을 자세히 설명하기 어렵다. 또 몇몇 상비약은 한국에서는 처방전 없이도 살 수 있지만 유럽은 그렇지 않은 경우가 있다. 자주 사용했던 상비약은 한국에서 꼭 챙겨가는 것이 좋다.

충전기, 보조 배터리

혼자 여행하다가 갑자기 휴대폰 배터리가 방전된다면 난감해진다. 정보 검색이나 비상 연락에 휴대폰은 필수이므로, 충전기나 보조 배터리는 꼭 챙겨가자.

멀티 어댑터

전자기기를 여러 개 가져가는 경우 플러그와 USB를 많이 꽂을 수 있는 멀티 어댑터가 유용하다.

TIP

이 모든 것을 담아갈 캐리어, 혼자 들 수 있는 만큼만!

비행기는 비즈니스 좌석을 이용해 무료로 실을 수 있는 수화물 무게가 넉넉하더라도, 큰 캐리어 2개와 기내용 캐리어까지 다 채워 가져가면 낭패를 보기 십상이다. 혼자서 여러 도시를 여행하면서 캐리어를 늘 수하물로 부칠 수는 없기 때문. 끌거나 손에 들고 다녀야 하는 경우가 훨씬 많다. 혼자 양손으로 끌고 갈 수 있는 정도의 부피와 무게를 맞춰 짐을 싸자.

• **하드? 소프트? 그것이 문제로다!**
가볍고 확장 가능한 소프트와 물이나 흙먼지에 끄떡 없는 하드 케이스는 각각 장단점이 확실하다. 요즘은 이 둘의 장점을 더한 신소재 캐리어도 있다. 자신이 더 우선순위에 두는 장단점을 따져서 고르되, 끌기 편하도록 바퀴는 360도 회전하는 것이 4개 달린 것, 손잡이가 충분히 뽑혀 올라오는 것이 좋다.

• **TSA 자물쇠는 뭔가요?**
수하물 보안이 걱정되어 TSA 잠금장치가 달린 캐리어를 준비하는 여행자가 있는데, 유럽에서는 이 장치가 아무 소용이 없다. TSA 자물쇠는 미국 교통 보안청(TSA)에서 공항 보안 검색을 할 때 캐리어를 손상 없이 열어 볼 수 있게 마스터 키를 꽂을 구멍을 하나 더 만든 특수한 자물쇠다. 때문에 미국에서만 사용하는 자물쇠라 유럽 공항에서는 사용하지 않는다.

USB 충전 선풍기

덥기로 소문난 유럽의 여름에 여행할 예정이라면 USB 충전 선풍기는 필수. 유럽에는 에어컨이 없는 오래된 건물이 많다.

헤어 트리트먼트

호텔의 어메니티에는 샴푸만 있는 경우가 많다. 유럽의 수돗물은 대부분 석회수인데 이 물로 머리를 감으면 무척 뻣뻣해지니 헤어 트리트먼트도 가져 가자.

와인 스토퍼

혼자 여행자라면 와인 한 병을 한 번에 다 먹지 못할 때가 많다. 남은 와인을 숙소로 가져가 다음날 혼술하고 싶다면, 스토퍼로 병 입구를 막아 보관하는 방법이 편리하다.

수건 / 손수건

피부가 민감하거나 위생에 철저하다면 수건이나 손수건을 가져가 베개 위에 깔아 보자. 한여름 더위에 땀을 많이 흘릴 때도 유용하다.

혼자 시간을 보낼 수 있는 것들

컬러링 북이나 퍼즐, 게임 앱 등 혼자 시간을 보낼 때 유용한 것들을 몇 개 챙겨 가자. 혼자서도 매우 바쁘게 여행할 예정이라 필요 없을 것 같지만 의외로 혼자 무료하게 지낼 순간들이 제법 여러 번 온다. 기차역에서 밤을 새야 한다거나 전기나 와이파이가 들어오지 않는 장소에서 대기하는 등 예상 밖의 상황은 언제든 일어날 수 있다.

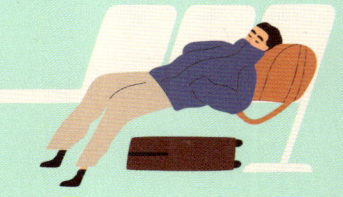

3 핵인싸되는 나라별 문화 꿀팁

🔖 혼자 여행 실전 꿀팁

몰라도 불이익을 받지는 않지만 알아두면 더욱 친절한 모습을 볼 수 있고 친구를 사귀는 데도 도움이 되는 여러 나라의 문화. 외국인들이 한국에 여행 와서 어색하고 서투르지만 한국어로 인사를 건네고 우리 문화를 궁금해하는 모습에 정이 솟는 것과 같은 이치다.

❗ 프랑스와 이탈리아에서의 볼 키스

만나면 반갑다고 뽀뽀뽀! 프랑스는 비즈(la bise), 이탈리아는 바치오(il bacio)라 하는 볼 키스 인사. 실제로 입술을 볼에 직접 대는 것은 아니고, 입으로 '쪽' 소리를 내며 볼을 맞대거나 볼만 맞댄다. 프랑스는 오른쪽부터, 이탈리아는 왼쪽부터 양볼에 한다. 보통 남녀간, 여성끼리 하고 남자끼리는 안 하는 편이다. 또 처음 만났을 때는 서로 소개만 하고 그 다음부터 인사할 때 하는 것이 보통이다. 요즘에는 유럽 외 지역에서는 볼 키스 인사를 하지 않는다는 것을 아는 사람들이 많아졌고, 특히 아시아 여행자들과 친구가 되었을 때는 해도 괜찮은지 미리 물어보기도 한다. 볼 키스가 영 어색하거나 싫다면 익숙하지 않아 못하겠다고 말해도 된다.

❗ 인사부터 나누어요

유럽에서는 상점에 들어가면 인사를 꼭 나눈다. 특히 한국 여행자들은 직원이나 주인과 인사도 하지 않고 바로 용건을 말하는 경우가 많다. 지금 여행하는 나라의 언어로 '안녕하세요', '미안합니다', '실례합니다', '감사합니다' 정도는 익혀 두는 것이 센스 있는 여행자의 준비다.

❗ 소액권 사용하기

유럽 여행 중 한 번이라도 현금을 쓸 일이 있다면 금세 깨닫게 될 것이다. 유럽인들이 우리보다 암산이 훨씬 느리다는 것을. 손가락 10개를 모두 동원해도 오래 걸리거나 틀리는 경우도 종종 있다. 예를 들어 7.50€짜리 물건을 사면서 10€짜리 지폐를 내밀면, 50¢ 동전 하나를 건네준 다음 "8€"라고 말하고, 1€ 동전을 하나씩 꺼내며 "9€, 10€" 이렇게 계산하는 것이 일반적이다. 구매하는 가격대와 최대한 가까운 지폐를 주는 것이 좋다. 10€ 안팎의 물건을 사며 50€ 이상을 건네면 받지 않는 곳도 많다.

❗ 식당의 느리고 은근한 서비스

유럽의 식당은 느리다. 손님이 앉자마자 메뉴판을 주고 주문하자마자 요리가 나오는 경우는 가뭄에 콩 나듯 한다. 웨이터를 부를 때도 담당 웨이터를 찾아 눈을 맞추고 눈짓을 하거나 작은 손짓으로 메뉴나 계산서 등을 뜻하는 제스처를 보여줘야 찾아온다. "웨이터!"라고 큰 소리로 부르면 일부러 더 늦게 오는 수도 있다. 식사 시간이 부족하다면 식당보다 패스트푸드나 길거리 음식을 추천한다.

❗ 팁 문화

유럽 식당은 미국과 달리 요금에 서비스 가격이 포함되어 있어 팁이 의무는 아니다. 하지만 서비스가 괜찮았다면 거스름돈을 팁으로 남겨두는 경우도 꽤 있고, 고급 식당에서는 팁을 챙겨 주는 것이 센스이기도 하다.

❗ 현지인들의 초상권 존중

그림책에서 튀어나온 듯 예쁜 풍경이 남아 있는 도시에서는 평소보다 훨씬 들떠 카메라 셔터를 누르기 마련이다. 하지만 배경에 찍힌 현지인들의 불편함도 고려하자. 아무렇지 않게 얼굴이 다 나오도록 촬영하는 경우가 많은데 반드시 주의하자.

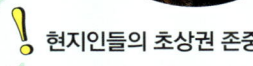

❗ 그때 그때 눈치 챙겨!

어떤 나라에서는 아무렇지 않은 행동이 다른 나라에서는 문제가 되기도 한다. 예를 들면 파리에서 무단횡단은 거의 당연한 수준으로 빈번하지만, 사소한 법도 잘 지키는 독일에서는 한 소리 들을 일이다. 일반적인 상식선에서 법을 잘 지키면 어디서든 별 탈 없지만, 현지인들이 하는 대로 휩쓸려 따라 했다가는 낭패를 볼 수도 있다. 여러 나라를 여행할 때는 현지 사정에 따라 눈치 있게 행동하자.

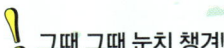

❗ 기타

이외에도 여름에 양산을 쓰면 무례하다고 여기지는 않지만 특이하게 생각한다. 또 여러 유럽 나라에서는 실내에서 우산을 펼치는 것을 불운하다고 생각하며, 날씨 좋은 날에 양산을 드는 것을 그리 좋지 않게 생각하기도 한다.

📍혼자 여행 실전 꿀팁

4 가끔 찾아오는 외로움 달래는 방법, 동행 만들기

혼자 하는 여행이라고 해서 반드시 일정 내내 혼자일 필요는 없다.
누구에게 무언가를 보여 주려 하거나 자유를 정당화하기 위해 떠나온 것이 아니니, 갑자기 밀려오는 외로움에 속수무책 당하지 않아도 된다. 혼자인 시간은 오롯이 즐겨 보자. 그러다가 수다를 떨고 근사한 식당에서 함께 식사하고 멋진 공연을 나란히 앉아 볼 동행이 필요하다면 만들면 된다. 마음만 먹으면 동행이 있을 때보다 혼자 여행할 때가 새 친구를 사귈 기회는 훨씬 많다. 한 번도 해보지 못한 것, 계획에 없던 일을 받아들일 가능성도 더욱 크다. 이 무한한 가능성에 대해 마음이 열려 있다면 혼자 여행을 할 준비가 된 것이다. 꼭 물리적으로 내내 혼자여야 멋진 솔로 여행자라는 뜻은 아니다.

호스텔이나 민박에 묵기

대부분의 호스텔과 한인 민박에서는 자체 투어와 지역 특식 디너 파티 등을 주최한다. 1인실에 묵으면 자기 공간도 지키며 친구를 사귈 수 있다. 1주일 이상 체류한다면 일부 일정만 호스텔/민박을 이용하고 숙소를 옮겨도 좋다.

당일 투어 참여하기

현지 투어에 참가하면 혼자 왔다가 혼자 떠날 가능성이 어느 정도는 있다. 번지 점프라든지 카약킹 투어, 와이너리 투어 등은 각자 일행이 있는 경우가 대다수이기 때문. 간혹 혼자 온 여행자와 친해질 수도 있고, 그러지 못했더라도 가이드가 잘 챙겨주어 외톨이가 된 기분은 느끼지 않을 것이다. 오히려 가이드와 가장 친해져 여행지에 대한 더욱 자세한 설명을 들을 수 있기도 하다.

온라인 여행 커뮤니티 활용

유럽 여행 최대 온라인 커뮤니티, 네이버의 유랑 카페(cafe.naver.com/firenze)에는 동행을 찾는 글을 올리는 게시판이 따로 마련되어 있다. 여행 일정이 겹치고 비슷한 나이대와 성별 등을 조건으로 하여 일행을 찾는 글들이 매일 올라온다. 하지만 잘 맞을 것 같았는데 막상 여행해 보면 그렇지 않은 경우도 많으니, 처음부터 오래 함께하자고 약속하지 말고 투어 하나, 명소나 맛집 한 곳 정도를 같이 가 보는 것이 좋다. 한국에서 만날 기회가 있다면 미리 만나 보는 것도 실패 확률을 낮추는 한 방법.

1인 여행자 연결 플랫폼 적극 활용

미리 동행을 구하지 못했더라도 현지, 또는 여행 직전에 동행을 찾아볼 수 있는 플랫폼들이 많다. 장점은 전 세계의 여행자들을 모두 만날 수 있고 여행지에 사는 현지인들과도 연결시켜 준다는 것. 한국인 동행을 찾을 가능성은 조금 줄지만 동행의 목적이 한식 먹기나 한국어 사용, 한국에서도 친분을 이어가는 것이 아니라면 현지에서 외국인을 만나 더욱 다채롭고 다양한 시간을 보낼 수 있을 것이다.

여행자 플랫폼
로컬과 여행자를 이어주는 쇼 어라운드 showaround.com
현지 여행자 동행을 찾는 투어리나 tourlina.com
1인 여행자들을 이어주는 솔로 트래블러 solotravellerapp.com

어디서든 열린 마음으로

전시를 보려고 줄을 섰다가 앞뒤 사람과 말을 트게 된다거나, 동선이 자꾸만 겹쳐서 우연이 거듭되어 친구가 되는 경우 등 특별히 찾으려고 한 건 아닌데 동행이 생기는 경우도 꽤 많다. 외국인 친구를 사귀는 데 언어는 절대 장벽이 될 수 없다는 것, 적극적이고 밝은 태도가 중요하다는 점을 명심하자.

관광 명소 대신 동네 명소

우연한 만남에 대한 기대가 있다면 호텔 프론트 직원, 우버 운전사, 또는 호스텔 주인에게 로컬 맛집, 지금 핫한 명소를 물어 찾아가 보자. 에펠탑이나 런던 아이보다는 동네 사람들만 아는 바나 자그마한 카페에서 새 친구를 사귈 기회가 더 많다.

일정은 너무 빡빡하지 않게

기껏 친구를 사귀었는데 "내일은 뭐해?" "주말에 저녁을 함께 먹으러 갈까?" "멋진 공연이 있다는데 함께 갈래?" 등의 초대에 응하지 못한다면 얼마나 아쉬울까? 혼자 하는 여행의 정말 큰 매력은 내 마음대로 일정을 이리저리 변경할 수 있다는 것이다. 여기에는 날씨나 파업 등 어찌할 수 없는 요인보다도 건강, 기분, 갑작스러운 약속처럼 여행자의 사적인 요인이 더 크게 작용한다. 한 번 갔던 곳을 또 가거나 현지에서 정보를 알게 돼 해 보고 싶은 것이 생길 수 있고 생각지도 못하게 친구를 사귈 수도 있으니 애초에 스케줄을 너무 빼곡히 채워두지 말자.

휴대폰과 멀어지기

앞서 말한 우연한 만남들은 모두 여행자가 '말을 걸어도 될 것 같은 분위기'를 풍길 때' 발생한다. 휴대폰에 몰두하고 있는 모습을 보면 모르는 사람이 다가와 말을 걸기는 어렵다. 반대로 내가 먼저 다가가 인사를 건네고 싶다면 역시 주변을 관찰할 수 있는 물리적, 심적 여유가 있어야 한다. 새로운 인연을 만들고 싶다면 휴대폰과 조금 멀어져보자.

SNS와 메신저 장착

왓츠앱(Whatsapp)은 카카오톡과 비슷한 메신저 애플리케이션이다. 유러피언들은 대부분 이 앱을 사용하는데, 친구를 사귀게 되면 보통 전화번호를 저장해 왓츠앱으로 대화를 나눈다. 다른 애플리케이션 활동이 더 활발하거나 전화번호를 주기가 조금 꺼려진다면 인스타그램, 페이스북, 틱톡 등의 SNS로 서로 친구를 추가하여 연락을 이어 가기도 한다.

디지털 노매드(Digital Nomad*)라면 코워킹 스페이스 방문

놀기만 한다면 더할 나위 없이 좋겠지만, 여행 중 하루 이틀 또는 반나절이라도 노트북을 켜야 하는 여행자도 분명 있을 것이다. 점점 더 많은 도시에 생겨나고 있는 멋진 코워킹 공간(Co-working Space)들을 찾아보자. 일하다가 잠깐 숨을 돌릴 때는 대화할 기회가 생길 수도 있으니 같은 분야에서 일하는 사람을 만날 확률도 높다.

* 디지털 노매드(Digital Nomad) : 첨단 디지털 장비를 갖추고 여러 나라를 다니며 일하는 사람.

5

🔖 혼자 여행 실전 꿀팁

셀스타그램의 달인 되기, 유럽 여행 사진 잘 남기는 방법

혼자 여행의 부정할 수 없는 단점은 내 사진을 많이 남기기가 어렵다는 것이다. 팔 길이의 한계가 있어 콜로세움 구석이 작게 나오거나 얼굴만 화면을 가득 채우는 셀카 몇 장이 전부였던 것이 불과 몇 년 전. 이제는 좀 더 발전한 기술과 용기의 도움으로 인생 사진을 한아름 남겨 오자.

셀카봉과 삼각대는 내 친구

전신 사진도 찍을 수 있는 셀카봉과 삼각대는 부피도 그리 크지 않아 접어서 들고 다니기 좋다. 블루투스 리모콘을 사용하면 멀리서도 찍기에 문제가 없는데, 아직은 주의할 점이 꽤 있으니 상황에 따라 사용하자. 먼저 사용을 금지하는 곳이 있으니 유의할 것. 자칫 휘두르면 무기가 될 수도 있어 2015년 3월 초부터 프랑스의 베르사유궁과 영국 런던의 국립 미술관은 셀카봉을 금지해 왔고, 영국 최대 실내 공연장인 그리니치 오투 아레나(The O2 arena)와 여러 EPL 구장도 셀카봉 반입을 금지한다. 삼각대나 드론은 셀카봉보다 금지하는 곳이 더 많다. 또 허용된 곳이라도 여행지의 치안과 상황에 따라 사용해야 한다. 예를 들어 아무도 없는 한적한 해변에서는 더 좋은 구도를 위해 삼각대를 세워놓고 몇 미터 떨어져 찍어도 되지만, 주인이 먼 데 있는 틈을 노려 카메라나 휴대폰을 훔쳐 갈 수 있으니 늘 조심해야 한다. 풍경이 한눈에 들어오고 삼각대나 셀카봉 사용이 비교적 자유로운 테라스가 있는 카페나 바가 가장 안전하고 풍경도 잘 담을 수 있는 곳이다.

먼저, 찍어드릴까요?

사진을 부탁하기 가장 좋은 것은 혼자 여행하는 한국 여행자. 먼저 "사진을 찍어줄까요?" 하고 물어보면 답례로 찍어주는 것이 보통이다. 또 서로 사진을 매우 정성스럽게 찍어주는 여행자들에게 사진을 부탁하면 멋진 사진을 남겨주기 위해 바닥에 눕기도 마다하지 않는다.

부끄러움은 모두 한국에 두고 오자

피사의 사탑을 미는 포즈도 해보고 싶고, 루브르 박물관 앞의 유리 피라미드를 손바닥 위에 올려 놓고 꼭대기를 콕 누르는 포즈도 남겨 보고 싶지만 쑥스러움이 앞설 것이다. 하지만 이렇게 유명한 포토 스폿이 있는 명소는 그만큼 많은 사람들이 같은 포즈로 촬영을 한다는 뜻. 부끄러워하지 말고 나의 소중한 추억이 될 거라 생각된다면 눈 딱 감고 해 보자.

TPO에 어울리는 의상

짐을 최대한 가볍게 싸면 그 사진이 그 사진이 될 수도 있다. 보여줄 사람도 없는데, 혼자 떠나는데 뭘 그리 많이 챙기냐며 주변에서 핀잔을 준다면 '원래 패션은 자기 만족을 위한 것'이라 답해주자. 여행은 평소 안 입었던 스타일, 과감하여 시도하기 어려웠던 옷들을 입어볼 수 있는 절호의 기회다. 또 평소의 배경과는 완전히 다른 이국적인 여행지에서 최대한 멋진 모습으로 남기는 것이 좋을 것이다. 청바지 1벌, 티셔츠 2개로만 두어 달을 여행하는 가볍고 효율적인 짐 꾸리기도 좋지만 기분도 내고 TPO에 적합한 옷들을 몇 벌 더 챙겨가자. 라 스칼라 극장 앞에서 드레시한 모습으로, 미슐랭 레스토랑에서 말쑥한 정장 차림으로 남긴 사진은 아주 특별한 추억이 될 것이다.

잘 찍은 사진 따라해보기

인스타그램 등 SNS의 위치 태그를 활용하여 내가 있는 명소, 여행지에서 찍은 사진들을 검색해 보자. 인기순으로 놓고 보면 여행자들이 어떤 구도로 사진을 찍어 호응을 많이 얻었는지 볼 수 있다. 장비도, 용기도 있는데 어떤 각도로 찍어야 할지 고민하는 셀피 초보자들을 위한 꿀팁.

제일 먼저 가서 찰칵

남들의 시선도 최대한 피하고, 사람들이 바글거리는 배경 대신 오롯이 여행지의 풍경을 담을 수 있는 좋은 팁은 부지런히 일찍 움직이라는 것. 프라하 구시가지 광장, 피렌체의 베키오 다리 등 아침시간이 지나면 사람들로 바글바글해지는 장소를 새벽같이 나가면 원없이 실컷 사진을 찍을 수 있다. 꼭 내 사진이 아니더라도 풍경 사진에 욕심이 있다면 일찍 일어나 카메라를 들고 출동하자.

사진은 장비발

여행 중 다이빙을 한다거나 번지 점프를 뛰고 싶은 액티브한 여행자라면 고프로(Go-Pro)와 같은 액션 카메라, 방수가 되는 수중 카메라로 더욱 훌륭한 사진을 남길 수 있다. 렌즈를 물에 반쯤 잠기게 해서 찍는 사진은 해변 위 사진보다 여행 중 생동감 넘치는 순간을 잘 담을 수 있다. 비싼 카메라 대신 일회용 필름 방수 카메라도 있다. 항공 사진을 담고 싶다면 드론도 추천하나 한국에서 충분히 연습하고 손에 완전히 익혀서 가자. 또 고가의 장비들을 가지고 간다면 반드시 휴대품 분실 및 파손에 대한 여행자 보험을 가입하자.

● 혼자 여행 실전 꿀팁

6 잠시도 지루할 틈이 없다!
여행 중 읽을 책과 볼 영화 추천

넷플릭스나 왓챠, 아마존 프라임 등을 이용하지 않는다면, 여행지의 무선 인터넷이 끔찍하게 느리다면, 기내 엔터테인먼트가 없는 저가 항공을 탄다면, 휴대폰 무제한 데이터 로밍없이 야간 기차를 탄다면. 그럴 땐 책 한 권, 다운받은 영화 한 편이 무척 절실하다. 여행을 시작할 때는 들뜨는 기분을 더욱 두둥실 띄워주는 바람이 되어주고 여행 후에는 흐릿해지는 기억에 색을 입혀주는 책과 영화. 혹시 식당이나 카페, 바에서 누군가 말을 걸어오는 것도 싫다면 그저 책 한 권 펼쳐 놓고 있으면 된다. 거절하는 것이 어려운 여행자에게 '방해하지 마세요'라는 푯말 역할도 해준다.

 BOOKS

📙 **파리**

프랑스와 파리만의 문화를 진하게 담고 있는 빅토르 위고의 걸작 〈노트르담의 꼽추〉

역사적 사실에 상상력을 덧붙인 호쾌한 활극 알렉상드르 뒤마의 〈삼총사〉

이외에 발자크, 카뮈, 모파상, 스탕달 등 프랑스 작가들의 고전들도 좋다. 〈노트르담의 꼽추〉나 〈삼총사〉는 애니메이션, 영화로도 찾아볼 수 있다.

📙 **런던**

아서 코난 도일의 〈셜록 홈즈〉 시리즈는 책도 좋고, 베네딕트 컴버배치가 주연한 드라마도 신선한 해석이 돋보인다.

세계적인 베스트셀러인 조앤 K. 롤링의 〈해리 포터 시리즈〉와 고전을 좋아한다면 영국이 낳은 세계적인 작가, 셰익스피어와 찰스 디킨스를 추천한다.

📙 **이탈리아**

여행기의 교본, 괴테의 〈이탈리아 여행기〉

피렌체가 배경인 로맨스 소설 〈냉정과 열정 사이〉

📙 **스페인**

스페인뿐 아니라 전 세계적으로 인기를 얻은 고전이자 베스트셀러, 미겔 데 세르반테스 사아베드라의 〈돈키호테〉. 열정 가득한 안달루시아의 풍경이 눈앞에 펼쳐진다.

📙 **프라하**

체코의 국민 작가 프란츠 카프카의 〈변신〉을 비롯하여 밀란 쿤데라의 〈참을 수 없는 존재의 가벼움〉, 20세기 가장 독특한 개성을 보여준 작가 보후밀 흐라발의 작품들을 추천한다.

MOVIES

🎬 프랑스
남프랑스에서 파리로 여행하며 프로방스의 맛과 멋을 만끽하는 〈파리로 가는 길(Paris Can Wait, 2016)〉

엉뚱하고 매력적인 아가씨가 파리 곳곳에서 찾아내는 행복한 로맨스 〈아멜리에(Amélie, 2001)〉

시크한 파리지앵의 이미지를 구현한 장 뤽 고다르 감독의 대표작 〈네 멋대로 해라(A Bout de Souffle, 1959)〉

9년만에 파리에서 재회한 로맨틱한 커플의 설레는 하루 〈비포 선셋(Before Sunset, 2004)〉

🎬 이탈리아
스쿠터와 젤라토의 조합으로 이탈리아 여행을 계획하게 만드는 〈로마의 휴일(Roman Holiday, 1953)〉

'파파라치'라는 단어를 탄생시킨 이탈리아의 거장 페데리코 펠리니의 〈달콤한 인생(La Dolce Vita, 1960)〉

이탈리아 남부 지방의 피자 먹방을 가장 훌륭하게 담아 낸 〈먹고 기도하고 사랑하라(Eat Pray Love, 2010)〉

영화를 사랑하는 시네필이라면 꼭 봐야 할 가슴 뭉클한 인생 영화 〈시네마 천국(Cinema Paradiso, 1988)〉

따스한 이탈리아 토스카나 지방의 풍광을 담은 〈투스카니의 태양(Under the Tuscan Sun, 2003)〉

🎬 동유럽
여행과 로맨스를 동시에 꿈꾸게 하는 〈비포 선라이즈(Before Sunrise, 1995)〉

음악의 도시 잘츠부르크에서 전원적이고 평화로운 분위기를 노래하는 〈사운드 오브 뮤직(Sound of Music, 1965)〉

🎬 그 외
아름다운 그리스의 작은 섬들로 아바(ABBA)의 노래를 흥얼거리며 떠나고 싶어지는 〈맘마미아(Mamma Mia, 2008)〉

독일 통일의 배경을 코믹하고 의미 있게 담아낸 〈굿바이 레닌(Good Bye Lenin, 2003)〉

뉴요커 우디 앨런이 담아낸 유럽의 아름다움 〈내 남자의 아내도 좋아(Vicky Cristina Barcelona, 2008)〉

〈미드나잇 인 파리(Midnight in Paris, 2011)〉

〈로마 위드 러브(To Rome With Love, 2012)〉

📙 포르투갈
포르투갈 특유의 감성을 느낄 수 있는 페르난두 페소아의 대표작 〈불안의 책〉

📙 스위스
알프스 산자락의 영원한 소녀가 떠오르는 요한나 스피리의 명작 〈하이디〉

📙 그리스
그리스 여행을 꿈꾸게 하는 세계 명작, 니코스 카잔차키스의 〈그리스인 조르바〉. 안소니 퀸이 주연한 동명의 영화도 수작이다.

무라카미 하루키의 그리스 여행기 〈먼 북소리〉는 여행기의 정석 같은 작품이다.

📙 터키
지리적으로 동서양이 교차해 유럽에서도 독보적인 개성을 뽐내는 터키를 깊게 느끼려면 오르한 파묵의 〈내 이름은 빨강〉, 〈순수 박물관〉을 추천한다.

📙 아일랜드
난이도 최상의 작품, 유난히 읽기가 어렵다는 제임스 조이스의 〈더블린 사람들〉. 더블린 사회 중산층의 삶을 가감 없이 묘사한다.

📙 스웨덴
유럽 어느 나라보다 신비롭고 멀게 느껴지는 북유럽을 배경으로 유머와 인생의 깊이를 잘 담아낸 요나스 요나손의 〈창문 넘어 도망친 100세 노인〉. 영화로도 만들어졌다.

7

● 혼자 여행 실전 꿀팁
기타 여행 팁
솔로 여행자가 알아두면 유용한 팁 대공개!

한 걸음 더, 나 자신에게 도전하기

평소에는 절대 하지 않을 행동을 해 보는 것은 혼자 여행의 백미다. 쑥스러워서 친구나 가족에게도 보여 줄 수 없지만, 오히려 혼자이기 때문에 더욱 용기가 날 수 있다. 버킷리스트는 이럴 때 하나씩 지워 나가는 것!

적당한 자신감

혼자이기 때문에 더욱 몸을 사려야 하는 것도 맞다. 돌봐줄 사람이 없으니 책임감 있게 행동하자.

특히 여성 여행자라면 과도하게 조심해서 나쁠 것은 없다. 이동 후 막차를 타고 숙소로 가는 경우에는 출발이 지연되거나 악천후 등 변수가 많아 예상 시간보다 더 늦게 도착할 수 있다는 점도 고려하자.

이동은 너무 위험한 시간을 피해서

누군가는 내 행방을 알도록 하기

일상과 분리된 기분을 만끽하는 것도 좋지만 도시로 이동하거나 외진 곳으로 떠나는 경우 만일을 대비하여 친구, 가족에게 미리 일정은 알려둔다. 일정표를 공유하거나 SNS에 발자취를 남기는 것도 좋다.

한국에서와 똑같이 경계한다

타인의 호의를 전부 거절하지는 말되 너무 경계를 풀어서도 안된다. 지나치면서 눈인사를 하거나 "안녕" 정도의 인사는 주고받을 수 있다. 하지만 계속 쫓아온다든가 과도한 친절을 베풀 때는 한국이었다면 무시했을 텐데도 여행지의 환상에 젖어 필요 이상의 응대를 해주는 경우가 많다. 또 인종차별을 당하거나 바가지를 쓰는 등 누가 보아도 부당한 상황에 처했다면 "이방인이니까 언제나 예의를 차려야지"라는 생각이 아니라 정당한 권리를 위해 할 말은 한다.

기본적인 인사 표현은 익혀 두자

세계 어디를 가든 그 나라 말로 인사와 감사, 미안함을 표시할 줄 알면 여행이 쉬워진다. 영어를 사용하지 않는 나라라면 더욱 환영 받을 것이다.

가끔은 길을 잃어 보자

온종일 한 손에 구글 맵을 켜놓고 A에서 B로 무사히 이동하는 것을 목표로 돌아다니는 것이 과연 좋은 여행일까? 하루쯤은 지도 없이 발길 닿는 대로 걸어보는 것도 좋다.

본능과 직관을 믿자

혼자 하는 여행은 갈까 말까, 할까 말까, 결정해야 하는 순간들로 점철되어 있다. 지구 반 바퀴를 돌아 만나는 다채로운 역사와 문화의 유럽에서는 더더욱 그러하다. 사실 이런 순간들이 바로 계속해서 여행자를 떠나게 하는 원동력이다. 크고 작은 결정을 내려야하는 갈림길에 섰을 때, 정보가 충분하지 않거나 일장일단이 있는 상황일 때는 나 자신을 믿도록 한다.

스스로를 용서해주기

전부 내 책임이지만 여행 중에는 돌발상황이 일어날 수 있고, 누구나 실수를 할 수 있다. 이미 일어난 일에 대해 계속해서 자책하며 이번 여행은 망친 것이라 우울해하지 말자. 누구에게나 있을 수 있는 일이라고 스스로를 위로하며 남은 일정을 행복하게 마무리하는 것도 솔로 여행의 과제다.

술은 적당히

사실 동행이 있어도 모두 다 취한다면 위험한 것은 마찬가지라, 솔로 여행자에게만 국한된 팁은 아니다. 우리 동네에서도 만취하여 인사불성이 되는 것은 위험한 상황이다. 여행 중은 더욱 그렇다

소매치기 타깃이 될 차림은 피하기

여행지에서 최고로 멋져 보이기 위해 집에 있는 명품 가방과 시계를 전부 가져오는 여행자도 있다. 5성 호텔에서만 묵고 기사 차량만 이용하여 전용 가이드의 안내를 받아 다니는 럭셔리 프라이빗 투어리스트가 아니라면 소매치기 타깃이 되기 딱 좋다. 후미진 골목이나 개발도상국, 게토 동네를 여행하는데 혼자만 명품을 입고 있다면 위험할 수밖에 없다.

날씨는 인스타그램의 위치 검색을 활용

일기예보를 보았지만 숫자로 표시되는 온도가 와 닿지 않는다면 SNS에서 여행지를 검색한다. 불과 몇 분 전 이 도시에 있었던 사람들의 사진을 보고 실시간 옷차림을 파악할 수 있어 짐 싸기 직전에, 여행지에서 호텔 밖을 나서기 직전에 찾아보면 도움이 된다.

가방은 크로스 백으로

배낭이 아무리 편해도 유럽 여행의 정석은 '크로스 백'이다. 클러치나 핸드백은 종일 가지고 다니기에는 불편하고 수납도 별로다. 지퍼나 덮개만 있는 것보다 둘 다 갖춘 크로스 백이 최고. 부득이하게 배낭을 매야 한다면 지퍼에 미니 자물쇠를 걸어 놓자. 또 지퍼를 열었을 때 귀중품이 바로 눈에 띄지 않도록 안쪽 깊숙이 넣어 둔다. 현금은 두세 곳에 나누어 보관하는 것도 좋다.

지도는 숙소에서 최대한 보고 나오자

길거리에서 지도를 보며 사방을 두리번거리나 쉴 새 없이 셔터를 누르면 '저 관광객이에요'라는 사인을 온몸으로 티 내는 것이다. 치안이 좋지 않은 곳에서는 특히 조심한다. 처음 가는 길을 외워서 다닐 수는 없지만 대충이라도 방향은 알고 있는 것이 좋다. 식사를 하거나 커피를 마실 때 쉬어가며 그 다음 동선을 앉아서 파악하고 나오는 것도 좋겠다.

가방은 항상 내 품에

한국에서는 그리 위험하지 않은 행동들이 유럽에서는 '훔쳐 가세요'라는 분명한 신호가 될 수도 있다. "내 자리에 가방을 두고 잠깐 나갔다 왔는데 없어졌어요!"라고 말하면 "그럼! 당연히 없어지지!"라는 대답이 돌아온다. 고급스러운 식당을 제외하고 동네 맛집이나 카페를 가는 경우 가방을 무릎 위에 두거나 다리 사이에 두는 등 몸에서 떼지 않는 것이 좋다. 화장실에 갈 때도 가방을 가지고 이동하는 것이 보통이다.

PART 3

나에게 맞는 유럽 혼여(혼자 여행) 레벨을 체크하자!

LEVEL TEST

비교적 진입 장벽이 낮은 LEVEL1 활동부터 혼여족의 고수 단계라 할 수 있는 LEVEL3 활동까지, 이 책에서는 한 도시를 다양한 느낌으로 여행할 수 있도록 단계별 여행을 제안합니다. 스스로 본인의 여행 성향을 살펴 어떤 레벨에 도전할지 결정해 봅시다. 무엇보다 이번 여행이 결코 마지막 여행이 아니므로 이 책에서 제안하는 모든 활동들을 한 번에 전부 해낼 필요가 없다는 점이 핵심입니다. 여행 계획과 코스가 결코 부담스러운 숙제가 아니라는 생각으로, 편안하게 '혼자 여행'을 준비해 보세요.

물론, '혼자 여행 버킷리스트'로 제안하고 있지만 동행과 함께해도 얼마든 좋은 활동들이니 자신의 여행에 맞춰 코스를 짜 보세요!

\\ 혼여족 적성 테스트 //

- ☑ 혼자 여행을 떠난다는 생각에 마음이 두근두근! 자유와 해방의 냄새가 벌써 코끝을 간질인다.
- ☐ 무얼 먹을지, 어디 묵을지, 오늘은 뭐할지 누군가와 상의해서 결정해야 하는 과정은 스트레스다.
- ☐ 종종 변덕을 부려 계획된 일정을 바꾸거나 예정된 투어를 취소하고 다른 액티비티를 하기도 한다.
- ☐ 옆에 누가 있으면 잠을 잘 못 잔다. 또는 잠버릇이 고약해 방을 혼자 써야 한다.
- ☐ 식사 중엔 온전히 음식에 집중하고 싶다. 식사 중 누군가와 대화를 해야 하는 것은 오히려 부담이다.
- ☐ 샤워를 하거나 입고 나갈 옷을 고르는 데 시간이 오래 걸린다.
- ☐ 여행 중 사진 정리를 하거나 일기를 쓰는 등 개인 시간이 꼭 필요하다.
- ☐ 여행 준비를 완벽하게 하지 않아도 괜찮다. 순간에 충실하게 시간을 보내는 것도 괜찮다.
- ☐ 발걸음이 멈추는 모든 곳에서 내가 들어간 인증 사진을 남기지 않아도 괜찮다.
- ☐ 예상하지 못했던, 계획과 다른 상황이 갑툭튀하면 스트레스를 받기 보다는 새로운 가능성에 설렌다.
- ☐ 하기로 했던 것을 모두 하지 않고 돌아와도 괜찮다. 또 가면 되니까!
- ☐ 소매치기, 교통편 결항, 짐 분실 등 긴급 상황이 발생하면, 일단 상황을 해결하러 나설 배짱이 있다.
- ☐ 여행지에서 친구를 사귀어 보고 싶다.
- ☐ 평소에도 혼자 뭔가를 할 때 주변 사람들의 시선에 무감각하다.
- ☐ 혼자 한 일들을 소셜 미디어에 공유하는 것이 자랑스럽다.
- ☐ 혼자 여행 다녀왔다는 말에 "정말 혼자 다녀 왔어?" 라는 사람들의 반응은 부럽거나 놀라서 그런 거지, 가여워 하는 말이라고 생각하지 않는다.

✔ 개수에 따라서

0~4개 ●┄┄┄>>> **LEVEL 1** 도전 자격이 있는 여행자!
"혼자 여행이 궁금하다면 망설이지 마세요."

5~12개 ●┄┄┄>>> **LEVEL 2**도 시도해 볼만한 혼여족!
"원한다면 LEVEL 2~3도 도전해 보세요."

13~16개 ●┄┄┄>>> **LEVEL 3**도 거뜬한 완벽한 혼여 고수!
"당장 어디로 떠날지 결정해 보세요."

☑ 여행지에서 즐길 수 있는 액티비티를 오롯이 혼자 해 보자!

☑ 현지인들의 일상을 느낄 수 있는 장소에 가 보자!

☑ 패키지 투어에는 포함되지 않은 일정을 해 보자!

☑ 대중교통을 이용해서 다른 도시 또는 마을로 이동해 여행해 보자!

☑ 외국어로 진행되는 현지 그룹 투어를 신청해 패키지 투어를 떠나 보자!

☑ 근교 여행지 중 거리가 멀거나 한적해 난이도가 있는 곳을 여행해 보자!

☑ 현지 사람들도 좀처럼 혼자서는 하지 않는 액티비티를 도전해 보자!

LONDON, ENGLAND
런던, 영국

2000년의 역사를 자랑하는 영국의 수도 런던은 2012년 올림픽까지 3회나 성공적으로 치뤄 낸, 영국 연방 정치, 경제, 문화의 구심점이다. 유럽 최대의 도시 중 하나인만큼 활기차고 왕이 기거하는 도시답게 고풍스러움이 공존하니 과거와 현재가 가장 극단적으로, 그리고 가장 다양하게 포진하는 곳이다. 1인당 녹지율이 세계에서 가장 높은 런던에는 여기저기 공원과 작은 정원들이 있어 종일 걷느라 다리 아픈 여행자들에게는 더할 나위 없이 좋은 쉼터가 많다. 볼거리가 많지만 이 도시를 여행하는 것이 전혀 피곤하지 않다.

 혼여 매력도 ★★★★
혼자 즐기기 좋은 유적, 박물관, 공연과 전시로 가득!

 혼여 난이도 ☆
유럽에서 혼자 여행하기 가장 쉬운 도시! 치안, 교통, 의사소통 모두 만족할 곳

 추천 포인트
- 공연 관람, 전시 관람 등 얼마든지 혼자 하기 좋은 여행 포인트가 가득!
- 글로벌 대도시라 혼자 다니는지 여럿이 다니는지 눈에 띄지 않는다.
- 안전한 택시와 대중 교통. 어디든 편하게 다니기 좋다.

TRAVEL INFORMATION

▶▶ 런던 여행 정보 ◀◀

면적

1,572km²

시간대

UTC+0 (한국과 시차 -9시간)

인구

약 895만 명 (2023년 기준)

기후

항상 우산을 가지고 다니는 영국 신사의 이미지에 익숙해 런던은 비가 많이 내린다고 생각하기 쉽지만, 사실 런던의 연간 강수량은 약 750mm로 서울의 절반가량이다. 하지만 비가 내리는 강수일은 168일로 많은 편이라 우산이 필수다. 종종 런던 전역에 짙게 끼는 안개가 어두침침한 분위기에 한몫을 하나, 날씨가 흐리든 맑든 템스강 가의 낭만을 즐기는 데는 아무 상관이 없다.

언어

영어

화폐

파운드

여행 정보 홈페이지

www.visitlondon.com

관광 안내소

히드로 공항, 개트윅 공항, 킹스 크로스, 리버풀 스트리트, 피커딜리 서커스, 빅토리아, 패딩턴, 홀본, 유스턴, 그리니치역 등에 관광 안내소 Visitor Centre가 있다.

대사관
주영국 대한민국 대사관은 세인트 제임스 파크역 St.James Park 근처에 있다.
주소 60 Buckingham Gate, London SW1E 6AJ, UK
전화 +44-20-7227-5500
홈페이지 overseas.mofa.go.kr/gb-en/index.do

항공편

대한항공·영국항공 등에서 인천~런던 간 직항이 운행 중이며, 비행 시간은 약 14시간 걸린다. 외국 항공사는 여러 유럽 도시를 경유하는 노선이 운행 중이다. 런던에는 히드로 공항 외에도 개트윅, 스탠스테드, 런던 루턴, 런던 시티 공항이 있으나 대부분의 장거리 해외 노선은 히드로 공항에서 발착한다.

치안
유럽 국가들과 비교하면 치안이 양호한 편이라 혼자 여행하는 것도 크게 위험하지 않다. 그러나 늦은 시간에 소호 지역의 바와 클럽 부근, 템스강 남쪽 지역인 엘리펀트 캐슬역 Elephant Castle 부근은 주의하자. 펍이 많은 동네에는 새벽 마감 시간 이후에도 취객들이 배회할 가능성이 높다. 런던에서는 아무리 늦어도 평일 새벽 2시, 일요일은 대개 자정 전에 닫는다.

시내 교통

A. 런던의 지하철, 튜브 Tube
여행자들이 가장 적응하기 쉬운 편리한 대중교통. 한국 지하철보다는 불편하지만 런던 곳곳 어디든 갈 수 있어 튜브만 타고도 런던 여행을 하기에 무리가 없다.

B. 런던의 상징, 빨간 이층 버스 Double Decker
알파벳으로 표기된 런던의 버스 정류장 체계를 이해하는 것은 꽤나 어렵다. 해당 알파벳 정류장에만 서는 노선들을 정리한 버스 노선표를 보고 지도에 타고 내릴 정류장을 표기해두자.

*런던에서 옥스퍼드, 케임브리지, 버밍엄, 맨체스터, 카디프 등 근교로 이동하기 가장 편한 수단 역시 코치 버스(Coach)다. 지하철 튜브 빅토리아역(Victoria)에 코치 정류장도 함께 있다.

C. 블랙 캡 Black Cap
런던 택시 기사들은 시내를 눈감고도 다닐 정도로 철저하게 공부하고 시험을 보기 때문에 정확한 요금에 안전한 도착을 보장한다. 하지만 요금이 서유럽에서 가장 비싼 편이라 주요 이동 수단으로 이용하기에는 부담스럽다. 손님을 태우려고 다니는 택시는 지붕의 'For Hire' 라는 등에 노란 불이 켜져 있다.

교통 카드

오이스터 카드 Oyster Card
오이스터 카드는 런던 대중교통 이용의 기본이자 필수다. 대부분의 역과 관광 안내소에서 판매하며, 첫 발급 시에 환불 가능한 보증금 £5를 지불해야 한다. 우리나라 교통카드처럼 충전Top-up하는 Pay As You Go 방식을 택해도 되고, 1일/1주일/1달 등 기간을 정해서 이용하는 트래블 카드Travel Card로 사용할 수도 있다. 트래블 카드는 요금 상한 제한Price Cap이 있어 구간별로 1일 최대 차감 요금이 정해져 있다.

여행자들이 가장 많이 이용하는 구간인 1존 요금
(오이스터 카드 차감 요금)

존	1회 요금 (Single)	최대 요금 (Price Cap)
ZONE 1 Only	£2.70	£8.50

여행 패스

런던 패스 London Pass
런던 패스는 이용 기간에 따라 1, 2, 3, 4, 5, 6, 10일 동안 런던을 대표하는 80여 곳의 명소를 방문할 수 있는 통합권이다. 패스를 사용해 무료 입장이 가능한 명소가 있고, 할인을 받을 수 있는 명소가 있으며 패스트 트랙 등의 특전을 제공하는 곳도 있다. 여행 일정과 가고 싶은 곳에 따라서 효율적으로 사용하면 다양한 혜택을 누릴 수 있다. 스마트폰을 사용한 QR 코드도 제공하며, 패스는 개시 후 연속 일정으로 사용해야 한다.

홈페이지 www.londonpass.com

TIP
파리로 가려면 비행기보다 유로스타 Eurostar
런던-파리를 잇는 대표적인 이동 수단. 이외에도 벨기에, 네덜란드 이동 시에 비행기보다 더 빠르고 경제적일 수 있다.

3 DAYS IN LONDON

▶▶ 런던 베스트 3일 코스 ◀◀

DAY 1

아침 식사 — 런던 탑 — 버러 마켓
잉글리시 브렉퍼스트로
시작하는 런던의 아침

옥스퍼드 스트리트 — 세인트 폴 대성당 — 테이트 모던

점심 식사 — 영국 박물관 — 카페 놀이
파이브 가이스에서
햄버거 먹방!

웨스트 엔드 뮤지컬 관람 — 저녁 식사
런던에 왔다면
피시 앤드 칩스는 꼭 한 번!

영국 음식 맛없다는 말도 이제는 옛말. 런던은 이제 세계 각지에서 모여든 최고의 맛을 경험할 수 있는 미식가의 도시 중 하나로 자리 잡았다. 가격대가 있는 미슐랭 레스토랑도 많지만, 종류도 다양하고 가격도 착한 시장 음식도 빼놓을 수 없다. 유명 셰프 제이미 올리버Jamie Oliver도 장을 본다는 버러 마켓Borough Market과 그 주변에 맛집이 많으니 시장 구경을 마치고 맛있는 식사를 해보자.

DAY 2

타워 브리지 — 해러즈 백화점 — 점심 식사 (추천: 일요일엔 고기 요리, 선데이 로스트)

하이드 파크 — 빅토리아 & 앨버트 박물관 — 사치 갤러리

리틀 베니스 — 저녁 식사 (추천: 런던의 태국 요리 맛집, 킬른) — 라이브 공연 관람 LV.2

DAY 3

웨스트민스터 사원 & 빅벤 — 점심 식사 (추천: 본토의 애프터눈 티를 즐기며 한 박자 쉬어 가기) — 코벤트 가든

저녁 식사 (익숙한 대만 요리, 바오) — 런던 아이 — 북부 런던 해크니 여행 LV.3

EPL 경기 관람 LV.3

LEVEL 1

혼자 여행 · 버킷리스트

✓ 영국인의 식탁을 훔쳐보다
런던 시장 구경하기

영국에는 맛있는 음식이 없다는 것도 오래된 편견이다. 특히 시장 음식들은 정말 종류도 많고 맛도 훌륭하며 가격도 착하다. 유명 셰프 제이미 올리버Jamie Oliver도 장을 본다는 버러 마켓은 주변에 맛집이 정말 많아 시장 구경을 마치고 맛있게 한 끼 먹기에 안성맞춤이다. 또 최근 돌풍을 일으키고 있는 멀트비 스트리트 마켓도 놓치지 말 것. 타워 브리지에서 5분만 걸으면 나오는 멀트비는 런던 미식가들의 주말 만남의 장소다. 감자튀김에 얹어 주는 바비큐 소고기구이와 그레이비소스, 크래프트 맥주와 상큼한 칵테일, 지중해와 동유럽 지역의 전통 음식 등을 강추한다.

버러 마켓 Borough Market
📍 8 Southwark Street, London SE1 1TL
🌐 www.boroughmarket.org.uk

멀트비 스트리트 마켓 Maltby Street Market
📍 41 Maltby Street, London SE1 3PA
🌐 www.maltbystreetmarket.co.uk

✓ 미국에 브로드웨이가 있다면
영국에는 웨스트 엔드가!
웨스트 엔드에서 뮤지컬 관람하기

런던에서 빼놓을 수 없는 즐거움은 뮤지컬 공연이다. 레스터 스퀘어Leicester Square 부근을 24시간 달구는 수많은 뮤지컬 작품들은 할인 티켓 매표소 앞에 새벽부터 줄을 서는 수고를 보상하고도 남는 감동을 안긴다.

뮤지컬 정보 및 예매
🌐 officiallondontheatre.com

✓ 런던에서 즐기는 향긋한 커피 타임
나만의 카페 놀이

초보 혼자 여행자라면 혼밥에 도전하기는 어렵지만, 혼자 카페에서 시간을 보내는 것은 해볼 만하다. 혼카족들은 어디에나 정말 많기 때문이다. 우선 런던 1세대 스페셜티 카페인 몬머스 커피를 빼놓을 수 없다. '우리 가게는 몬머스 커피 하우스의 커피를 사용합니다.'라는 문구가 수많은 런던의 식당과 카페의 자랑이 됐을 정도이니, 이미 커피 맛으로 1등이라는 소개가 무색하다. '매너 좋은 커피'를 판매한다는 재미있는 청년들이 오픈한 더 젠틀맨 바리스타스는 인스타그램에서 활약 중인 핫 플레이스다. 진한 커피는 물론 디저트까지 맛있는 카페 오존 커피 로스터스도 추천한다.

몬머스 커피 Monmouth Coffee
🌐 www.monmouthcoffee.co.uk

더 젠틀맨 바리스타스
The Gentlemen Baristas
🌐 www.thegentlemenbaristas.com

오존 커피 로스터스
Ozone Coffee Roasters
🌐 ozonecoffee.co.uk

근교로 떠나는 작은 여행
런던 근교 도시 여행하기

여행 속 작은 여행만큼 신나는 것은 없다. 작은 가방을 하나 꾸려 종일 낯선 곳을 돌아다니다 호텔을 집 삼아 돌아오는 것은 모험심도 필요한 도전이다. 한인 투어 업체를 통해 런던 근교에 위치한 옥스퍼드, 케임브리지, 코츠 월드 등 학구적인 전원 도시들로 하루 여행을 떠나 보자. 좀 더 조용한 투어 프로그램을 원한다면 현지에 사는 한국인들이 투어 가이드로 활동하는 사이트를 이용하는 것도 좋다.

자전거나라
⊕ www.eurobike.kr

마이리얼트립
⊕ www.myrealtrip.com

런던의 낭만을 느껴 보자!
라이브 공연 관람하기

런던의 밤을 더욱 낭만적으로 만들어 줄 멋진 공연도 좋다. 바텐더가 정성껏 만들어 준 칵테일 한 잔, 감성적인 재즈 선율에 어울리도록 멋지게 차려 입자. 소니 롤린스Sonny Rollins와 엘라 피츠제럴드Ella Fitzgerald도 공연했다는 전설적인 재즈 공연장 로니 스콧츠와 에인트 낫싱 벗 블루스 바가 런던 재즈 공연장의 양대 산맥이다. 재즈가 내키지 않는다면 발레와 오페라가 주로 상연되는 로열 오페라 하우스의 프로그램이나 바비칸 센터에서 자주 공연을 여는 런던 심포니 오케스트라(www.lso.co.uk)의 일정도 살펴보자.

로니 스콧츠 Ronnie Scott's
📍 47 Frith St, Soho, London W1D 4HT
⊕ www.ronniescotts.co.uk

에인트 낫싱 벗 블루스 바 Ain't Nothing But Blues Bar
📍 20 Kingly St, Soho, London W1B 5PZ
⊕ www.aintnothinbut.co.uk

로열 오페라 하우스 Royal Opera House
📍 Bow St, Covent Garden, London WC2E 9DD
⊕ www.roh.org.uk

바비칸 센터 Barbican Centre
📍 Silk St, Barbican, London EC2Y 8DS
⊕ www.barbican.org.uk

✅ 좀 더 멀리, 좀 더 깊숙이!
북부 런던 탐방 North London

요즘은 도심에서 벗어날수록 힙하고 트렌디한 모습을 드러내는 것이 여행지의 추세다. 트렌드세터들이 선택한 런던에서 가장 핫한 곳들을 찾아 보자. 런던에서 가장 빨리 개발되는 동네 중 하나인 해크니Hackney와 인기의 정점을 찍은 쇼디치Shoreditch는 북부 런던의 대표 스타다.

벨을 눌러야 문을 열어주는 혁신적인 콘셉트 스토어 LN-CC, 런던에 산다면 매일 자전거를 타고 와서 아침에 구워내는 빵을 사가고 싶은 유기농 사워도Sourdough 빵 전문점 E5 베이크 하우스E5 Bakehouse, 문을 여는 24시간 내내 줄이 길게 서 있는 베이글 천국 베이글 베이크Beigel Bake, 일요일에만 여는 향기로운 꽃 시장 컬럼비아 로드 플라워 마켓Columbia Road Flower Market 모두 런던 북쪽에 있다. 주말 시장 브로드웨이 마켓Broadway Market도 추천한다. 리전트 운하를 따라 걸어 올라갈 수 있으며, 관광객보다 현지인들이 훨씬 많다. 여러 나라의 음식을 판매하고 있어 다른 시장보다 먹어 볼 음식이 많다. 독특한 의류와 수공예품 등을 판매하고, 시장 양옆으로 작지만 맛있기로 소문난 카페와 식당들이 즐비하다.

✅ 세계적 축구 리그를 직관하는 즐거움
EPL 경기 관람하기

런던에서 대활약하고 있는 손흥민 선수가 뛰는 토트넘 경기를 보는 것은 빼놓을 수 없는 즐거움! 주말에 경기가 열리는 영국 프리미어 리그 경기 중 런던이 연고지인 명문 구단들은 첼시Chelsea, 아스널Arsenal, 토트넘Tottenham 등이 있다. 맨체스터 시티나 리버풀, 맨체스터 유나이티드 등 EPL 상위권을 다투는 여러 클럽들이 런던으로 원정 경기를 오기도 하니 여행 일정이 정해지면 일찌감치 티켓을 구해보자. 한인 민박에서 대행해 주는 경우가 많고, 공식 홈페이지에서 직접 구매하는 방법도 있다. 경기장에서는 모두 필드에만 집중하니, 혼자 가서 응원한다고 불편하거나 쑥스러울 일이 없다. 오히려 골이 들어가면 '우리는 하나!' 모드가 되어 얼싸안고 신나게 다같이 응원하게 된다.

영국 프리미어 리그
England Premier League
🌐 www.premierleague.com

런던 베스트 먹거리

BEST MENU | 01

잉글리시 브렉퍼스트
English Breakfast

영국 사람들은 아침을 푸짐하게 차려 먹는다. 따끈하게 구운 콩 요리와 구운 베이컨, 토스트, 토마토와 달걀 요리를 더하면 에너지 넘치는 아침 식사, 잉글리시 브렉퍼스트의 기본이 완성된다. 카페나 레스토랑마다 조금씩 변형해서, 해시브라운이나 구운 버섯, 소시지나 푸딩을 더하기도 한다. 거의 모든 것이 팬에서 구워지기 때문에 '프라이 업Fry-up'이라 부르기도 한다.

BEST MENU | 02

피시 앤드 칩스
Fish and Chips

흰 살 생선 튀김에 감자튀김을 곁들인 영국의 대표 요리다. 막 튀긴 것을 종이 포장지에 둘둘 말아 주는 캐주얼한 요리로 테이크아웃도 많이 해 간다. 주로 대구나 명태 등을 사용하며 저렴한 가격에 포만감을 주기 때문에 무척 대중적이다. 맥주 안주로도 훌륭하므로 시원한 맥주도 잊지 말고 주문할 것.

BEST MENU | 03

선데이 로스트
Sunday Roast

영국인들이 일요일에 먹는 고기 요리다. 소고기구이와 그레이비소스, 채소와 요크셔 푸딩이 기본 구성이며 식당마다 조금씩 변형된 메뉴를 내놓는다. 속은 촉촉하고 겉은 바삭하게 익힌 고기는 일요일 아침 느지막이 일어나 먹으러 가기 딱 좋다. 주중에도 즐겨 먹지만 역시 일요일에 인기가 가장 많다.

BEST MENU | 04

애프터눈 티
Afternoon Tea

널리 사랑받는 영국의 전통 중 가장 유명하고 가장 인기 있는 것은 바로 애프터눈 티 문화다. 차와 스콘, 잼으로 구성된 크림 티Cream Tea, 가벼운 식사가 될 정도인 라이트 티Light Tea, 아침점심을 굶고 먹어도 될 정도로 푸짐하게 나오는 풀 티Full Tea가 있다. 차와 함께 나오는 대표적인 메뉴는 스콘과 클로티드 크림, 딱딱한 가장자리를 잘라 낸 오이 샌드위치. 한 입 크기로 작은 메뉴들은 3층 접시에 층층이 담아 내오며, 아래층부터 위층으로 갈수록 점점 달콤해진다.

🍴 런던 베스트 맛집

BEST RESTAURANT | 01

파이브 가이스
Five Guys

1986년 미국 워싱턴에서 탄생한 파이브 가이스! 햄버거 프랜차이즈만큼 혼밥이 쉬운 곳이 없다. 파이브 가이스의 특징인 깔끔하고 고소한 땅콩 오일, 육즙 가득한 패티, 끝없이 들어가는 감자튀김은 패스트푸드라는 걸 잊을 만큼 맛있다. 취향대로 재료를 골라 주문할 수 있으며, 무려 25만 종류의 햄버거 조합이 가능하다. 밀크 셰이크도 유명하니 탄산 음료 대신 주문해 보자.

📍 1-3 Long Acre, Covent Garden, London WC2E 9LH
🌐 www.fiveguys.co.uk

BEST RESTAURANT | 02

킬른
Kiln

런던 맛집이 잔뜩 모인 소호에 위치해 찾기 편한 누들 바 겸 태국 식당. 화덕과 그릴이 있고 좌석은 혼밥하기 가장 좋은 바 형태로 길게 놓여 있다. 톤 다운된 조명이 분위기를 더욱 살리는 포토제닉한 맛집. 시크한 인테리어와 푸짐하고 먹음직스러운 요리로 늘 붐빈다.

📍 58 Brewer St, Soho, London W1F 9TL
🌐 www.kilnsoho.com

BEST RESTAURANT | 03

바오
BAO

우유를 넣어 반죽한 보드라운 만두피 안에 다양한 속을 채워 쪄 내는 대만 요리 바오를 판매한다. 인기가 많아 런던에 지점이 다섯 곳이나 있고, 간단하고 빨리 먹을 수 있는 음식이라 그런지 자리 회전도 빠르고 테이크아웃과 혼밥 손님들이 많이 찾는다.

📍 53 Lexington St, Soho, London W1F 9AS
🌐 baolondon.com

런던 베스트 스폿

BEST SPOT IN LONDON

LANDMARK
NATURE
SHOP

LANDMARK

01 웨스트민스터 사원 & 빅벤
Westminster Abbey & Big Ben

유네스코 세계문화유산으로 등재된 웨스트민스터 사원은 웅장하고 화려한 1,000여 개의 방을 자랑하는 성공회 성당이다. 1066년 정복왕 윌리엄이 이곳에서 왕위에 오른 후 에드워드 5세와 8세를 제외한 모든 영국 왕과 여왕들의 대관식이 열렸다. 남쪽 교차랑에는 영국 대문호들의 무덤인 포이츠 코너Poets' Corner가 있다. 이곳의 명물 빅벤은 분침이 4.2m, 숫자 하나가 60cm나 되는 큰 시계탑이다. 제2차 세계대전 중에도 살아 남아 정시를 알렸을 정도로 엄격히 관리해서 칼같이 시간을 알려 준다.

📍 20 Deans Yd, London SW1P 3PA
🌐 www.westminster-abbey.org

02 세인트 폴 대성당
St. Paul's Cathedral

저명한 건축가 크리스토퍼 렌 경Sir Christopher Wren의 대표작으로, 로마의 성 베드로 대성당 다음으로 큰 돔을 머리 위에 얹고 있다. 35년이 걸려 완성된 이 성당의 돔은 530여 개의 계단을 지나야 오를 수 있지만 템스강을 가장 예쁘게 구경할 수 있는 곳이다. 타원형 구조에서 거의 왜곡되지 않고 소리가 전달되는 위스퍼링 갤러리Whispering Gallery로도 유명하다.

📍 St Paul's Churchyard, London EC4M 8AD
🌐 www.stpauls.co.uk

03 테이트 모던
Tate Modern

영국 예술 재단인 테이트가 1980년대 이후 사실상 버려졌던 뱅크 사이드 화력 발전소 건물을 미술관으로 개조해 2000년에 개관했다. 런던에서 가장 인기 있는 미술관으로, 풍경, 정물, 누드, 역사 등 테마로 공간을 구분해 전시한다. 맨 위층 카페에서는 통유리창으로 세인트 폴 대성당까지 탁 트인 템스강 전망을 볼 수 있다.

📍 Bankside, London SE1 9TG
🌐 www.tate.org.uk

04 영국 박물관
The British Museum

소장품이 700만 점이 넘어 세계에서 가장 큰 컬렉션을 자랑하는 세계 3대 박물관 중 하나. 지역별, 시대별로 대표적인 예술품과 인류학적 유물들을 전시한다. 한국관도 규모는 작지만 마련되어 있다.

📍 Great Russell St, Bloomsbury, London WC1B 3DG
🌐 www.britishmuseum.org

05 타워 브리지
Tower Brige

흔히 '런던 브리지'로 잘못 알고 있는 타워 브리지는 2012년 올림픽 중에는 오륜기가 걸렸던 런던의 상징이다. 선선한 저녁 날씨를 즐기며 템스강 변을 산책해 보자.

📍 Tower Bridge Road, London SE1 2UP
🌐 www.towerbridge.org.uk

06 빅토리아 & 앨버트 박물관
V & A(Victoria & Albert) Museum

1852년 개관한 세계 최대 규모의 장식 미술 디자인 박물관이다. 박물관 명은 빅토리아 여왕과 부군 앨버트 공의 이름에서 유래했다. 고대부터 현대까지 대륙, 문화권, 주요 나라별로 450만 개 이상의 소장품들이 150여 개의 전시장에 나뉘어 전시돼 있다. 회화와 도자기, 유리 공예품, 가구, 조각이나 장신구 등도 전시하고 있다. 빅토리아 시대 장식주의 특징을 가장 잘 살펴볼 수 있으며, 한국관도 있다.

📍 Cromwell Road, Knightsbrige, London SW7 2RL
🌐 www.vam.ac.uk

07 사치 갤러리
Saatchi Gallery

세계적인 미술품 수집가 찰스 사치 Charles Saatchi가 1985년 개관한 갤러리로, 혁신적이고 파격적인 미술 작품들의 기획 전시로 명성이 높다. 사치가 뛰어난 안목으로 젊은 미술가들의 작품을 전시하기 시작하면서 영국의 젊은 아티스트들Young British Artists을 발굴 육성한 것으로도 유명하다.

📍 Duke of York's HQ, King's Road, Chelsea, London SW3 4RY
🌐 www.saatchigallery.com

08 런던 탑
Tower of London

웨스트민스터 사원Westminster Abbey, 그리니치 해변Maritime Greenwich과 더불어 런던의 3대 유네스코 세계문화유산으로 꼽힌다. 런던 탑은 본래 궁으로 지어졌으나 결과적으로 가장 섬뜩한 역사의 배경이 됐다. 수많은 왕족, 귀족, 정치가들이 런던 탑에 감금되거나 여기에서 죽음을 맞이했기 때문이다. 역사에 관심이 많은 사람은 이곳을 가장 먼저 찾아본다.

📍 St Katharine's & Wapping, London EC3N 4AB
🌐 www.hrp.org.uk/tower-of-london

09 런던 아이
London Eye

21세기를 기념해 영국 항공British Airways이 건축한 세계에서 가장 높은 관람용 건축물이다. 런던 아이는 32개의 관람차가 회전하면서 지상 135m의 높이까지 올라가 30분 동안 런던의 전경을 360도로 보여준다. 날씨가 좋으면 40km가량 떨어져 있는 원저성Windsor Castle까지 보인다. 샴페인을 마시며 관람차를 타거나 템스강 크루즈가 포함되는 등 여러 종류의 티켓이 있다.

📍 Riverside Building, Country Hall, Bishop's, London SE1 7PB
🌐 www.londoneye.com

NATURE

01 하이드 파크
Hyde Park

리젠트 파크Regent Park와 함께 런던의 녹음을 담당하는 런던의 대표 공원. 넓고 푸른 공원 안에는 켄싱턴궁Kensington Palace과 미술관, 오발Oval이라 불리는 큰 호수도 있다.

📍 The Old Police House, Hide Park, London W2 2UH
🌐 www.royalparks.org.uk

02 리틀 베니스
Little Venice

1820년 런던의 그랜드 유니언 운하Grand Union Canal가 신설됐을 때 이 지역은 배고픈 예술가들과 창녀들이 모여 사는 곳이었다. 하지만 지금은 런던에서 가장 조용하고 깔끔한 부촌으로, 이 동네의 17세기 건물들은 이제 막 지어진 듯 깨끗하게 닦여 있고, 운하의 물도 언제나 잔잔하다.

📍 30 Warwick Ave, Little Venice, London W9 2PT

SHOP

01 해러즈 백화점
Harrods

영국을 대표하는 백화점이다. '모든 곳의, 모든 사람을 위한, 모든 것'이라는 모토대로 왕실부터 동네 사람들까지 찾는다. 상점들을 여유롭게 배치해 갤러리를 관람하는 기분이 들며, 분위기와 시기에 딱 맞게 선정한 음악도 해러즈의 품격을 더한다. 토요일은 세금 환급을 하려는 관광객들이 전부 몰려드는 날이니 피하는 것이 좋다. 윈도 쇼핑만 해도 충분히 인상적이며, 밤에 조명이 들어온 해러즈의 모습도 무척 예쁘다.

📍 87-135 Brompton Road, Knightsbrige, London SW1X 7XL
🌐 www.harrods.com

02 옥스퍼드 스트리트
Oxford Street

길이 800m 정도 되는 대로. 이 길에는 런던에서 가장 높은 실적을 자랑하는 상점들이 있다. 백화점, 유명 패션 브랜드의 대형 매장들이 즐비해 종일 돌아봐도 시간이 모자랄 정도다. 부근의 리버티Liberty와 셀프리지스Selfridge's 등 런던의 대표 백화점들도 가볼 만하다.

📍 2 Harewood Pl, Mayfair, London W1S 1BX

03 코벤트 가든
Covent Garden

여기는, 없는 것이 없다. £1에 기념 열쇠고리 3개를 살 수도 있고, 폴 스미스, 버버리 등 명품 브랜드 쇼핑도 가능하며 고서적이나 가죽 재킷을 득템할 수도 있다. 코벤트 가든은 크게 세 구역으로 나뉘었고, 그 외에 수많은 카페, 식당, 상점으로 이루어져 있다. 영국산 주얼리, 가죽 제품을 주로 판매하는 북쪽 홀North Hall의 애플 마켓Apple Market과 수공예품, 핸드백, 아동복, 미술품 등을 판매하는 이스트 코로네이드 마켓East Colonnade Market, 남쪽 광장South Piazza에서 열리는 앤티크, 의류, 미술품 시장인 주빌리 마켓Jubilee Market이 큰 구획이다. 일주일 내내 문을 여는 마켓은 요일별로 판매하는 상품군이 다르며, 월요일에는 앤티크, 화~금요일에는 의류, 공예품, 음식 그리고 주말에는 수제 공예품을 주로 판매한다.

📍 The Market Building, London WC2E 8RF
🌐 www.coventgarden.london

PARIS. FRANCE
파리, 프랑스

혁명과 예술, 낭만과 고독의 도시. 공존하기 어려울 것 같은 모순들이 한데 엉켜 있는, 세계에서 많은 관광객을 맞이하는 도시 중 하나. 시즌마다 패션쇼를 가장 성대하게 치러내면서도 수백 년 된 건물과 전통은 변하지 않는 도시, 파리. 막상 여행해 보면 호불호가 가장 크게 나뉘는 여행지이기도 하다. 하지만 만약 당신이 파리와 사랑에 빠진다면, 그건 아마도 평생 헤어나올 수 없는 깊고 진한 사랑일 것이다.

 혼여 매력도 ★★★★★
낮과 밤의 매력이 상반된 빛의 도시. 로맨틱한 파리는 혼자 걸어도 완벽하다.

 혼여 난이도 ☆
파리 지하철이 시내 곳곳에 촘촘히 깔려 있어 주요 명소까지 찾아가는 것이 매우 쉽다.

 추천 포인트
- 걷기를 좋아한다면 파리에서 가장 행복할 것. 체력만 허락한다면 도시 전체를 걸어서 돌아보는 것도 어렵지 않을 정도로 걷기에 최적화된 도시다.
- 낭만, 예술, 문학, 건축, 역사, 자연, 그 어떤 것을 원해도 파리는 갖추고 있다.
- 시크한 파리지앵들은 어쩌면 차가워 보일 수 있지만 그만큼 남에게 신경 쓰지 않는다. 남의 시선이 두렵다면 개인의 자유를 중시하는 파리에서만큼은 정말 자유로울 수 있다.

TRAVEL INFORMATION

▶▶ 파리 여행 정보 ◀◀

면적

105km²

시간대

UTC+1 (한국과 시차 -8시간)

인구
약 210만 명 (2024년 기준)

언어
프랑스어

기후

한국과 계절별 기후가 거의 비슷한데, 최근에는 기후 이변이 크게 일어나고 있다. 4월에 눈이 오거나 11월에도 더위가 찾아오는 등 예상치 못한 날씨가 나타나니 여행 직전 일기예보를 참조하는 것이 좋다.

화폐

유로

여행 정보 홈페이지

en.parisinfo.com

관광 안내소
시청사, 파리 북역, 루브르 박물관에 안내 센터 Welcome Centre가 있다.

대사관
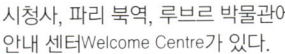
주프랑스 대한민국 대사관은 파리 7구에 위치한 바렌역 Varenne 근처에 있다.
주소 125 Rue de Grenelle, 75007 Paris, France
전화 +33-1-47-53-01-01
홈페이지 overseas.mofa.go.kr/fr-fr/index.do

항공편
대한항공·에어프랑스 등이 인천~파리 간 직항편을 운행 중이고 비행 시간은 약 14시간 걸린다. 외국 항공사를 이용하여 여러 유럽 도시를 경유해서 파리로 들어갈 수도 있다. 파리에는 메인 공항인 샤를 드골 공항 외에도 오를리와 보베 티예 공항이 있으나 대부분의 장거리 국제 노선은 샤를 드골 공항에 발착한다. 항공편 외에 런던 및 유럽 전역에서 유로스타를 타고 파리 북역으로 들어오는 방법도 있다.

치안

이민자와 집시들은 늘 주의하자. 보통 오페라 역이나 유명 관광지 주변에 밀집해 있다.

시내 교통

A. 메트로 Metro
가장 이용하기 편리한 수단으로, 파리 전역을 16개 노선 300여 개의 역이 연결한다. 매일 450만 명이 이용하는 대중교통 수단이다. 현대화 시설로 보수하는 중이어서 손으로 돌려 여는 빈티지 느낌의 노선도 있다.

B. RER
파리 시내와 근교를 잇는 철도로, A, B, C, D 네 노선이 있다. 배차 간격이 길고 정류장도 띄엄띄엄 있어서 잘못 타면 한참 돌아가야 한다. 같은 노선이라도 특정 역을 지나면서 길이 갈려 방향이 바뀌기도 하니 정류장에 들어오는 열차의 안내판을 꼭 확인하고 탄다. 메트로-RER 환승 시 티켓을 개찰구에 한 번 더 넣는다. RER은 출구로 나갈 때 티켓을 한 번 더 사용하게 되므로 버리지 말고 보관할 것. 메트로와 비슷하게 첫차는 05:30경에 시작하고, 막차는 24:45(공휴일 포함 매일)쯤 운행한다.

C. 버스 Bus
파리에는 61개 버스 노선이 있고, 밖을 보며 이동할 수 있어 버스를 더 선호하는 여행자들도 많다. 월요일부터 토요일은 07:00~20:30(일부 노선은 20:30~24:30)까지 운행하며, 일요일과 공휴일에는 정규 노선의 절반만 운행한다. 24:30~05:30에는 야간 버스 녹틸리엔이 47개 노선을 운행한다. 버스 전체 노선은 공식 홈페이지에서 확인할 수 있다.
홈페이지 www.ratp.fr/en/plan-bus

D. 우버 Uber & 택시 Taxi
택시는 호텔 등에 부탁하여 부르거나 길거리에서 자유롭게 잡아탄다. 우버는 휴대전화 앱을 설치해서 부르는 것이 보통이다. 보통은 우버의 요금이 싸지만 공항과 파리 시내를 오가는 구간만큼은 택시와 우버의 요금이 같다. 택시 기사들이 시내로 이동하는 요금을 정찰제로 변경해 우안은 €56, 좌안은 €65에 이용할 수 있다. 택시에서는 바가지를 쓰지 않도록 꼭 미터기를 눌러달라고 요청하자. 파리지앵들은 시내에서는 우버를 더 많이 이용한다.

E. 그 외
노선은 많지 않지만 고풍스러움이 느껴지는 트램Tram, 누구든 쉽게 등록하고 이용할 수 있는 벨리브Vélib 자전거, 파리의 6개 기차역(동역, 북역, 리옹, 오스테를리츠, 몽파르나스, 생 라자르)에서 출발하여 파리 근교로 이동하는 지역 열차 트랑지리엥Transilien도 있다.

교통권

여행자들이 가장 많이 사용하는 메트로, 버스, RER, 트램은 같은 교통권으로 탑승할 수 있으며 환승도 된다. 교통권은 메트로, RER 역 등에서 판매한다.
가장 기본이 되는 교통권은 1회권T+ Ticket으로 요금은 €2.15, 10회를 묶어 할인해서 판매하는 카르네Carnet는 €17.35이다. 파리 비지트 패스Paris Visite Pass는 일정 기간 동안 파리 대중교통(버스, RER, 메트로, 트램)을 자유롭게 이용할 수 있어 여행자에게 유리하다. 파리 시내부터 외곽까지 지역을 나눈 존Zone에 따라 요금이 다르다.

파리 비지트 패스 요금

종류	어른	4~11세
1일권 1~3존	€13.95	€6.95
2일권 1~3존	€22.65	€11.30
3일권 1~3존	€30.90	€15.45
5일권 1~3존	€44.85	€22.20

여행 패스

파리 뮤지엄 패스 Paris Museum Pass
뮤지엄 패스는 파리 시내와 근교에 위치한 50여 개가 넘는 박물관, 미술관 및 역사적 기념물들을 하나의 티켓으로 입장할 수 있는 입장권이다. 패스는 2·4·6일권이 있으며, 오랫동안 줄을 서지 않고도 입장할 수 있어 인기가 많다. 짧은 시간에 다양한 박물관이나 미술관을 방문할 계획을 하고 있다면 뮤지엄 패스를 구매하는 것이 효율적일 것이다.
홈페이지 parisjetaime.com/eng/

3 DAYS IN PARIS

▶▶ 파리 베스트 3일 코스 ◀◀

DAY 1

에펠 탑 — 카페 앙젤리나에서 즐기는 우아한 브런치 (LV.1)

소피 — 프랭탕·라파예트 백화점

몽마르트르(사크레쾨르 대성당, 테르트르 광장과 카페, 사랑해 벽 등) — 생마르탱 운하 — 센강 바토무슈

저녁 식사 (추천: 파리 뉴욕(PNY))

꼭 에펠탑을 오르지 않아도, 루브르 박물관을 관람하지 않아도, 파리 여행은 충만하다.
작은 골목 사이사이 자리한 카페와 갤러리, 규모 작은 미술관이 여행자의 행복을 채워주기 때문.
갓 구운 바게트나 크루아상을 한 입 베어 물면 왜 프랑스 빵이 그렇게 맛있다는 건지 알 수 있다.
'길빵'을 하면서 걷는 재미는 어디에도 견줄 수 없으니 파리를 열심히 걸어 구석구석 탐방해 보자.

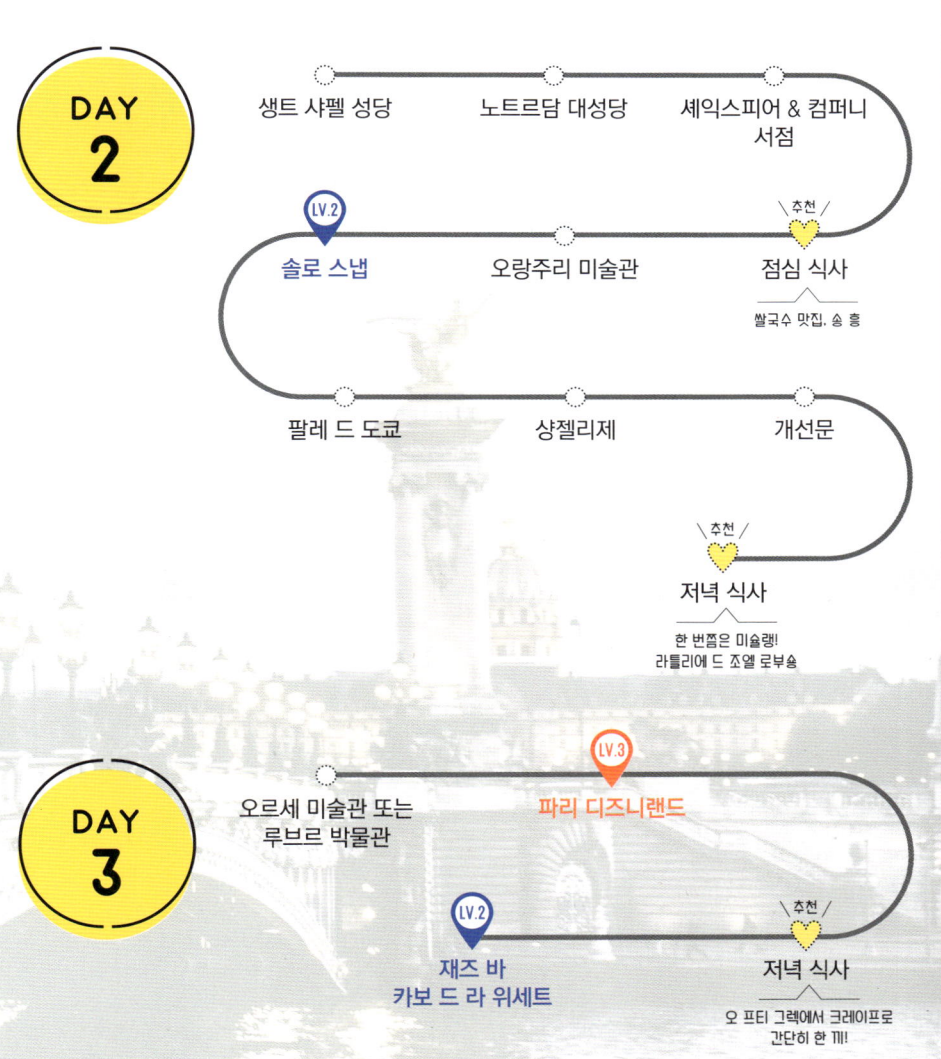

DAY 2

생트 샤펠 성당 → 노트르담 대성당 → 셰익스피어 & 컴퍼니 서점

LV.2 솔로 스냅 → 오랑주리 미술관 → 추천 점심 식사
쌀국수 맛집, 송 흥

팔레 드 도쿄 → 샹젤리제 → 개선문

추천 저녁 식사
한 번쯤은 미슐랭! 라틀리에 드 조엘 로부숑

DAY 3

오르세 미술관 또는 루브르 박물관 → LV.3 파리 디즈니랜드

LV.2 재즈 바 카보 드 라 위세트 → 추천 저녁 식사
오 프티 그렉에서 크레이프로 간단히 한 끼!

✅ 멋진 앤티크 아이템을 득템하자
벼룩시장 구경하기

현지인들의 평범한 하루를 직접 느껴 보는 데에는 시장 구경만큼 좋은 것이 없다. 그리고 다양한 시장들 중에서도 벼룩시장 구경은 좀 더 특별한 구석이 있다. 손때 묻은 레코드, 누군가에게 정성껏 쓴 바랜 엽서 등 독특하게 파리를 추억할 아이템을 찾을 수 있다. 1885년부터 열리기 시작해 일주일에 18만 명이 다녀가는 생투앙 벼룩시장도 좋고, 중고 의류나 인테리어 소품이 많아 파리 사람들이 많이 찾는 방브 벼룩시장도 추천한다. 모두가 멋진 아이템을 찾아내기 분주해 유난히 다른 사람에게 신경을 쓰지 않아 혼자 여행하기 특별히 편하다.

생투앙 벼룩시장 Marché aux Puces de St. Ouen
📍 140 Rue des Rosiers, 93400 Saint-Ouen
🌐 www.pucesdeparissaintouen.com

방브 벼룩시장 Marché aux Puces de la Porte de Vanves
📍 Avenue Marc Sangnier, Avenue Georges Lafenestre, 75014
🌐 www.pucesdecanves.com

✅ 나만을 위한 우아한 시간
여유로운 브런치 즐기기

몽블랑 케이크와 핫 초콜릿으로 유명한 파리 1구의 격조 높은 카페 앙젤리나는 언제 찾아가도 줄이 길다. 1903년에 오픈한 이래 오드리 헵번과 코코 샤넬, 마르셀 프루스트 등이 단골이었다는 파리 제일의 살롱이다. 잠깐 앉아 사진만 찍고 바로 일어나기보다는, 테이블 가득 브런치 메뉴를 시켜서 느긋하게 머무르며 파리의 낭만을 느껴 보자.

앙젤리나 Angelina
📍 226 Rue de Rivoli, 75001 Paris
🌐 www.angelina-paris.fr

베르사유 궁전 Château de Versailles
📍 Place d'Armes, 78000 Versailles
🌐 www.chateauversailles.fr

✓ 화려함의 극치인 프랑스 왕들의 거처를 탐험해 보자
베르사유 궁전 방문

프랑스의 화려함을 마음껏 뽐내는 유네스코 세계문화유산 지정 문화재. 베르사유는 원래 왕실의 사냥터였다가 17세기 말~18세기에 지어진 부르봉 왕조의 호화스러운 궁전과 정원이다. 루이 14세가 1672년 파리에서 베르사유로 왕궁을 옮긴 후부터 루이 16세와 마리 앙투아네트가 처형되면서 베르사유의 시대가 끝나기 전까지 약 100년 동안 프랑스 정치와 문화의 중심지 역할을 했다.

✓ 평생 간직할 소중한 사진
솔로 스냅 사진

최근 유행하는 여행 스냅 사진 촬영지 중, 전 세계에서 가장 인기 높은 곳은 바로 파리다. 신혼부부들과 연인들이 가장 많이 예약하지만 솔로 여행자의 예약도 많다. 사진작가들은 파리에 오래 거주하거나 도시 구석구석을 많이 알기 때문에 여행 초반에 스냅을 찍으면 여행 일정 등 많은 정보를 얻을 수 있다. 시크한 파리지앵이 된 척 표정을 지어 보는 것이 어색할 수 있지만 능숙한 작가의 안내에 따르다 보면 금세 익숙해진다. 예약은 인스타그램, 포털사이트에 '파리 스냅'을 검색하거나 마이리얼트립 등에서 가이드를 겸하는 촬영 패키지를 구매해도 좋다.

✓ 라라 랜드 in 파리
재즈 바
카보 드 라 위세트

미국 L.A가 배경인 영화 '라라 랜드'에는 파리에서 촬영한 신나는 장면이 있다. 밤의 에펠탑과 센강을 빠르게 지나 라탱 지구에 위치한 카보 드 라 위세트에서 원색의 옷을 입은 손님들이 신나게 춤을 추는 장면이다. 동굴처럼 어두운 지하 바는 클로드 볼링, 아트 블레이키 등 수많은 아티스트들이 공연한 파리의 명물이다. 원래도 인기가 좋았지만 영화 개봉 후 인기가 치솟아 오픈 시간에 맞춰 가는 편이 좋다. 예약은 받지 않는다.

카보 드 라 위세트
Caveau de la Huchette
📍 5 Rue de la Huchette, 75005
🌐 www.caveaudelahuchette.fr

LEVEL 3

혼자 여행 · 버킷리스트

✓ 동심을 찾아 시외로 떠나 보자
디즈니랜드 파리

파리 중심부에서 32km 동쪽으로 가면 나타나는 '꿈과 희망의 나라'! 사실 한국에서도 혼자 놀이공원에 가는 것은 상당한 내공이 필요한 일이다. 하지만 디즈니랜드는 다르다. 혼자서도 할 것 많고 볼 것 많으며, 디즈니 캐릭터들이 어른도 안아주고 말을 걸어주어 외로울 틈이 없다. 미키 마우스 머리띠를 쓰고 풍선을 하나 든 채 한껏 기분을 내도 좋은 곳. 이곳에 온 사람은 모두 아이 같은 기분을 내려고 온 것이니까. 할로윈, 크리스마스 등 연중 내내 다양한 테마의 행사가 펼쳐진다.

디즈니랜드 파리 Disneyland Paris
📍 Boulevard de Parc, 77700 Coupvray, France
🌐 www.disneylandparis.com

✓ 기차를 타고 동화 같은 남프랑스로
남프랑스 여행 Sud de France

프랑스의 고속 열차 TGV를 타면 그리 오래지 않아 파리와는 완전히 다른 지역을 여행할 수 있다. 혼자 기차에 몸을 싣고 떠나는 그 자체가 큰 모험처럼 느껴지고 파리와는 또 다른 풍경과 사람들에 적응해야 하지만, 두근거리고 설레면서 여행 속 여행에 매료되는 기분을 느낄 수 있다. 파리에 오래 머문다면 손가방 하나만 들고 주말 여행으로 다녀와도 좋고, 국경을 넘는 기분으로 파리를 떠나 이동해도 좋다.

> **TIP**
> **TGV 역이 있는 대표적인 남프랑스 도시**
> 해안가가 아름답고 박물관의 도시라 불리며, 아기자기한 작은 마을들이 많은 **니스**
> 로제 와인 향이 풍기는 분수의 도시, 학구적이고 젊은 도시 **엑상 프로방스**
> 교황청과 아레나가 있는 역사적인 도시 **아비뇽**

파리 베스트 먹거리

BEST MENU | 01

포토푀
Pot au feu

소고기, 뿌리채소, 향신료를 넣어 뭉근하게 끓인 스튜. '불 속의 솥'이라는 이름에 어울리게 처음 끓이기 시작한 한 솥에 육수와 재료를 계속 더해 가며 오래 먹는 요리다.

BEST MENU | 02

마카롱
Macaron

한입에 쏙 넣고 우물거리면 오랫동안 달콤한 맛이 맴도는 귀여운 프랑스 디저트. 바삭하고 쫄깃한 코크coq 사이에 다양한 맛의 필링을 넣어 만든다. 마카롱의 양대 산맥이라는 라 뒤레La Duree와 피에르 에르메Pierre Hermé 외에도 파리의 디저트 숍에서 파는 마카롱은 저마다 맛있다.

BEST MENU | 03

양파 수프
Soupe à l'Oignon Gratinée

채 썬 양파를 단맛이 날 때까지 천천히 볶은 다음 육수, 치즈를 더해 만든다. 추운 날 먹으면 발끝까지 언 몸을 녹여주는 깊은 맛이 일품이다. 애피타이저로 강력 추천한다.

BEST MENU | 04

물 프리트
Moules Frites

벨기에 요리이지만 프랑스에서도 인기가 많다. 노르망디 지역에서 특히 많이 보인다. 홍합에 화이트 와인을 붓고 끓여 감자튀김과 함께 먹는데 토마토, 오일, 크림 등 다양한 소스 버전이 있다.

BEST MENU | 05

스테이크 프리트
Steak Frites

오늘은 뭘 먹을까 고민될 때, 부담 없이 선택해도 무난히 성공하는 스테이크와 감자튀김. 식당마다 소스가 조금씩 다르고 고기와 감자의 신선도에 따라 맛에 차이가 난다.

파리 베스트 맛집

BEST RESTAURANT | 01

파리 뉴욕
Paris New York(PNY)

파리에서 햄버거를 딱 한 번 먹을 수 있다면 여기를 꼽겠다. 두 도시의 이름을 따온 매력적인 상호도, 시크한 인테리어도, 위치도 좋지만 무엇보다도 맛있기 때문이다. 햄버거의 영원한 짝은 감자튀김이지만 PNY에서만큼은 샐러드를 시켜 보자. 양상추에 어우러진 새콤 짭조름한 드레싱이 PNY의 모든 메뉴와 잘 어울린다. 파리에 5개 매장이 있다.

📍 1 Rue Perrée, 75003 Paris
🌐 pnyburger.com

BEST RESTAURANT | 02

부트 카페
Boot Café

잘 보지 않으면 카페 위에 걸려 있는 빛바랜 푸른 부츠 한 짝을 못 보고 지나칠 수 있다. 간판 없는, 바깥에 엉덩이 붙일 자리 두어 개와 좁은 실내에도 불구하고 빈티지하고 따뜻한 느낌이 포토제닉해 파리 인스타그래머들의 단골 카페다. 커피도, 자주 바뀌는 사이드 메뉴도 맛있다.

📍 19 Rue du Pont aux Choux, 75003 Paris

BEST RESTAURANT | 03

송 흥
Song Heng

마레 지구 최고의 쌀국수 맛집이다. 비좁은 가게 내부에 테이블 몇 개뿐이라 합석은 당연하고, 식사 시간이면 기약 없이 긴 줄을 서야 한다. 궂은 날씨에도 2시간씩 기다리는 사람들이 있을 정도로 맛이 좋은데 메뉴는 수프와 보분(국물 쌀국수, 비빔 쌀국수), 단 2개다. 포장도 가능하다.

📍 3 Rue Volta, 75003 Paris
🌐 www.facebook.com/pages/Song-Heng/156614561034185/

BEST RESTAURANT | 04

라틀리에 드 조엘 로부숑
L'Atelier de Joël Robuchon

혼밥은 늘 간단하고 빠르기만 해야 하나? 파리에 왔으니 미슐랭 스타를 받은 레스토랑에서도 식사해 보자. 뉴욕, 방콕, 홍콩, 라스베이거스, 런던, 싱가포르 등 세계 여러 나라에 이름을 알린 로부숑 셰프의 레스토랑은 1인은 바 좌석도 예약할 수 있으니 더욱 편하게 식사할 수 있다. 사이드 메뉴로 나오는 매시드 포테이토가 특히 유명하다.

📍 30 Rue Vernet, 75008 Paris
🌐 atelier-robuchon-saint-germain.com

BEST RESTAURANT | 05

오 프티 그렉
Au P'tit Grec

한국인들에게 이미 인기 만점. 한국어로 인사를 건네는 유쾌한 아저씨가 뜨거운 철판에서 만들어주는 크레페는 양도 정말 많고 참 맛있다. 기호에 따라 치즈, 햄, 토마토, 달걀, 가지, 버섯 등을 넣어 주문하면 좋다.

📍 68 Rue Mouffetard, 75005 Paris
🌐 auptitgrec.com

BEST RESTAURANT | 06

라스 뒤 팔라펠
L'As du Fallafel

안쪽에도 자리가 꽤 넓지만 한 번도 들어가서 먹어 본 적이 없다. 늘 만석이기 때문에. 파리의 20구 중 3, 4구를 통칭하는 '마레'는 가장 패셔너블하고 트렌디한 동네로, 이런 곳에서 수십 년째 손꼽히는 인기 맛집으로 군림한다는 것은 보통 맛집이 아니다. 그것도 튀긴 병아리콩이 주재료인 팔라펠 딱 한 가지 메뉴로. 이 가게 주변 골목은 온통 입에 소스를 묻히고 팔라펠에 덤벼드는 사람들로 가득하니 자연스레 어울려 먹어보자. 매운맛을 좋아하면 "피캉Piquant (매콤하게)?"이라고 물어볼 때 "위Oui (네)"라고 대답하면 된다.

📍 34 Rue des Rosiers, 75004 Paris

BEST RESTAURANT | 07

르 를레 드 렁트레코트
Le Relais de l'Entrecôte

파리는 맛집도 많지만 맛없는 식당도 정말 많다. 따라서 사전 조사를 하지 않으면 만족도가 상당히 떨어질 수 있는 곳이다. 어디서 먹을지 찾아보고 비교하고 고민할 시간이 없다면 메뉴가 스테이크 프리트 딱 한 가지인 르 를레로 가 보자. 스테이크는 실패 위험이 별로 없는 메뉴인데다, 여기는 특제 소스와 리필 시스템으로 완벽하게 차별화한 맛집이다. 인기가 대단해서 유럽 각지에 지점을 하나 둘 늘리는 중. 스테이크와 감자튀김을 반 이상 먹으면 종업원이 와서 처음 나왔던 양만큼 더 리필해주니 활동량이 많은 날 가 보자. 파리에 3개 지점이 있다.

📍 15 Rue Marbeuf, 75008 Paris
🌐 www.relaisentrecote.fr

파리 베스트 스폿

BEST SPOTS IN PARIS

LANDMARK
MUSEUM
NATURE
SHOP
HOTEL

LANDMARK

01 에펠 탑
La Tour Eiffel

프랑스 혁명 100주년을 기념해 1889년 파리의 만국 박람회장에 세워진 약 300m 높이의 탑. 2~3층에 전망대가 있고 겨울에는 2층에 아이스 스케이트 링크를 여는 등 계절마다 색다른 매력을 뽐낸다.

📍 Champ de Mars, 5 Avenue Anatole France, 75007 Paris
🌐 www.toureiffel.paris/fr

02 샹젤리제 거리
Avenue des Champs-Élysées

"오~ 샹젤리제~" 누구나 한 번쯤은 들어 보았을 노래, 피에르 드라노에 Pierre Delanoe가 작사한 오 샹젤리제 Aux-Champs-Élysées의 주인공. 콩코르드 광장에서 파리 북서쪽으로 뻗은 약 2km 길이의 직선 대로다. 샹젤리제라는 이름은 고대 그리스에서 축복받고 죽은 사람만이 갈 수 있다는 '엘리시온 들판'이라는 뜻이다.

📍 Av. des Champs-Élysées 75008 Paris

03 에투알 개선문
L'Arc de Triomphe de l'Etoile

1806년 나폴레옹의 승리를 기념하여 축조했다. 고대 로마 티투스 황제의 개선문 디자인을 그대로 가져왔다. 꼭대기에서 보이는 전망이 무척 멋있고, 문 둘레에는 나폴레옹 1세의 공적을 기린 부조가 새겨져 있다. 문 아래에는 제1, 2차 세계대전의 무명 용사를 위한 묘비가 있고, 이들을 추모하기 위해 영원히 꺼지지 않는 불이 타고 있다.

📍 Place Charles de Gaulle, 75008 Paris
🌐 www.paris-arc-de-triomphe.fr

04 몽마르트르
Montmartre

파리를 상징하는 붉은 풍차가 빙그르르 돌아가는 언덕 위의 작은 마을. 화가 고흐와 달리가 사랑해 마지 않았던 예쁜 동네. 몽마르트르다. 하얗게 빛나는 사크레쾨르 대성당과 크고 작은 이젤이 빼곡히 들어선 테르트르 광장 앞에서 크레페를 한입 베어 물며 파리의 낭만을 부려 놓자.

📍 35 Rue du Chevalier de la Barre, 75018 Paris

05 생트 샤펠
Sainte-Chappelle

황홀한 스테인드글라스로 유명한 레요낭 양식의 고딕 성당. 콘스탄티노플 황제에게 받은 가시면류관과 같은 성유물을 안치하기 위해 루이 9세의 명으로 1248년에 세워졌다. 1,000개가 넘는 구약성서의 이야기를 그린 스테인드글라스를 감상하러 관람객들이 늘 길게 줄 서 있다.

📍 8 Boulevard du Palais, 75001 Paris
🌐 www.sainte-chapelle.fr

06 콩코르드 광장
Place de la Concorde

파리 최대 규모의 광장. 프랑스 혁명 당시에는 '혁명 광장'으로 불리다가 이후 '화합'을 뜻하는 콩코르드라는 이름으로 바뀌었다. 18세기에 루이 15세의 명으로 조성되었으며, 광장 가운데에는 이집트가 기증한 높이 약 24m의 룩소르의 오벨리스크가 있다. 프랑스 혁명 당시 루이 16세와 마리 앙투아네트를 포함한 1,000여 명이 처형된 곳도 바로 여기다.

◉ Place de la Concorde, 75008 Paris

07 노트르담 대성당
Cathédrale Notre-Dame de Paris

프랑스 고딕 건축을 대표하는 아름다운 성당으로 유네스코 세계유산에 등재되어 있다. 센강 변의 풍경을 한층 운치 있게 만들고, 빅토르 위고의 소설 〈파리의 노트르담〉에서도 강렬한 존재감을 드러내는 명소다. 아름다운 스테인드글라스로도 유명하다. 2019년 큰 화재로 피해가 있었지만 2024년 12월 재개관하여 다시 그 아름다운 모습을 뽐냈다.

◉ 6 Parvis Notre-Dame - Pl. Jean-Paul II, 75004 Paris
⊕ www.notredamedeparis.fr

08 오페라 가르니에
Opéra Garnier

설계자 샤를 가르니에의 이름을 딴 파리의 오페라 극장. 파리의 교통 요충지인 오페라역 바로 앞에 있다. 내부가 워낙 아름다워 공연이 없어도 입장권을 사서 극장 곳곳을 구경하는 관광객이 있을 정도다. 가장 유명한 것은 대극장 천장에 그려진 샤갈의 그림. 주요 프로그램은 오페라, 발레, 오케스트라 등으로 구성된다. 이 멋진 극장에서 훌륭한 공연을 보고 나와 파리의 야경을 감상하며 걷는 기분은, 혼자라도 절대 쓸쓸하지 않다.

◉ Place de l'Opéra, 75009 Paris
⊕ www.operadeparis.fr

09 오페라 바스티유
Opéra Bastille

가르니에에 비해 훨씬 더 현대적인 바스티유 극장은 프랑스 혁명 200주년을 기념하는 1989년, 바스티유 감옥이 있던 자리에 세워졌다. 외관부터 통유리라 현대적인 오페라 극장이라는 것을 한눈에 알아볼 수 있다. 이로써 파리에는 훌륭한 극장이 하나 더 생겨 공연 횟수가 늘고, 대중들은 공연 예술을 더 가깝게 누리게 됐다. 1인석은 비교적 구하기가 쉬우며 특히 학생 할인 폭이 크다.

◉ Place de la Bastille, 75012 Paris
⊕ www.operadeparis.fr

10 팔레 루아얄
Palais Royal

루이 13세의 재상 리슐리외 추기경의 궁전이었던 곳. 현재는 아름다운 정원과 분수, 광장, 이를 둘러싼 회랑에 다양한 상점과 카페가 입점해 있으며 건물 안에는 코메디 프랑세즈 극장, 헌법재판소 등이 들어섰다. 봄과 여름이면 초록 나무, 꽃, 분수 등이 어우러져 더욱 아름답다.

◉ 8 Rue de Montpensier, 75001 Paris
⊕ www.domaine-palais-royal.fr

11 소피
SoPi(South Pigalle)

관광객으로 붐비는 몽마르트르와 파리지앵의 일상이 흘러가는 주택가 사이, 피갈 남쪽 South Pigalle을 줄여 '소피 SoPi'라고 한다. 어느 지역이 따로 이름까지 붙이면서 이렇게 빠른 시간에 '뜬다'는 것은 유행에 민감하면서도 연연하지 않는 편인 파리지앵에게는 무척 놀랍고 낯선 일이다. 보보 Bourgeois Bohemians적인 느낌이 더욱 강한, 파리 식도락과 나이트 라이프의 집결지다.

12 페르 라셰즈 묘지
Cimetière du Père Lachaise

파리시에서 관리하는 최초의 정원형 묘지. 총 면적 440,000㎡로 파리에서 가장 크다. 루이 14세의 고해 신부 페르 프랑수아 드 라 셰즈Père François de la Chaise의 이름을 따왔다. 이곳에는 쇼팽을 비롯해 대문호 장 드 라퐁텐, 몰리에르, 오스카 와일드 등이 잠들어 있다.

- Boulevard de Ménilmontant, 75020 Paris
- www.paris.fr/dossiers/bienvenue-au-cimetiere-du-pere-lachaise-47

13 몽파르나스 묘지
Cimetière Montparnasse

3개의 목장이 있던 자리에 조성된 묘지로, 샤를 보들레르, 기 드 모파상, 장폴 사르트르, 시몬 드 보부아르, 샤를 가르니에 등 프랑스의 유명 지성인과 예술가들이 특히 많이 묻혀 있다. 콘스탄틴 브랑쿠시의 〈키스Le Baiser〉라는 작품 등 잘 알려진 예술품도 묘지 곳곳에서 볼 수 있다.

- 3 Boulevard Edgar Quinet, 75014 Paris
- www.paris.fr/dossiers/bienvenue-au-cimetiere-du-pere-lachaise-47

14 몽마르트르 묘지
Cimetière de Montmartre

원래는 '북쪽 묘지'라고 불리다가 인근 명소인 몽마르트르라는 이름을 쓰게 되었다. 그래서인지 몽마르트르에 거주했던 예술가들이 많이 묻혀 있다. 러시아 출신 발레리노 바슬라프 니진스키의 묘지는 동상도 함께 있어 특히 아름답다. 이곳에 안치된 유명 인사로는 작곡가 베를리오즈와 자크 오펜바흐, 화가 에드가 드가, 귀스타브 모로 등이 있다.

- 20 Avenue Rachel, 75018 Paris
- www.paris.fr/lieux/cimetiere-de-montmartre-5061

MUSEUM

01 루브르 박물관
Musée du Louvre

프랑스를 대표하는 예술의 보고이며 세계 3대 미술관 중 하나다. 루이 14세가 베르사유로 거처를 옮기고 비어 있는 루브르궁에 왕실 컬렉션을 보관하면서 박물관으로서의 역사가 시작됐고, 1793년 루브르 박물관으로 첫 전시를 열었다. 역대 프랑스 국왕들이 수집했던 2만 5,000점의 컬렉션은 세계 최대 수준이다. 고대 오리엔트와 이슬람, 이집트, 그리스, 로마 미술, 시대별 프랑스 회화와 네덜란드, 플랑드르, 독일 회화를 아우른다. 루브르의 상징인 유리 피라미드는 1981년 미테랑 대통령이 발표한 루브르 박물관 대개조 계획 '그랑 루브르Grand Louvre'의 일환으로 1989년에 완공됐다.

- Place du Louvre, 75008 Paris
- www.louvre.fr

02 오르세 미술관
Musée d'Orsay

정면 입구에 아름답고 큰 시계가 걸려 있는 오르세 미술관은 고흐와 고갱 등의 작품들로 특히 유명하다. 1986년 12월 개관했으며, 인상파를 중심으로 한 19세기 미술품을 전시한다. 하루 안에 모든 전시를 볼 수 있고, 고흐와 고갱 등 유명한 작품들이 많아 시간이 촉박한 관광객들은 루브르보다 오르세를 더 좋아한다.

- 1 Rue de la Légion d'Honneur, 75007 Paris
- www.musee-orsay.fr

03 그랑 팔레
Grand Palais

프랑스 국립 박물관 협회Musée National de l'Education에서 엄선한 전시회만 여는 국립 전시관. 1900년 파리 만국박람회를 기념해 에펠 탑, 프티 팔레, 알렉상드르 3세 다리와 함께 건립되었다. 유려한 곡선을 모티브로 세운 외관이 특히 아름답고, 유럽에서 가장 큰 유리 돔 지붕은 밤에 더욱 신비로워 보인다.

📍 3 Avenue du Général Eisenhower 75008 Paris
🌐 www.grandpalais.fr

04 프티 팔레
Petit Palais

길 하나를 두고 그랑 팔레와 마주 보고 있는 프티 팔레의 공식 이름은 파리 시립 미술관Musée des Beaux-Arts de la Ville de Paris이다. 이름에서 짐작하듯 파리 시가 보유 중인 19~20세기 작품을 전시하며, 상설 전시는 무료다. 정원이 예쁘기로 유명하다.

📍 Avenue Winston Churchill, 75008 Paris
🌐 www.petitpalais.paris.fr

05 퐁피두 센터
Centre Georges Pompidou

색색의 굵은 파이프가 대각선으로 걸쳐진 강렬한 외관이 특징인 퐁피두는 1977년 대통령 조르주 퐁피두Georges Pompidou가 주도하여 지은 문화센터다. 도서관BPI, 공업 창작 센터CCI, 음악·음향의 탐구와 조정 연구소IRCAM, 파리 국립 근대 미술관MNAM, 서점 등 다양한 예술, 문화 시설들이 들어서 있다.

📍 Place Georges Pompidou, 75004 Paris
🌐 www.centrepompidou.fr

06 오랑주리 미술관
Musée de l'Orangerie

'오렌지 온실'이라는 귀여운 뜻의 이름은 원래 이곳이 루브르궁의 오렌지 나무 온실로 사용되었기 때문이다. 오랑주리를 찾는 사람들은 단 하나의 작품을 마음속에 품고 온다. 전시관 하나를 가득 채운 모네의 역작 〈수련〉이 주인공. 타원형 전시실 2곳에 8쪽으로 구성된 작품이 전시되어 있다. 그 외 20세기 유럽 회화 작품들도 상당하다.

📍 Jardin des Tuileries, 75001 Paris
🌐 www.musée-orangerie.fr

01 뤽상부르 공원
Jardin du Luxembourg

저명한 예술가들의 조각품들이 곳곳에 있는 아름다운 정원. 200여 종의 꽃과 500여 종의 과실수가 빼곡해 사계절 내내 푸르고 아름다운 뤽상부르 공원은 프랑스식과 영국식을 혼합한 양식이다. 연못 주변에 놓인 녹색 의자는 보기와 다르게 한 번 앉으면 일어나기 싫을 정도로 편안하다.

📍 15 Rue de Vaugirard, 75006 Paris
🌐 jardin.senat.fr

02 생마르탱 운하
Canal Saint-Martin

센강과 북쪽으로 뻗은 우르크 운하 Canal de l'Ourcq를 잇는 길이 4.5km의 운하. 19세기 초 식수를 공급하기 위해 만들어졌고 현재는 관광 유람선이 운행 중인 수로다. 9개의 수문과 작은 다리들이 빚어낸 풍경 덕에 파리에서 가장 로맨틱한 장소 중 하나로 꼽힌다. 젊은이들에게 인기가 많고 아침 일찍 오면 잔잔한 고요함을 오롯이 느낄 수 있다.

📍 47 Quai de Valmy, 75010 Paris

SHOP

01 갤러리 라파예트
Galeries La Fayette

파리를 대표하는 백화점으로 매달 1,000만 명이 방문한다. 여성관, 남성관, 가정관, 식품관으로 구성돼 있고, 특히 네오 비잔틴 양식으로 꾸민 여성관 쿠폴Coupole의 화려한 돔 천장 장식은 라파예트의 상징이다. 최근에는 하이패션, 주류 브랜드는 물론이고 프랑스 스트리트 패션 브랜드와 신진 브랜드도 늘어나고 있다.

📍 40 Boulevard Haussmann, 75009 Paris
🌐 www.galerieslafayette.com

02 프랭탕 하우스만
Printemps Haussmann

쥘 잘루조Jules Jaluzot가 설계한 이 백화점 건물은 프랑스 문화유산으로 지정되었을 정도로 아름답다. 프랭탕 백화점에서만 판매하는 브랜드는 300개 이상이며, 여성복 코너는 세계에서 가장 많은 브랜드가 입점해 있다. 건물은 3개이고, 명품 브랜드 전용 쇼 케이스 프랭탕 드 럭스Printemps du Luxe, 세계 최대 규모 뷰티 매장을 등을 갖추고 있다.

📍 64 Boulevard Haussmann, 75009 Paris
🌐 departmentstoreparis.printemps.com

03 봉 마르셰
Le Bon Marché Rive Gauche

📍 24 Rue de Sèvres, 75007 Paris
🌐 www.lebonmarche.com

1852년 문을 연 세계에서 가장 오래된 백화점이다. 봉 마르셰는 '좋은 시장'이라는 뜻. 1939년 포목점으로 시작해 지금은 파리에서 가장 고급스러운 백화점으로 성장했다. 관광버스를 타고 몰려와 쇼핑센터를 잠식하는 단체 여행객을 피해 느긋하게 둘러보고 좋은 서비스를 받고 싶다면 이곳이 안성맞춤이다. 1층 패션관의 뷰티 공간Espace Beauté Inéditt에서는 봉 마르셰에서만 판매하는 60여 개 브랜드를 만나볼 수 있다.

04 셰익스피어 & 컴퍼니
Shakespeare & Company

영화 〈비포 선셋Before Sunset〉을 좋아하는 사람이라면 꼭 가 보고 싶은 명소다. 이 오래된 영문학 서점은 피츠제럴드, 헤밍웨이, 제임스 조이스 등 최고의 문장가들이 드나들었던 아지트다. 책으로 둘러싸인 다락방 같은 내부는 좁지만 아늑하며, 낭송회 등의 문화 행사도 자주 열린다. 파리에서 혼자 시간을 보내기에 가장 좋은 명소로 꼽힌다.

📍 37 Rue de la Bûcherie, 75005 Paris
🌐 shakespeareandcompany.com

05 오에프에르.
Ofr.

글로벌한 입소문을 타고 한국에까지 지점을 연 예술 서적 서점 겸 소품점. 마레 지구에 자리한 책방인데, 책은 전부 프랑스어라 읽을 수 없어도 일러스트나 사진들이 워낙 좋아 구매욕을 자극한다. 에코백 등의 소품도 남녀노소 모두에게 지름신을 부를 정도로 센스 넘치는 감각적인 핫 플레이스. 뒤편에는 작은 갤러리도 있다.

📍 20 Rue Dupetit-Thouars, 75003 Paris
🌐 www.instagram.com/ofrparis/

HOTEL

01 오텔 아무르
Hôtel Amour

호텔 이름부터 '사랑'인데 어떻게 혼자 투숙하냐고? 스타일리시한 부티크 호텔에서 즐기는 호캉스를 좋아한다면 혼자서도 차고 넘치게 좋을 것이다. 레트로 테마로 꾸민 24개의 객실은 감각적이며, 정원 카페는 브런치가 맛있기로 소문 나 있다. 아무르만의 독특한 장점은 투숙객들이 외부에 신경 쓰지 않도록 객실에 TV, 전화를 비치하지 않았다는 것이다.

📍 8 Rue de Navarin, 75009 Paris
🌐 www.hotelamourparis.fr

02 더 혹스턴
The Hoxton

런던, 암스테르담 등 여러 도시에서 크게 성공한 부티크 호텔 더 혹스턴의 파리 지점. 18세기에 지어진 4층짜리 건물에 172개의 객실로 이루어져 있다. 개성 강하고 독특하지만 부담스럽지 않은 훌륭한 부티크 호텔의 정석이다. 레스토랑과 칵테일 바도 맛과 분위기로 정평이 나 있다.

📍 30-32 Rue du Sentier, 750021 Paris
🌐 thehoxton.com/paris/paris/hotels

03 마마 셸터
Mama Shelter

필립 스탁의 독특한 인테리어로 유명한 부티크 호텔 체인의 파리 지점. '엄마의 보금자리'라는 정겨운 이름 아래, 모든 방이 갤러리처럼 세련되고 모던하게 꾸며졌다. 1층에 위치한 레스토랑은 미슐랭에 이름이 오른 기 사부아 셰프가 메뉴 개발에 참여했으며 특히 피자가 맛있다. 종종 DJ를 초대해 즐거운 저녁 이벤트를 여는 루프 톱 테라스도 인기 만점이다.

📍 109 Rue de Bagnolet, 75020 Paris
🌐 www.mamashelter.com

04 오텔 마레 파리 카롱 드 보마르셰
Hôtel Marais Paris Caron de Beaumarchais

트렌디한 마레 지구 한가운데서 우아한 자태를 뽐내는 3성급 호텔. 극작가 보마르셰가 근처에 살았다고 하여 그의 이름을 땄다. 강렬한 파란색 외관과 꽃무늬 벽지로 꾸민 앤티크한 객실, 겨울이면 종일 불을 피우는 벽난로, 손때 묻은 오래된 의자와 〈르 피가로〉가 놓인 책상이 여느 호텔과 사뭇 다른 품격을 자랑한다.

📍 12 Rue Vieille du Temple, 75004 Paris
🌐 carondebeaumarchais.com

MILANO, ITALIA
밀라노, 이탈리아

이탈리아만큼 지역의 개성이 뚜렷한 나라가 또 있을까? 대도시의 전형이자 과거의 영광을 고스란히 간직한 밀라노는 이탈리아 북부의 상징이며 이탈리아 경제, 정치의 심장이다. 이탈리아의 어떤 도시보다도 빠르게 변해 방문할 때마다 새로운 모습을 보여준다. 시즌마다 패션 위크가 열리고 밤마다 라 스칼라 극장에서는 오페라가 울려 퍼지며, 레오나르도 다 빈치의 작품이 매일 수백 수천 명의 손님들을 맞이한다. 일행이 있는지 없는지조차 알아차릴 수 없을 정도로 바쁘게 돌아가는 세련된 도시 밀라노를 만나자.

 혼여 매력도 ★★★
- 이탈리아에서 가장 글로벌한 도시,
- 이탈리아 입문자를 위한 여행지

 혼여 난이도 ★★
- 영어권이 아니지만 이탈리아 경제와 패션의 중심지라 영어로 의사소통하는 데 큰 문제가 없다.
- 말펜사 국제공항이 워낙 커서 유럽 여러 다른 도시에서 이탈리아로 넘어 오기에도 좋다.

 추천 포인트
- 걸어다니는 인간 마네킹인가 싶을 정도로 패션 센스가 뛰어난 밀라네제를 구경하는 재미가 쏠쏠!
- 현대와 과거의 멋진 조화. 웅장한 두오모와 맞은편 회랑을 배경으로 펼쳐지는 세련되고 번화한 21세기 도시의 대조가 멋지다.

TRAVEL INFORMATION

▶▶ 밀라노 여행 정보 ◀◀

면적

182km²

시간대

UTC+1 (한국과 시차 -8시간)

인구

약 137만 명 (2024년 기준)

기후

무난한 대륙성 기후로 한국과 별 차이는 없지만 겨울, 여름이 우리나라보다는 온화하다. 일 년 중 언제 여행해도 날씨 때문에 힘들지는 않을 것. 한여름인 7, 8월의 평균 최저 온도는 18℃, 평균 최고 온도는 29℃, 한겨울인 1월 평균 최저 온도는 -1℃, 최고 온도는 6℃.

화폐

유로

언어

이탈리아어

여행 정보 홈페이지

www.comune.milano.it (행정)
www.yesmilano.it (관광)

관광 안내소

말펜사·리나테 국제공항, 두오모 광장, 중앙역 등에 관광 안내소가 있다.

대사관

주밀라노 대한민국 총영사관이 메트로 투라티역 Turati 근처에 있다. 대한민국 대사관은 로마에 위치한다.
주소 Piazza Cavour 3, 20121 Milano
전화 +39-02-2906-2641
홈페이지 overseas.mofa.go.kr/it-milano-ko/index.do

항공편
대한항공에서 인천~밀라노 간 직항편을 운행 중이며, 약 13시간 걸린다. 외국 항공사를 통해 파리, 암스테르담, 프랑크푸르트, 로마 등 여러 유럽 도시를 경유하여 가는 것도 가능하다.
말펜사 국제공항 Aeroporto di Malpensa 외에도 리나테 국제공항 Aeroporto di Linate과 오리오 알 세리오 국제공항 Aeroporto di Orio al Serio이 있다. 유럽에서 비행기로 밀라노를 가려면 도착하는 공항을 꼭 확인하고, 공항-시내 교통편도 미리 알아두자.

치안
여느 유럽 국가와 비슷한 정도이며, 특히 이탈리아 내에서는 치안이 가장 좋은 편이다. 패션 위크 등 다양한 국제 행사가 매년 열려 영어도 비교적 많이 통용된다. 혼자 여행할 때 주의할 것은 특별할 것 없으나, 늦은 시간에 중앙역이나 도시 외곽, 외진 곳은 피하는 것이 좋다.

시내 교통

A. 메트로 Metro

한국 지하철과 비슷해서 여행자들이 빨리 적응하고 쉽게 타고 내릴 수 있다. 노선은 M1, M2, M3, M4, M5 5개가 있다. 밀라노 한가운데를 중심에 놓고 5km 단위로 구역Zone을 설정하여 이동 거리로 요금을 매긴다. 최소 단위는 Mi1-Mi3 Zone으로 밀라노 시내는 이 구역 안에 다 들어온다.

TIP
밀라노 메트로는 트레노드Trenord와 파산테 페로비아리오Passante Ferroviario 등 일부 노선을 제외한 노선에서 마스터, 비자, 브이페이VPay 카드로도 쉽게 이용할 수 있다. 신용 카드에 와이파이를 닮은 표시(비접촉식 결제 가능 표시)가 있으면 개찰구 카드 리더기에 접촉해서 자동으로 요금이 정산된다.

B. 버스 Bus

일반 버스 80개 노선과 전선에 연결된 트롤리 버스Troleybus, 그리고 자정부터 오전 6시까지 달리는 야간 버스(30분 배차 간격)가 있다.

C. 트램 Tram

1876년부터 지금까지 한 번도 멈추지 않고 밀라노 사람들의 발이 되어 준 교통수단. 처음에는 말이 끌었고, 지금은 전기로 운행된다. 1920~1930년대풍 디자인의 레트로 트램과 현대적인 신형 트램이 함께 운행 중이다. 노선은 18개, 오전 5시 전후부터 새벽 2시 조금 넘어서까지 운행한다.

교통권

메트로, 버스, 트램 모두 하나의 교통권으로 통합 운영된다. 메트로 역 자판기, 담배 가게, 신문 가판대 등에서 판매한다. 티켓은 출입구의 개찰기나 차내의 펀칭 기기로 반드시 개찰해야 한다.

요금

종류(Mi1~Mi3 Zone)	요금
1회권	€2.20 (90분 유효)
10회권	€19.50
1일권	€7.60 (24시간 유효)
3일권	€15.50 (첫 사용한 날을 포함한 3일이 끝날 때까지)
1주일권	€17 (월~일요일 유효)

홈페이지 www.atm.it

3 DAYS IN MILANO

▶▶ 밀라노 베스트 3일 코스 ◀◀

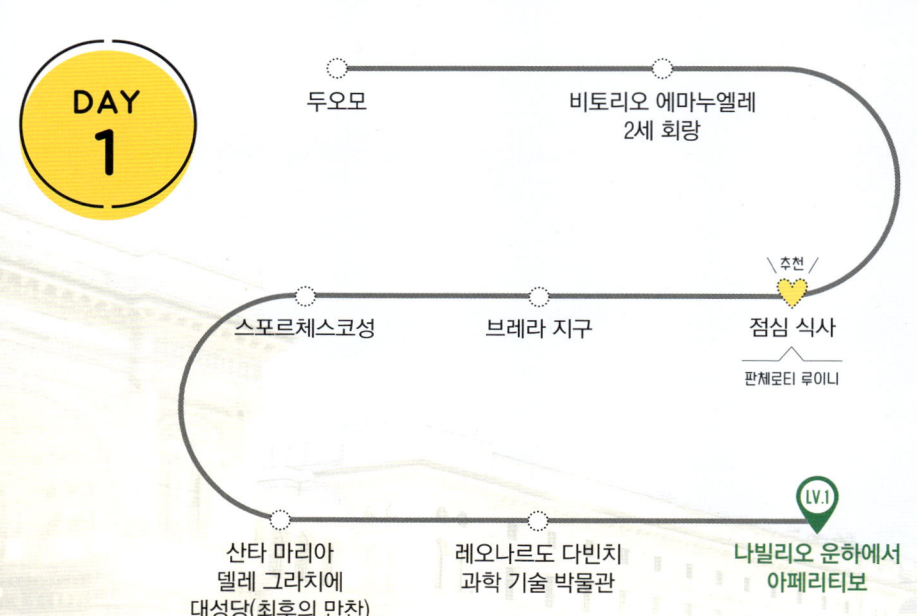

DAY 1

두오모 → 비토리오 에마누엘레 2세 회랑 → 점심 식사 (추천: 판체로티 루이니) → 브레라 지구 → 스포르체스코성 → 산타 마리아 델레 그라치에 대성당(최후의 만찬) → 레오나르도 다빈치 과학 기술 박물관 → 나빌리오 운하에서 아페리티보 (LV.1)

어딜 가도 크고 작은 미술관과 정원이 있어 정처없이 이동해도 상관 없다. 도심과 운하에서 전혀 다른 무드를 느낄 수 있는 도시 밀라노에서는 에너지 레벨을 원하는대로 조정하며 스파에 몸을 녹일 수도, 축구 경기장에서 한껏 소리를 지를 수도 있다. 밀라노는 사전 조사를 하면 할수록 볼거리, 할거리가 한없이 늘어나는 곳이라, 부지런한 여행자는 3일이 부족하게 느껴질 것.

LEVEL 1

혼자 여행 · 버킷리스트

✓ 해가 뉘엿뉘엿 넘어갈 기미가 보이면 잔을 들어 건배
나빌리오 운하에서 아페리티보

오후 5시는 밀라노 사람들의 행복이 시작되는 시간이다. 간단한 핑거 푸드부터 한 끼 식사가 될 정도로 푸짐한 요리를 뷔페로 차려 놓고 와인이나 칵테일 등의 음료를 한 잔 시켜 무제한으로 먹을 수 있는 아페리티보Aperitivo 때문. 아페리티보는 이탈리아 북부의 고유한 문화로, 밀라노에서는 골목마다 아페리티보 표시를 한 바와 식당이 흔하다. 혼밥은 흔해도 '혼(자)아페리티보'는 흔치 않지만 개의치 말고 도전해 보자. 맛집 많고 분위기 좋은 나빌리오 운하 쪽을 산책하다 마음에 드는 곳으로 들어가 주문하면 황홀한 식도락에 빠질 것이다.

✓ 근사하게 차려 입고 빨간 벨벳 막이 오르는 것을 보러 가자
라 스칼라 극장 공연 관람

밀라노의 라 스칼라 극장에 가는 일은 여느 극장에 가는 것과 사뭇 다르다. 라 스칼라에 오는 사람들의 옷차림은 밀라네제(밀라노 시민)들이 패션에 민감하다는 걸 감안해도 유독 말끔하고 화려하기 때문이다. 이탈리아 공연 문화를 알리고 보존한 극장의 긴 역사에 경의를 표하는 듯하다. 혼자 라 스칼라에 갈지라도, 멋지게 입고 당당하게 들어가 보자.

라 스칼라 극장 Teatro alla Scala
📍 Via Filodrammatici, 2, 20121 Milano
🌐 www.teatroallascala.org

TIP
클래식, 발레, 오페라 등이 취향에 안 맞는다면 시내 중심부에서 조금 벗어난 재즈 클럽 블루 노트Blue Note도 좋은 선택이 될 것이다.
🌐 www.bluenotemilano.com

✅ 발자국 소리까지 크게 들리는 작은 전시관 구경
숨어 있는 작은 박물관들 찾아가기

무리에 섞여 부끄러움을 잊고 시끌벅적한 유명 관광지만 여행하기에 지쳤다면 작고 희귀한 전시를 찾아 보자. 번잡한 도시의 일상을 벗어나고 싶을 때 찾아가면 소박하면서도 특별한 즐거움을 찾을 수 있다.

빌라 네키 캄필리오 Villa Necchi Campiglio
영화 〈아이 앰 러브〉 촬영지로, 가구와 회화가 멋진 박물관.
📍 Via Mozart, 14, 20122 Milano
🌐 www.villanecchicampiglio.it

폰다치오네 지안지아코모 펠트리넬리 Fondazione Giangiacomo Feltrinelli
카페와 서점이 있는 이탈리아 출판업자 지안지아코모 펠트리넬리의 재단.
📍 Viale Pasubio, 5, 20154 Milano
🌐 www.villanecchicampiglio.it

무세오 바가티 발세키 Museo Bagatti Valsecchi
르네상스 장식 미술과 회화를 전시하는 황홀한 16세기 타운 하우스 박물관.
📍 Via Gesù, 5, 20121 Milano
🌐 museobagattivalsecchi.org

카사 무세오 보스키 디 스테파노 Casa Museo Boschi Di Stefano
안토니오 보스키와 마리에다 디 스테파노가 수집한 2,000여 점의 20세기 예술품 중 일부를 아르데코풍 건물에서 전시하는 무료 박물관.
📍 Via Giorgio Jan, 15, 20129 Milano
🌐 casamuseoboschidistefano.it

카사 델 만초니 Casa del Manzoni
밀라노 출신 작가 알레산드로 만초니의 생가.
📍 Via Gerolamo Morone, 1, 20121 Milano
🌐 www.casadelmanzoni.it

밀라노 천문대 Civico Planetario Ulrico Hoepli
📍 Corso Venezia, 57, 20121 Milano
🌐 www.lofficina.eu

✓ 언어의 장벽을 넘어 우주로
천문대에서 별 보기

낯선 여행지에서 밤하늘의 별을 보는 경험은 다시 없을 특별한 추억이다. 밀라노에는 이탈리아에서 가장 큰 천문대 Planetario가 있는데, 1968년 설치한 자이스Zeiss IV 망원경으로 밤하늘을 360도로 감상할 수 있다. 설명은 이탈리아어로만 제공되고 별 보는 프로그램은 날씨에 따라 영향을 받으니, 수시로 홈페이지를 확인하고 예약도 일찍 해야 한다. 그러나 이 모든 수고는 머리 위에서 쏟아져 내리는 별들을 마주하면 전부 잊을 수 있다.

✓ 온몸 구석구석으로 오롯이 누리는 호사
럭셔리 스파 즐기기

QC 테르메밀라노는 밀라노 외곽에 자리한 스파 숍이다. 19세기 건물에 자리한 현대적인 시설은 마치 고대 로마의 럭셔리한 욕조에 들어가는 기분이 난다. 스팀 욕조, 사우나, 트램 한증막, 넓은 정원, 맛있는 음식이 제공되며 시간대별로 다양한 요금제가 있어 부담 없이 찾을 수 있다. 온천수로 만든 화장품도 판매한다. 곳곳이 훌륭한 포토 존이니 셀카봉과 타이머로도 얼마든지 인생 사진을 남길 수 있다.

QC 테르메밀라노 QC Termemilano
📍 Piazzale Medaglie D'Oro, 2, 20135 Milano
🌐 www.qcterme.com/it/milano/qc-termemilano

산 시로에서 축구 경기 직관

✓ 아무도 못 말리는 이탈리아노들의 축구 열정

스타디오 산 시로는 이탈리아 프로 축구 리그 세리에 A Serie A에 속한 구단들 중 인기 클럽인 AC 밀란, 인테르 밀란의 홈구장이다. 경기가 있는 날에는 스타디움뿐 아니라 시내의 모든 바와 펍이 들썩인다. 가장 빅 매치는 역시 라이벌인 AC 밀란과 유벤투스의 경기. 혼자 경기를 보러 가는 사람들은 거의 없지만, 분위기가 고조되고 골이 들어가면 모두 하나 되어 소리를 지르니 어색함이 눈 녹듯 사라진다. 경기장 관람은 TV로는 전달되지 않는 현장감 덕분에 잊을 수 없는 기억이 된다. 축구 팬이 아니더라도 한번쯤 가볼 만한 특별한 경험. 구장이 도심에서 떨어져 있고 경기가 늦게 끝나기 때문에 대중교통을 타고 돌아올 수 있는 안전한 동네에 숙소가 있는 것이 좋겠다.

스타디오 산 시로 Stadio San Siro
Piazzale Angelo Moratti, 20151 Milano
sansiro.net

먹킷 리스트

밀라노 베스트 먹거리

BEST MENU | 01

리소토 알라 밀라네제
Risotto alla Milanese

이탈리아는 유럽 최대 쌀 생산 국가다. 쌀은 특히 북부에서 많이 먹는데, 그래서 밀라노를 비롯한 북부 지방에서는 파스타 메뉴에서도 리소토를 많이 볼 수 있다. 밀라노를 대표하는 음식 역시 '밀라노식 리소토'라는 이름의 리소토 알라 밀라네제. 16세기에 우연히 사프란을 넣어 개발한 레시피라고 한다. 치즈와 송아지 뼈 육수를 넣어 만든 부드러운 식감이 특징이다.

BEST MENU | 02

코톨레타 알라 밀라네제
Cotoletta alla Milanese

송아지 고기를 얇게 펴서 버터에 튀겨내는 음식. 얇은 돈가스나 오스트리아의 슈니첼과 비슷하다.
기원전 1세기 로마에서 소고기를 빵가루에 묻혀 요리해 먹었다는 기록으로 미루어 보아 고대 로마에서 유래된 요리로 추정되는데, 만약 사실이라면 돈가스나 슈니첼 등 모든 '커틀릿' 류의 조상이 된다.

BEST MENU | 03

오소부코
Ossobuco

양파, 셀러리, 화이트 와인과 육수에 푹 담근 송아지 고기 요리. 오소부코는 '구멍이 난 뼈'라는 뜻. 밀라노에서 음식 좀 한다는 식당 메뉴에 반드시 올라 있다.

BEST MENU | 04

파네토네
Panettone

크리스마스 시즌에 먹는 달콤한 케이크와 빵 사이의 그 무엇. 12월이면 이탈리아 전역에서 인기리에 판매되지만 원조는 밀라노다. 가족과 친구들에게 부담 없이 줄 수 있고 가장 인기 있는 성탄 선물이다.
단단하고 촉촉한 독일의 크리스마스 빵 슈톨렌과 비교하면 더 가볍고 말랑한, 보드라운 빵이다. 둘 다 말린 과일을 넣어 만든다.

🍴 밀라노 베스트 맛집

BEST RESTAURANT | 01
판체로티 루이니
Panzerotti Luini

밀라노에서 가장 유명한 맛집. 밀가루 반죽 안에 갖가지 속을 채워 튀기는 판체로티Panzerotti로 유명한 전설적인 가게다. 1888년부터 가문 대대로 내려오는 비밀 레시피를 쓰는데, 줄이 길어도 기다린 보람이 있는 맛이니 꼭 먹어 보자.

📍 Via Santa Radegonda, 16, 20121 Milano
🌐 luini.it

BEST RESTAURANT | 02
페스카리아
Pescaria

밀라노에 지점이 2개나 있는 해산물 패스트푸드점. 생소한 음식이지만 한 번 먹어 보면 분명 또 가게 될 것이다. 빨리 먹고 자리를 비우는 패스트푸드점답게 공간은 작고 대강 꾸며 놓았어도 맛에는 공을 들였다. 제일 잘 나가는 메뉴는 문어 샌드위치.

📍 Via Nino Bonnet, 5, 20154 Milano
🌐 pescaria.it

BEST RESTAURANT | 03
라타나
Ratanà

리소토의 왕이라 불리는 체사레 바티스티Cesare Battisti 셰프의 솜씨에 감탄하게 될 맛집. 소스에 코팅된 쌀알이 입안에서 알알이 녹는 제대로 된 밀라네제 리소토를 맛볼 수 있다.

📍 Via Gaetano de Castillia, 28, 20124 Milano
🌐 ratana.it

BEST RESTAURANT | 04
안티카 트라토리아 델라 페사
Antica Trattoria della Pesa

꾸밈없이 맛에 집중하는 아늑하고도 빈티지한 느낌의 트라토리아Trattoria. 밀라노가 속한 롬바르디아주의 향토 음식을 전문으로 하며 와인 리스트도 훌륭하다.

📍 Viale Pasubio, 10, 20154 Milano
🌐 anticatrattoriadellapesa.com

TIP

이탈리아 식당의 종류

격식을 차려야 하는 고급 레스토랑은 리스토란테Ristorante, 부담 없이 찾아갈 만한 유명 식당은 트라토리아Trattoria, 아주 편한 분위기의 캐주얼한 밥집을 오스테리아Osteria라 부른다.

밀라노 베스트 스폿

BEST SPOTS IN MILANO

LANDMARK
NATURE
SHOP
HOTEL

LANDMARK

01 두오모
Duomo

높이 157m, 폭 66m, 회랑들의 총 길이 92m에 달하는 웅장하고 아름다운 밀라노의 상징이다. 3,000여 개의 조각으로 장식한 135개의 탑, 109m 높이의 황금빛 마리아상, 스테인드글라스 등 구석구석이 모두 황홀하다. 지붕 테라스에 올라가 두오모 앞 광장과 시내 전망까지 둘러보는 코스를 추천한다. 입장권의 종류가 많으므로, 홈페이지에서 미리 알아보고 예약을 해두는 것이 좋다. 현장 매표소에서도 판매한다.

📍 Piazza del Duomo, 20121 Milano
🌐 duomomilano.it

---

02 비토리오 에마누엘레 2세 회랑
Galleria Vittorio Emanuele II

두오모 맞은편에 위치한 5층 높이의 유리 천장 아케이드 쇼핑몰로 이탈리아 통일을 기념해 세워졌다. '밀라노의 안방Ilsalotto di Milano'이라는 애칭으로도 불린다. 입점한 식당들은 값은 비싸고 맛은 그저 그런 편. 이곳에서는 천장에서 쏟아져 내리는 햇살에 샤워하고, 소원을 이뤄준다는 바닥의 황소 모자이크에 뒤꿈치를 대고 한 바퀴 돌아보자.

📍 Piazza del Duomo, 20121 Milano

---

03 스포르체스코성
Castello Sforzesco

15세기 밀라노 대공 프란체스코 스포르체스코가 지은 요새였다. 근대 성채의 전형이라 불린다. 레오나르도 다빈치도 건축에 관여했으며, 미켈란젤로의 미완성 조각상 〈론다니니 피에타〉를 비롯해 기원전부터 르네상스까지의 미술품을 전시하는 박물관도 갖추고 있다. 가구 박물관, 악기 박물관, 고고학 박물관도 있으며 성 뒤편에는 셈피오네 공원Parco Sempione이 있어 오래 머물다 가기 좋다. 공원 반대편에는 나폴레옹이 세운 평화의 문Arco della Pace이 있다.

📍 35 Rue du Chevalier de la Barre, 75018
🌐 www.milanocastello.it

04 라 스칼라 극장
Teatrale alla Scala

1778년 살리에리Salieri의 오페라로 첫 막을 올린 이래 현재까지 건재한 극장. 유럽 3대 공연장 중 하나로 손꼽힌다. 푸치니의 〈나비 부인〉 초연 등 훌륭한 이탈리아 오페라와 발레 레퍼토리를 자랑한다. 매년 새 시즌은 밀라노시의 수호 성인 성 암브로시우스의 날인 12월 7일에 시작된다. 극장의 역사를 보여주는 박물관도 운영한다.

📍 Via Filodrammatici, 2, 20121 Milano
🌐 teatroallascala.org

05 폰다치오네 프라다
Fondazione Prada

이탈리아 명품 브랜드 프라다의 재단 건물로 현대 미술품을 전시한다. 렘 쿨하스Rem Koolhaas가 설계한 건물은 대칭과 자연광, 면과 선을 활용해 곳곳이 촬영 명당이다. 영화감독 웨스 앤더슨Wes Anderson이 디자인한 카페 바 루체Bar Luce도 예쁘기로 유명하다.

📍 Largo Isarco, 2, 20139 Milano
🌐 fondazioneprada.org

06 무덱
MUDEC

토르토나Tortona 지구는 20세기 초 이탈리아를 대표하는 상공업 지역이었는데 현재는 예술의 허브 역할을 하고 있다. 이렇게 탈바꿈한 데 큰 기여를 한 것이 바로 문화 박물관 무덱이다. 옛 공장을 개조한 전시관은 공간 자체가 작품이다. 밀라노시 소장품 7,000여 점을 전시하고 다양한 기획 전시, 워크숍을 주최한다.

📍 Via Tortona, 56, 20144 Milano
🌐 mudec.it

07 산타 마리아 델레 그라치에 대성당
Chiesa di Santa Maria delle Grazie

레오나르도 다빈치의 작품 중 가장 유명한 벽화 〈최후의 만찬Museo del Cenacolo Vinciano〉이 있는 곳. 500년 넘도록 밀라노를 떠나지 않은 이 그림을 보려면 예약은 필수다. 16번 트램을 타고 가는 것이 가장 좋다. 메트로만 타고 이동했던 여행자라면 어쩌면 밀라노에서 유일하게 트램을 타 볼 기회가 될 것이다.

📍 Piazza di Santa Maria delle Grazie, 2, 20123 Milano
🌐 legraziemilano.it

08 브레라 미술관
Pinacoteca di Brera

19세기 초 설립된 미술관으로 중세, 르네상스, 특히 북부 이탈리아 작가들의 작품들이 많다. 작품 앞에 앉아 스케치하는 아마추어 화가들과 미술학도들도 흔히 볼 수 있으며 브레라 일대는 갤러리, 화방, 작은 브랜드 상점들로 가득해 구경하는 맛이 있다.

📍 Via Brera, 28, 20121 Milano
🌐 pinacotecabrera.org

09 산 로렌초 기둥
Colonne di San Lorenzo

밀라노 만남의 광장. 멀리서도 17개의 높은 기둥 아래 앉아 있는 사람들을 알아볼 수 있다. 이 기둥은 4세기에 이 자리로 옮겨 온 고대 로마 유적지로, 보존 상태가 훌륭하다. 뒤편의 넓은 녹지 바실리카 공원Parco delle Basiliche도 산책과 소풍하기 좋은 곳이다.

📍 Corso di Porta Ticinese, 20123 Milano

10 레오나르도 다빈치 과학 기술 박물관
Museo Nazionale della Scienza e della Tecnologia Leonardo da Vinci

2020년은 레오나르도 다빈치 사후 500년이 되는 해다. 다빈치는 이탈리아가 낳은 천재 화가, 건축가, 조각가, 해부학자, 음악가, 발명가로 못하는 것이 없었던 진정한 르네상스 맨이었다. 이탈리아 최대 규모 과학 기술 박물관에서는 그가 설계한 잠수함, 비행기를 포함하여 천재성을 가늠케 하는 여러 작품을 전시하고 있다.

📍 Via San Vittore, 21, 20123 Milano
🌐 museoscienza.org

NATURE

01 나빌리오 운하
Naviglio Grande

두오모를 짓는 데 쓸 대리석을 운반했던 수로. 길이는 23km이며, 수문은 레오나르도 다빈치가 설계했다. 지금은 밀라노에서 젊은이들이 좋아하는 가장 힙한 동네로, 곧게 뻗은 물길 양옆으로 바와 식당, 상점이 즐비하다. 낮과 밤이 완전히 다른 반전 매력을 뽐낸다. 보트 크루즈도 운행하고, 매달 마지막 주 일요일에는 앤티크 시장이 열린다.

📍 Alzaia Naviglio Grande, 20143, Milano
🌐 www.naviglilombardi.it

02 인드로 몬타넬리 공공 정원
Giardini Pubblici Indro Montanelli

이탈리아 작가 인드로 몬타넬리의 이름을 딴 공원으로 밀라노의 사계절을 느끼기에 가장 좋다. 한가운데 작은 연못이 있고, 세잔과 고갱의 작품이 걸려 있는 현대미술관GAM, Galleria d'Arte Moderna, 자연사 박물관Museo Civico di Storia Naturale di Milano, 천문대Planetario Civico Ulrico Hoepli도 자리한다.

📍 Via Palestro, 14, 20121 Milano

SHOP

01 리나센테 밀라노
Rinascente Milano

이탈리아를 대표하는 리나센테 백화점의 플래그십 스토어. 쇼핑할 시간이 없어 딱 한 곳만 가야 한다면 이곳을 추천한다. 위치도 좋고 브랜드 선정이 좋아 원 스톱 쇼핑이 가능하다. 음식도 맛있고 전망도 좋은 7층 푸드 홀도 꼭 올라가 보자.

📍 Piazza del Duomo, 20121 Milano
🌐 rinascente.it

02 10 코르소 코모
10 Corso Como

서울에도 지점을 둔 이탈리아 갤러리스트 겸 출판업자 카를라 소차니Carla Sozzani의 편집 숍. 카페와 전시관을 겸한 공간이라 쇼핑하지 않더라도 구경할 것이 많다. 호텔과 옥상 테라스도 함께 있으며, 타촐리 거리Via Enrico Tazzoli에는 아웃렛이 있다.

📍 Corso Como, 10, 20154 Milano
🌐 www.10corsocomo.com/location-milano

03 황금 사각 지대
Quadrilatero della Moda

몬테나폴레오네 거리Via Montenapoleone, 스피가 거리Via della Spiga, 산탄드레아 거리Via Sant'Andrea, 만초니 거리Via Manzoni로 이뤄진 럭셔리 쇼핑 지구. 쇼윈도 디스플레이가 웬만한 쇼의 런웨이 뺨칠 정도라 둘러보기만 해도 충분히 즐겁다. 이탈리아를 대표하는 명품 브랜드들의 플래그십 스토어는 여기 다 모여 있다.

📍 20121, Milano

04 아르마니 테아트로
Armani / Teatro

초콜릿 브랜드 네슬레Nestle 공장 건물에 들어선 아르마니 숍으로, 건축가 안도 타다오Ando Tadao가 설계했다. 맞은편에는 아르마니의 역사와 컬렉션, 영감 등 브랜드의 모든 것을 보여주는 박물관 아르마니 실로스Armani/Silos가 있다.

📍 Via Bergognone, 59, 20144 Milano
🌐 armani.com

HOTEL
01 오스텔로 벨로
Ostello Bello

이탈리아 호스텔 순위에서 거의 대부분 1위에 오르는 곳. 다양한 게임과 무료 투어를 제공하며 친절한 서비스, 맛있는 식사와 저렴하고 깔끔한 다양한 타입의 침실이 있다. 1인실, 도미토리 모두 추천한다. 아침 뷔페와 저녁 아페리티보가 제공되어 친구 만들기도 좋은 호스텔로, 인기에 힘입어 오스텔로 벨로 그란데 지점도 문을 열었다.

📍 Via Medici, 4, 20123 Milano
🌐 ostellobello.com

02 룸메이트 줄리아
Room Mate Giulia

두오모 바로 옆에 있어 최고의 위치를 자랑한다. 바르셀로나 등 유럽 여러 도시에서 많은 호평을 받는 룸메이트 호텔의 밀라노 지점이다. 고풍스러운 19세기 건물과 빈티지하고 컬러풀한 인테리어가 대조적인 매력을 풍긴다.

📍 Via Silvio Pellico, 4, 20121 Milano
🌐 room-matehotels.com/en/giulia/

03 에이토스 밀란
Aethos Milan

앞에는 운하, 뒤에는 공원이 자리한 멋진 부티크 호텔. 감각적인 인테리어로 꾸민 객실, 멋진 콘셉트의 칵테일 바와 레스토랑, 피체리아도 인기다. 호텔 밖으로 나가기 싫어지고 얼른 돌아와 긴 밤을 보내고 싶을 정도. 좋은 숙소가 중요한 여행자에게 적극 추천한다.

📍 Piazza Ventiquattro Maggio, 8, 20123 Milano
🌐 www.aethos.com/milan/

04 더 스트리트 밀라노 두오모 디자인 부티크 호텔
The Street Milano Duomo | a Design Boutique Hotel

객실이 8개뿐이지만 모든 호텔 예약 웹사이트에서 밀라노 1위와 최고 평점을 자랑하는 부티크 호텔. 깔끔하고 현대적인 시설에 밀라노다운 세련된 호텔을 찾는다면 바로 여기다.

📍 Via Santa Radegonda, 14, 20121 Milano
🌐 www.thestreetmilano.com

ROMA, ITALIA
로마, 이탈리아

로마에 대한 감흥은 사람마다 다를 수 있어도 콜로세움을 마주하는 순간엔 누구나 "언젠가 한 번은 왔어야 했다"고 중얼거리게 된다. 찬란한 팍스 로마나Pax Romana, 로마의 평화 시대의 역사가, 유적들이 눈길만 돌려도 마주쳐 시간 여행하는 기분이 드는 위대한 도시. 로마의 역사엔 비할 수 없지만 내가 걸어온 인생의 역사도 곱씹게 만든다. 북부보다는 느리고 남부보다는 도시화가 된 로마는 웅장하고도 기품 있는 모습으로 아름다운 균형을 자랑한다.

혼여 매력도 ★★★★
역사 깊은 유적들이 산재한 로마
많이 알수록 재미가 배가 된다.

혼여 난이도 ★★
번잡한 곳에는 소매치기를 반드시 주의할 것. 지하철 노선이 촘촘하지 않아 걷는 시간 또는 택시비가 많이 드는 도시다. 이동 시간을 넉넉히 계산하여 일정을 계획한다.

추천 포인트
- 시간 여행을 떠난 기분이 들게 하는, 고대 로마의 유적이 고스란히 남아있는 아름다운 이탈리아의 수도
- 오디오 가이드를 다운 받아 이용하거나 투어 프로그램에 참여하면 혼자 있는 시간도 외롭지 않다.

TRAVEL INFORMATION

▶▶ 로마 여행 정보 ◀◀

면적

1,285km²

시간대

UTC+1 (한국과 시차 -8시간)

인구

약 430만 명 (2023년 기준)

기후

로마는 지중해성 기후로 여름에는 덥고 건조하며 겨울에는 온화하고 습하다. 가장 추운 1월의 평균 기온은 낮에는 12℃, 밤에는 3℃이며, 가장 따뜻한 7, 8월의 낮 평균 기온은 30℃, 밤 평균 기온은 18℃이다. 12, 1, 2월은 가장 추운 달이며 가벼운 눈이 내린다.

화폐

유로

언어

이탈리아어

여행 정보 홈페이지

www.comune.roma.it (행정)
www.turismoroma.it (관광)

관광 안내소

피우미치노 · 치암피노 국제공항을 비롯하여 테르미니역, 스페인 광장, 나보나 광장, 포리 임페리알리, 산탄젤로성 앞 등에 관광안내소가 있다.

대사관

주이탈리아 대한민국 대사관이 로마 시내 북쪽 파리올리Parioli 지역에 위치한다.

주소 Via Barnaba Oriani, 30, 00197 Roma
전화 +39-06-802-461

항공편

대한항공에서 인천~로마 간 직항편을 운행 중이며, 약 13시간 걸린다. 외국 항공사를 이용해 파리, 암스테르담, 프랑크푸르트 등 여러 유럽 도시를 경유하여 들어가는 것도 가능하다. 로마의 메인 공항은 피우미치노Fiumicino 국제공항이고, 공항~시내 이동은 레오나르도 익스프레스나 FL1 기차, 또는 버스나 택시를 이용한다. 피우미치노 국제공항에서 도심까지 택시 요금은 €55로, 로마시에서 규정해 놓았다. 치암피노Ciampino 국제공항에서 도심까지는 버스, 기차, 택시를 이용한다.

치안

테르미니역과 주변, 사람들이 아주 많이 몰리는 트레비 분수 같은 관광명소 주변에서 종종 소매치기가 일어나니 조심하자. 특히 역 근처는 해가 지면 꽤 어두워져 늦게까지 밖에 있을 예정이라면 숙소를 시내 중심부로 잡는 것을 추천한다.

시내 교통

A. 메트로 Metro
A, B, C노선과 경전철Centrocelle 선이 있다. 공사만 하려고 땅을 파면 유적이 나와서 메트로 역이 촘촘하지 않다는 단점이 있지만, 로마의 주요 명소 부근에는 역이 있어 메트로만 타도 관광하는 데 큰 문제는 없다. 주중에는 05:30~23:30, 금·토요일 밤에는 01:30까지 운행한다.

B. 버스 Bus
매일 05:30부터 밤 12시까지 운행하며, 자정이 지나면 나이트 노선이 주요 구간만 운행한다. 테르미니역 앞에 버스가 가장 많이 모이는 정류장이 있다. 도시 중심부는 메트로 역이 드문드문 있어서 그 사이사이에 서는 버스가 유용하다. 좁은 골목에는 작은 전기버스도 함께 달린다.

C. 트램 Tram
노선 6개가 운행 중이지만, 여행자들이 잘 다니는 지역에서는 거의 보이지 않는다. 바티칸~보르게제 공원을 잇는 19번 트램과 로마 동쪽을 도는 3번 트램을 많이 탄다.

D. 택시 Taxi
공식 택시 업체 한 곳(전화 060609)과 라디오 택시Radio Taxi, 프론토 택시Pronto Taxi 등 여러 사설 업체가 있다.

E. 투어 버스 Tour Bus
빅 버스 투어스Big Bus Tours, 로마 크리스티아나Roma Cristiana, 시티 사이트싱 로마City Sightseeing Roma, 카라니 투어스Carrani Tours, 그린 라인 투어스Green Line Tours 등 여러 투어 버스도 운영 중이어서 메트로가 촘촘하지 않은 로마의 곳곳을 쉽게 이동할 수 있다.

교통권

로마 교통권은 한 회사에서 통합 운영한다. 최초 탑승 시 기계에 넣어 펀칭해 시작 시간과 날짜를 표시해야 한다.
요금 1회권(100분 유효/시간 내 메트로 1번, 버스와 트램 무제한 이용 가능) €1.5 / 24시간권 €7 / 48시간권 €12.5 / 72시간권 €18 / CIS(7일 유효) €24
홈페이지 www.atac.roma.it

여행 패스

로마 패스 Roma Pass
원하는 박물관 2곳(48시간권은 1곳)은 무료, 나머지 명소들은 할인가로 입장할 수 있고 대중교통을 무제한으로 이용 가능한 로마 여행자들의 만능 패스. 홈페이지에서 혜택 받을 수 있는 명소들의 전체 목록을 볼 수 있다. 패스는 홈페이지 또는 박물관, 관광 안내소, 메트로 매표소, 기차역 사무소 등에서 판매한다.
요금 72시간권 €58.50 / 48시간권 €36.50
홈페이지 www.romapass.it

3 DAYS IN ROMA
▶▶ 로마 베스트 3일 코스 ◀◀

유적에 압도되는 여행지는 많지 않은데, 그중 단연 으뜸은 로마. 부지런히 움직이면 당일치기로 다녀올 수 있는 바티칸으로 시작하여, 클래식한 베스파 투어와 첨단 VR 체험을 아우르며 온 도시에 만연한 긴 역사가 주는 감동을 만끽해 보자.

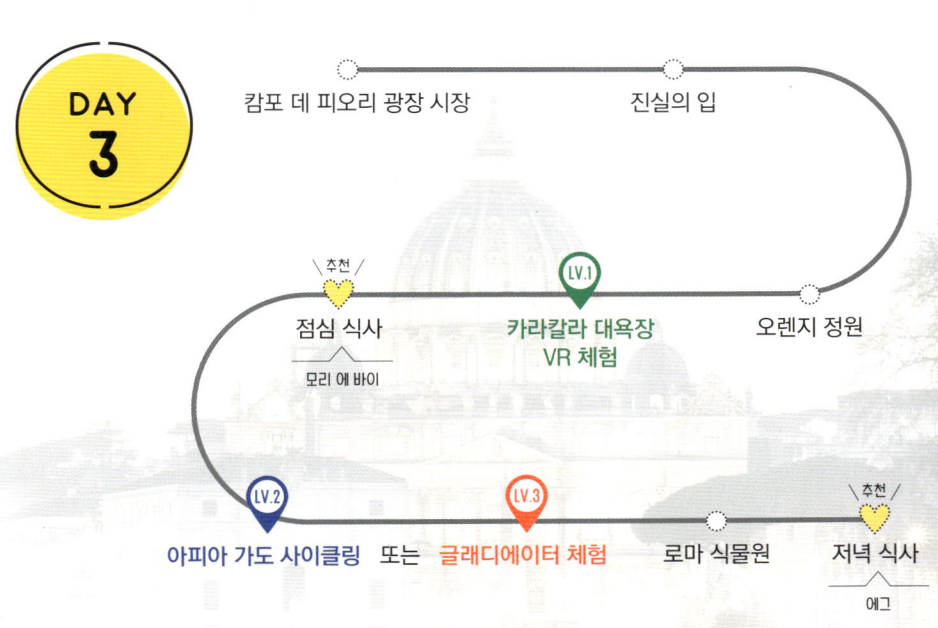

DAY 3

캄포 데 피오리 광장 시장 — 진실의 입

추천
점심 식사
모리 에 바이

LV.1
카라칼라 대욕장 VR 체험

오렌지 정원

LV.2
아피아 가도 사이클링 또는 LV.3 글래디에이터 체험

로마 식물원

추천
저녁 식사
에그

✓ 체력과 외로움과의 싸움
바티칸 박물관 Musei Vaticani

세계에서 가장 작은 나라 바티칸 시국에 자리한 바티칸 궁전, 미술관, 박물관을 통틀어 칭하는 바티칸 박물관Musei Vaticani의 규모는 아이러니하게도 세계 최대다. 관람을 아주 좋아하는 사람도 바티칸을 원하는 만큼 하루에 다 보려면 상당한 집중력과 체력이 필요하다. 쉬지 않고 다 보면 최소 4시간은 걸리는 대장정인 데다 어느 한 작품도 그냥 지나칠 수 없는 걸작들의 향연이라 혼자 돌다 보면 시스티나 예배당에 다다랐을 때 입에서 단내가 날 수도 있다. 그러니 미리 홈페이지에서 표를 예매해서 기다리는 시간을 최소화하자. 바티칸 박물관의 하이라이트는 시스티나 예배당이다. 들어서서 천장에 그려진 〈천지창조〉를 올려다보는 순간 심장이 쿵쾅댈 것이다. 사진 촬영이 금지되어 있어 눈으로 미켈란젤로의 붓 터치를 샅샅이 훑으며 담아야 한다. 미켈란젤로의 피에타Pieta가 있는 산 피에트로 대성당Basilica di San Pietro과 정원Giardini Vaticani도 물론 그냥 지나칠 수 없다.

📍 00120 Vatican City
🌐 www.museivaticani.va

✓ 고대 로마 제국 시대로 돌아가 보자
카라칼라 대욕장 VR 체험 Terme di Caracalla

3세기 초에 세워진 133,546㎡(약 4만 평)에 달하는 고대 로마의 목욕탕 유적으로 당시 1,600명까지 수용할 수 있었다. 지금은 로마에서 가장 최첨단 투어를 할 수 있는 멋진 장소다. VR(가상현실) 헤드셋을 착용하면 로마 시대에 지어진 원래 모습이 생생하게 보인다. 더듬더듬거리거나 조심스럽게 발을 내딛는 모습이 우스울 수도 있지만 혼자 왔으니 창피할 것도 없다. 헤드셋 대여는 오전이면 매진되니 일찍 가는 것을 추천!

📍 Via delle Terme di Diocleziano 35/36, 00184 Roma
🌐 www.villanecchicampiglio.it

✓ 로마에 이런 곳이?
비디오 게임 박물관 Game Museum

추억을 곱씹으며 신나게 몰두할 수 있는 콘솔 게임기 36대와 1980~1990년대 아케이드 게임 장비들이 있는 독특한 박물관. 비디오 게임의 역사를 설명하는 전시도 보고 직접 플레이를 해볼 수도 있다. 1인용 플레이도 다양한 게임들이 있으니 조이스틱을 잡아 보자.

📍 Via delle Terme di Diocleziano 35/36, 00184 Roma
🌐 www.gammuseum.com

LEVEL 2

✓ 로마에서 가장 오래된 길을 달려 보자
아피아 가도 사이클링 Via Appia Cycling

고대 로마의 길 중 가장 중요한 길로 꼽히는 아피아 가도Via Appia Antica를 자전거로 여행해 보자. 아피아 가도는 BC 71년 스파르타쿠스가 이끄는 노예군이 로마군에게 패해 약 6,000명의 노예가 십자가에 매달리는 형벌을 받은 길이며 1960년 올림픽 마라톤의 코스였다. 로마의 흥망성쇠와 굴곡진 역사가 고스란히 지나간 길이다. 전체 길은 남부 브린디시Brindisi까지 이어지지만 카타콤베 디 산 칼리스토Catacombe di San Calisto, 고대 기독교도의 지하 묘소 등의 명소까지 갈 수 있는 만큼만 가도 된다. 가이드와 함께 하는 그룹 투어도 있지만, 자전거만 빌려 자유롭게 여행해야 진짜 혼자 여행 레벨 2라고 할 수 있을 것이다. 투어와 대여 업체는 로마에 아주 많으니 숙소와 가장 가까운 곳을 검색해도 좋다.

에코바이크
⊕ www.ecobikeroma.it
톱바이크
⊕ www.topbikerental.com

✓ 이탈리아에 왔으면 한 번은 타 봐야지!
베스파 투어 Vespa Tour

이탈리아의 대표 스쿠터 베스파를 타고 로마의 거리를 달려 보자. 운전 면허가 없어도 걱정할 필요가 없다. 베스파 사이드 투어에 참가하면 베스파 옆에 연결된 사이드카에 탑승해 스피드를 즐길 수 있다. 스쿠터를 타고 로마의 야경을 보고 싶다면 저녁 7시에 시작해서 10시까지 진행하는 나이트 투어에 참여해 보자. 날렵한 몸체에 디자인도 근사한 이탈리안 베스파에 관심이 많다면 근처의 베스파 박물관도 추천한다.

베스파 사이드 투어
⊕ vespasidecartour.com
나이트 투어
⊕ www.dearomatours.com/guided-tour/rome-by-night-tour
베스파 박물관 Museo Vespa
📍 Via Cavour, 304, 00184 Roma
⊕ spaziomuseovespa.com

LEVEL 3

✓ 로마 제국의 검투사가 되어 보자
글래디에이터 체험
Gladiator School Rome – Gruppo Storico Romano

글래디에이터에 심취한 로마 사람들이 세운 학교 겸 박물관. 사실 몇 시간 동안 트레이닝을 받는 것이 전부지만 모두 진지하게 임한다. 아이들 데리고 찾아갔다가 부모들이 더 즐거워 한다는 후기가 가득하다. 로마 병사 기지를 재현한 곳에서 몇 번에 걸쳐 더 자세한 수업을 받을 수도 있다. 혼자 입학을 결정하고 당시의 옷을 입고 가짜 칼을 들고 싸워보는 것은 혼자 여행 최고 레벨만 가능한 멋진 모습.

📍 Via Appia Antica, 18, 00179 Roma
⊕ gruppostoricoromano.it

로마 베스트 먹거리

BEST MENU | 01

카르보나라
Carbonara

달걀, 치즈, 돼지고기와 후추. 이 정도면 로마를 대표하는 파스타, 카르보나라가 완성된다. 이 파스타가 이탈리아를 벗어나면서 소스가 묽어지고 이것저것 추가되었는데, 정통 카르보나라는 아주 꾸덕하다.

BEST MENU | 02

카초 에 페페
Cacio e Pepe

치즈와 페페(후추), 단 두 가지 재료로 맛을 내는 파스타 요리. 어떤 로마 식당에 가도 메뉴에 올라 있는 기본 요리다. 치즈는 주로 페코리노 로마노를 사용한다.

BEST MENU | 03

부카티니 알라마트리차나
Bucatini all'Amatriciana

로마가 속한 라치오 지역의 아마트리체 Amatrice에서 탄생한 파스타. 돼지볼살, 페코리노 치즈와 토마토로 만든 소스를 얹은 요리다. 스파게티와 비슷한데 속이 빈 부카티니 면과 잘 어울린다.

BEST MENU | 04

카르초피 알라 주디아
Carciofi alla Giudìa

'유대인식 아티초크 요리'라는 뜻으로, 로마에 거주하던 유대인들이 개발한 아티초크 튀김이다. 2~4월 사이가 제철이라 이때 여행한다면 한번 먹어 보자. 바삭하고 고소한 애피타이저로 딱이다.

BEST MENU | 05

피자 로마나
Pizza Romana

피자는 나폴리에서 유래했지만, 로마에는 로마만의 특별한 피자가 따로 있다. 오븐에 넣기 6시간 전부터 도우를 냉장고에서 꺼내 다시 부풀려 아주 바삭하게 만드는 것이 특징이다.

BEST MENU | 06

살팀보카 알라 로마나
Saltimbocca alla Romana

살팀보카는 '입 안으로 뛰어들다'라는 역동적이고 직관적인 이름이다. 로마식 살팀보카는 송아지 고기를 얇게 저미고 프로슈토와 세이지로 말아 화이트 와인, 달걀물을 입혀 구워 낸다. 육즙 가득한 고기가 층층이 느껴져 입맛을 돋운다.

로마 베스트 맛집

BEST RESTAURANT | 01

레트로보테가
Retrobottega

로마 요리를 현대적으로 재해석한 트렌디한 식당. 특이하게도 부엌 바로 앞에 좌석을 두어 요리하는 모습을 구경하거나 다른 손님들과 합석하는 '소셜 테이블'로 구역을 나누었다. 혼자 가도 어색하지 않게 담소를 나누며 즐거운 식사를 할 수 있다.

📍 Via della Stelletta, 4, 00186 Roma
🌐 www.retro-bottega.com

BEST RESTAURANT | 02

모르디 에 바이
Mordi e Vai

로마 최고의 파니니Panini 맛집. 혼밥하기 좋은 식당들이 모여 있는 테스타초 시장Nuovo Mercato Comunale di Testaccio 안에 있다. 풀드 비프나 미트볼 등 다양한 재료로 속을 듬뿍 채워 만든 파니니를 판매한다. 시원한 맥주와 함께하면 천국의 맛. 일정이 바쁠 때 빨리 먹기에도 좋다.

📍 Via Beniamino Franklin, 12/E, 00153 Roma

BEST RESTAURANT | 03

에그
Eggs

달걀이 주인공인 재미난 식당. 로마에서 손꼽히는 카르보나라 파스타를 내놓는다. 도심에서 약간 떨어져 있어서 여러 번 오기에는 부담되는데, 양이 많은 편이 아니라 메뉴를 여러 개 시켜 이것저것 맛볼 수 있어 오히려 더 좋다. 플레이팅도 예쁘고 와인 리스트도 좋은 편.

📍 Via Natale del Grande, 52, 00153 Roma
🌐 www.eggsristorante.com

BEST SPOT IN ROMA

로마
베스트 스폿

LANDMARK
NATURE
SHOP
HOTEL

LANDMARK

01 콜로세움
Colosseum

최대 지름 188m, 둘레 527m에 이르는 거대한 3층 원형 경기장. 콜로세움은 로마 제국 최대 규모 건축물이자 로마의 상징이다. 로마는 하루아침에 만들어지지 않았다는 명언의 무게와 기원전 753년 세워진 '세계의 수도Caput Mundi' 위엄을 체감할 수 있다. 검투사들이 목숨을 걸고 칼을 휘두르던 모습이 눈앞에 선명하게 펼쳐지는 듯하다. 오디오/비디오 가이드, 투어도 가능하며 예약을 추천한다. 로마 패스를 이용하려면 예약이 필수다. 콜로세움은 라틴어 명칭이며 이탈리아어로는 '콜로세오Colosseo'이다.

📍 Piazza del Colosseo, 1, 00184 Roma
🌐 colosseo.it

• 콜로세움 일대의 유적지

1

2

3

4

1 포로 로마노 Foro Romano
로마에 있는 가장 오래된 도시 광장이며 보호 구역으로 지정되어 있다. 제단, 신전, 시장 등의 흔적을 통해 고대 로마인들의 생활상을 엿볼 수 있다.
📍 Via della Salara Vecchia, 5/6, 00186 Roma

3 팔라티노 Palatino
기원전 63년 로마 초대 황제 아우구스투스가 탄생한 언덕이라 '로마의 요람'으로 불린다. 아직도 2,000여 년 전의 건축 흔적이 남아 있다.
📍 Via di San Gregorio, 30, 00186 Roma

2 도무스 아우레아 Domus Aurea
악명 높은 네로 황제가 살던 3층짜리 빌라 터. 콜레 오피오 공원Parco del Colle Oppio 내에 있다.
📍 Via della Domus Aurea, 1, 00184 Roma

4 치르코 마시모 Circo Massimo
고대 로마 제국의 전차 경기장 겸 대형 공연장 역할을 했던 곳. 당시 25만 명이나 들어갈 수 있었다. 오늘날 서커스의 원형이 된 다양한 공연을 포함하는 종교 축제 루디Ludi도 여기에서 열렸다. 이름은 '가장 큰 서커스'라는 뜻.
📍 Via del Circo Massimo, 00186 Roma

02 스페인 계단
Scalinata di Trinità dei Monti

18세기 프랑스 외교관이 기부해서 만들어진 나비 형태의 계단. 오드리 헵번 주연의 영화 〈로마의 휴일〉에 등장하면서 '로마' 하면 떠올리는 명소가 되었다. 이후 관광객들이 영화에서처럼 젤라토를 손에 들고 오는 바람에 쓰레기가 넘쳐나자 로마시에서 아예 계단에서 음식 섭취를 금지했다. 스페인 계단이라는 이름은 주변에 스페인 대사관 관저가 있어서 붙은 이름이다. 맞은편 바르카차 분수Fontana Barcaccia는 배가 반쯤 가라앉은 형태인데, 16세기 우르바노 8세가 홍수의 피해를 기억하고자 조성했다고 한다. 나보나 광장의 4대강 분수를 만든 건축가 잔 로렌초 베르니니와 그의 아버지 피에트로 베르니니의 작품이다. 스페인 계단 맨 아래에는 영국 시인 키츠Keats가 말년을 보낸 집이 키츠 셸리 기념관Keats Shelley House으로 개방 중이다.

◉ Piazza di Spagna, 00187 Roma

03 판테온
Pantheon

B.C. 27년에 세워졌다가 화재로 불탄 성전을 2세기 초 하드리아누스 황제가 재건한 거대한 돔 천장의 성전. 판테온이라는 이름은 '모든 신', '가장 성스러운 곳'을 뜻하는 그리스어에서 유래했다. 높이와 외부 둘레는 43m로 동일하고, 보강 철재 없이 2,000년이 지난 지금까지도 끄떡없는 모습이 경이롭다. 예술가 라파엘로를 포함한 여러 위인들의 무덤이 안치되어 있다.

◉ Piazza della Rotonda, 00186

04 트레비 분수
Fontana di Trevi

로마 신화 속 바다의 신 포세이돈 조각상으로 장식한 분수로, 페데리코 펠리치의 영화 〈라 돌체 비타〉에도 인상 깊게 등장한다. 낮에는 관광객이 너무 많아 아주 이르거나 밤 늦게 찾아가야 온전히 감상할 수 있다. 분수 안에 동전을 던지면 로마에 다시 오게 된다는 속설이 있어 동전 던지는 소리가 온종일 들리는 명소다. 분수 옆에 위치한 작은 수도꼭지 2개는 '연인들의 분수'인데, 여기서 나오는 물을 함께 마시면 한 눈 팔지 않고 영원히 서로만 사랑하는 사이가 된다는 설이 있다. 옛날 군대에 징집되면 연인과 이곳에 와서 물을 마시고 평생을 약속하는 연인들이 많아서 생긴 속설이라고 한다.

◉ Piazza di Trevi, 00187

05 진실의 입
Bocca della Verità

사람 얼굴이 조각된 맨홀 뚜껑으로, 코스메딘 산타 마리아 델라 성당Chiesa di Santa Maria in Cosmedin 벽면에 걸려 있다. 조각상의 입 속에 손을 넣고 거짓말을 하면 손이 잘린다는 전설이 전해온다. 본래 어떤 용도로 만들었는지 확실치 않다.

◉ Via della Greca, 4, 00186

06 카타콤베 디 산 세바스티아노
Catacombe di San Sebastiano

지하 무덤 카타콤베는 고대 기독교도들이나 성인들의 무덤을 뜻한다. 로마에는 카타콤베가 여러 개 있는데 그중 가장 유명한 것이 성 세바스티아노San Sebastiano의 유해가 묻혀 있는 이곳이다. 4세기에 그를 기리기 위해 세운 대성당도 있다. 성인을 살해한 화살과 대리석에 새겨진 예수의 발자국도 성당 안에 모셔져 있다.

📍 Via Appia Antica, 136, 00179 Roma
🌐 catacombe.org

07 산탄젤로성
Castel Sant'Angelo

별 모양의 정원 안에 자리한 원형 건물로, 139년 하드리아누스 황제가 직접 설계하고 발주한 본인의 영묘다. 본래 바티칸을 지키는 요새와 비밀 통로 역할을 해왔다. 산탄젤로는 성스러운 천사라는 뜻으로, 성 위에는 대천사 미카엘의 조각상이 있다. 6세기경 그레고리우스 1세 교황이 이곳에서 흑사병을 진압하는 천사를 보았다는 것을 기념하여 세웠다. 현재 내부는 박물관으로 전시 중이다.

📍 Lungotevere Castello, 50, 00193 Roma

08 나보나 광장
Piazza Navona

1세기에 조성되었으며 로마에서 가장 우아한 광장으로 꼽힌다. 바로크 양식으로 만들어진 분수 3개가 자리한다. 그중 가장 유명한 것은 중앙에 있는 4대강 분수로, 조각가로 유명한 베르니니 가문의 작품이다. 고대 로마 시대에는 도미치나우스의 경기장Circo dell'imperatore Domiziano이 있었다고 한다. 지금은 야외 공연과 노천 식당, 카페 등으로 늘 생기가 넘친다.

📍 Piazza Navona, 00186 Roma

09 21세기 국립 미술관
MAXXI(Museo nazionale delle arti del XXI secolo)

세계적인 건축가 자하 하디드Zaha Hadid가 설계한 건물로 유명하다. 유연한 곡선을 물 흐르듯 사용한 비정형적인 건물로 전세계의 이목을 끈 미술관이다. 현대 예술가들의 창작 활동에 대한 다양한 전시와 워크숍, 공연, 강의 등을 진행한다.

📍 Via Guido Reni, 4, 00196 Roma
🌐 maxxi.art

10 현대 미술 박물관
MACRO Museo d'Arte Contemporanea

페로니Peroni 맥주 공장을 개조한 현대 미술관으로 제2차 세계대전 이후의 작품들을 전시한다. 1960년대 이후의 이탈리아 예술품들을 주로 다루며, 서점과 옥상 테라스도 가볼 만하다.

📍 Via Nizza, 138, 00198 Roma
🌐 museomacro.it

NATURE

01 보르게제 공원과 보르게제 미술관
Villa Borghese & Galleria Borghese

여러 분수, 조각상, 박물관을 품고 있는 미로 같은 정원이라 종일 머물러도 좋다. 가장 유명한 시설은 보르게제 미술관이다. 로마에서 바티칸 다음으로 소장품이 가장 많은 미술관인데, 보르게제 가문이 파산하자 정부에서 개인 컬렉션을 사들였다. 주로 중세 예술품들이 많으며 티치아노Tiziano, 카라바조Caravaggio 등의 작품들이 대표적이다.

📍 Piazzale Napoleone I, Piazzale Scipione Borghese, 5, 00197 Roma
🌐 galleriaborghese.beniculturali.it

02 오렌지 정원
Giardino degli Aranci

상큼한 오렌지 향이 가득한 공원으로, 로마에서 가장 낭만적인 장소로 꼽힌다. 이름 그대로 오렌지나무가 울창하게 자라고 있다. 해 질 녘 반짝이는 티베르강 변을 감상하기 더없이 좋다.

📍 Piazza Pietro D'Illiria, 00153 Roma
🌐 sovraintendenzaroma.it

03 로마 식물원
Orto Botanico di Roma - Sapienza Università di Roma

전 세계에서 가져온 7,000여 종의 식물들이 숨쉬고 있는 강변의 공원. 전망대 테라스, 일본식 차 정원, 대나무밭과 분수들로 구성되어 있다.

📍 Largo Cristina di Svezia, 23 A - 24, 00165 Roma
🌐 web.uniroma1.it/ortobotanico

SHOP
01 캄포 데 피오리 광장 시장
Mercato di Campo dei Fiori

로마 사람들의 소소한 일상을 엿볼 수 있는 활기찬 시장. 신선한 채소와 꽃, 소스 등도 판매한다. 주방이 딸린 숙소에 묵는다면 이곳에서 식재료를 사가지고 가도 좋다. 음식에 대한 열정이 가득한 상인들은 이건 이렇게 해서 먹어라, 저건 이렇게 다듬어야 한다는 등 친절하게 레시피도 읊어준다. 물론 이탈리아 억양이 진하게 묻어나는 영어로.

📍 Piazza Campo de' Fiori, 00186 Roma

02 콘도티 거리
Via dei Condotti

포폴로 광장Piazza Popolo과 베네치아 광장Piazza Venezia을 잇는 쇼핑 대로. 로마를 대표하는 로마의 동맥, 척추라고 할 수 있다. 길 양옆으로 크고 작은 상점들이 즐비하다. 세계에서 몸값 높기로 유명한 브랜드들이 하나 건너 하나 자리하고 있다.

📍 Via dei Condotti, 00187 Roma

HOTEL
01 호텔 챕터 로마
Hotel Chapter Roma

나 홀로 여행자를 위한 1인 객실 솔로 패드Solo Pad가 있는 4성 호텔. 깔끔한 모노톤 객실에 조명이나 각 등으로 포인트를 주었다. 세련된 인테리어에 갤러리 같은 로비, 바로도 유명하다.

📍 Via di S. Maria de' Calderari, 47, 00186 Roma
🌐 www.chapter-roma.com

02 지-러프
G-Rough

자연과 고풍스러움, 강렬한 색감과 현대적인 가구, 예스러운 구조가 완벽한 조화를 이루는 호텔로 17세기에 지어진 건물에 위치한다. 객실은 아파트형과 일반 타입으로 나뉘어 있고 종종 공연을 여는 카페 겸 바도 있다. 로마의 숙박 요금은 다른 도시들에 비해 꽤 비싼 편. 어차피 쓸 돈을 좋은 숙소에 투자하자는 생각이라면 이곳이 적격이다.

📍 Piazza di Pasquino, 69 / 70, 00186 Roma
🌐 g-rough.com

FIRENZE, ITALIA
피렌체, 이탈리아

이탈리아 사람들이 '아름다운 도시 La Città Bella'라 부르는 피렌체. 이탈리아 중부 토스카나주의 주도로 '중세의 아테네'라 불릴 정도로 예술적인 도시다. 피렌체를 가로지르는 아르노Arno 강물을 타고 예술적 기질이 넘실넘실 흐르는 낭만적인 도시. 두오모와 산타 크로체 성당, 우피치 미술관과 피티 궁전이 있는 피렌체 역사 지구는 그 예술성을 인정받아 유네스코 세계문화유산으로 지정되었다.

 혼여 매력도 ★★★★
한국인 여행자가 특히 좋아하는 이탈리아 중부의 도시로, 맛과 멋을 모두 갖추었다.

 혼여 난이도 ★★
도시 규모가 그리 크지 않고 주요 볼거리가 도심에 집중되어 있다.

 추천 포인트
- 석양을 감상하기 좋은 미켈란젤로 언덕 오르기
- 미식의 천국이라는 이탈리아에서도 소문난 토스카나 지역 음식은 꼭 먹어보기

TRAVEL INFORMATION

▶▶ 피렌체 여행 정보 ◀◀

면적

102.41km²

시간대

UTC+1 (한국과 시차 -8시간)

인구

약 36만 명 (2024년 기준)

기후

피렌체는 온난 습윤하며 지중해성 기후도 있다. 평균 또는 적게 비가 오는 여름과 춥고 축축한 겨울이 특징이다. 평균 기온은 로마와 비슷하지만, 지역적 특성으로 인해 여름에는 더 덥고 겨울에는 더 춥게 느낄 수 있다.

화폐

유로

언어

이탈리아어

여행 정보 홈페이지

www.comune.fi.it (행정)
www.feelflorence.it (관광)

관광 안내소

중앙역, 두오모 광장, 만조니 거리 Via Manzoni, 산타 크로체 성당 등에 관광 안내소가 있다.

대사관
주이탈리아 대한민국 대사관은 로마, 총영사관은 밀라노에 위치한다.

항공편
현재 우리나라에서 연결하는 직항편은 없다. 직항편이 있는 로마, 밀라노를 경유하거나, 외국 항공사를 타고 파리, 암스테르담, 프랑크푸르트 등 유럽 도시를 경유하여 갈 수 있다. 피렌체 도심에서 7km 떨어진 페레톨라 Peretola 국제공항(공식 명칭 아메리고 베스푸치 국제공항 Aeroporto Amerigo Vespucci)을 이용하며, 공항에서는 트램 T2노선을 타고 시내의 중앙역으로 이동한다.

치안
피렌체는 후미진 골목이 거의 없어 어딜 가도 붐비고 안전하나, 관광 명소가 많지 않은 산타 마리아 노벨라 성당과 중앙역 부근은 밤에는 피하는 것이 좋다.

시내 교통

A. 트램 & 버스 Tram & Bus
트램 노선은 T1, T2 2개이고 버스는 도시를 촘촘히 연결해, 여행자들은 주로 이 두 가지 교통편으로 여행한다. 사실 피렌체는 걸어 다녀도 관광하는 데 별 무리는 없고, 로마나 밀라노에 비해 택시 요금도 저렴하다.

B. 택시 Taxi
피렌체 택시는 흰색이며, 공항, 중앙역 등 지정된 정류장에서 탑승하거나 전화로 부르면 된다. 요금은 택시 안에 공개되어 있고, 카드 결제도 가능하다. 피렌체 공항-시내 이동 요금은 €22이다. 피렌체 택시 회사는 두 곳이다.

CO.TA.FI
전화 +39-055-4390, +39-055-4499
홈페이지 www.4390.it

SOCOTA
전화 +39-055-4798, +39-055-4242
홈페이지 www.4242.it

C. 투어 버스 Tour Bus
시티 사이트싱 피렌체City Sightseeing Firenze에서 피렌체 시내를 비롯해 주변 지역을 돌아보는 여러 프로그램을 운행한다. 시내 투어의 경우 24시간, 48시간, 72시간권이 있으며 가격은 24시간 기준, 성인 €29이다.

홈페이지 www.city-sightseeing.it/en/florence/

교통권

담배 가게, 신문 가게, 중앙역, 트램 정류장의 매표기 등에서 판매한다. 최초 탑승 시 기계에 넣어 펀칭해 시작 시간과 날짜를 표시한다.
요금 1회권 €1.70 / 10회권 €15.50

여행 패스

피렌체 카드 Firenze Card
72시간 동안 60여 개의 피렌체 성당, 박물관, 미술관 출입이 가능한 여행자 패스. 요금 €7를 더하면 대중교통도 72시간 동안 자유롭게 탑승할 수 있고, 28시간 요금을 더하면 동일한 혜택을 120시간 동안 이용할 수 있다. 홈페이지, 매표소에서 모두 판매하며, 홈페이지에 해당 명소 정보가 모두 나와 있다.
홈페이지 www.firenzecard.it

3 DAYS IN FIRENZE

▶▶ 피렌체 베스트 3일 코스 ◀◀

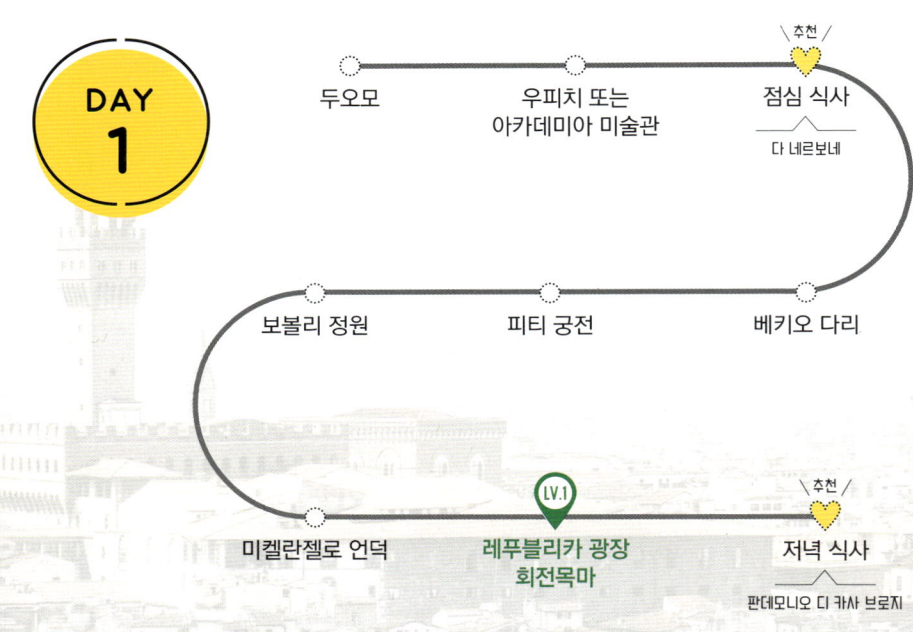

DAY 1

두오모 → 우피치 또는 아카데미아 미술관 → 점심 식사 <추천 / 다 네르보네> → 베키오 다리 → 피티 궁전 → 보볼리 정원 → 미켈란젤로 언덕 → 레푸블리카 광장 회전목마 (LV.1) → 저녁 식사 <추천 / 판데모니오 디 카사 브로지>

잘 먹고 좋은 것을 보는 것만큼 여행에 중요한 것이 있을까? 피렌체는 식도락에 일가견이 있다면 특히나 더욱 만족할 여행지다. 시내 중심에 위치한 두오모에 올라 구석구석 아름다운 도시를 내려다보고, 육즙 가득한 스테이크를 썰며 마무리하는 일정은 혼자 하는 이탈리아 여행의 하이라이트가 되기에 충분하다.

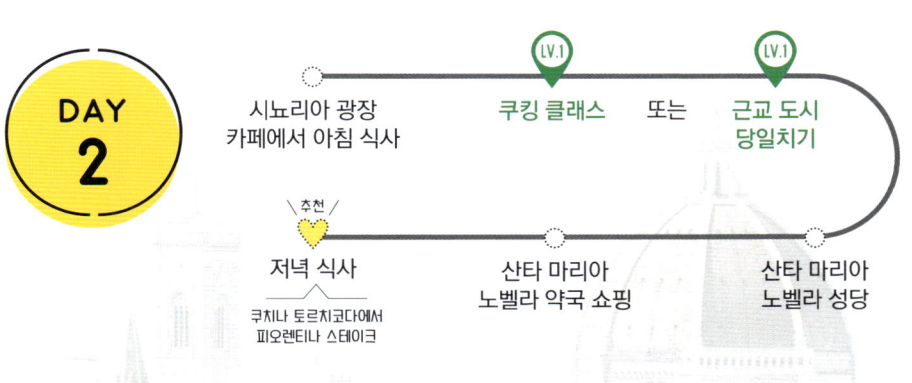

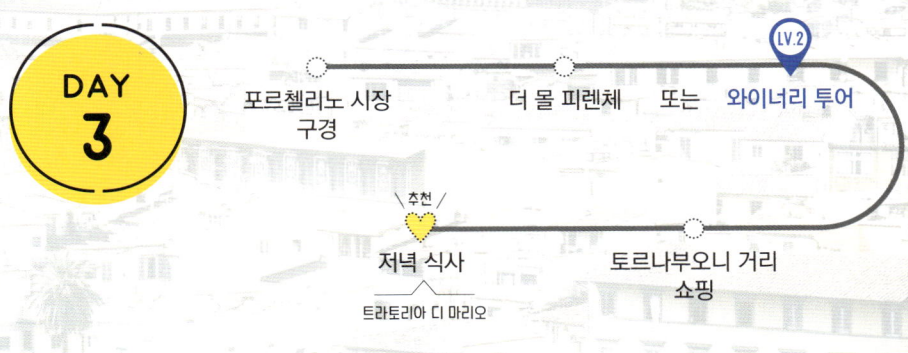

✓ 영화 세트장 같은 소도시로 떠나자
근교 도시 당일치기 여행

피렌체 중앙역Firenze Santa Maria Novella 역에서 기차를 타면 토스카나주의 아름다운 소도시들을 쉽게 방문할 수 있다. 이탈리아 철도청 트레니탈리아 홈페이지에서 스케줄을 미리 확인할 수 있다. 기차역 옆에 있는 버스 터미널에서 시타SITA 버스를 타도 된다. 클룩klook이나 마이리얼트립myrealtrip 등에서 진행하는 투어 프로그램도 인기가 많다. 하지만 혼자 여행의 가장 큰 매력은 기차역이나 버스 터미널에 가서 시간표를 확인하고, 불확실과 두근거림이 혼재된 기분을 느끼며 낯선 도시로 가는 동안 창문 밖 풍경에서 눈을 떼지 못하는 순간들이다. 물론, 가이드의 설명에 반쯤 귀를 열고 사방에서 들려오는 익숙한 한국어에 마음이 편해지는 시간을 잠깐 갖는 것도 좋다. 어떤 식으로든 잠시 주변 도시를 다녀오는 경험은 꼭 해보면 좋다.

트레니탈리아 Trenitalia
⊕ www.trenitalia.com

SITA 버스
⊕ www.sitabus.it

• 추천 근교 도시

아레초 Arezzo
로베르토 베니니의 영화 〈인생은 아름다워〉 촬영지. 영화에 등장한 예쁜 광장과 언덕 등이 아직도 그대로 있는 사랑스러운 마을이다. 명소를 안내하는 표지판이 많아 지도 없이도 돌아보기 좋다. 주요 랜드마크는 도시의 중심에 위치한 대광장Piazza Grande, 산 프란체스코 성당Basilica di San Francesco, 매달 첫 번째 주말에 열리는 골동품 시장La Fiera Antiquaria di Arezzo, 메디치 요새Fortezza Medicea 등이 있다. 피렌체에서는 기차로 1시간이면 도착한다.
⊕ www.visitarezzo.com/en

아시시 Assisi
피렌체와 로마의 정가운데에 위치한 움브리아주 대표 도시. 전원적이고 평온한 분위기가 특징이다. 성인 프란체스코가 태어난 곳이라 그의 이름을 붙인 산 프란체스코 대성당Basilica di San Francesco d'Assisi과 미네르바 신전Chiesa di Santa Maria Sopra Minerva이 자리한 코무네 광장Piazza del Comune, 마조레 성채Rocca Maggiore와 미노레 성채Rocca Minore가 대표적인 명소이며, 피렌체에서는 기차로 2시간 걸린다.
⊕ www.visit-assisi.it

시에나 Siena
중세에는 독립 국가였던 시에나는 나름 문화와 색이 뚜렷하다. 주요 명소로는 매년 여름 시에나 최대 경마 축제 팔리오Palio가 열리는 캄포 광장Piazza del Campo, 세계에서 가장 오래된 은행이 자리한 살림베니 궁전Palazzo Salimbeni, 흑백의 줄무늬 기둥이 멋진 고딕 양식의 시에나 두오모Cattedrale di Siena가 있다. 기차보다 버스로 가는 것이 더 편하다. 중앙역 옆 터미널에서 1시간 30분 정도 소요.
⊕ www.terredisiena.it

✓ 토스카나 음식을 제대로 배워 보자
쿠킹 클래스

토스카나 요리의 핵심은 심플과 풍미인지라, 막상 해보면 별로 어렵지 않고 식재료도 전부 익숙할 것이다. 시장에 들렀다가 농장에서 수업을 진행하는 워커바웃 플로렌스의 수업처럼 장보는 것부터 시작해서 진짜 이탈리아 가정식을 경험할 수 있는 수업을 찾아 참여해 보자.

워커바웃 플로렌스 투어스 Walkabout Florence Tours
🌐 www.walkaboutflorence.com/tours

✓ 동심 찾기 대작전
레푸블리카 광장에서 회전목마 타기

피렌체의 응접실이라 불리는 레푸블리카 광장에는 오래된 토스카나 회전목마 Antica Giostra Toscana가 놓여 있다. 무서울 것 하나 없는 놀이기구지만 혼자 타는 것은 약간의 용기가 필요하다. 해 질 녘 어슴푸레한 하늘 아래 회전목마에 조명이 켜지면 더욱 낭만적이다. 잊을 수 없는 동화 같은 추억을 만들어 보자.

📍 Piazza della Repubblica, 50123 Firenze

INFO

토스카나 와인

피렌체 식도락을 말할 때 빼놓을 수 없는 것은 이 지역에서 나는 훌륭한 와인이다. 가장 대표적인 지역은 키안티Chianti로 이탈리아 최고 품질의 레드 와인을 생산한다. 100% 산조베제Sangiovese 포도로 생산하는 몬탈치노Montalcino 지역의 브루넬로Brunello와 산 지미냐노San Gimignano의 화이트 와인 베르나차Vernaccia도 추천한다.

✓ 이탈리아 와인의 정수를 맛보다
와이너리 투어

피렌체와 시에나 사이에 위치한 산 지미냐노San Gimignano, 시에나와 가까운 몬테풀치아노Montepulciano 등 와인 애호가라면 이미 익숙한 도시들에 와이너리가 촘촘히 있어 피렌체에서 당일치기로 다녀오기 좋다. 와이너리는 아주 많지만 아무데나 찾아가는 것보다는 예약을 하고 투어와 시음 자리를 확보하고 가자. 그중 대중교통으로 가기 쉽고(Poggibonsi행 370A 버스로 Antinori 정류장 하차, 약 40분) 5년에 걸쳐 지은 모던한 와이너리 건물과 700년이 넘는 긴 역사로 키안티 와이너리 중 최고로 꼽히는 안티노리를 추천한다. 와이너리 안에는 미슐랭 별을 단 레스토랑 리누초Rinuccio 1180도 있다.

안티노리 Cantina Antinori nel Chianti Classico
📍 Via Cassia per Siena, 133, 50026 Bargino
🌐 www.antinori.it

TIP

인솔자가 꼭 필요하다면

혼자 여행을 꿈꾸고, 계획해서 떠나왔지만 가이드의 전문성과 픽업 차량의 편안함에 기대고 싶은 날이 있을 수 있다. 그것은 나약함도 게으름도 아니고, 그저 내 몸과 마음이 필요로 하는 타인의 친절과 다정함이다. 맛있는 와인에 대한 더 자세한 설명을 한국어로 듣고 싶고 시내 이동 수단도 자신이 없다면 마이리얼트립의 토스카나 투어 프로그램을 추천한다.

먹킷 리스트

피렌체 베스트 먹거리

BEST MENU | 01

비스테카 알라 피오렌티나
Bistecca alla Fiorentina

이름은 '피렌체식 비프 스테이크'라는 뜻으로, 토스카나 지역에서 기른 소의 T본 스테이크를 두껍게 잘라 장작이나 숯불에 구워 소금, 후추로 간을 하고 올리브유를 발라 완성한다. 전통 레시피를 따라 레어로만 구워 내고 따로 미디엄이나 웰던을 주문할 수 없는 식당이 많다. 이 방식은 피렌체의 자존심이라 여기는 셰프들이 많으니 더 바짝 구워 먹고 싶다면 가능한지 조심스럽게 물어보도록.

BEST MENU | 02

파파르델레 알 칭기알레
Pappardelle al Cinghiale

파파르델레라는 아주 넓은 파스타 면을 라구Ragu처럼 되직한 고기 소스로 요리한 것.

BEST MENU | 03

람프레도토
Lampredotto

중세부터 전해지는 피렌체 곱창 요리로, 빵 사이에 끼워 햄버거처럼 만들어 파는 스트리트 푸드로 인기가 많다. 매운 소스 또는 허브 소스로 볶는데 맛이 강해 호불호가 꽤 갈리는 편.

BEST MENU | 04

초콜라토
Cioccolato

스위스, 벨기에, 프랑스와 어깨를 나란히 하는 피렌체의 초콜릿! 이탈리아 중부 지방의 카카오는 품질이 좋다. 해마다 초콜릿 축제Fiera del Cioccolato Artigianale도 연다. 피렌체 최고의 초콜릿 상점으로 꼽히는 베스트리Vestri는 꼭 가 보자.

BEST MENU | 05

스키아차타
Schiacciata

'눌린'이라는 뜻의 이름에 어울리는 납작한 빵. 피렌체를 비롯한 토스카나 지방에서 만들어 먹기 시작했는데, 위에 소금을 뿌려서 짭짤하면서 고소하다. 샌드위치를 만들어 먹거나 그냥 뜯어 먹기도 하는 대중적인 빵이다. 허브나 올리브, 치즈 등 다양한 종류가 있어 빵집마다 다른 스키아차타를 볼 수 있다. 그중 스키아차타 피오렌티나 Schiacciata Fiorentina라 부르는 것은 카니발 기간에 먹던 달콤한 스펀지 케이크로 스키아차타와는 생김새가 사뭇 다르다. 지금은 연중 내내 먹는 인기 디저트로 자리 잡았다.

피렌체 베스트 맛집

BEST RESTAURANT | 01

다 네르보네
Da Nerbone

신선한 식재료 상점들과 맛집들이 빼곡한 피렌체 중앙시장 Mercato Centrale Firenze과 그 옆에 자리한 산 로렌초 시장 Mercato di San Lorenzo에서 가장 유명한 맛집. 1872년 개업한 이래, 소 곱창을 매운 소스에 볶아 빵에 끼워주는 간단한 버거로 피렌체 사람들의 입맛을 단단히 사로잡았다. 또 다른 추천 시장은 1873년 문을 연 산탐브로조 시장Mercato di Sant'Ambrogio이다. 마찬가지로 각종 식재료와 생필품 위주의 실내 시장이다.

📍 Piazza del Mercato Centrale, 50123 Firenze
🌐 mercatocentrale.it

BEST RESTAURANT | 02

판데모니오 디 카사 브로지
Pandemonio di Casa Brogi

피렌체에서는 아르노강 반대편은 '다른 쪽'이라는 뜻의 올트라노Oltrano라 부른다. 관광객들의 발길은 상대적으로 뜸한데, 맛집들은 이 동네에 상당히 많이 몰려 있다. 브로지는 토스카나 음식을 전문으로 하는 가정식 레스토랑. 다정하고 인심 좋은 서비스, 아늑한 분위기와 흠잡을 데 없는 맛이 매력적이라 한 번만 가기 아쉬울 정도다. 해산물, 파스타, 디저트와 와인도 모두 맛있지만 스테이크가 특히 맛있다.

📍 Via del Leone, 50, 50124 Firenze
🌐 trattoriapandemonio.it

BEST RESTAURANT | 03

쿠치나 토르치코다
Cucina Torcicoda

혼자 먹으면 누구라도 남길 수 밖에 없는 양이지만 피렌체까지 와서 안 먹어 보면 서운한 피오렌티나 스테이크. 쿠치나 토르치코다는 격식을 갖춰 차려 입어야 하는 분위기 좋은 식당으로, 스테이크로 유명하지만 양이 많아 부담스럽다면 피자도 추천할 만하다. 와인 리스트도 꽤 괜찮다.

📍 Via Torta, 5/r, 50122 Firenze
🌐 cucinatorcicoda.com

BEST RESTAURANT | 04

트라토리아 디 마리오
Trattoria da Mario

산 로렌초 시장 옆 골목에 자리한 동네 유명 맛집. 가족이 운영하는 작고 편안한 분위기의 식당으로 50년 넘게 단골들에게 사랑 받았다. 토스카나 음식을 전문으로 하며 정통 레시피를 고집스럽게 지켜 스테이크는 레어로만 굽는다. 언제나 손님이 많아서 혼자 가면 빈 자리에 합석할 가능성이 매우 높다.

📍 Via Rosina, 2r, 50123 Firenze
🌐 trattoriamario.com

피렌체 베스트 스폿

BEST SPOT IN FIRENZE

LANDMARK
NATURE
SHOP
HOTEL

LANDMARK

01 두오모
Duomo

공식 명칭은 산타 마리아 델 피오레 대성당Cattedrale di Santa Maria del Fiore이며, 1293년에 짓기 시작해 140년 넘게 걸려 완공되었다. 세계 최대 규모의 둥근 석조 돔은 유럽에서 흔했던 고딕 양식의 성당에서 벗어나 로마의 판테온에서 영감을 받아 세워졌다. 400만 개의 벽돌이 쓰였고 무게가 4만 톤이 넘는다. 성당과 종탑, 세례당, 박물관으로 구성되어 있다.

📍 Piazza del Duomo, 50122 Firenze FI, Italy
🌐 duomofirenze.it

• 두오모 부속 건물

1

2

3

1 조토의 종탑 Campanile di Giotto
두오모 바로 옆에 세트처럼 위치한 대리석 탑. 피렌체 출신 화가 조토와 그의 제자 피사노가 세웠다. 414개의 계단을 올라가 전망대에 서면 피렌체 시내가 한눈에 들어오는 최고의 풍경을 볼 수 있다.

2 산 조반니 세례당
Il Battisterio di San Giovanni
피렌체 수호성인 산 조반니에게 헌정된 예배당. 대문호 단테Dante와 메디치Medici 가문이 이곳에서 세례를 받았다. 내부는 화려한 모자이크로 장식되어 있다.

3 두오모 박물관
Museo dell'Opera del Duomo
두오모 박물관은 본당의 뒤쪽에 위치해 있다. 산 조반니 세례당의 대문인 '천국의 문'과 미켈란젤로의 '피에타' 등이 있다.

02 우피치 미술관
Galleria degli Uffizi

르네상스 미술의 보물 창고 같은 훌륭한 전시관. 보티첼리의 〈봄〉, 〈비너스의 탄생〉, 미켈란젤로의 〈성가족〉, 다빈치 〈수태고지〉 등 걸작들이 너무 많아 홈페이지에서 작품들을 미리 찾아보고 갈 것을 추천한다.

📍 Piazzale degli Uffizi, 6, 50122 Firenze
🌐 uffizi.it

03 베키오 다리
Ponte Vecchio

중세 시대에 지어졌으니 '오래된 다리'라는 이름이 딱 맞는다. 석조 아치형 다리로 여러 채도의 노란색, 주황색 건물들이 모자이크처럼 장식돼 있다. 원래는 정육점들이 있었으나 현재는 금은방과 기념품 상점 등이 성업 중인 의외의 쇼핑 장소다. 제2차 세계 대전 때 피렌체 다리들 중 유일하게 폭파되지 않은 것으로도 유명하다. 정중앙에 있는 흉상은 피렌체 출신 조각가 겸 금 세공사 벤베누토 첼리니Benvenuto Cellini다.

📍 Ponte Vecchio, 50125 Firenze

04 시뇨리아 광장
Piazza della Signoria

피렌체의 심장이라 할 수 있는 명소. 13세기에 세워진 베키오 궁전Palazzo Vecchio과 메디치가의 코시모 1세 동상, 네투노 분수가 광장을 지키고 서 있다. 명품 브랜드 구찌의 역사를 살펴볼 수 있는 아카이브 전시관과 레스토랑으로 구성된 구찌 박물관Gucci Garden도 있다.

📍 Piazza della Signoria, 50122 Firenze

05 레푸블리카 광장
Piazza della Repubblica

피렌체의 유명 카페인 질리Gilli, 주베 로세Giubbe Rosse, 파즈코프스키 Caffè Paszkowski를 비롯하여 리나센테 Rinascente 백화점, 디즈니 스토어, 애플 스토어 등 여러 상점이 자리한 피렌체 만남의 광장.

📍 Piazza della Repubblica, 50123 Firenze

06 산타 마리아 노벨라 성당
Basilica di Santa Maria Novella

미켈란젤로가 '나의 신부'라는 애칭으로 불렸던 아름다운 성당. 13세기 당시 도미니크회의 최대 규모 성당으로, 성당과 이름이 같은 피렌체 중앙역과 매우 가깝다. 넓은 정원과 여러 개의 예배당으로 구성되어 있다.

📍 Piazza di Santa Maria Novella, 18, 50123 Firenze
🌐 www.smn.it

07 아카데미아 미술관
Galleria dell'Accademia

중세 조각과 회화 작품의 향연이 피어나는 곳. 우피치와 함께 피렌체의 예술을 담당한다. 1783년 토스카나 대공이 기증한 개인 컬렉션을 미술관으로 개방해 전시 중이다. 대표작은 역시 미켈란젤로의 〈다비드〉 동상인데 시뇨리아 광장에 있던 것을 훼손되지 않도록 미술관으로 가지고 왔고, 광장에는 복제품을 세워 놓았다.

📍 60, Via Ricasoli, 58, 50122 Firenze
🌐 www.galleriaaccademiafirenze.beniculturali.it

08 산타 크로체 성당
Basilica di Santa Croce di Firenze

미켈란젤로와 갈릴레오가 잠들어 있는 성당. 귀족으로 태어났으나 평생을 청렴하게 살았던 프란체스코 성인의 삶을 기리는 예배당이라 장식이 단순하다. 성당 바로 앞에는 피렌체에서 태어난 작가 단테의 조각상이 세워져 있다. 6월에는 성당 앞 광장에서 피렌체 전통 스포츠인 중세 시대의 축구 경기 칼초 스토리코 Calcio Storico가, 겨울에는 크리스마스 마켓이 펼쳐진다.

📍 Piazza di Santa Croce, 16, 50122 Firenze
🌐 santacroceopera.it

09 바르젤로 국립 미술관
Museo Nazionale del Bargello

건물은 원래 13세기 피렌체의 비밀 경찰이었던 바르젤로의 사택이었다. 법원, 감옥 등 다양한 용도로 쓰이다가 현재는 르네상스 시대 조각 전문 미술관이 되었다. 미켈란젤로의 〈바쿠스〉, 〈브루투스〉, 도나텔로의 〈다비드〉 등이 대표 전시품이며 공예, 무기 컬렉션도 있다.

📍 Via del Proconsolo, 4, 50122 Firenze
🌐 bargellomusei.beniculturali.it

10 피티 궁전
Palazzo Pitti

잘 나가던 메디치 가문을 무척 부러워했던 피티 가문이 야심 차게 지은 궁전으로, 당시 피렌체에서 가장 호화로운 건물이었다. 그러나 피티 가문이 파산하자 메디치가에서 궁전을 사들여 별궁으로 썼다. 현재 이탈리아를 비롯한 유럽 예술품들을 소장, 전시 중이다. 의상과 패션 박물관Museo della Moda e del Costume, 메디치가의 미술 컬렉션 갤러리 Galleria Palatina, 19~20세기 미술 전시관Galleria d'Arte Moderna으로 이루어져 있다.

📍 Piazza de' Pitti, 1, 50125 Firenze
🌐 www.uffizi.it/en/pitti-palace

NATURE

01 미켈란젤로 언덕
Piazzale Michelangelo

장미 정원과 아이리스 정원 사이에 자리한 19세기에 조성된 광장으로 피렌체의 석양을 감상하기에 가장 좋은 장소로 꼽힌다. 미켈란젤로의 다비드상 복제품이 언덕 위를 지키고 서 있다. 한참을 머물다 내려오게 되는 숨막히는 파노라마 뷰는 감탄에 감탄을 부른다. 혼자 올라가도 사진을 부탁할 사람들은 언제나 아주 많다.

📍 Piazzale Michelangelo, 50125 Firenze

SHOP

01 토르나부오니 거리
Via de' Tornabuoni

에르메스, 구찌, 생로랑, 프라다, 셀린느, 발렌티노, 펜디, 조르지오 아르마니, 불가리, 티파니 등 명품 상점들이 즐비하게 늘어선 피렌체에서 가장 럭셔리한 거리. 아르노강에 가까운 토르나부오니 거리 끝에 페라가모 매장이 있고, 그 옆에는 브랜드의 역사를 전시하는 살바토레 페라가모 박물관 Museo Salvatore Ferragamo이 자리한다.

📍 Via de' Tornabuoni, 50123 Firenze

02 보볼리 정원
Giardino di Boboli

구석구석 보려면 2시간은 더 걸리는 넓고 아름다운 정원. 15~16세기에 지어진 공원으로, 대형 분수, 18세기 로코코풍 파빌리온 카페하우스 Kaffeehaus, 르네상스 조각들로 꾸며져 있다. 보볼리의 규모가 부담된다면 양옆에 있는 토리자니 정원 Giardino Torrigiani나 바르디니 정원 Giardino Bardini도 좋고, 그보다 더 아담한 일본식 정원과 조각상들로 꾸며진 장미 정원 Giardino delle Rose이나 피렌체를 상징하는 꽃으로 가득한 아이리스 정원 Giardino dell'Iris도 추천한다.

📍 Piazza de' Pitti, 1, 50125 Firenze
🌐 www.uffizi.it/en/boboli-garden

03 산타 마리아 노벨라 약국
Officina Profumo-Farmaceutica di Santa Maria Novella Firenze

2012년에 400주년이 된 약국. 약보다는 수도사들이 자체 개발하여 생산하는 천연 화장품과 향수로 더 유명하다. 한국에도 얼마 전 매장이 오픈했으나, 이탈리아 가격이 더 착할 것이다. 특히 인기 상품은 장미수.

📍 Via della Scala, 16, 50123 Firenze
🌐 smnovella.com

02 포르첼리노 시장
Mercato del Porcellino

피렌체에서 꼭 사야 할 것이 하나 있다면 토스카나 지역의 특산물인 훌륭한 가죽 제품이다. 포르첼리노는 매일 야외 시장이 열려 피렌체에서 가장 다양한 양질의 제품들을 구할 수 있는데, 간혹 모조품도 있으니 잘 살펴보자. 행운을 부른다는 시장 앞 분수의 돼지상 코를 문지르고 동전을 던지며 소원을 빌어 보자. 피렌체 가죽 제품 상점을 따로 찾고 싶다면 벤하트 Benheart, 미주리 Misuri도 추천한다.

📍 Piazza del Mercato Nuovo, 50123 Firenze
🌐 mercatodelporcellino.it

04 더 몰 피렌체
The Mall Firenze

이탈리아에서 가장 경제적으로 명품 쇼핑을 즐길 수 있는 아웃렛으로, 피렌체에서 가는 것이 가장 가깝다. 대표적인 입점 브랜드로는 알렉산더 맥퀸, 버버리, 구찌, 몽클레어, 토즈, 토리 버치, 나이키 등이 있다. 프라다와 구찌의 대기 줄이 가장 길다. 한국의 아웃렛과 가격 차이가 나는 아이템도 있으니, 사고 싶은 상품들의 국내 판매 가격을 대강 알아두면 좋다. 매일 30분 간격으로 피렌체 중앙역과 아웃렛을 오가는 버스가 있다. 요금은 €13이며, 더 몰 홈페이지에서 예매 가능하다. 세금 환급과 관세 신고도 잊지 말자.

📍 Via Europa, 8, 50066 Leccio
🌐 firenze.themall.it

05 루이사비아로마
Luisaviaroma

고급스러운 남녀 패션 쇼핑몰로, 온라인 매장이 인기를 끌자 오프라인 매장도 오픈해 더 큰 인기를 얻고 있다. 잘 알려진 브랜드뿐 아니라 주목할 만한 신예 디자이너들도 소개하여 최신 트렌드를 읽을 수 있는 곳이다. 두 블록 옆에 있는 플로 스토어Flow Store도 가볼 만한 상점이다. 남녀 패션 브랜드와 빈티지, 소품 등을 판매한다.

📍 Via Roma, 19/21/r, 50123 Firenze
🌐 luisaviaroma.com

HOTEL

01 오스텔로 타쏘
Ostello Tasso

강 건너편에 있어 주요 명소를 찾아가려면 매일 다리를 건너야 하지만, 그래서 더 좋은 빈티지한 느낌의 호스텔이다. 객실부터 정원, 공용 공간까지 개성 있고 깔끔하게 꾸며 놓아 기분이 좋아지는 숙소다. 자체 행사가 많아 투숙객들과 친해질 계기도, 혼자 소소한 공연을 즐길 기회도 많다. 도미토리와 개인 객실 모두 갖추고 있다.

📍 Via Villani, 15, 50124 Firenze
🌐 ostellotasso.it

02 호텔 칼리말라
Hotel Calimala

19세기 고딕 건물에 위치한 4성 부티크 호텔. 바우하우스 색채와 아르데코 실루엣의 혼재가 아름답고 우아해 오래 머물고 싶은 숙소다. 로비와 루프톱 바, 아침 식사, 친절하고 센스 넘치는 스태프까지 흠잡을 곳 없다. 도시 동, 서에 하나씩, 칼리말라 이스트와 웨스트가 있다.

📍 Via dei Lamberti, 5 - 50123 Firenze
🌐 www.hotelcalimala.com

03 호텔 다반자티
Hotel Davanzati

역사지구에 위치해 피렌체 모든 명소와 접근성이 좋은 깔끔한 3성 호텔. 가족이 운영하는 업장이라 따뜻하고 다정한 느낌도 물씬 난다. 베키오 다리에서도 걸어서 5분 거리다. 유서 깊은 건물을 사용하고 있는데, 16세기 화가 조르지오 바사리가 묵었던 방이 객실 304호라고 한다. 매일 저녁 호텔 바에서 열리는 해피 아워도 즐겨보자.

📍 Via Porta Rossa, 5, 50123 Firenze
🌐 www.hoteldavanzati.it

VENEZIA, ITALIA
베네치아, 이탈리아

150여 개의 운하와 400여 개의 다리로 연결된 118개의 섬으로 이루어진 물의 도시. 물고기 모양을 한 베네치아는 아름답고 또 아름답다. 베네치아의 바다와 수로가 태양을 만날 때, 달빛을 만날 때, 바다를 만날 때, 비를 만날 때의 모습은 서로 너무 달라서 볼 때마다 계속 새로운 느낌을 안겨 주는 선물 같은 곳이다. 그 비현실적인 아름다움이 있는 풍경 속으로 여행을 떠나보자.

혼여 매력도 ★★★
온 도시가 가면 무도회를 여는 카니발 기간에 특히 그 재미가 극에 달하는 베네치아

혼여 난이도 ★★
곤돌라, 수상 택시 등 물길이 많은 여행지라 이동이 아주 편한 것은 아니지만 그렇게 여행하는 재미 또한 쏠쏠하다. 번화한 골목이 대부분이지만 주거지로 이루어진 동네라 한 번 들어서 길을 잃으면 곤란하다. 오프라인으로도 사용 가능한 지도를 꼭 다운로드 받아 놓을 것.

추천 포인트
- 유서 깊은 카페와 건축미 뛰어난 명소들을 물길과 돌길 따라 보물찾기하는 기분으로 여행할 수 있다.
- 바포레토를 타고 유리 공예가 유명한 무라노로, 레이스가 유명한 부라노로 '여행 속 여행'을 쉽게 떠날 수도 있다.

TRAVEL INFORMATION

▶▶ 베네치아 여행 정보 ◀◀

면적 414.57km²

시간대

UTC+1 (한국과 시차 -8시간)

인구 약 25만 명(2024년 기준)

언어 이탈리아어

기후

베네치아는 칸나레조Cannaregio, 산타 크로체Santa Croce, 도르소두로Dorsoduro, 산 폴로San Polo, 산 마르코San Marco, 카스텔로Castello 이렇게 본섬과 주변 섬으로 구성됐다. 각 구역은 이탈리아어로 '1/6'이라는 뜻의 세스티에레Sestiere라고 부른다.

베네치아는 북부에 있지만 아리아드해와 접해 있어 지중해성 기후를 보이며 일 년 내내 다소 축축하다. 때문에 한여름은 종종 35℃를 넘을 정도로 매우 덥고 습하다. 겨울은 춥고 안개가 잦으며, 조수간만의 차로 인해 해수면이 올라가 도시가 물에 잠기는 아쿠아 알타Aqua Alta 현상이 발생하기도 한다.

화폐

€ 유로

여행 정보 홈페이지

www.comune.venezia.it (행정)
www.veneziaunica.it (관광)

관광 안내소

마르코 폴로 국제공항Aeroporto Marco Polo, 산타루치아 역Stazione Ferroviaria Santa Lucia, 로마 광장Piazzale Roma, 산 마르코 광장Piazza San Marco 등에 관광 안내소Tourist Info Point가 있다.

항공편 현재 우리나라에서 연결하는 직항편은 없다. 직항편이 있는 로마, 밀라노를 경유하거나, 외국 항공사를 타고 로마, 파리, 암스테르담, 프랑크푸르트 등을 경유하여 가는 것도 가능하다. 밀라노, 피렌체, 로마 등에서 들어가는 기차편도 있다. 베네치아에는 마르코 폴로 국제공항Aeroporto di Venezia-Marco Polo과 트레비소 공항Aeroporto di Treviso이 있으며, 공항에서 시내까지는 주로 버스로 이동한다.

치안 본섬에서 사람들이 많이 모이는  중심부는 비교적 안전한 편이다. 반면 산타루치아역과 역 뒤편의 칸나레조Cannaregio는 관광지가 아닌 주거 단지라 밤에는 꽤 어둡다. 한 정거장을 이동해 내륙의 메스트레Mestre에 묵으면 숙박비가 훨씬 저렴해지는데, 메스트레역 주변도 밤에는 치안이 그리 좋은 편이 아니다.

시내 교통

A. 바포레토 Vaporetto

베네치아의 가장 보편적인 교통수단으로, 약 230명을 수용할 수 있는 대형 수상 보트를 말한다. 원래 증기로 움직였기에 '증기'라는 뜻의 '바포레Vapore'에서 이름을 따왔다. 본섬 안에서만 여행한다면 탈 일이 없지만, 주변 섬에도 볼거리가 꽤 있고 바포레토를 타는 것도 베네치아 여행의 큰 즐거움이니 탑승해 보길 권한다. 티켓은 선착장, 관광 안내소, 담배 가게, 또는 AVM 베네치아 공식 앱AVM Venezia Official App에서 판매한다. 한 번 이상 탈 계획이라면 베네치아 우니카(교통 카드 겸 여행 패스)를 사서 다니는 것이 훨씬 경제적이다.

홈페이지 actv.avmspa.it

B. 수상 택시 Taxi Acqueo

가장 비싼 교통수단으로 정말 급할 때, 또는 한가롭고 럭셔리한 여행을 하고자 할 때 탄다. 거리와 탑승자에 따라 가격은 천차만별이다. 기본 요금은 €15. 정차되어 있는 것을 타거나 전화(199-48-49-50)로 부른다.

C. 버스 Bus

육지나 공항과 베네치아 섬을 잇는 버스 노선들, 야간 버스 N1, N2가 운행한다. 본섬 안에서는 거의 타지 않는 편.

D. 곤돌라 Gondola

편의성보다는 낭만을 위해 타는 교통수단. 요금이 비싼데도 언제나 타려는 사람들이 많다. 산타 루치아역, 산 마르코 광장, 리알토 다리에서 호객하는 곤돌리에들을 볼 수 있다.

교통 카드 & 여행 패스

베네치아 우니카 Venezia Unica

몇 개 노선을 제외하고 대부분 베네치아 내 대중 교통을 24시간 자유롭게 이용할 수 있는 1일권(€25)을 이용해도 좋지만, 여행자들은 보통 각종 명소와 함께 묶어 사용할 수 있는 우니카 카드를 이용한다. 가보고 싶은 곳과 일정에 따라 매우 세분화 되어 있으니 일정에 가장 적합한 것으로 골라 홈페이지에서 구매하면 편리하다. 롤링 베니스Rolling Venice 카드는 만 6~29세만 사용 가능한 교통 겸 할인 카드로, 관광지와 식당, 상점 등의 할인 혜택에 3일(72시간) 동안 대중교통을 무제한 이용할 수 있다.

홈페이지 www.veneziaunica.it/en/e-commerce/services

3 DAYS IN VENEZIA

▶▶ 베네치아 베스트 3일 코스 ◀◀

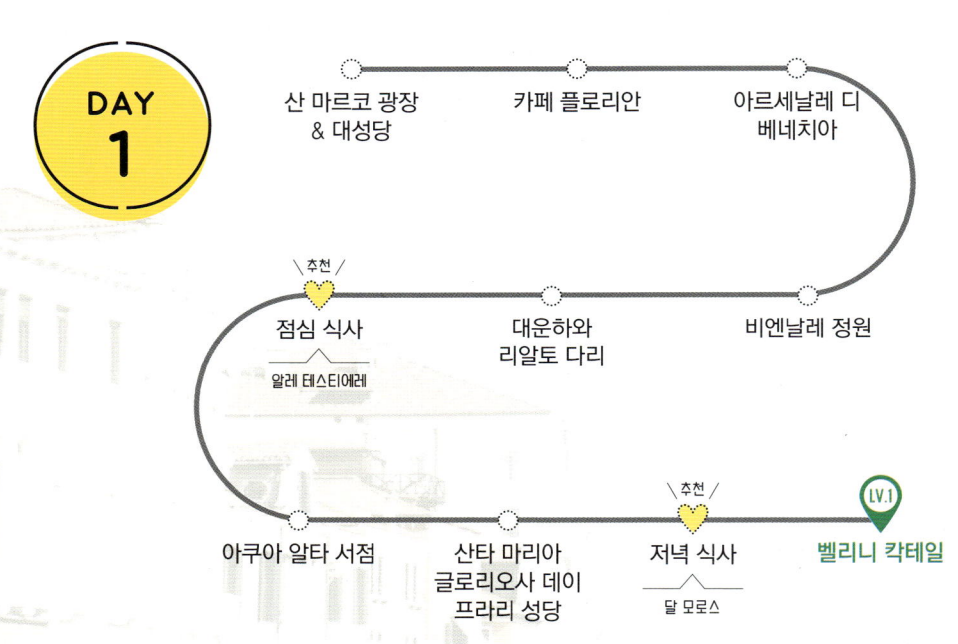

끝이 보이지 않을 정도로 넓은 산 마르코에서도, 한 사람만 지나갈 수 있을 정도로 좁은 골목에서도, 베네치아 어디에서든 찰랑이는 파도 소리를 들을 수 있다. 베네치아를 대표하는 성당과 건축물에서 열리는 다양한 행사를 꼭 미리 알아보고 알차게 스케줄을 짜보자. 길을 잃기 쉽고 그저 돌아다니기만 하기에는 놓치는 것이 많은 곳이라 다른 도시에서 보다 조금 더 계획성을 발휘해야 한다.

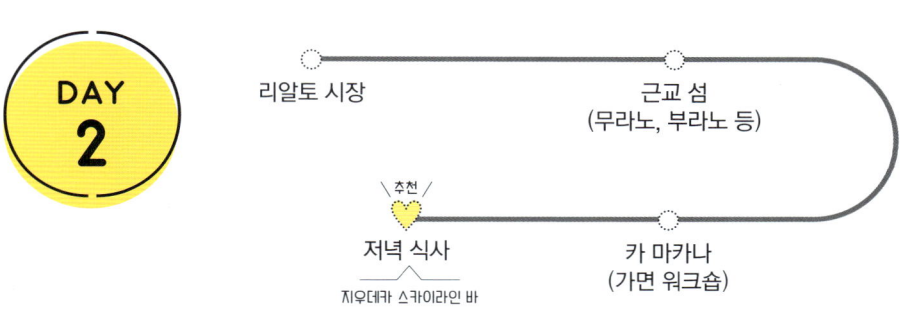

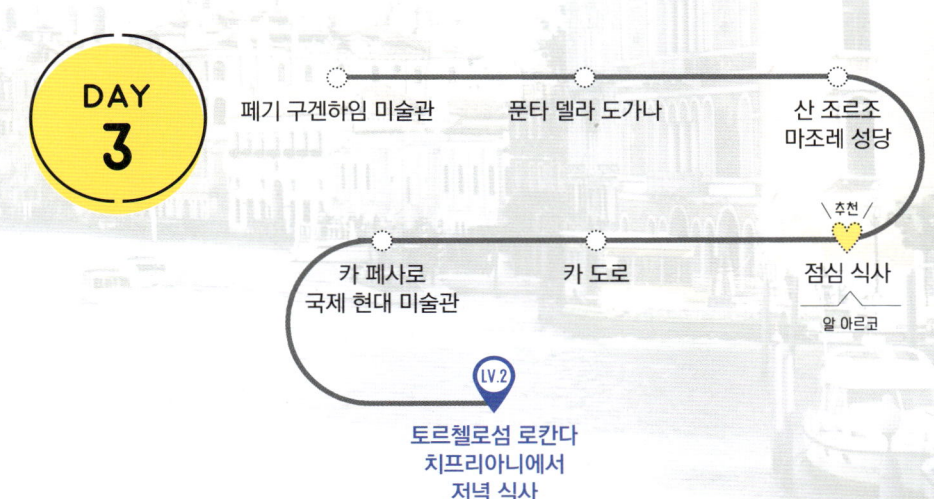

✓ 오후의 칵테일 타임
벨리니 한 잔의 여유 즐기기

베네치아 운하가 보이는 노천 카페나 바의 테라스 자리에 앉아 핑크빛 벨리니Bellini 한 잔을 손에 들고 스스로에게 "건배!"를 외치면 '베네치아에 참 잘 왔다'는 생각이 든다. 벨리니는 백도를 퓌레하여 이탈리아의 스파클링 와인인 프로세코Prosecco를 부어 만드는 간단한 음료다. 1948년에 문을 열어 지금도 성업 중인 해리스 바Harry's Bar의 주인 치프리아니(헤밍웨이의 단골 여관 토르첼로섬 로칸다 치프리아니의 바로 그 치프리아니가 맞다)가 개발한 칵테일이다. 만들어 놓고 보니 르네상스 시대 화가 벨리니가 잘 쓰는 핑크색과 비슷해 그의 이름을 붙였다. 시중에서는 편의상 복숭아 통조림을 사용하는데 퓌레로 만드는 것이 훨씬 맛있다.

✓ 베네치아 대운하에서 낭만 충전
나 혼자 곤돌라 타기

곤돌라는 30분 타는데 낮에는 €90, 밤에는 €110로 그렇게 만만한 가격은 아니다. 세레나데를 포함하면 가격이 추가된다. 여럿이 탑승하면 1/n로 나누어 내니 덜 부담스럽지만, 나만을 위한 세레나데를 들으며 단독 탑승하는 것도 큰 추억이 될 것이다. 부담 없이 타고 싶으면 선착장에서 즉석 일행을 모아도 되고 클룩 등으로 미리 시간을 예약해 탈 수도 있으니 혼자라고 해도 망설이지 말자. 수면과 가까운 높이에서 물길을 따라 미끄러지듯 이동하며 감상하는 베네치아의 모습은 도보나 바포레토에서 보는 것과는 또 다르다. 산 마르코 광장, 리알토 다리 등의 선착장에서 탑승할 수 있다.

✓ 헤밍웨이가 즐겼던 식사
토르첼로섬 최고의 식당 가 보기

로칸다 치프리아니Locanda Cipriani는 베네치아에서 해리스 바Harry's Bar를 오픈한 치프리아니 집안이 운영하는 호텔 겸 식당이다. 1935년부터 베네치아 위쪽의 고요하고 평화로운 토르첼로Torcello섬에서 문을 열고 헤밍웨이, 다이애나 비, 엘튼 존, 엘리자베스 2세 여왕 등 세계적인 인사들을 맞이해왔다. 토르첼로섬은 리도, 부라노, 무라노섬보다 인지도는 훨씬 낮지만 아는 사람들은 다 아는 특별한 곳. 카르파초, 생선구이, 홈메이드 파스타가 유명하고 이탈리아 와인, 특히 베네치아 지역의 와인 페어링이 좋다. 부라노에서 토르첼로행 바포레토를 타고 갈 수 있다.

로칸다 치프리아니 Locanda Cipriani
📍 Piazza Santa Fosca, 29, 30142 Torcello
🌐 www.locandacipriani.com

✓ 가면을 쓰고 역사 속 인물이 되어 보자
베네치아 카르네발레 참여하기

사순절 직전에 열리는 기독교 축제인 카르네발레 중에서도 베네치아 카르네발레Carnevale di Venezia는 유럽 전역에 소문날 정도로 화려하고 성대하다. 2~3월경 사순절의 시작을 알리는 재의 수요일 전 10일 동안 열린다. 베네치아 시민들은 화려한 의상을 입고 가면을 쓰고 도시를 누비는데, 아주 정교하고 화려한 의상을 준비해 캐릭터에 맞게 연기를 하는 사람도 있어 축제 기간 동안에는 도시 전체가 야외 연극 무대가 된 것 같다. 얼굴을 가리니 민망함이나 창피함이 덜할 것도 같지만, 축제의 구경꾼이 아니라 참가자가 된다는 것은 상당한 준비와 용기가 필요하다. 여행 일정부터 카르네발레 기간에 맞추어야 하고, 가면은 현지에서 쉽게 구할 수 있지만 의상은 미리 준비해야 한다. 미리 준비하면 베네치아 문화의 하이라이트를 직접 경험할 수 있다.

🌐 www.carnevale.venezia.it

먹킷 리스트

베네치아 베스트 먹거리

01
02
03
04

BEST MENU | 01

사르데 인 사오르
Sarde in Saor

정어리를 튀겨서 식초 양파 소스에 푹 담가 먹는 새콤한 전채 요리.

BEST MENU | 02

바칼라 만테카토
Baccalà Mantecato

베네치아의 대표 핑거 푸드 치케티에도 자주 올라가는 대구 요리. 올리브유와 대구살을 함께 곱게 섞은 다음, 구운 폴렌타(Polenta, 꾸덕한 옥수수 수프)나 빵 위에 얹어 내는 간단한 요리다.

BEST MENU | 03

리시 에 비시
Risi e Bisi

이름처럼 '콩과 밥'을 볶은 요리. 콩이 제철인 봄에 베네치아에서 많이 만들어 먹던 오랜 역사의 요리다. 짭짤한 맛을 내기 위해 프로슈토(이탈리아 전통 햄)를 잘게 잘라 넣는다.

BEST MENU | 04

비골리 인 살사
Bigoli in Salsa

통밀 비골리Bigoli 파스타에 절인 생선을 얹은 요리로, 정어리나 멸치를 주로 사용한다.

BEST MENU | 05

바이콜리
Baicoli

베네치아에서 탄생한 납작하고 바삭한 비스킷. 긴 항해를 떠날 때 베네치아 뱃사람, 선원들이 꼭 챙겨 가던 음식이다. 농어를 닮아서 베네치아 지역 사투리로 '농어'를 뜻하는 바이콜리라고 부르게 되었다.

BEST MENU | 06

몰레케
Motéche

껍질째 씹어 먹을 수 있는 작고 통통한 게 튀김. 제철인 봄에만 먹을 수 있는 별미다.

BEST MENU | 07

벨리니
Bellini

베네치아의 명물 해리스 바에서 탄생한 복숭아 프로세코 칵테일. 오후부터 마시기 좋은 상큼하고 달콤한 음료다.

BEST MENU | 08

티라미수
Tiramisu

1960년대 베네치아 인근에서 개발된 이탈리아를 대표하는 디저트. 티라미수는 '기분을 좋게 하는' 이라는 뜻이다. 만드는 법은 레이디 핑거(손가락 모양의 빵)를 에스프레소에 푹 적셔 아래에 깔고 마스카르포네 치즈, 달걀, 설탕을 섞은 크림을 두껍게 올려 코코아 파우더를 뿌려 완성한다. 산 마르코 광장과 가까운 고급 식료품점 이 트레 메르칸티 Tre Mercanti에서 정말 다양한 티라미수를 판매한다.

베네치아 베스트 맛집

BEST RESTAURANT | 01

달 모로스
Dal Moro's

100% 이탈리아산 재료로 만드는 신선한 파스타를 테이크아웃으로 즐긴다. 세계 최초의 파스타 테이크아웃점을 표방하는 달 모로스는 파스타도, 소스도 모두 매장에서 직접 만든다. 포장 판매를 해주니 광장이나 공원에서 간단하고 빠르게 식사를 할 수 있다. 아직도 테이블에 혼자 앉아 주문하는 것이 어색하다면 정말 반가울 것이다.

📍 Calle Casseleria, 5324, 30122 Venezia
🌐 dalmoros.it

BEST RESTAURANT | 02

알레 테스티에레
Alle Testiere

테이블이 7개뿐인 작고 소박한 동네 맛집으로 친절하고 따뜻한 서비스, 집밥처럼 푸근한 요리들이 특징이다. 생선구이를 비롯한 해산물 요리가 특히 맛있기로 유명하다. '오늘의 생선 요리'는 그날 리알토 시장에 들어오는 신선한 생선에 따라 결정된다. 이메일로도 가능하니 예약을 추천한다.

📍 Calle del Mondo Novo, 5801, 30122 Venezia
🌐 www.osterialletestiere.it

BEST RESTAURANT | 03

알 아르코
All'Arco

베네치아식 타파스Tapas라 할 수 있는 치케티Cicchetti를 최고로 잘 만드는 곳으로 유명하다. 다들 서서 빵에 고기며 생선, 치즈 등을 올린 치케티를 하나씩 손에 들고 먹는다. 1개당 크기가 작아 여러 개를 시켜 혼자 다양하게 먹어볼 수 있는 것도 장점. 와인도 맛있다.

📍 Campo S. Polo, 436, 30125 Venezia

BEST RESTAURANT | 04

스카이라인 루프톱 바
Skyline Rooftop Bar

지우데카섬에 있지만 무료 셔틀을 운행해 바포레토 티켓이 없어도 다녀올 수 있다. 전망 좋고 고급스러운 루프톱 바로, 창의적인 칵테일 메뉴와 라이브 음악, DJ가 있어 혼자 흥에 취하고 싶은 날엔 더없이 좋다. 여름에는 풀 파티Pool Party도 열린다.

📍 Giudecca, 810, 30133 Venezia
🌐 www.skylinebarvenice.it

BEST SPOT IN VENEZIA

베네치아
베스트 스폿

LANDMARK
NATURE
SHOP
HOTEL

LANDMARK

01 산 마르코 광장 & 대성당
Piazza & Basilica di San Marco

'유럽의 응접실'이라 불리는 베네치아의 상징. 이집트 알렉산드리아에서 가져온 성 마르코의 유골을 모실 납골당으로 세운 호화로운 산 마르코 대성당과 시계탑 전망대, 옅은 분홍색 대리석으로 아름답게 장식한 두칼레 궁전 Palazzo Ducale, '나폴레옹의 날개'라 불리는 베네치아 예술품 전시관 코레르 박물관Museo Correr, 1702년에 문을 열어 유럽에서 가장 역사가 오래된 카페 플로리안Caffè Florian, 죄수들이 한숨을 쉬며 지나갔다는 탄식의 다리Ponte dei Sospiri 등 광장에 자리한 베네치아 최고 명소들을 놓치지 말자.

📍 Piazza San Marco, 328, 30100 Venezia
🌐 basilicasanmarco.it

TIP
탄식의 다리를 지나 베네치아 감옥에 수감된 사람들 중에는 유명한 바람둥이 카사노바도 있었다.

02 대운하와 리알토 다리
Canal Grande & Ponte di Rialto

리알토 다리는 베네치아가 일찍부터 상업 도시로 번영해 교역량이 늘자 보트로는 감당할 수 없어 1591년에 세운 석조 다리다. 발 디딜 틈 없이 많은 사람들을 등에 업고 베네치아의 갖은 틈을 구불구불 흐르는 대운하의 절경도 다리에서 감상할 수 있다. 다리 뒤편에는 큼직한 금장식 시계로 유명하고 베네치아에서 가장 오래된 성당인 산 자코모 디 리알토 성당 Chiesa di San Giacomo di Rialto도 있다.

📍 Sestiere San Polo, 30125 Venezia

03 아카데미아 미술관
Gallerie dell'Accademia

1750년에 세워진 미술 학교였으며 현재는 이탈리아 미술의 대표작들을 만날 수 있는 전시관이다. 빛과 색채 기법을 중시했던 베네치아 화파의 거장들을 24개 방에 나누어 선보인다. 대표작으로는 티치아노의 유작 〈피에타〉, 틴토레토의 〈성 마르코의 기적〉, 카르파초의 연작 〈성 우르술라의 전설〉 등이 있다.

📍 Campo della Carita, 1050, 30123 Venezia
🌐 gallerieaccademia.it

04 페기 구겐하임 미술관
Collezione Peggy Guggenheim

베네치아에서 전시관을 딱 한 곳만 갈 수 있다면 바로 여기를 추천한다. 18세기에 운하 근처에 세워진 건물에는 미국인 자선 사업가, 뉴욕 구겐하임 미술관 설립자인 솔로몬 R. 구겐하임의 조카 페기 구겐하임의 개인 컬렉션이 전시 중이다. 달리, 피카소, 폴록, 마그리트, 칸딘스키 등 걸출한 대작들로 가득하다. 미술관 건물은 페기가 실제 거주하던 집을 개조한 것으로, 여느 전시관과 사뭇 다른 아늑한 분위기를 띤다. 조각상들로 장식된 아름다운 정원과 무덤도 미술관에 자리한다.

◈ Dorsoduro, 701-704, 30123 Venezia
⊕ guggenheim-venice.it

---TIP---
저주받은 옆 건물
작은 다리를 건너면 나타나는 팔라초 다리오Palazzo Dario는 모네Monet의 작품에도 등장한 유명한 건물이다. 하지만 팔라초 다리오에서 묵거나 이 건물을 소유했던 20여 명의 사람들이 모두 죽거나 파산하거나 살인을 저질러 저주받은 건물로 소문났다. 사유지라 안에 들어가 볼 수는 없지만 꽤 유명하다.

05 푼타 델라 도가나
Punta della Dogana

도르소두로 지역에 있는 미술관. 뾰족한 삼각형 모양의 땅 위에 17세기에 지어져 관세청으로 쓰이던 건물을 현대 건축가 안도 타다오가 훌륭하게 리모델링하였다. 장 팅겔리Jean Tinguely, 제프 쿤스Jeff Koons 등 전 세계의 유명 현대 미술품을 전시 중이다.

◈ Dorsoduro, 2, 30123 Venezia
⊕ palazzograssi.it

06 산 폴로 광장
Campo San Polo

15세기 조성된 넓은 광장으로 베네치아에서는 산 마르코 다음으로 넓은 광장이다. 카르네발레 기간 중 사람들이 가장 많이 모이는 곳 중 하나이고, 종종 베네치아 영화제의 야외 상영을 한다. 겨울에는 스케이트장을 만들어 개방하기도 한다.

◈ Campo, 30125 Venezia

06 라 페니체 극장
Teatro la Fenice

1,000명을 수용할 수 있는 공연장으로, 베르디의 〈리골레토〉와 〈라 트라비아타〉가 바로 이곳에서 초연했다. 베네치아 최초 신고전주의 양식 건물로, 몇 번의 큰 화재에도 대대적인 복원을 거쳐 무사히 살아 남아 과연 '불사조'라는 이름이 딱 들어맞는다. 이탈리아를 대표하는 테너 루치아노 파바로티가 '라 페니체 없는 베네치아는 영혼 없는 육체'라며 복원을 위한 모금 운동을 주도하기도 했다.

◈ Campo San Fantin, 1965, 30124 Venezia
⊕ lafenice.it

07 카 도로
Ca'd'Oro

이슬람 건축의 영향을 받은 화려하고 이국적인 건물. 15세기에 지어진 후 여러 번 주인이 바뀌었는데, 1922년 마지막 주인이었던 조르조 프란케티Giorgio Franchetti의 이름을 딴 미술관으로 쓰인다. 르네상스 앤티크, 티치아노, 밴다이크 등의 작품들이 전시되어 있다.

📍 Calle Ca' d'Oro, 3934, 30121 Venezia
🌐 cadoro.org

08 카 페사로 국제 현대 미술관
Ca' Pesaro Galleria Internazionale d'Arte Moderna

베네치아의 부호 페사로 가문의 저택이었으나 지금은 샤갈, 칸딘스키, 마티스 등의 작품을 선보이는 현대 미술관이다. 2년에 한 번씩 열리는 베네치아 국제 비엔날레전Venezia Biennale의 입선작들도 이곳에서 전시한다.

📍 Santa Croce, 2076, 30135 Venezia
🌐 capesaro.visitmuve.it

09 산타 마리아 글로리오사 데이 프라리 성당
Basilica di Santa Maria Gloriosa dei Frari

기독교 신자 사이에서 유명한 작품 티치아노의 〈성모 승천〉이 걸려 있고, 화가의 무덤도 안치되어 있는 고딕 양식의 성당. 바로 옆에 있는 레오나르도 다 빈치 박물관Leonardo da Vinci Museum도 추천한다.

📍 San Polo, 3072, 30125 Venezia
🌐 basilicadeifrari.it

10 산 조르조 마조레 성당
Chiesa di San Giorgio Maggiore

성당과 동명의 작은 섬에 위치한 아름다운 성당. 산 마르코 광장에서 맑은 날에는 또렷하게 흐린날에는 희미하게 보인다. 건물은 이탈리아 르네상스 건축의 대가 안드레아 팔라디오Andrea Palladio의 작품이다. 산 마르코 성당보다 이곳에서 베네치아를 보는 전망이 훨씬 아름답다. 대기하는 줄도 없어 바로 올라갈 수 있다는 것도 장점.

📍 Isola di S.Giorgio Maggiore, 30133 Venezia

11 아르세날레 디 베네치아
Arsenale di Venezia

12세기 초에 비잔틴 양식으로 조성된 선착장. 중세 시대에는 조선소, 무기고로 사용되었고 지금은 다양한 문화 행사장으로 쓰인다. 산 마르코 광장에서 걸어서 10분 걸리는데 광장과 사뭇 다르게 한적하고 평온한 분위기가 특징이다.

📍 30122 Venezia
🌐 arsenale.comune.venezia.it

12 주먹의 다리
Ponte dei Pugni

1600년대부터 해마다 9~10월 사이에는 이곳에서 공식적으로 맨손 싸움을 할 수 있었다. 이 작은 다리 아래서 원한을 가진 사람들이 모여 한 명이 물에 빠질 때까지 싸웠다고 한다. 싸움을 시작하는 곳을 표시하는 4개의 흰 대리석 발자국 모양이 나 있다.

📍 Ponte dei Pugni, 30123 Venezia

13 리도
Lido

산 마르코에서 바포레토를 타면 15분이면 쉽게 갈 수 있는 섬. 매년 9월에는 베네치아 영화제가 열리고, 여름에는 관광객들로 긴 해변이 꽉 차는 휴양지며, 비성수기에는 은퇴한 할아버지 할머니들이 평화로운 나날을 보내는 조용한 섬이다. 문학가 토마스 만의 집필 장소이자, 그의 소설 〈베니스에서의 죽음〉을 영화화할 때 촬영장으로 유명하다.

14 무라노
Murano

3세기경 유리 세공업자들이 정착해 유리 공예로 유명한 섬. 유리 박물관 Museo del Vetro과 아레초의 성 도나투스가 무찌른 용의 유골이 있다는 산티 마리아 에 도나토 대성당 Basilica dei Santi Maria e Donato이 대표적인 랜드마크다. 물론 유리 공예품 상점들도 골목마다 자리한다. 베네치아, 부라노에서 바포레토로 30~40분 소요.

15 부라노
Burano

1948년 헤밍웨이가 머물며 책을 쓰던 섬. 특히 부라노섬은 고품질의 레이스가 특산품으로 유명하다. 안개가 짙게 깔려도 섬에 있는 집들이 잘 보일 수 있도록 형형색색의 페인트로 외관을 칠했던 관습 덕분에 여행자들이 가장 좋아하는 포토 스폿으로 사랑 받는다. 레이스 박물관 Museo del Merletto과 기하학적 선과 면, 컬러풀한 외관으로 부라노섬에서 가장 유명한 집인 베피스 하우스 Bepi's House는 꼭 가 보자. 베네치아와 무라노에서 바포레토로 30~40분 소요.

NATURE

01 비엔날레 정원
Giardini della Biennale

아르세날레 바로 옆에 있는 작은 정원으로 2년에 한 번씩 비엔날레가 열리는 장소이다. 나폴레옹이 지시하여 조성했으며 30개의 파빌리온과 여러 조각상으로 구성되어 있다.

📍 Calle Giazzo, 30122 Venezia
🌐 labiennale.org

SHOP

01 리알토 시장
Mercato di Rialto

화~토요일 아침 일찍부터 정오까지 여는 과일 채소 및 생선 시장. 보트에 실어온 생선 등 식재료가 신선하고 싱그러운 꽃과 채소를 볼 수 있다. 아침 일찍 가야 인파에 덜 휩쓸린다.

📍 Campiello de la Pescaria, 30122 Venezia

02 아쿠아 알타 서점
Libreria Acqua Alta

세계에서 아름다운 서점 중 하나로 꼽힌다. 찾기 어려운 골목에 숨어 있다. 재미나게도 어떤 체계로 책을 정리해 놓았는지 알 수 없을 정도로 바닥부터 천장까지 엄청난 양의 책이 빼곡히 들어서 있다. 홍수로 물난리가 나도 책이 젖지 않게 욕조나 곤돌라에 담아 놓은 독특한 디스플레이로 유명하다.

📍 Calle Lunga Santa Maria Formosa, 5176b, 30122 Venezia
🌐 www.libreriacqualta.it

03 카 마카나
Ca' Macana

길에서 파는 €5짜리 플라스틱 가면도 충분히 베네치아답지만, 좀 더 잘 만든 가면을 장만하고 싶다면 이곳을 찾아가 보자. 영화감독 스탠리 큐브릭이 〈아이즈 와이드 셧〉 촬영에 쓸 모든 가면을 구매해 간, 베네치아 최고의 가면 가게 카 마카나이다. 누구나 신청하면 직접 마스크를 만들어 보는 워크숍도 진행한다.

📍 Dorsoduro, 3172, 30123 Venezia
🌐 www.camacana.com

HOTEL

01 제너레이터 베니스
Generator Venice

깔끔한 디자인과 훌륭한 가성비로 인기를 끌고 있는 제너레이터 호스텔 체인의 베네치아 지점. 주데카Giudecca 섬에 있지만 바포레토 정류장에서 걸어서 2분 거리에 있어 불편하지 않다. 여성 전용 도미토리, 24시간 리셉션, 카페, 바, 공용 공간, 세탁 설비, 짐 보관소 등 시설도 훌륭하다.

📍 Fondamenta Zitelle, 86, 30133 Venezia
🌐 staygenerator.com/hostels/venice

02 호텔 휴레카
Hotel Heureka

객실은 단 10개, 하지만 세심한 개별 서비스를 기대해도 좋은 디자인 부티크 호텔. 원목 가구와 대리석 바닥, 앤티크 장식으로 모든 객실을 독특하고 아름답게 꾸며 놓았다. 칵테일 바도 훌륭하고 정원도 아름답다.

📍 Fondamenta Gasparo Contarini, 3534, 30121 Venezia
🌐 hotel-heureka.com

MEZZOGIORN
ITALIA
이탈리아 남부

이탈리아에서 세 번째로 큰 주州인 캄파니아Campania를 비롯한 푸글리아Puglia, 아브루초Abruzzo 등 반도의 중남부와 시칠리아, 사르데냐섬에 이르는 옛 나폴리 왕국 일대는 현재 이탈리아에서 가장 개성 강하고 인상적인 지역으로 손꼽힌다. 이 지역을 통칭하는 '메초조르노Mezzogiorno'는 하루 중 해가 가장 높이 뜬 정오를 뜻하기도 하는데, 지중해에 면한 이탈리아 남부의 뜨거운 태양에 딱 맞는 이름이다. 여기서는 여행자들에게 가장 인기 높은 캄파니아 지역을 소개한다.

 혼여 매력도 ★★★★★
이탈리아의 정수는 남부에 있다.
음식도 더 맛있고, 커피도 더 진하며,
사람들도 더 열정이 가득하다.

 혼여 난이도 ★★★
작은 마을들로 이루어진
지역을 여행하는 것이라
이동이 많다는 제약이 있다.

 추천 포인트
- 해안가를 따라 펼쳐지는 세계 최고의 절경. 아말피 해안가는 죽기 전 가봐야 할 여행지 1위로 꼽히는, 숨이 멎을 정도로 아름다운 자연미를 선사한다. 지루할 틈이라고는 1초도 없는 작은 마을들이 해안가를 따라 올망졸망 모여 있어 바삐 이동하고 열심히 구경해야 할 것.
- 역사에 관심이 많다면 폼페이도 빼놓지 말자.
- 수박 겉핥기 식으로 로마나 피렌체에서 1일 버스 투어로 다녀오는 스케줄은 권하지 않는다. 남부의 진짜 매력은 보지 못하고, 번갯불에 콩 구워먹듯 해치우는 일정으로 여행다운 여행을 할 수 없다.

TRAVEL INFORMATION

▶▶ 이탈리아 남부 여행 정보 ◀◀

면적

13,590km²

시간대

UTC+1 (한국과 시차 -8시간)

인구

약 550만 명(2024년 기준)

기후
남부 해안 지대 및 시칠리아섬에서는 전형적인 지중해성 기후가 나타나며 아열대 기후에 가깝다. 여름이 길고 무덥고 건조하며, 겨울에는 대체로 온화하지만 눈비가 많이 내린다. 여름 기온은 평균 29℃로 일광욕을 할 수 있을 정도로 빛나는 태양이 매력적이다. 반대로 겨울은 기온이 영하로 떨어지는 경우가 거의 없이 온화하다.

화폐

유로

언어
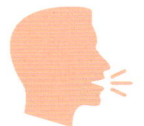
이탈리아어

여행 정보 홈페이지
캄파니아주 incampania.com,
나폴리 www.visitnaples.eu,
소렌토 www.sorrentotouristoffice.com,
폼페이 pompeiisites.org,
카프리 www.cittadicapri.it,
라벨로 www.ravellotime.com,
아말피 www.amalfitouristoffice.it

항공편
한국에서 출발하는 직항편은 없다. 이탈리아 국적기나 외국의 항공사를 이용해 경유편으로 갈 수 있으며, 나폴리 국제공항Aeroporto Internazionale di Napoli에 발착한다. 공항~시내 간 이동은 3S 버스와 알리 버스Ali Bus, 또는 택시를 이용한다.

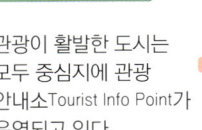

치안
남부 지역은 이탈리아에서 치안이 특히 안 좋다고 알려져 있다. 하지만 최근 나폴리시를 중심으로 대대적인 보강 정책들을 시행한 덕에 유럽의 여느 도시들과 비슷한 수준이 됐다고 한다. 단, 인적이 드문 외곽은 피하는 것이 좋다. 나폴리 외곽에는 관광 명소가 하나도 없고 인적이 드물어 소매치기라도 당하면 도움을 청하기가 어렵다. 밤에는 시내 번화가에만 머무르고, 혼자 늦게까지 다니는 것은 피한다. 특히 가리발디 기차역 부근은 치안이 나쁘다.

관광 안내소

관광이 활발한 도시는 모두 중심지에 관광 안내소Tourist Info Point가 운영되고 있다.

남부 교통

나폴리를 제외한 나머지 지역은 대중교통이 다닐 정도로 크지는 않아 걸어서도 충분히 돌아볼 수 있다. 도시와 마을 간 이동은 내륙은 기차와 시타 버스, 섬은 페리를 이용한다.

A. 기차 Train
나폴리에는 기차역이 3개(중앙역 Stazione Centrale, 캄피 플레그레이역 Stazione di Napoli Campi Flegrei, 메르젤리나역 Stazione di Napoli Mergellina) 있는데 밀라노, 로마 등에서 출발하는 기차는 중앙역에 도착한다. 이탈리아 대표 철도 트레니탈리아 Trenitalia의 홈페이지에서 운행 스케줄을 살펴보고 표를 예매하거나 역으로 직접 가 매표소 또는 발매기에서 표를 살 수 있다. 성수기라면 최소 1~2일쯤 전에 사두는 것이 좋다.
홈페이지 트레니탈리아 www.trenitalia.it

B. 시타 버스 SITA Bus
남부 이탈리아의 여러 도시로 향하는 버스는 대부분 시타 버스다. 종종 토스카나, 베네토 주까지도 이동해 언제나 여행객들로 붐빈다. 여름엔 수많은 승객들의 땀 냄새와 더운 공기가 섞여 멀미하기 십상이라 추천하지는 않지만, 굽이굽이 이어진 도로를 따라 펼쳐지는 경관이 그림 같아 아말피 해안으로 갈 때는 시타 버스를 추천한다. 자세한 내용은 홈페이지 참고하자.
홈페이지 시타 버스 www.sitabus.it

C. 페리 Ferry
나폴리항에서 소렌토, 아말피, 카프리, 포지타노 등을 향해 출항하는 페리 스케줄은 대표적인 페리 회사인 카레메르 Caremer와 SNAV의 홈페이지에서 확인할 수 있다.
홈페이지 카레메르 www.caremar.it, SNAV www.snav.it

나폴리 시내 교통

A. 메트로 Metro
나폴리의 메트로는 1, 2, 6호선이 있으며, 역은 붉은색 M자 표지판이 있어서 길에서 금방 알아볼 수 있다.

B. 버스 Bus
7개의 순환 루트를 도는 R버스와 알파벳 C자가 앞에 달린 편도 버스들이 있다. 나폴리 중앙역, 포리아 거리 Via Foria, 카보우르 광장 Piazza Cavour, 단테 광장 Piazza Dante, 무니치피오 광장 Piazza del Municipio를 통과하는 201번 버스와 제수 누오보 광장에서 출발해 대부분의 도심 정류장에 정차하는 E1 버스가 가장 많이 이용된다.

C. 치르쿰베수비아나 Circumvesuviana
중앙역과 코르소 가리발디Corso Garibaldi에 위치한 전용 터미널에서 출발하는 사철로, 폼페이, 소렌토 등으로 이동할 때 타야 한다. 운행 시간은 05:09~22:42, 자세한 내용은 홈페이지www.vesuviana.it를 참고하자.

D. 택시 Taxi
나폴리의 공식 택시는 앞문에 도시의 엠블럼, 후면에는 번호판이 있고 미터기도 달려 있으니 반드시 확인한다. 간혹 무면허에 불법으로 운행하는 택시들이 있다. 출발할 때는 미터기를 작동하는지도 꼭 확인해야 요금 폭탄을 피할 수 있다. 다른 도시들의 택시와 마찬가지로 주말에는 요금이 할증되고, 공항과 도심을 오가는 경우에는 캐리어 1개당 추가 요금이 붙는다. 나폴리 택시 기사들은 요금 흥정을 잘하는데, 처음 부르는 요금이 바가지일 가능성이 크다는 뜻이다. 이럴 때는 나폴리 택시의 규정상 공식 요금표가 반드시 택시 안에 있다는 것을 기억할 것.

나폴리시 홈페이지에서도 공식 요금표를 확인할 수 있다. 기사가 우물쭈물할 땐 요금표를 보여달라고 요구하고, 요금은 미리 소액권 지폐로 준비하자. 택시를 타고 시외로 갈 때 요금은 폼페이 편도 €75, 포지타노 편도 €140 내외, 나폴리 공항과 시내 연결은 €20 정도. 택시 기사들의 영어 실력은 간단한 대화가 가능한 정도로 목적지를 소통하는데 어렵지는 않다. 택시 외 우버Uber도 사용 가능하다. 숙소 프런트나 안내 데스크에 부탁해 택시를 부르는 것이 가장 편하지만 직접 전화를 걸 때에는 대표적인 택시 회사 콘소르 택시Consortaxi나 파르테노페Partenope를 참고하자.

콘소르 택시
전화 081-2222
홈페이지 www.consortaxi.it

파르테노페
전화 081-0101
홈페이지 www.radiotaxilapartenope.it

나폴리 공식 택시 요금
홈페이지 www.comune.napoli.it/flex/cm/pages/ServeBLOB.php/L/IT/IDPagina/1193

E. 푸니콜라레 Funicolare
나폴리의 보메로Vomero 지구로 이동하는 산악 케이블카. 시내에는 중앙역Centrale, 키아이아Chiaia, 메르젤리나Mergellina, 몬테산토Montesanto 이렇게 4군데에 푸니콜라레가 선다. 일반 교통권도 푸니콜라레에서 사용할 수 있다.

나폴리 교통권

모든 대중교통을 이용할 수 있는 나폴리 교통권은 담배 가게인 타바키Tabacchi나 정류장의 발매기에서 구매할 수 있다.

요금

종류	요금
1회권	€1.5 (90분 유효)
1일권	€3.5 (당일 자정까지 유효)
1주일권	€12 (해당 주 마지막 날 자정까지 유효)

홈페이지 www.anm.it

여행 패스

네이플스 패스 Naples Pass

나폴리의 식당과 상점, 호텔에서 최대 35% 할인, 50여 개 이상 명소에서 무료 또는 50% 할인, 각종 투어 20% 할인, 해당 기간 동안 대중교통을 무료로 탈 수 있는(3일권 한정) 스마트한 패스로, 남부 자유 여행자들에게는 필수 아이템이다. 모바일 앱을 다운받으면 편하게 사용할 수 있다. 기본 금액은 교통 요금과 박물관 입장료를 제외한 것으로, 금액을 추가하면 전체 혜택을 누릴 수 있다. 교통 요금은 3일권만 포함돼 있다. 자세한 내용은 홈페이지 참고.

요금 1일권 나폴리 시내 €34.90 / 폼페이, 헤르쿨라네움 등 주변 지역 포함 €49.90 (대중교통 무제한 이용권 €7추가)
홈페이지 www.naplespass.eu

아르테 카드 Arte Card

위에 소개한 네이플스 패스와 아르테 카드는 겹치는 혜택이 많으므로 비교해 보고 둘 중 하나만 사는 것이 좋다. 폼페이, 치르쿰베수비아나를 이용할 계획이 있다면 아르테 카드가 더 유용할 것이다. 홈페이지와 나폴리 중앙역을 포함한 시내 명소 매표소에서 판매한다.

요금

종류	가격	혜택
나폴리 3일권	26세 이상 €27 18~25세 €16	- 나폴리 대중교통 무제한 무료 - 처음 방문한 명소 3곳 무료, 나머지는 최대 50% 할인
캄파니아 3일권	26세 이상 €41 18~25세 €30	- 나폴리 대중교통 무제한 무료 - 처음 방문한 명소 2곳 무료, 나머지는 최대 50% 할인(폼페이 등 포함)

홈페이지 www.campaniartecard.it

PLUS TIP

렌터카는 비추!

나폴리 시내나 공항에서 자동차를 렌트해서 다니는 방법은 추천하지 않는다. 나폴리 시내 운전은 어지간한 운전 베테랑이 아니고는 엄두도 낼 수 없는 난이도를 자랑하기 때문. 차가 워낙 많고 운전 매너도 좋지 않은 데다가 주차 지옥이다. 하지만 만약 시내를 벗어나 남부 해안가로 이동하는 경우라면 기차나 버스 시간표에 구애 받지 않고 가장 편하게 이동할 수 있으니 운전 경력이 오래 되었고 베테랑일 경우에 해볼 만하다. 단, 초보에게는 절대 추천하지 않는 길이다.

3 DAYS IN CAMPANIA

▶▶ 이탈리아 남부 베스트 3일 코스 ◀◀

DAY 1

나폴리 항구 → 누오보성 → 움베르토 1세 회랑 → 플레비시토 광장 → 카페 소스페소 경험하기 (LV.1) [그린 카페 감브리누스 추천] → 델로보성 → 키아이아 거리 → 나폴리 피자 먹기 (LV.1) [브란디 추천] → 나폴리 국립 고고학 박물관 → 돈나레지나 현대 박물관 → 산텔모성 → 스파카나폴리 → 저녁 식사 [추천 / 다 미켈레]

DAY 2 — 폼페이 또는 카프리

[카프리]
푸른 동굴 → 세조비아 → 움베르토 1세 광장 → 아우구스토 정원 → 마리나 그란데

PLUS TIP
혼자 하는 여행 중 가이드를 꼭 권하고 싶은 여행지가 손에 꼽는데, 폼페이가 바로 그 중 하나다. 역사와 문화를 알고 볼 수록 경험의 깊이와 가치가 더해지기에 현지 투어 프로그램에 참여하거나 투어라이브Tourlive와 같은 앱을 활용하는 것을 추천한다.

교통이 그리 편하지 않고, 언덕길도 많아 열심히 걸어야 하니 남부에서는 특히 식사를 잘 챙기며 여행하자. 아말피 해안의 여러 마을들 중 가장 화려하고 예쁜 곳은 포지타노인데, 그래서 숙소도 더 비싸고 일찍 예약을 해야 한다.

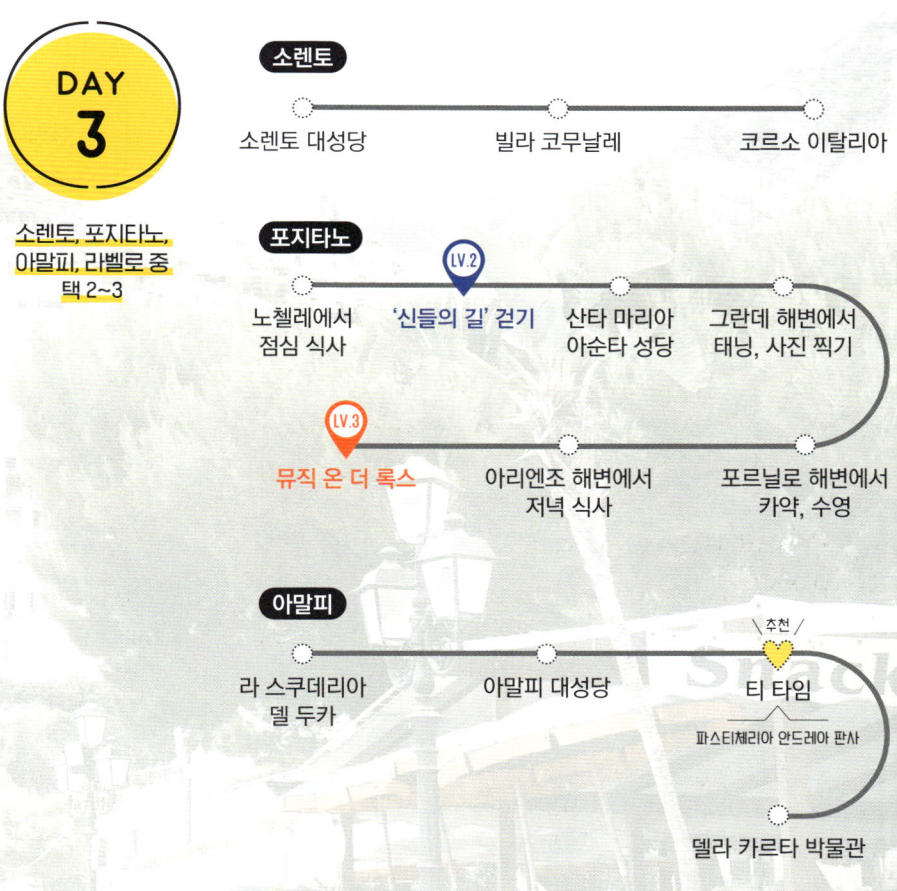

DAY 3

소렌토, 포지타노, 아말피, 라벨로 중 택 2~3

소렌토
- 소렌토 대성당
- 빌라 코무날레
- 코르소 이탈리아

포지타노
- 노첼레에서 점심 식사
- LV.2 '신들의 길' 걷기
- 산타 마리아 아순타 성당
- 그란데 해변에서 태닝, 사진 찍기
- LV.3 뮤직 온 더 록스
- 아리엔조 해변에서 저녁 식사
- 포르닐로 해변에서 카약, 수영

아말피
- 라 스쿠데리아 델 두카
- 아말피 대성당
- 추천 / 티 타임 / 파스티체리아 안드레아 판사
- 델라 카르타 박물관

PLUS TIP

1일 남부 투어는 추천하지 않아요

몇몇 국내 여행 업체에서는 로마나 나폴리에서 출발하는 짧은 남부 투어 프로그램을 판매한다. 대개 하루 동안 폼페이, 소렌토, 포지타노, 아말피를 모두 돌아보는데, 현지 사람들은 너무나 안타까워 하는 겉핥기 구성이다. 각 여행지의 매력을 거의 보지 못할 뿐더러 여유와 문화를 만끽하지 못하고 바쁘게 이리 뛰고 저리 뛰다가 버스에 실려 돌아가는 것은 이탈리아 남부와 가장 어울리지 않는 여행 방법이다. 아쉽더라도 한두 곳만 골라 가거나, 일정을 5일 이상으로 늘려 하루에 한 지역씩 집중하는 것을 추천한다.

LEVEL 1

혼자 여행 · 버킷리스트

✓ 인생 피자를 만나 보자
나폴리식 피자 먹기

혼자든 단체든, 어쨌든 나폴리에 왔다면 최소한 1일 1, 2피자는 해야 한다고 본다. 오븐에 쫄깃하게 구운 얇은 도우와 신선한 토핑의 합은 아무리 먹어도 질리지 않는다. 하지만 혼밥이 익숙하지 않다면, 식당에서 혼자 먹기에 피자는 난도가 좀 높다. 활기 넘치는 나폴레타노(나폴리인) 사이에서 홀로 칼질을 하며 커다란 오븐 피자를 먹는 것은 그 어떤 메뉴와도 다른 어색함을 풍긴다. 하지만 나폴리의 피자 맛은 그 모든 불편을 잊게 해 주니, 일단 한 입 맛보면 홀린 듯 먹는데 빠져들 것이다. 나폴리 대표 피자 맛집은 '이탈리아 남부 베스트 맛집' 페이지를 참고하자.

✓ 친절을 베푸는 이방인이 되어 보자
카페 소스페소 경험하기

카페 소스페소Caffè Sospeso는 '맡겨둔 커피'라는 뜻으로, 정 많은 남부 이탈리아만의 고유한 커피 문화다. 먼저 카페에 들른 손님이 그 다음에 올 누군가의 커피값까지 계산해 주는 것을 말한다. 계산한 영수증은 비치된 통에 넣어두면 된다. 카페 소스페소로 대접받은 많은 사람들은 또 누군가를 위해 커피값을 지불하고, 그러다가 누군가는 공짜 커피를 마실 수 있는 훈훈한 릴레이가 이어지기도 한다. 그러니 주머니 얇은 여행자일지라도 한 번쯤 한 잔 값을 더 내면서 카페 소스페소를 사고 싶다고 말해 보자. 누군가에게 이름 모를 친절한 사람으로 기억에 남는 것, 참 멋지다.

✓ 내 숨소리만 들리는 하이킹
포지타노 '신들의 길' 걷기

포지타노 근교의 노첼레Nocelle까지 버스를 타고 가면 하이커들의 성지인 '신들의 길Sentiero degli Dei'이 나타난다. 노첼레에서 보메라노Bomerano라는 마을까지 이어지는 약 7km의 이 길은 이탈리아에서 가장 아름다운 하이킹 루트다. 산길을 걸으며 보이는 전망을 마주하면 절로 신에게 경외감을 느끼게 된다 하여 '신들의 길'이라는 이름이 붙었다. 편도로 약 1시간 30분에서 2시간 정도 걸리며, 난이도는 중급 정도. 보메라노에서 시작하려면 포지타노에서 푸로레Furore에서 한 번 갈아타는데, 이 작은 마을의 해변이 아주 예쁘다.

📍 Bomerano, 80051 / Nocelle 84017
🌐 www.cartotrekking.com

✓ 클래식 마니아라면 혼자라도 아무렇지 않아
라벨로 바그너 축제 공연 보기

1953년 바그너 사후 70주년을 기념하여 산 카를로 오케스트라가 바그너의 곡들을 연주했던 것을 시작으로, 해마다 7월에서 10월까지 라벨로의 여름은 아름다운 선율로 가득 찬다. 작곡가 리차드 바그너를 기념하는 라벨로 바그너 축제는 매년 이탈리아 전역의 오케스트라를 초빙하여 바그너의 곡 위주로 프로그램을 구성한다. 가장 인기 있는 공연은 바다를 뒤로 하고 펼쳐지는 빌라 루폴로의 발코니에서 열리는 공연이다. 클래식을 좋아한다면 최고의 경험이 될 것이다.

🌐 www.ravellofestival.com

✓ 이국에서 나홀로 클러빙
포지타노 뮤직 온 더 록스
Music on the Rocks

40년 동안 포지타노의 유일한 클럽으로 군림해 온, 깎아지른 절벽 끝자락에 자리한, 그래서 전망이 환상적인 클럽. 시내 중심부에서 떨어져 있고 혼자 가서 춤을 추는 것이 어색할 수도 있지만 스트레스 풀기에는 최고로 좋다. 아주 트렌디하지는 않아서 너무 잘 아는 팝송이나 5년 전 히트곡 메들리를 들을 가능성도 있지만 그래서 더 친근하고 재미있는 곳이다.

📍 Via Grotte dell'incanto 50, 84017 Positano
🌐 www.musicontherocks.it

이탈리아 남부 베스트 먹거리

BEST MENU | 01

나폴리 피자
Neapolitan Pizza

이탈리아의 수많은 피자 가운데 '나폴리 피자'라는 명칭이 따로 있을 정도로 나폴리인들의 피자 사랑은 남다르다. 심지어 나폴리 피자 만드는 방법을 규정하는 '나폴리 피자 협회'도 있을 정도다. 이 규정에는 화덕 온도와 반죽의 두께까지 매우 구체적으로 정해져 있고 나폴리의 피자집들은 이 규정을 잘 따르고 있어 나폴리에서는 어느 동네를 가도 맛있는 피자를 먹을 수 있다.

BEST MENU | 02

젤라토
Gelato

이탈리아를 대표하는 디저트 젤라토는 아이스크림보다 공기가 70% 정도 적어 쫀득하고 쫄깃한 식감을 자랑한다. 프랑스의 태양왕 루이 14세를 위해 이탈리아 셰프가 개발했다고 한다. 여름에 이탈리아를 여행한다면 젤라토는 언제나 손에 들고 있어야 한다. 신선한 계절 재료를 넣어 만드는 젤라토는 어떤 음식이든 진하고 강한 남부에서 더욱 맛이 좋다.

BEST MENU | 03

소렌토 레몬
Limone di Sorrento

오톨도톨한 표면이 특징인 타원형의 레몬으로 향과 풍미가 다른 품종에 비해 압도적으로 뛰어나다. 비타민C 함유량이 다른 품종에 비해 높고, 씨가 거의 없으며 과즙이 풍부하다. 소렌토 레몬으로 만드는 젤라토와 델리지에 알 리모네Delizie al Limone와 같은 케이크 등은 꼭 한번 먹어 보자.

BEST MENU | 04

리몬첼로
Limoncello

아주 달고 도수도 높은 레몬 술. 소수성 에센셜 오일이 아주 미세하게 포함되어 물이나 알코올과 섞으면 아주 살짝 탁해지는 '우조 효과'가 나타난다. 정통 리몬첼로는 소렌토 레몬으로만 만든다. 이탈리아인들은 식후에 샷(원액 한 잔)으로 마신다.

BEST MENU | 05

호박꽃 튀김
Fiori Di Zucca Fritti

호박꽃을 따서 꽃잎을 제외한 나머지 부분을 제거하고 깨끗이 씻은 다음 리코타 치즈로 속을 꽉 채워 튀겨내는 음식. 전채요리로 인기가 많다.

BEST MENU | 06

모차렐라 디 부팔라 캄파나
Mozzarella di Bufala Campana

이탈리아를 대표하는 모차렐라 치즈의 이름은 캄파니아 지방 사투리로 '자르다'는 뜻의 모차mozza에서 유래됐다. 보들보들하고 쫄깃해 그냥 먹어도 맛있고 샐러드, 피자, 파스타 위에 올려도 맛있다. 모차렐라 치즈 중에서도 최상급으로 꼽히는 것이 바로 부팔라 캄파나 DOP/PDO이다. 남부 캄파니아 지방에서 자란 물소의 젖으로 만든 제품에만 이 이름이 붙는다.

이탈리아 남부 베스트 맛집

나폴리

BEST RESTAURANT | 01

다 미켈레
Da Michele

영화 〈먹고, 기도하고, 사랑하라〉에서 주인공 줄리아 로버츠가 맛있게 먹는 피자가 바로 이곳의 마르게리타다. 고소한 도우 위에 모든 미각을 깨우는 신선하고 새콤달콤한 토마토, 바질, 모차렐라 치즈를 얹은 이 피자는 한 판 다 먹어도 가격이 5,000원 남짓이다. 이 집의 메뉴는 마르게리타Margherita (토마토, 모차렐라 치즈, 바질)와 마리나라Marinara (토마토, 마늘, 오레가노, 올리브유) 이렇게 2가지.

📍 Via Cesare Sersale, 1, 80139 Napoli
🌐 www.damichele.net

나폴리

BEST RESTAURANT | 02

디 마테오
Di Matteo

1993년 G7 정상 회담이 나폴리에서 열리던 당시, 미국 대통령 빌 클린턴이 방문했던 곳으로 유명하다. 점심 시간부터는 골목을 뚫고 지나가는 것이 어려울 정도로 사람들이 몰리는 맛집. 명성에 비해 허름한 간판에서 운영해 여기가 어딘지 모르고 지나치기 십상이다. 규모가 정말 작아 포장을 하는 손님들이 대부분이다. 특히 프리토Fritto라는 일종의 튀김 피자를 추천한다.

📍 Via dei Tribunali, 94, 80138 Napoli
🌐 pizzeriadimatteo.com

나폴리

BEST RESTAURANT | 03

소르빌로
Sorbillo

나폴리에는 소르빌로라는 피자 가게가 여러 군데 있는데, 그 이유는 소르빌로 가문의 21명의 자식들이 여기저기서 피자 장사를 하고 있기 때문이다. 21명의 아이들을 낳은 루이지 소르빌로Luigi Sorbillo가 1934년 문을 연 이 가게는 여전히 성업 중이다. 매콤한 살라미를 얹은 디아블로Diablo를 추천한다.

📍 Via dei Tribunali, 32, 80138 Napoli
🌐 sorbillo.it

나폴리

BEST RESTAURANT | 04

브란디
Brandi

1889년, 토마토소스와 신선한 바질, 모차렐라 치즈만을 이용해 마르게리타 여왕에게 선사한 나폴리 피자의 대표 메뉴 마르게리타 피자를 탄생시킨 곳이다. 재미있게도 영화배우 소피아 로렌 Sophia Loren 등 브란디의 단골 유명인의 이름으로 메뉴가 구성되어 있다. 다른 곳보다 가격대가 높지만, 식사할 때 악단이 와서 노래를 불러주거나 섬세하게 챙겨주는 서비스가 포함됐다고 생각하면 될 듯. 포장하면 가격이 저렴하다.

📍 Salita S. Anna di Palazzo, 1/2, 80132 Napoli

나폴리

BEST RESTAURANT | 05

50 칼로
50 Kalò

친절한 나폴레타노에게 '피자 맛집을 추천해 달라'고 부탁하면 가장 먼저 이야기하는 곳. 도심에서는 조금 떨어져 있지만 식사 시간에 가면 역시 길게 줄을 서서 기다리는 소문난 곳이다. 적당히 캐주얼하고 적당히 격식 있는 피체리아로 추천한다.

📍 Piazza Sannazaro, 201/c, 80121 Napoli
🌐 50kalò.it

나폴리

BEST RESTAURANT | 06

그란 카페 감브리누스
Gran Caffe Gambrinus

1860년 문을 연, 나폴리에서 가장 오래된 카페다. 파시스트 정권 때 좌파 운동권들이 정치적인 만남을 가졌을 정도로 이탈리아 역사상 중요한 곳으로 알려져 있다. 오스카 와일드, 장 폴 사르트르, 무솔리니까지 이곳의 커피 맛에 감동했던 단골들이다. 다른 카페에 비해 가격대가 높지만 밀라노나 로마에 비하면 괜찮은 편이고, 특유의 분위기와 서비스가 충분히 그 간극을 메운다.

📍 Via Chiaia, 1/2, 80132 Napoli
🌐 grancaffegambrinus.com

소렌토

BEST RESTAURANT | 07

라 칸디나치아 델 포폴로
La Cantinaccia del Popolo

가족이 운영하는 이탈리아 식당이다. 여기서부터 우선 신뢰도가 급상승한다. 해산물과 파스타 요리를 잘하고, 친절하고 유쾌한 서비스 때문에 단골이 많다. 동네에서 인기가 많은 곳이라 늘 줄을 서서 들어가지만 혼자 가는 경우 금방 자리가 나기도 한다. 훈제 햄과 치즈를 파는 델리도 겸한다.

📍 Vico Terzo Rota, 3, 80067 Sorrento

아말피

BEST RESTAURANT | 08

파스티체리아 안드레아 판사
Pasticceria Andrea Pansa

안드레아 판사라는 파티시에가 1830년에 문을 연, 아말피에서 가장 유명한 카페다. 두오모 광장이 바로 보이는 전망 좋은 테라스 자리는 거의 늘 만석이다. 판사 가문이 대를 이어 운영 중이며, 2001년에는 이탈리아 정부로부터 이탈리아에서 가장 오래된 제과점 중 하나로 인정받아 이탈리아 역사 명소로 등재되었다. 아말피 일대의 좋은 농장과 협업하여 최고 품질의 식재료를 사용해 초콜릿, 아이스크림, 페이스트리, 커피 등을 만든다.

📍 Piazza Duomo, 40, 84011 Amalfi
🌐 pasticceriapansa.it

카프리

BEST RESTAURANT | 09

미켈란젤로
Michel'angelo

모차렐라와 피자 등 정통 이탈리안 메뉴를 직접 만들어 먹어볼 수 있는 재미있고 맛있는 쿠킹 클래스. 3코스 식사 클래스 외에도 치즈, 와인 테이스팅이나 젤라토 & 소르베 워크숍, 리몬첼로 워크숍 등 다양한 프로그램을 운영한다. 비건 클래스도 있어 채식주의자도 참여해 볼 수 있다. 부근에서 나는 재료로 정성껏 만드는 수제 식료품도 판매한다.

📍 Via Sella Orta, 10, 80076 Capri
🌐 giardinodicapri.com

포지타노

BEST RESTAURANT | 10

넥스트 투
Next 2

포지타노 중심부에서 살짝 벗어나 오르막길을 따라가면 트렌디하고 현대적인 분위기의 리스토란테 넥스트 투가 나타난다. 아말피 해안에서 가장 비싼 동네 포지타노에서 머무다 갈 때, 뭔가 특별하고 격식 차린 식사를 하고 싶다면 추천하는 곳이다. 주력 메뉴는 당연히 이탈리안 요리다.

◉ Viale Pasitea, 242, 84017 Positano
⊕ next2.it

라벨로

BEST RESTAURANT | 11

바벨 와인 바 델리 앤 아트
Babel Wine Bar Deli & Art

라벨로의 자랑인 아름다운 세라믹 제품들이 전시된 식당. 전통 레시피로 세계 각국 다양한 손님들의 취향을 모두 만족시킬 정도로 뛰어난 요리 솜씨를 자랑한다. 신선한 지역 식재료를 사용하여 심플하고 진한 맛을 추구하는 요리와 합리적인 가격대의 이탈리안 와인으로 유명하다.

◉ Via Santissima Trinità, 13, 84010 Ravello
⊕ www.babelravello.com

나폴리 베스트 스폿

BEST SPOT IN NAPOLI

남부 여행의 거점 도시, 이탈리아의 5대 도시 중 가장 덜 알려지고 오해도 많은 아름다운 나폴리. 꾸밈없는 솔직함, 거침없는 개성과 강렬하고 정겨운 문화가 파란 바다와 마주보는 골목마다 서려 있다.

LANDMARK

01 나폴리 항구
Porto di Napoli

호주의 시드니, 브라질의 리우데자네이루와 더불어 세계 3개 미항美港 중 하나로 꼽힌다. 유럽 최대 규모의 항구다. 하지만 막상 나폴리를 마주하면 그 '미항'이라는 수식이 납득이 안 될 수도 있다. 예쁘게 꾸며진 구석이 없고 그저 배들이 드나드는 실용적인 항구처럼 보이기 때문이다. 하지만 항구를 따라 계속해서 걷다 보면 나폴리항의 매력이 점점 눈에 들어오기 시작한다. 시야를 가리는 높은 건물들이 없고, 문화 공연 등 다양한 행사도 종종 열리고, 잠깐 쉬었다 갈 수 있는 작은 공원이나 벤치도 많다.

📍 Piazzetta di Porto, 80133 Napoli

02 스파카나폴리
Spaccanapoli

꾸밈없는 나폴리의 모습을 단번에 볼 수 있는 거리. 나폴리 역사 지구의 동서를 가로지르는 좁고 긴 약 2km의 직선 도로와 그 주변을 말한다. 스파카나폴리는 '나폴리를 가르는 길'이라는 뜻. 제수 누오보 광장Piazza Gesu Nuovo의 베네데토 크로체 거리Via Benedetto Croce에서 시작하는 이 길은 동쪽으로 이동하면서 그 이름만 산 비아조 데이 리브라이 거리Via S. Biagio dei Librai로 바뀐다. 무려 2500년의 역사를 자랑하는 나폴리에서도 가장 오래된 동네의 내공을 보여준다. 무심히 빨래를 널어둔 나폴리 시민들의 일상을 가까이서 볼 수 있다.

📍 Via Benedetto Croce~Via S. Biagio dei Librai, 80132 Napoli

03 산텔모성
Castel Sant'Elmo

몬테산토역Montesanto에서 작은 산악 케이블카 푸니콜라레를 타고 올라가야 볼 수 있는 별 모양의 14세기 성채. 이 건물은 꽤 견고하고 튼튼해서 한때 감옥으로도 쓰였다. 테라스에서 내려다보는 나폴리항의 전망이 일품이다.

📍 Via Tito Angelini, 22, 80129 Napoli

04 누오보성
Castel Nuovo

나폴리 해안가를 따라 걷다 보면 만나게 되는 오래된 성. 원래부터 있던 오보성과 구분하기 위해 '새로운Nuovo 성'이라고 이름 붙였다고 한다. 13세기에 요새로 지어졌는데, 보존 상태가 훌륭해 2006년까지는 나폴리 시의원의 회의장으로도 사용되었고 지금은 15~20세기의 나폴리 지역 예술품들을 소장, 전시하는 시립 미술관과 나폴리의 랜드마크 역할을 한다.

📍 Via Vittorio Emanuele III, 80133 Napoli

05 델로보성
Castel dell'Ovo

로마의 시인이자 예언가였던 베르길리우스가 '이것이 깨지면 성도 무너지고 나폴리에 일련의 재앙이 온다'고 말한 달걀을 항아리에 넣어 땅속에 묻고 그 터에 성을 세웠다는 설 때문에 달걀Ovo성이라는 이름을 갖게 되었다. 12세기에 노르만족이 건축한 후, 여러 왕가들이 이곳을 거주지, 감옥, 군사 시설로 이용했다. 감옥과 군 막사 등을 전시하며, 현재 임시 휴업 중이다.

📍 Via Eldorado, 3, 80132 Napoli

06 나폴리 국립 고고학 박물관
Museo Archeologico Nazionale di Napoli

나폴리를 대표하는 박물관. 인근 유적지인 폼페이와 에르콜라노 등에서 출토된 고대 도시의 유물들과 예술품들을 소장 전시 중이다. 대표 소장품은 폼페이의 벽화들과 파르네제 추기경이 수집한 '파르네제 컬렉션'의 대표작 〈파르네제의 황소〉이며, 가장 인기가 많은 전시관은 역시 폼페이 비밀의 방이다. 화산재에 덮여 사라지기 전 폼페이 시민들의 호화로운 생활상을 엿볼 수 있다.

📍 Piazza Museo, 19, 80135 Napoli
🌐 museoarcheologiconapoli.it

07 돈나레지나 현대 박물관
Museo d'Arte Contemporanea Donnaregina

캄파니아 지역의 예술과 문화를 증진하고자 2004년 개관한 돈나레지나 재단의 현대 미술관으로 제프 쿤스, 앤디 워홀, 데미안 허스트 등 걸출한 현대 미술 거장들의 작품들이 있다. 박물관의 상징은 옥상 테라스에 있는 밈모 팔라디노의 작품인 늠름한 말의 동상. 박물관과 산타 마리아 돈나레지나 베키아 성당이 이어져 있다.

📍 Via Luigi Settembrini, 79, 80139 Napoli
🌐 www.madrenapoli.it

08 플레비시토 광장
Piazza del Plebiscito

나폴리의 응접실이라 불린다. 왕궁과 산 프란체스코 디 파올라 성당의 열주에 둘러싸인 반원형의 넓은 광장이다. 1809년, 나폴리 왕 뮐러가 왕궁 앞을 시민을 위한 광장으로 조성했다. 뮐러가 실각당하고 처형된 후 스페인계 부르봉 왕가의 페르난도 1세가 광장을 완성하여 중앙에는 부르봉 왕가의 페르난도와 카를로 3세의 상이 세워져 있다. 바로 옆에는 1737년 첫 막을 올린 이래로 나폴리를 대표하는 오페라 극장 산 카를로가 있다.

📍 Piazza del Plebiscito, 80132 Napoli

SHOP

01 키아이아 거리
Via Chiaia

트리에스테 에 트렌토 광장Piazza Trieste e Trento과 마르티리 광장Piazza dei Martiri를 잇는 나폴리에서 가장 우아하고 유명한 보행자 전용 도로다. 쇼퍼들이 행복한 표정으로 거니는 거리에는 유명 브랜드 사이로 로컬 상점과 크고 작은 카페, 레스토랑들이 함께 자리한다. 세련되고 깔끔한 나폴리의 모습을 보고 싶다면 바로 여기다.

📍 Via Chiaia, 80132 Napoli

02 코르소 움베르토 1세 거리
Corso Umberto I

지오반니 보비오 광장에서 중앙역까지 뻗어 있는 1.3km의 넓은 대로. 19세기 유행한 콜레라로 수천 명이 죽은 후, 골목이 좁았기 때문에 더 감염되기 쉬웠다는 지적이 나오자 통풍과 자연 채광을 고려한 도시 계획을 수립해 이 대로가 지어졌다. 식당과 카페, 상점들이 양옆으로 즐비하여 이 대로를 따라 걷는 것만으로 나폴리의 트렌드를 쉽게 파악할 수 있다. 밀라노에 비하면 굉장히 개성이 강하고 촌스럽다고도 느껴지지만, 구경하는 재미는 있다.

📍 Corso Umberto I, 80133 Napoli

03 움베르토 1세 회랑
Galleria Umberto I

19세기 후반에 지어진, 철과 유리로 꾸며진 우아한 아케이드형 쇼핑몰. 16개의 금속 지지대가 받치고 있는 유리 돔과 바닥의 모자이크화가 특징으로 밀라노 두오모 옆에 있는 비토리오 엠마누엘레 2세 회랑의 축소판 같다. 다양한 상점과 카페들이 들어서 있다.

📍 Via San Carlo, 15, 80132 Napoli

04 마리넬라
Marinella

나폴레타노들의 말쑥한 정장에 멋진 포인트가 되는 넥타이를 1914년부터 만들어 온 나폴리의 이름난 브랜드. 세계 각지에서 좋은 원단을 가져와 장인들이 작업하면서 마리넬라만의 독특한 스타일을 완성시켰다. 남성복에서 시작해서 지금은 여성용 의류와 가방 등의 잡화류도 함께 판매한다.

📍 Riviera di Chiaia, 287, 80122 Napoli
🌐 emarinella.com

HOTEL

01 호스텔 오브 더 선
Hostel of the Sun

나폴리에서 가장 평이 좋은 호스텔. 페리 선착장과도, 플레비시토 광장 등 주요 명소와도 걸어서 닿을 위치에 있으며 아늑하고 아기자기하게 꾸며져 있어 편안하다. 등급은 3성급 호텔로 도미토리와 개인 룸이 갖춰져 있다. 호스텔의 최고 장점인 공용 취사 공간과 무료 워킹 투어, 베수비오산 승마나 카약, 카프리 투어 등 다양한 자체 프로그램도 있다.

📍 Via Guglielmo Melisurgo, 15, 80133 Napoli
🌐 hostelnapoli.com

02 로미오 호텔
Romeo Hotel

베수비오산과 카프리섬이 내다보이는 훌륭한 전망을 갖춘 모던한 5성급 호텔. 8개 층 79개 객실과 스위트룸으로 이루어져 있다. 웰니스 센터, 풀장, 넓고 아늑한 로비, 레스토랑 등 부대시설도 부족함이 없다. 편안하고 캐주얼한 시가지와 대조되는 럭셔리한 밤을 원한다면 로미오 호텔을 추천한다.

📍 Via Cristoforo Colombo, 45 80133 Napoli
🌐 theromeocollection.com

폼페이 베스트 스폿

BEST SPOT IN POMPEI

1997년 유네스코 세계문화유산으로 지정될 정도로 가치가 높아 역사에 관심이 있다면 꼭 가봐야 할 나폴리 근교의 대표 유적지. AD 79년, 베수비오 화산이 폭발하고 채 4분도 안 되는 시간에 도시 2개가 흔적도 없이 자취를 감추었다. 폼페이와 에르콜라노가 그 주인공. 1700여 년 동안이나 화산재 아래에 모습을 숨기고 있던 고대 도시의 모습을 생생하게 느낄 수 있다.

01 폼페이 유적
Pompei Scavi

고대인들의 지혜와 생활상에 놀라면서 여행하게 될 폼페이. 농업, 상업이 모두 발달하고 로마 귀족들의 휴양지로 유명했던 폼페이는 최소 기원전 6, 7세기부터 사람이 모여 살기 시작했다고 추정된다. 고대 로마보다도 역사가 앞섰던 셈이다. 폼페이 유적은 서너 시간을 할애하여 천천히 돌아보면 좋을 정도로 넓다. 하지만 유적지 안에는 나무도 없어 그늘이나 쉴 곳이 마땅치 않다. 여름에는 꼭 양산, 모자, 물 등을 가져가야 한다. 유명한 '개조심Cave Canum' 표지판이 있는 비극의 시인 집Casa del Poeta Tragico과 폼페이의 모든 상업적, 종교적, 정치적 중심 역할을 했던 포럼Forum, 호화롭고 아름다운 저택들이 유명하다. 화산재를 피해 집 안의 곳곳으로 숨어 있던 사람들의 모습 또한 그대로 볼 수 있다.

📍 Corso Umberto I, 80133 Napoli

TIP
유적지 주변에는 카페나 마켓이 거의 없고, 식당은 가격대도 비싸다. 물, 간식, 음료 등은 출발할 때 미리 준비하자.

나폴리에서 가는 방법

● 폼페이 : 나폴리 가리발디역에서 소렌토 방향으로 가는 사철을 타고 폼페이 스카비/빌라 데이 미스테리Pompeii Scavi/Villa dei Misteri 역에서 하차. 약 30분 소요.

● 에르콜라노 : 나폴리 가리발디역에서 사철을 타고 에르콜라노 스카비역Ercolano-Scavi에서 하차. 약 20분 소요. 폼페이를 먼저 돌아보고 오면 폼페이에서 나폴리 방향 사철로 17분 소요.

PLUS TIP
사철은 플랫폼 앞에 역무원이 서 있어서 방향과 목적지를 물어보고 탈 수 있다. 때문에 잘못 탈 위험도 없고, 가리발디역에서는 이 사철을 타고 에르콜라노와 폼페이로 가는 사람들이 많아 눈치껏 함께 타고 내려도 되어 혼자 찾아가는 길도 어렵지 않다.

02 에르콜라노
Ercolano

나폴리와 폼페이 사이에 위치한 도시. 전설에 따르면 에르콜라노라는 이름은 에르쿨라네움Herculaneum이라는 고대 도시에서 따왔는데, 그리스 신화에 나오는 헤라클레스가 열두 번의 시련 중 하나를 마치고 돌아오는 길에 세운 것이라고 한다. 베수비오산 바로 아래에 위치해 화산재보다 먼저 쏟아져 내린 진흙더미에 파묻혔다. 이 미세한 진흙더미는 순간적으로 도시를 덮치는 동시에 공기와의 접촉도 막아주어, 에르콜라노의 유적은 최대한 원형에 가깝게 묻혀 있었다. 하지만 오랜 시간 동안 도시 위에 단단한 응회암이 쌓여 발굴 속도는 폼페이보다 더뎠다. 폼페이보다 백 년이나 앞서 발굴이 시작되었지만 아직도 상당 부분이 묻혀 있어 앞으로 복원 작업이 기대된다. 폼페이보다 나폴리와 가깝고 규모는 작지만 현장에 보관된 유물의 수는 더 많아서 둘 중 한 곳만 집중해서 관광하고 싶다면 여기를 추천한다. 버스를 타고 베수비오산을 올라가 보거나 특산품인 유리, 가죽 기념품들을 살 수 있다. 또 '예수의 눈물'이라는 뜻의 이름인 라크리마 크리스티라는 와인 생산지도로 유명하다.

소렌토
베스트 스폿

BEST SPOT IN SORRENTO

고대 로마 제국 시대부터 휴양지로 이름을 떨친 소렌토는 나폴리만을 사이에 두고 나폴리와 마주보고 있다. 바다의 요정 세이렌들이 살던 신화 속의 장소로도 알려져 있고, 오렌지와 레몬, 포도 등 과실 재배로 잘 알려져 있다. 아말피나 포지타노에 비해 규모가 있어서 교통편도 훨씬 편리하고 숙소도 많다.

LANDMARK

01 소렌토 대성당
Cattedrale dei Santi Filippo e Giacomo

사도 필리포, 의인 야고보에게 헌정된 로마네스크 양식 성당. 프레스코화와 요한 바오로 2세 교황의 동상 등으로 정교하게 꾸며진 내부가 아름답다. 소렌토 출신 중 가장 유명한 인물이라는 시인 토르쿠아토 타소가 이곳에서 세례를 받았다.

📍 Via Santa Maria della Pietà, 46, 80067 Sorrento
🌐 cattedralesorrento.it

02 코레알레 디 테라노바 박물관
Museo Correale di Terranova

18세기 지어진 저택에 자리한 박물관으로, 회화 등 예술품과 시인 토르쿠아토 타소의 유품을 전시한다. 특히 정원의 전망이 멋지기로 유명하다.

📍 Via Correale, 50, 80067 Sorrento
🌐 museocorreale.it

03 보테가 델라 타르시아 리녜아 박물관
Museo Bottega della Tarsia Lignea

상감 세공 가구 박물관으로, 소렌토의 전통 가구 세공 방법의 역사와 훌륭한 작품들을 살펴볼 수 있다. 앤티크 가구들을 둘러보며 지역 장인들의 솜씨를 감상해 보자. 가구 외에도 회화, 사진 전시와 워크숍, 공연도 진행한다.

📍 Via S. Nicola, 28, 80067 Sorrento
🌐 www.comune.sorrento.na.it/node/14539

NATURE

04 빌라 코무날레
Villa Comunale

소렌토만과 베수비오 화산이 보이는 시원하게 탁 트인 전망을 자랑하는 공원. 소렌토 시민들이 아끼고 사랑하는 공원이다. 해변까지 바로 이어지는 엘리베이터인 소렌토 리프트 Sorrento Lift를 이 공원에서 탈 수 있다. 무더운 여름날 여행하면 반드시 이용해야 할 편리한 수단.

📍 Via S. Francesco, 80067 Sorrento

SHOP

05 코르소 이탈리아 & 산 체사레오 거리
Corso Italia & Via S. Cesareo

소렌토의 메인 쇼핑 대로들이다. 천천히 걸으며 양옆으로 즐비한 상점들을 구경해 보자. 소렌토의 특산물은 상감 세공 나무 제품과 리몬첼로 등 레몬을 재료로 한 제품들, 세라믹이 있다. 상감 세공 나무를 제외하고는 아말피 해안 어디서나 쉽게 볼 수 있지만 소렌토보다 작은 마을들에서는 더 비싸게 팔고 품목도 덜 다양하니 기념품 쇼핑은 소렌토에서 할 것을 추천한다.

📍 Corso Italia, 80067 Sorrento

06 라 미네르베타
La Minervetta

특급 호텔은 아니지만, 절대 아쉽지 않을 정도로 충분히 멋진 부티크 호텔 중 하나. 주인이 인테리어 디자이너인 덕에 스타일 하나는 작정하고 꾸몄다. 객실은 1950년대 느낌의 시크하고도 화려한 인테리어로 제각각 다르게 꾸며 놓았고, 절벽에 면한 야외 풀장, 테라스, 라운지까지 갖추고 있다.

- Via Capo, 25, 80067 Sorrento
- www.laminervetta.com

아말피 베스트 스폿

BEST SPOT IN AMALFI

물리니 계곡에 위치한 아말피는 북쪽에는 울창한 산을, 남쪽으로는 아름다운 바다를 면한다. 4세기부터 기록이 남아 있을 정도로 오랜 동네로, 10세기 후반에 전성기를 맞아 아말피 공국을 이루기도 했다. 지금은 이웃 마을들과 더불어 세계 최고의 미모를 뽐내는 해안가의 주인공 역할을 톡톡히 하는 중.

01 아말피 대성당
Duomo di Amalfi

사도 안드레아에게 헌정된 성당. 신전이 있던 자리에 세워졌으며, 사도 안드레아의 유해도 이곳에 안치되어 있다. 11세기 콘스탄티노플에서 제작해서 가져온 두꺼운 청동 문과 줄무늬 외관, 높은 종루가 특징이며, 아랍-노르만, 고딕, 르네상스, 바로크 등 다양한 건축 양식이 섞여 있다. 아름다운 산 안드레아 분수가 자리한 성당 앞의 두오모 광장은 일종의 만남의 광장이다.

- Piazza Duomo, 84011 Amalfi

02 델라 카르타 박물관
Museo della Carta

1250년부터 대를 이어 종이를 만들어 온 가문이 기부한 중세 시대 공장 부지에 지어진 박물관. 아말피 제지 산업의 역사를 한 눈에 볼 수 있다. 기념품 상점에서 가죽으로 바인딩한 노트 등 다양한 종이 관련 상품들을 판매한다.

- Via delle Cartiere, 23, 84011 Amalfi
- www.museodellacarta.it

03 라 스쿠데리아 델 두카
La Scuderia del Duca

소렌토에 레몬이 있다면 아말피에는 종이가 있다. 아말피의 종이는 두껍고 크림처럼 부드러운 고품질 덕분에 명품으로 간주된다. 한때 바티칸도 아말피의 제지를 주문해서 썼다. 1954년 11월에 있었던 대홍수로 큰 피해를 입고 제지업이 쇠락했지만, 여전히 시내 몇 곳에서는 종이 제품들을 판매한다. 라 스쿠데리아는 아말피 시내로 들어서자마자 만날 수 있는 제지 전문점이다.

- Largo Cesareo Console, 8, 84011 Amalfi
- carta-amalfi.com

04 라 밤바지나 베드 앤드 브렉퍼스트
La Bambagina Bed and Breakfast

완벽한 위치에 고급 호텔급 서비스와 인테리어, 가격은 B&B 수준인 라 밤바지나. 아말피 제지의 원료인 펄프 밤바지나의 이름을 딴 자랑스러운 로컬 호텔이다. 객실은 일반 타입 2개, 스위트 룸 타입 2개이며, 톤 다운된 블루와 깨끗한 화이트로 꾸며져 맑고 청량한 아말피 해안에서 휴가 기분을 물씬 낼 수 있다.

- Largo Duchi Piccolomini, 2, 84011 Amalfi
- labambagina.it

포지타노
베스트 스폿

BEST SPOT IN POSITANO

아말피 해안의 화려함을 담당하는 포지타노는 로마 시대부터 고급 휴양지로 유명했다. 13세기에 피사의 침략을 받고 난 후 외부 침략을 막기 위해 가파른 지역에 층층이 집을 지었다. 그 결과 오늘날 셀 수 없이 많은 카메라에 찍히는 아름다운 파노라마 절경이 되었다.

LANDMARK

01 산타 마리아 아순타 성당
Chiesa di Santa Maria Assunta

시내 한복판에 있어서 일부러 찾지 않아도 포지타노 시내 중심을 구경하다 보면 마주치게 된다. 내부에는 비잔틴 양식에서 영감을 받아 18세기에 제작한 검은 마리아가 안치되어 있다. 포지타노라는 이름은 여러 설이 있는데, 바다의 신 포세이돈의 이름에서 땄다는 설이 그중 하나. 두 번째 설은, 성모 마리아의 그림을 실은 배가 해안가에 가까이 오자 가라앉기 시작했는데 어디에선가 '이곳에 내려놓으라'는 뜻의 '포사'라는 소리가 희미하게 들려왔다. '포사, 포사'라는 소리를 듣고 그림을 바다로 던지자 배가 두둥실 떠올랐다고 한다. 그림이 해변에 도착한 지점에 세운 성당이 바로 산타 마리아 아순타 성당이다.

📍 Via Marina Grande, 84017 Positano
🌐 chiesapositano.it

02 몬테페르투소
Montepertuso

아담한 포지타노에 랜드마크라고는 산타 마리아 아순타 성당이 전부라, 근교의 작은 마을 두 곳을 함께 소개한다. 먼저 몬테페르투소는 울창한 숲과 폭포, 희귀한 동식물의 서식지로 일대에서 가장 자연친화적인 마을로 꼽힌다. 몬테페르투소는 가운데 구멍이 나 있는 라타리산에 있는데, 이 구멍은 일설에 의하면 성녀가 두 번째 손가락으로 뚫은 것이라고도 하고, 마을을 공격하던 뱀을 성녀가 쫓아낼 때 그 뱀이 도망친 구멍이라고도 한다. 매년 7월 2일에는 이 마을의 마돈나 델레 그라치에 성당에서 성녀를 기리는 성대한 축제가 열린다.

📍 Montepertuso, 84017 SA

03 노첼레
Nocelle

아리엔조 해변에서 1500여 개의 계단만 올라도 찾아갈 수 있는 작은 마을. 지대가 높아 노첼레에 도착해 바다를 내다보면 날이 좋을 땐 카프리섬까지도 보인다. 견과류가 특산물이라 이를 이용한 파스타 메뉴가 식당마다 있다.

📍 Nocelle, 84017 SA

NATURE

01 그란데 해변
Spiaggia Grande

포지타노에는 주요 해변이 3개 있다. 그중에서 그란데 해변은 배가 들어오는 항구 바로 옆에 있으며 포지타노 투어를 가면 모두가 사진을 찍는 대표 해변이다. 알록달록 예쁜 집들이 층층이 모여 있는 풍경을 감상하기 더없이 좋고, 시가지와 아주 가까워 접근성도 좋지만 그만큼 사람이 많다. 계속해서 사진을 찍는 관광객들이 너무 많아 편하게 누워 쉬기는 어렵다.

📍 Via Marina Grande, 84017 Positano

02 포르닐로 해변
Spiaggia Fornillo

그란데 해변에서 바다를 보고 오른쪽으로 걸어 가거나, 메인 도로인 물리니 대로를 따라 언덕을 올라가 주요 거주지와 부티크 호텔들이 있는 지역에서 계단을 따라 내려가면 닿을 수 있다. 해변에는 식당 몇 개와 카약 업체(홈페이지 positanokayak.com)도 있어 혼자 카약을 타고 더욱 한적한 작은 해변들을 찾아 떠나볼 수 있다.

📍 Spiaggia Fornillo, 84017 Positano

03 아리엔초 해변
Spiaggia Arienzo

보트를 타고 가거나 버스로 두어 정류장을 가서 가파른 계단을 따라 내려가면 나타나는 해변. 포지타노의 해변 3개 중에서 가장 인적이 드물다. 하지만 성수기에는 선 베드 빌리는 것도 쉽지 않을 정도로 인기가 많다. 식당과 카약 대여를 겸하는 비치 클럽 아리엔조가 그란데 해변을 오가는 보트도 운영한다.

📍 Spiaggia Arienzo, 84017 Positano

04 리 갈리
Li Galli

당일치기 보트 여행으로 다녀올 수 있는 리 갈리섬은 사실 3개의 작은 섬을 아울러 부르는 이름이다. 그리스 신화에 따르면 바다에 살며 아름다운 목소리로 뱃사람들을 유혹하는 요정(세이렌)들이 이 섬 주변에 산다고 전해와 '시레누세Sirenuse'라 부르기도 한다. 포지타노 그란데 해변에는 보트 투어 업체들이 늘 상주하고 있어 투어나 수상 택시를 이용해 가볼 수 있다.

SHOP

01 포지타노 패션
Moda Positano

'포지타노 패션'라는 말이 있을 정도로 개성 넘치는 현지 디자이너들의 숍이 많다. 특히 자유분방한 젯셋족 스타일과 이탈리아 남부 특유의 선명한 색감을 극대화한 패션이 돋보인다. 시내가 작으니 짬 날 때 가볍게 다니며 구경해도 좋다. 수많은 기념품 상점들은 들르지 않아도 된다. 레몬 캔디나 비누 등은 아말피나 소렌토에서 더 싸게 판매한다.

HOTEL

01 레 시레누세
Le Sirenuse

레 시레누세 호텔은 1951년 문을 연 이래 포지타노에서 가장 유명한 럭셔리 숙소다. 요금은 1박에 최소 200만 원, 예약도 쉽지 않다. 미국의 유명 작가 존 스타인벡이 1953년 하퍼스 바자 매거진에 포지타노 여행기를 기고하려고 취재차 왔을 때 이곳에 머물면서 더 유명해졌다. 38개 객실은 최고급 침구, 각종 예술품들로 화려하게 꾸며져 있다.

📍 Via Cristoforo Colombo, 30, 84017 Positano
🌐 sirenuse.it

02 호텔 마린칸토
Hotel Marincanto

포지타노에서 가장 로맨틱한 호텔 중 하나로 꼽힌다. 수영장, 피트니스 센터, 레스토랑을 갖추었고 포지타노에서 유일하게 프라이빗 해변이 있다. 북적북적한 성수기에 여행한다면 이곳만의 여유를 즐길 수 있어서 만족도가 더욱 높을 것이다. 이미 한국 여행자들에게는 꽤 유명하다.

📍 Via Cristoforo Colombo, 50, 84017 Positano
🌐 marincanto.it

03 브리케트 호스텔
Brikette Hostel

주머니가 가벼운 여행자들이 마음 편하게 여러 날 머물 수 있는 착한 호스텔. 환전, 에어컨, 카페, 무료 짐 보관 등 배낭여행객들에게 필수적인 서비스를 모두 갖추고 있다.

📍 Via G. Marconi, 358, 84017 Positano
🌐 hostel-positano.com

라벨로 베스트 스폿

BEST SPOT IN RAVELLO

아말피 해안의 숨은 보석, 음악의 도시, 라벨로. 아말피 해안 여러 마을들 중 상대적으로 한적하고, 바다에서 조금 떨어져 있어 전원 느낌이 진하게 풍긴다. 마을 전체가 유네스코 세계유산으로 등재되어 있다. 이 작은 마을을 알아본 예술가들과 유명인들이 라벨로를 자주 찾았다고 한다.

LANDMARK

01 라벨로 두오모 박물관
Museo del Duomo di Ravello

라벨로를 대표하는 성당으로 기독교 유물과 현대 예술 작품을 보관, 전시하는 박물관도 겸한다. 라벨로의 수호성인인 성 판탈레오네의 피를 담은 성유 그릇도 보관 중이다. 성인의 순교날인 7월 27일에는 굳었던 피가 액체로 변하는 액화의 기적이 일어나기도 한다. 성인의 혼령이 해안가를 맴돌며 늘 라벨로 사람들을 보호해준다는 전설이 있다.

📍 Piazza Duomo, 84010 Ravello
🌐 www.ravello.com/it/attrazioni/duomo/

02 산 조반니 델 토로
San Giovanni del Toro

11세기에 사도 요한에게 헌정된 성당으로 군더더기 없는 외관과 대조되는 내부의 화려한 모자이크화가 유명하다. 1272년 니콜로 디 바르톨로메오가 만든 작품으로, 사자 여섯 마리가 아래를 지키고 있는 가스펠 독서대와 성경에서 고래에게 먹혔다가 뱉어 나온 요나의 이야기를 그린 모자이크화가 유명하다.

📍 Via S. Giovanni del Toro, 4, 84010 Ravello

03 빌라 루폴로
Villa Rufolo

13세기 초, 부유한 상인 루폴로 가문이 지은 저택. 무어 양식의 영향을 받아 이국적인 느낌이 있다. 1353년 출간된 보카치오의 소설 〈데카메론〉에도 등장할 정도로 일찍감치 알려진 명소였다. 14세기에는 나폴리 왕국의 왕을 위한 만찬도 이곳에서 열리곤 했다. 특히 꽃나무가 만개한 정원이 아름답다. 1880년, 독일의 작곡가 바그너는 20년 동안 작업해 오던 오페라 작품 〈파르시팔〉의 2막을 빌라 루폴로에서 작업하여 3년 후에 완성했다. 미리 예약하면 가이드 투어도 받을 수 있다.

📍 Piazza Duomo, 84010 Ravello
🌐 villarufolo.it

04 오디토리움 오스카 니마이어
Auditorium Oscar Niemeyer

라벨로에서 눈에 띄게 현대적인 건물에 자리한 공연장. 브라질의 행정 수도인 브라질리아를 설계한 세계적인 건축가 오스카 니마이어가 설계하고 본인의 이름을 붙였다. 라벨로 뮤직 페스티벌 때 라벨로를 찾지 못했다면 홈페이지에서 공연 스케줄을 미리 확인하고 음향이 뛰어난 이곳에서의 공연을 감상하는 것도 좋다.

📍 Via della Repubblica, 12, 84010 Ravello

SHOP
05 체라미케 다르테 카르멜라
Ceramiche D'Arte Carmela

3대에 걸쳐 운영 중인 도자기 전문점. 초록과 노랑을 많이 쓰는 이탈리아 남부 특유의 디자인을 다양한 그릇에 입혀 판매한다. 해외 배송도 해준다.

📍 Via dei Rufolo, 16, 84010 Ravello
🌐 ceramichedartecarmela.com

HOTEL
06 빌라 침브로네
Villa Cimbrone

11세기에 세워진 오래된 빌라인데, 현재는 5성급 호텔로 운영 중이다. 시내에서 산타 키아라 수도원을 지나쳐 계속 걸어가면 나온다. 특히 조경이 훌륭하고 '무한의 테라스'라 불리는 테라스 전망이 아름답다. 정원과 테라스는 투숙객이 아니라도 구경할 수 있다. 내부의 메인 도로인 비알레 델리멘소 Viale dell'Immenso(광대한 가로수 길)를 따라 넓은 정원과 바커스의 작은 템플, 이브의 동굴, 다비드상, 장미 정원, 티 룸 등을 돌아보자.

📍 Via Santa Chiara, 26, 84010 Ravello
🌐 www.hotelvillacimbrone.com

카프리 베스트 스폿

BEST SPOT IN CAPRI

많은 스타들이 오래 전부터 사랑해 온 휴양지 카프리. 카프리섬은 동쪽과 중앙의 카프리와 서쪽의 아나카프리로 나뉜다. 15세기 해적들이 출몰하자 이를 피해 두 마을 모두 고지에 세워졌다. '아나'는 고대 그리스어로 '위'라는 뜻으로, 카프리보다 평균 해발 고도가 150m 정도 높은 지역에 위치한다. 카프리라는 지명은 라틴어로 '야생의 숫산양'이라는 뜻.

LANDMARK

01 움베르토 1세 광장
Piazza Umberto I

카프리를 상징하는 시계탑이 있는 카프리 관광의 중심지. 마리나 그란데 항구에서 푸니쿨라레를 타고 편안하게 도착할 수 있다. 카프리의 최고 번화가로, 주변에 상점과 카페, 식당, 호텔들이 많으며 이곳을 중심으로 빌라 요비스나 아우구스토 정원으로 가는 길이 이어진다.

📍 Piazza Umberto I, 80076 Capri

02 빌라 리시스
Villa Lysis

기업가이자 시인이었던 페르센 백작의 거주지였다. 프랑스에서 큰 섹스 스캔들을 일으켰던 백작은 남은 생은 조용하게 살고 싶다며 '사랑의 젊음'에 헌정하며 이 집을 세웠다. 벽에는 '사랑과 슬픔의 성지'라는 뜻의 라틴어 '아모리 엣 돌로리 사크룸 Amori et Dolori Sacrvm'이라는 문구가 새겨져 있다. 오랫동안 방치되어 있다가 카프리시 정부에서 대대적인 보수 공사를 하여 지금의 모습이 되었다.

📍 Via Lo Capo, 12, 80076 Capri

03 빌라 요비스
Villa Jovis

카프리 서쪽 끝에 위치한 티베리우스 황제의 별장. AD 27년에 세워졌으며, 빌라 요비스는 '주피터의 빌라'라는 뜻이다. 현재는 1세기 로마 건축 양식으로 남아 있으며, 전체가 보존되어 있지 않지만 그 당시의 웅장함은 여전히 짐작할 수 있다.

📍 Via Tiberio, 80073 Capri

04 세조비아
Seggiovia

아나카프리에서 타면 해발 고도 589m에 이르는 솔라로산까지 단번에 올라가는 체어리프트. 눈앞이 탁 트여 아름다운 바다를 감상할 수 있다. 탑승 역 옆에는 아나카프리에서 가장 유명한 명소 빌라 산 미켈레가 있다. 스웨덴 빅토리아 여왕의 주치의였던 악셀 문테가 지은 이 집은 특히 테라스 전망이 환상적이다. 현재 박물관 겸 스웨덴 문화 센터로 사용 중이다.

📍 Via Caposcuro, 10, 80071 Anacapri
🌐 www.capriseggiovia.it

05 카사 로사
Casa Rossa

'붉은 집'이라는 이름이 딱 들어맞는 강렬한 건축물. 카프리에 정착해 살았던 개성 강한 건축가 존 클레이 맥코웬의 작품으로 독특한 구조와 다양한 건축 양식의 혼합, 채도 높은 색 등이 특징이다. 입구에는 그리스어로 '나태함의 땅의 시민들이여, 환영합니다'라는 말이 새겨져 있다.

📍 Via Giuseppe Orlandi, 78, 80071 Anacapri

06 푼타 카레나 등대
Faro di Punta Carena

카프리섬 남서부에 위치한 등대. 1866년부터 지금까지 카프리 앞 티레니아 해를 항해하는 배들의 길잡이 역할을 하고 있다. 등대 앞바다에서는 수영과 스쿠버 다이빙을 즐길 수 있고 석양을 감상하기에도 정말 좋다. 관광객들의 발걸음이 뜸해 카프리섬에서 가장 인파가 적다.

📍 80071 Anacapri

07 푸른 동굴
Grotta Azzurra

길이 54m, 깊이 150m, 너비 25m, 파도로 만들어진 해식 동굴. 작은 틈으로 새어 들어오는 햇빛에 빛나는 푸른 바닷물이 신비롭고 아름다워 카프리에서 가장 유명한 명소로 꼽힌다. 그날의 날씨에 따라 동굴 관람이 결정되기 때문에 카프리를 당일치기로 가는 경우 운이 없으면 못 볼 수도 있다. 동굴로 들어가는 순간에는 꼭 머리를 숙여야 한다. 그룹 투어가 아니라 마리나 그란데에서 호객하는 여러 업체 중 하나를 고르면 프라이빗 투어로 더 편하면서 조금 비싸게 다녀올 수도 있다.

📍 80071 Anacapri

08 아우구스토 정원
Giardini di Augusto

독일의 기업가 프리드리히 알프레드 크루프 소유의 땅에 카프리 원산의 꽃과 나무가 풍성하게 피어 있는 아름다운 정원. 크루프가 자주 머물던 호텔에서 보트로 찾아가기 위해 구불구불한 길도 조성했는데, 현재는 낙석의 위험으로 길은 닫혀 있다. 그래도 정원에서 멋진 풍경은 내려다 볼 수 있다.

📍 Via Matteotti, 2, 80076 Capri

09 마리나 피콜라 해변
Spaggia Marina Piccola

마리나 그란데 반대편에 위치한, 그란데보다 좀 더 작고 사랑스러운 해변. 조금이라도 인파를 피하고 싶다면 이곳을 추천한다.

📍 Via Marina Piccola, 80076 Capri

10 호텔 부솔라 디 에르메스
Hotel Bussola di Hermes

HOTEL

아나카프리에 위치한 가성비 최고의 3성급 호텔. 숙박비 및 물가가 아말피 해안에서도 특히 비싼 카프리섬에서 하룻밤이라도 묵는 것은 부담이 아닐 수 없는데, 카프리 느낌을 온전히 내면서도 숙박료는 착하다. 객실은 18개로 아늑하고 편안하다.

📍 Traversa la Vigna, 14, 80071 Anacapri
🌐 bussolahermes.com

BARCELONA. SPAIN
바르셀로나, 스페인

백 년 가까이 지치지 않고 독립을 주장하는 스페인 카탈루냐주(州)의 주도. 천재 건축가 가우디의 보석 같은 작품들로 수놓은 도심, 시원하게 뻗은 해변, 축구 팬들의 열정이 폭발하는 캄프 누 경기장까지 바르셀로나는 누가 여행해도 만족할 팔방미인이다. 수도 마드리드를 제치고 스페인에서 가장 인기 있는 관광 도시다.

혼여 매력도 ★★★★★
바다, 구시가지, 문화예술과 스포츠, 연중 따스하고 온화한 기후에 무엇보다 가우디가 도시 곳곳에 내린 축복이 가득! 바르셀로나는 모든 것을 완벽하게 갖추었다.

혼여 난이도 ★
영어가 통하지 않아 겪는 어려움은 거의 없다. 자로 잰 듯 반듯하게 만든 계획 도시라 길 찾는 것도 매우 쉽다.

추천 포인트
- 천재 건축가 가우디만 만들어 낼 수 있는, 자연에서 영감을 받은 아름다운 건축물들
- 스페인에서만 감상할 수 있는 스패니시 기타나 최고의 선수들이 모여 있는 FC바르셀로나 축구 경기 등 저녁 시간을 지루하지 않게 만들어 줄 다양한 액티비티가 많다.

TRAVEL INFORMATION

▶▶ 바르셀로나 여행 정보 ◀◀

면적

101.4km²

시간대

UTC+1 (한국과 시차 -8시간)

인구

약 162만 명(2024년 기준)

기후

강수량은 많지 않고 연중 온화한 지중해성 기후. 바르셀로나 사람들에게 바르셀로나가 좋은 이유를 물어보면 열에 아홉은 가장 먼저 '날씨'를 말할 정도.

언어

카탈루냐어, 스페인어

여행 정보 홈페이지
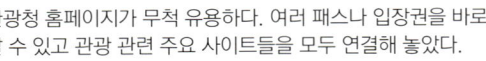

www.barcelona.cat (행정)
www.barcelonaturisme.com (관광)
관광청 홈페이지가 무척 유용하다. 여러 패스나 입장권을 바로 살 수 있고 관광 관련 주요 사이트들을 모두 연결해 놓았다.

화폐

유로

관광 안내소

바르셀로나 엘 프라트 국제공항 1, 2번 터미널을 비롯하여 카탈루냐 광장Plaça de Catalunya 17-S, 산트 하우메 광장Ciutat 2, 에스파냐 광장Avinguda Maria Cristina, 산츠 기차역Pl. Països Catalans, 콜럼버스 동상Plaça del Portal de la Pau, 대성당 앞Plaça Nova, 5에 관광 안내소Oficina de Tourismo가 있다.

대사관
주스페인 대한민국 대사관은 수도 마드리드에 위치한다.
주소 C/Gonzáles Amigó 15, 28033 Madrid
전화 34-91-353-2000

바르셀로나에는 대한민국 총영사관이 있다.
주소 Paseo de Gracia, 103 3rd floor, 08008 Barcelona
전화 +34- 93-487-3153
홈페이지 overseas.mofa.go.kr/es-barcelona-ko/wpge/m_21151/index.do?textMode=Y

항공편

아시아나항공에서 인천~바르셀로나 간 직항편을 운항하며 비행시간은 약 14시간 걸린다. 외국 항공사를 타고 기타 유럽 도시를 경유하여 가는 것도 가능하다. 바르셀로나 엘 프라트 조셉 타라데야스 공항Barcelona-El Prat Josep Tarradellas Airport은 도심에서 약 14km 떨어져 있으며 24시간 운영한다. 터미널은 2개T1, T2이며 쇼핑 시설과 편의시설, 식당이 잘 갖춰져 있고 쾌적하고 깨끗하다. 시내 이동은 공항~시내 간 셔틀버스Aerobus Barcelona가 가장 쉽고 편리하다. 배차도 짧고 가격도 합리적이다.

치안
솔직히 유럽의 어느 도시보다 소매치기가 많아 한시도 경계를 늦추면 안 된다. 특히 현금자동인출기ATM에서 출금할 때 조심하고, 카페 테이블이나 의자에 가방, 휴대폰을 올려 두는 행동도 위험하다. 모든 소지품은 반드시 몸에 가까이 지니고 있어야 한다.

시내 교통

A. 메트로 Metro
8개 노선이 운행 중인 메트로는 도시를 돌아보기에 가장 편리하고 빠른 수단이다. 새벽 5시쯤 첫차가 출발하고 자정까지 운영한다. 금요일과 공휴일 전날에는 새벽 2시까지, 토요일은 24시간 운행한다. 1~5, 9~11번 노선은 메트로, 6~8번 노선은 FGC라 불리는 교외까지 이어진 기차다.

B. 버스 Bus
100여 개의 버스 노선이 도시를 촘촘히 누빈다. 버스 노선은 도시 위아래를 연결하는 초록색 V라인, 도시를 양옆으로 가로지르는 파란색 H라인, 사선으로 가로지르는 보라색 D라인으로 이루어져 있다. 늦은 밤과 새벽에 운행하는 야간 버스 닛부스Nit Bus가 있으며, 전 노선이 카탈루냐 광장을 지난다. 바르셀로나 교통국TMB 홈페이지에서 현재 위치와 목적지를 입력하면 타야 할 버스 노선 등 자세한 정보를 얻을 수 있다.

C. 트램 Tram
바쉬 로브라가트Baix Llobregat와 바르셀로나를 연결하는 트램바쉬Trambaix, 산 아드리아 데 베조스Sant Adrià de Besòs와 바달로나Badalona를 바르셀로나와 연결하는 트램베조스Trambesòs가 있다. 노선은 총 6개로, 홈페이지에서 노선, 정류장별 시간표 확인 가능하다. 운행 시간은 메트로와 같다.
홈페이지 www.trambcn.com

D. 택시 Taxi
바르셀로나 택시는 빈 차는 녹색등을 켜고, 미터기 부착은 의무이며, 요금은 km당 부과된다. 추가 요금은 공항, 노드역Nord, 산츠역Sants, 프란샤역França, 크루즈·배 터미널로 오가는 경우에 부과된다.

E. 투어 버스 Barcelona Bus Turístic
버스를 타고 주요 명소를 편하게 돌아보고 원하는 만큼 자유롭게 타고 내릴 수 있는 투어 버스. 무료 오디오 가이드와 앱, 쿠폰도 제공한다.
요금 1일 €33, 2일 €44
홈페이지 www.hoponhopoffbarcelona.org

교통권
메트로 역, 담배 가게, 신문 가판대 등에서 판매한다. 버스에서는 환승이 안 되는 단일권만 판매한다. 교통 패스는 이용 횟수, 연령대별로 매우 다양하게 판매 중이니 잘 알아보고 고르자.
요금 1존(관광지 대부분이 1존 이내) 단일권 €2.55 / 10회권 T-casual €12.15 / 메트로 공항 편도권 €5.50
홈페이지 www.tmb.cat

교통 카드

올라 바르셀로나 카드
Hola Barcelona Card
여행자를 위한 교통 카드로, 정해진 기간 내에 바르셀로나의 모든 대중교통을 자유롭게 이용할 수 있다.
요금 2일권 €17.50 / 3일권 €25.50 / 4일권 €33.30 / 5일권 €40.80
홈페이지 www.holabarcelona.com

여행 패스

바르셀로나 카드 Barcelona Card
바르셀로나의 메트로, 버스, 트램, 카탈루냐 철도 등 대중교통을 무료로 이용할 수 있으며(공항~시내 메트로권 포함), 박물관과 미술관, 관광지, 상점, 레스토랑 등에서 무료 입장, 할인 혜택을 받을 수 있다. 최대 €320까지 절약할 수 있다.
요금 72시간 €55.50, 96시간 €65, 120시간 €77
※ 가우디 번들 : 가우디 작품들 중 가장 인기 있는 구엘 공원과 사그라다 파밀리아만 묶어, 줄 서지 않고 빠르게 입장하며 오디오 가이드까지 제공하는 패키지
홈페이지 www.barcelonacard.org

아트티켓 바르셀로나 Articket Barcelona
피카소 박물관, 카탈루냐 국립 미술관, 바르셀로나 현대 미술관MACBA, 호안 미로 박물관, 안토니 타피에스 박물관의 통합 입장권.

요금 €38
홈페이지 bcnshop.barcelonaturisme.com/shopv3/en/product/132/articket-barcelona.html

3 DAYS IN BARCELONA

▶▶ 바르셀로나 베스트 3일 코스 ◀◀

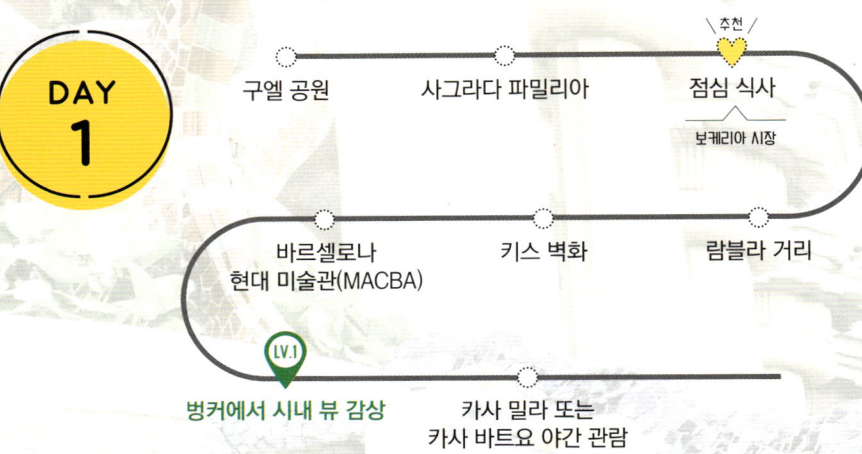

DAY 1

구엘 공원 → 사그라다 파밀리아 → 점심 식사 (추천: 보케리아 시장)

바르셀로나 현대 미술관(MACBA) → 키스 벽화 → 람블라 거리

벙커에서 시내 뷰 감상 (LV.1) → 카사 밀라 또는 카사 바트요 야간 관람

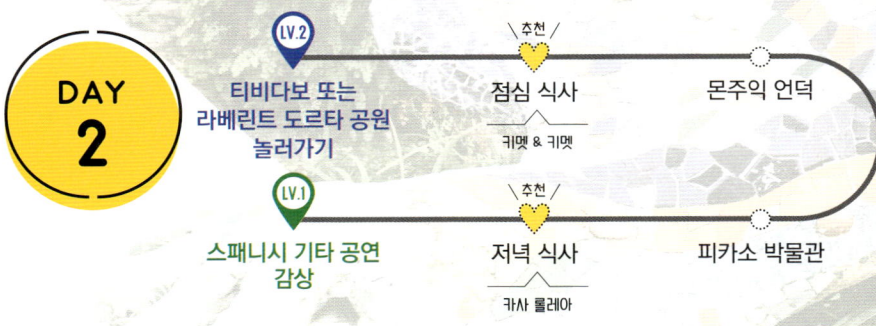

DAY 2

티비다보 또는 라베린트 도르타 공원 놀러가기 (LV.2) → 점심 식사 (추천: 키멧 & 키멧) → 몬주익 언덕

스패니시 기타 공연 감상 (LV.1) → 저녁 식사 (추천: 카사 롤레아) → 피카소 박물관

가우디, 가우디, 그리고 또 가우디. 그의 모든 작품은 개성이 뚜렷하여 제각각 매력이 다르니 최대한 많이 가보자. 오디오, 비디오 가이드와 함께 해야 작품의 비하인드 스토리나 세부적인 사항을 알 수 있는데, 그렇기 때문에 혼자 여행을 하면 더욱 집중할 수 있어 오히려 좋다는 장점이 있다.

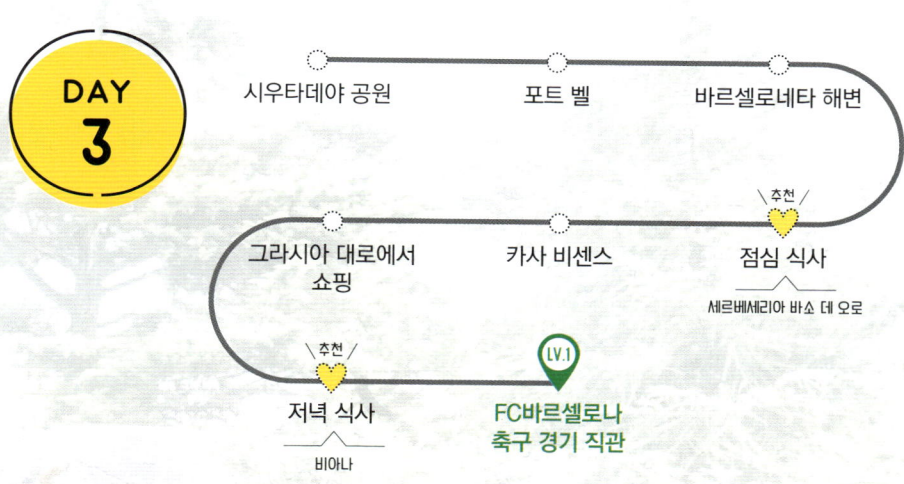

+하루 더!

바르셀로나에서의 일정을 마치고 더 신나게 섬으로 출발!
놀 준비가 되었다면 LV.3 이비자

LEVEL 1

혼자 여행 · 버킷리스트

✓ 진입 장벽 낮은 캄프 누 직관
FC 바르셀로나 축구 경기 직관

유럽 최대 규모 스타디움으로 10만 명을 수용하는 FC 바르셀로나의 홈 구장, 캄프 누. 바르셀로나 사람들은 '두 번째 성당'이라 부를 정도로 중요하게 여긴다. 이미 도시를 대표하는 명소로 자리 잡아, 축구 팬이 아니더라도 부담없이 가 보는 관광객이 많다. 10만 명의 군중이 입을 모아 응원하는 열기에 압도되면 축구 팬이 아니라도 즐거운 시간을 보낼 수 있다. 경기가 없어도 스타디움 내부 박물관/경기장 투어가 무척 잘 되어 있다.

캄프 누 Camp Nou
📍 C. d'Arístides Maillol, 12, 08028 Barcelona
🌐 fcbarcelona.com

✓ 어둠이 내려앉은 도시의 기타 선율
스패니시 기타 공연 감상

시즌마다 공연장이 바뀌는데 주로 산타 마리아 델 피 성당 Basílica Santa Maria del Pi에서 연주가 열린다. 수백 년 된 성당에서 흘러나오는 심금을 울리는 스패니시 기타 소리는 낯선 도시에 혼자 머무는 여행자의 고독과 낭만을 한껏 고취한다. 마음껏 감성에 취해 보자. 티켓은 바르셀로나 관광청 홈페이지 또는 관광 사무소에서 판매한다.

티켓 예약
🌐 www.barcelonaturisme.com

✓ 맥주 한 캔 꼭 챙겨가기
벙커에서 시내 뷰 감상

벙커 델 카르멜은 도시의 주요 명소를 한눈에 담을 수 있는 멋진 뷰 포인트다. 1937년 스페인 내전 때 쓰였는데, 프랑코 독재 시절 무기류는 철수하고 가난한 이들에게 숙소가 되어 주었다. 이후 한동안 방치됐다가 최근 바르셀로나 여행자들에게 가장 사랑 받는 전망 포인트로 떠올랐다. 후미진 곳이라 택시로 이동(도심 출발 시 약 €20)이 가장 안전한데, 낮에 찾아가면 위험하지 않다. 시내 카탈루냐 광장 기준 22번, 24번 버스를 이용하면 직행으로 갈 수 있다. 인근 주민들의 요청으로 하절기(5~9월) 09:00~19:30, 동절기(10~4월) 09:00~17:30 관람 가능 시간이 제한되어 있으니 주의할 것!

벙커 델 카르멜 Bunker del Carmel
📍 Carrer de Marià Labèrnia, s/n, 08032 Barcelona
🌐 www.bunkers.cat

LEVEL 2

혼자 여행 · 버킷리스트

⊘ 빈티지한 놀이공원
티비다보 Tibidabo

몬세라트 수도원과 와이너리, 또는 달리 미술관이 있는 피게레스 등 바르셀로나 근교로 떠나는 여행은 거의 대부분 가이드 투어로 진행하여 어려울 것이 없다. 하지만 구엘 공원 북쪽으로 올라가면 나오는 언덕 위의 오래된 놀이공원 티비다보는 혼자 가 보려면 약간 용기를 내야 하는 곳이다. 바르셀로나 사람이라면 티비다보 곳곳에 어릴 적 추억이 진하게 묻어 있다. 혁신적인 놀이기구는 없지만 멋진 전망과 동심을 자극하는 관람차, 회전목마가 어쩐지 낯익은 곳이다.

티비다보 놀이공원 Parc d'Atraccions Tibidabo
📍 Plaça del Tibidabo, 3, 4, 08035 Barcelona
🌐 www.tibidabo.cat

⊘ 도심에서 벗어나 미로 탈출
라베린트 도르타 공원
Parc del Laberint d'Horta

이 미로 공원은 티비다보보다는 인지도가 낮지만 바르셀로나에서 가장 오래된 공원이다. 신고전주의 양식으로 꾸며진 푸르고 짙은 녹음 속에서 길을 잃는 것은 피톤 치드를 가득 들이 마실 기회가 된다. 조용하고 평화로운 근교에서 여유로운 낮 시간을 보내 보자.

라베린트 도르타 공원 Parc del Laberint d'Horta
📍 Passeig dels Castanyers, 1, 08035 Barcelona

LEVEL 3

혼자 여행 · 버킷리스트

이비자 Ibiza
🌐 tourism.eivissa.es

⊘ 낮과 밤의 완벽한 반전
이비자 Ibiza

경비행기를 타고 금세 도착할 수 있는 작은 섬. 낮에는 눈이 시리게 파란 바다와 뜨거운 태양으로, 밤에는 세계에서 가장 신나는 클럽 파티로 유명하다. 한국에는 향락의 섬으로 알려졌지만 가족과 연인이 많이 찾을 정도로 해변이 예쁘고 집시 마켓이나 먹거리 등도 유명하다. 물론 밤은 완전히 다른 세상이다. 정신 없이 춤추다 보면 어차피 혼자 놀게 되니 일행이 있든 없든 상관없다는 마음인 '혼자 여행의 종결자'에게 추천한다.

🍴 바르셀로나 베스트 먹거리

지역색이 뚜렷하기로 유명한 스페인은 요리도 개성 넘친다. 바르셀로나가 속한 카탈루냐주는 지중해 식재료의 영향을 많이 받아 다양한 채소와 가공육, 해산물을 많이 사용한다.

BEST MENU | 01

타파스
Tapas

스페인의 핑거 푸드 타파스는 빵 위에 얹는 재료만 해도 수백 가지다. 간단히 하몬과 치즈를 얹은 것부터 스테이크, 생선 구이 등 메인 요리까지 상상할 수 없을 정도다. 애피타이저라고 하기에도, 요리라고 하기도 애매하지만 타파스 식당에는 꼭 한번 찾아가 보기를 바란다. 양은 적고 종류가 많아 원하는 대로 실컷 먹을 수 있어 1인 여행자에게 최적인 음식이다.

BEST MENU | 02

파 암 토마켓
Pa amb Tomàquet

구운 빵에 마늘을 문지르고 토마토를 조금 올려 올리브유를 뿌린 간단한 음식인데 먹어 보면 중독성이 대단하다. 가장 기본이며 인기 있는 타파스로, 레스토랑에서는 식전 빵으로 나오기도 한다.

BEST MENU | 03

칼솟
Calçots

칼솟은 바르셀로나 사람들이 겨울에 가장 많이 먹는 지역 채소. 대파와 양파 중간쯤 해당하는 채소인데 맛은 달콤하면서 아삭하다. 재를 덮어 구운 다음 껍질을 벗겨 고소한 로메스코 소스와 함께 먹는다.

BEST MENU | 04

봄바스
Bombas

감자 크로켓. 찐 감자를 곱게 으깬 다음 그 안에 다양한 속을 넣어 튀긴다. 시원한 맥주와 어울리는 따끈한 타파스로, 보통 아이올리 소스와 함께 먹는다.

BEST MENU | 05

파에야
Paella

바르셀로나 남쪽 발렌시아 지방에서 만들어 먹는 음식으로, 보기엔 우리 볶음밥과 비슷하지만 맛은 조금 다르다. 쌀과 여러 재료를 처음부터 함께 조리하는 식이라 쌀의 식감이 좀 더 고슬고슬하다. 1인 파에야 메뉴는 찾기 어려우니 만약 기회가 돼서 주문할 수 있을 땐 꼭 먹어 보길 추천한다. 쿠킹 클래스에서 직접 만들어 먹는 방법도 있다.

BEST MENU | 06

상그리아
Sangria

와인에 과일 조각을 넣어 쉽게 만드는 스페인 전통 음료. 달콤하고 청량해 한여름에는 긴 피처 병 하나를 순식간에 비울 수 있을 정도다. 지역, 또는 상점마다 넣는 재료가 조금씩 다르다.

BEST MENU | 07

추로스
Xurros

스페인에서 탄생한 밀가루 튀김. 초콜릿에 찍어 먹거나 설탕만 뿌려 먹어도 맛있다. 가장 유명한 곳은 람블라 거리의 추레리아Xurreria다. 추로스는 줄을 서서 기다릴지라도 인기 많은 곳을 찾는 것이 좋다. 주문이 많아 빨리 소진되어 바로 튀겨 나오는 것을 먹을 확률이 높기 때문.

BEST MENU | 08

크레마 카탈라나
Crema Catalana

카탈루냐를 대표하는 디저트. 프랑스의 크렘 브륄레와 비슷한데, 크림 대신 우유를 베이스로 하여 설탕을 뿌리고 토치로 구워 겉을 바삭하게 한다.

바르셀로나 베스트 맛집

BEST RESTAURANT | 01

키멧 & 키멧
Quimet & Quimet

바르셀로나 최고의 타파스집. 바게트 조각 위에 다양한 재료를 올리는 몬타디토Montadito 전문점으로 맥주, 와인과 함께 먹기 좋다. 가게가 정말 작아 안에서 먹기는 어렵지만 혼자 가면 어떻게든 자리가 생긴다. 수많은 메뉴 중 가장 추천하는 것은 트러플 꿀, 연어, 요거트 몬타디토.

📍 Carrer del Poeta Cabanyes, 25, 08004 Barcelona
🌐 quimetquimet.com

BEST RESTAURANT | 02

세르베세리아 바소 데 오로
Cerveseria Vaso de Oro

스페인 대표 타파스 중 하나로 꼽히는 고추 구이 또는 푸아그라와 함께 내오는 스테이크가 대표 메뉴로, 자체 양조한 생맥주도 아주 맛있다. 긴 바에 나란히 앉아 먹을 수 있어 혼자 오는 손님들이 많다. 유쾌한 직원들이 분위기를 돋아 즐겁게 먹고 마시다 나올 수 있는 해변 근처 맛집.

📍 1 Rue Perrée, 75003
📷 vasodeoro.barcelona

BEST RESTAURANT | 03

타파스 24
Tapas 24

유명 셰프 카를레스 아벨란Carles Abellan이 연 대중적인 타파스 가게. 한 번만 가기 아쉬울 정도로 모든 메뉴가 다 훌륭하다. 가장 인기 있는 것은 비키니 트러플 샌드위치. 바르셀로나에 2개 지점이 있다.

📍 Carrer de la Diputació, 269, 08007 Barcelona
🌐 tapas24.es

BEST RESTAURANT | 04

타파스 2254
Tapas 2254

옆집 비니투스가 꿀 대구와 맛 조개로 유명해 워낙 인기가 많은데, 사실 음식 맛도 둘 다 우열을 가리기 어려울 정도로 맛있다. 타파스 2254의 큰 장점은 비니투스에 비해 줄을 덜 서도 된다는 점. 오리지널 타파스와 전통 타파스 메뉴들이 고루 있으며 상그리아, 맥주도 추천한다.

📍 Carrer del Consell de Cent, 335, 08007 Barcelona
🌐 2254restaurant.com

BEST RESTAURANT | 05

그라냐 프티트보
Granja Petitbo

음식도 맛있고 커피도 잘 뽑는 넓고 예쁜 카페. 인스타그램에 자주 등장할 정도로 사진도 예쁘게 잘 나오는 인기 카페다. 주말에는 사람이 많으니 평일 브런치를 추천한다. 케이크도 일품.

📍 Passeig de Sant Joan, 82, 08009 Barcelona
🌐 granjapetitbo.com

BEST RESTAURANT | 06

카사 롤레아
Casa Lolea

가정식 식당 느낌이 물씬 나는 작고 따뜻한 공간. 1인분 양이 적어 혼자라도 2~3개 주문해 먹기 좋다. 트러플 리소토는 꼭 먹어 보자. 카사 롤레아 뒤에 위치한 노마드 커피 랩 & 숍Nomad Coffee Lab & Shop은 커피 좀 안다 하는 사람들은 무조건 가는 곳이다.

📍 Carrer de Sant Pere Més Alt, 49, 08003 Barcelona
🌐 casalolea.com

BEST RESTAURANT | 07

비아나
Viana

이미 한국 여행자들에게 가장 인기 있는 맛집. 저녁에는 예약이 필수다. 식사 시간을 조금 피해 가는 것이 좋다. 한국인 입맛에 딱 맞는 스페인 음식들이 메뉴에 있어 무엇이든 맛있다.

📍 Carrer del Vidre, 7, 08002 Barcelona
🌐 vianabcn.com

BEST RESTAURANT | 08

카사 안젤라
Casa Angela

바르셀로나 최고의 파에야집 중 하나로 유명한 곳. 대부분 유명 파에야집은 해변 근처인데 이곳은 도심에 위치하고 분위기도 좋다. 너무 부담스럽지는 않으면서도 나름 기분 내는 한 끼 식사를 원한다면 추천. 파에야 외에도 다양한 해산물 음식이 맛있고 채식 요리도 있다. 성수기에는 예약을 추천한다.

📍 Plaça Sagrada Familia, 13, 15, L'Eixample, 08025
🌐 www.casaangelabcn.com

바르셀로나 베스트 스폿

BEST SPOTS IN BARCELONA

LANDMARK
NATURE
SHOP
HOTEL

LANDMARK

01 사그라다 파밀리아
La Sagrada Familia

가우디가 서른 살에 착수하여 죽는 날까지 완성하지 못한 평생의 역작. 사후 100주년이 되는 2026년 완공을 목표로 여전히 공사 중인 사그라다 파밀리아는 직접 봐야 그 벅찬 감동을 느낄 수 있다. 성당 자체가 성서라고 할 정도로 모든 부분에 이야기와 의미가 서려 있다. 오디오 가이드를 이용하거나 일일 투어를 들으면 더욱 알차게 관람할 수 있다.

📍 Carrer de Mallorca, 401, 08013 Barcelona
🌐 sagradafamilia.org

> **TIP**
>
> **가우디의 바르셀로나**
>
> 안토니 가우디Antoni Gaudí, 그를 빼고는 바르셀로나를 말할 수 없다. 도시 명소들이 모두 이 천재 건축가의 손을 거쳤다. 여기 전부 나열할 수 없을 정도로 많아 대표작만 소개한다.

---

02 구엘 공원
Park Güell

가우디의 후원자 구엘이 스페인의 부유층에게 60호 이상의 전원주택을 분양할 계획으로 의뢰한 프로젝트. 지형을 깎지 않고 그대로 살려 가우디 건축 특유의 곡선미가 도드라지는 곳이다. 미완성 작품이 되었으나 86개의 기둥이 떠받치고 있는 콜로네이드 홀 등 볼거리는 충분하다. 가우디의 멋진 타일 아트 역시 곳곳에 있어 색색으로 반짝인다.

📍 08024 Barcelona
🌐 parkguell.barcelona

> **TIP**
>
> **가우디를 좋아한다면 가우디 익스피리언스 Gaudí Experiència**
>
> 건축가 가우디의 생애와 작품 세계를 더욱 깊이 있게 보여주는 4D 최첨단 전시. 구엘 공원 가까이 있다.
>
> 📍 Carrer de Larrard, 41, 08024 Barcelona, Spain 🌐 gaudiexperiencia.com

---

03 카사 밀라
Casa Milà

공동 주택의 새로운 지평을 연 작품. 공간을 다양하게 설계했고, 실제 거주하던 가족들의 모습이 남아 있다. 꼭 보고 갈 곳은 바로 옥상 테라스인데 가우디 특유의 유려한 곡선을 완연히 느낄 수 있다.

📍 Passeig de Gràcia, 92, 08008 Barcelona
🌐 lapedrera.com

04 카사 바트요
Casa Batlló

햇살에 오색찬란하게 빛나는 카사 바트요는 사업가 바트요 카사노바스가 그라시아 대로에서 최고의 건물을 갖고 싶다며 가우디에게 의뢰했다. 몬주익산의 암석으로 정면을 꾸미고 사람 뼈가 연상되는 기둥을 세워 기괴한 아름다움이 느껴져 '뼈로 된 집'이라는 뜻의 카사 델스 오소스Casa dels Ossos라고도 불린다.

📍 Passeig de Gràcia, 43, 08007 Barcelona
🌐 casabatllo.es

---TIP---
밤에 더욱 아름다운 카사들
카사 밀라와 카사 바트요는 저녁 관람 프로그램이 따로 있을 정도로 밤과 낮의 매력이 확연히 다르다. 낮보다 밤에 훨씬 더 신비로운 가우디 작품들을 감상해 보자.

05 카사 비센스
Casa Vicens

초록색, 벽돌색, 크림색 타일로 뒤덮인 우아한 이 집은 타일 제조업자 비센스의 여름 별장이었다. 방마다 구조와 느낌, 디테일이 완전히 다른데 특히 가우디가 무어 양식에 크게 영향을 받았을 때 작업하여 전체적으로 이국적인 분위기가 풍긴다. 카사 정원에는 빵이 맛있기로 소문난 호프만 베이커리 지점이 있다.

📍 Carrer de les Carolines, 20, 08012 Barcelona
🌐 casavicens.org

06 바르셀로나 대성당
Catedral de Barcelona

150년이나 걸려 완공된 카탈루냐 고딕 양식의 성당으로 지붕에 괴물 조각상 가고일Gargoyle이 지키고 있다. 바르셀로나의 수호 성녀인 산타 에우랄리아Santa Eulalia에게 헌정되어 성녀의 유골도 성당 지하에 안치되어 있다.

📍 Pla de la Seu, s/n, 08002 Barcelona
🌐 catedralbcn.org

07 카탈루냐 음악당
Palau de la Música Catalana

세상에서 가장 아름다운 공연장으로 손꼽히는 곳. 가우디와 함께 바르셀로나의 미학에 기여한 루이스 도메네크 이 몬타네르Lluis Domenech I Montaner의 작품이다. 형형색색의 화려한 스테인드글라스와 19~20세기 아르누보 양식으로 지어진 이 건물에서 다양한 연주회가 열린다.

📍 C/ Palau de la Música, 4-6, 08003 Barcelona
🌐 palaumusica.cat

08 피카소 박물관
Museu Picasso

중세에 지어진 맨션 건물에 들어선 피카소 박물관. 피카소는 워낙 작품이 많아 세계 곳곳에 피카소 미술관이 있는데, 바르셀로나의 이 박물관에는 잘 알려진 대표작보다는 처음 보는 작품들이 많아 더욱 흥미롭다.

📍 Carrer Montcada, 15-23, 08003 Barcelona
🌐 museupicassobcn.cat

09 키스 벽화
Cimetière du Père Lachaise

이지드레 노넬 광장에 2014년 설치된 8mx3.8m짜리 대형 타일 모자이크 벽화로 〈세상은 키스에서 탄생한다El Món Neix en Cada Besada〉라는 제목의 작품이다. 타일마다 사진이 한 장씩 새겨진 이 작품은 바르셀로나 시가지를 누비다 우연히 마주할 때 더 인상 깊을 것이다.

📍 Plaça d'Isidre Nonell, 08002 Barcelona

10 바르셀로나 현대 미술관
MACBA (Museu d'Art Contemporani de Barcelona)

세계 현대 미술의 흐름과 경향을 반영하는 전시를 볼 수 있다. 흰색에 미니멀한 외관 때문에 '진주'라 불리기도 한다. 20세기 후반 작가들의 작품을 주로 전시하며, 보통 동시에 3개의 전시를 선보인다. 박물관 앞 천사의 광장에는 늘 스케이트보더들이 있다.

📍 Plaça dels Àngels, 1, 08001 Barcelona
🌐 macba.cat

11 카탈루냐 국립 미술관
MNAC (Museu Nacional D'art de Catalunya)

1929년 만국 박람회 때 사용한 건물에 1934년 개관한 미술관으로, 스페인 광장에서 계단을 올라 몬주익 언덕 입구에 위치한다. 카탈루냐 지방의 중세 회화, 벽화, 판화, 조각을 전시한다. 박물관 앞 분수는 폭포처럼 내려오는 물이 시원하고 독특해 사진 찍기 좋은 인기 스폿이다.

📍 Parc de Montjuïc, 08038 Barcelona
🌐 museunacional.cat

12 산타 마리아 델 피 성당
Basilica de Santa Maria del Pi

화려하게 아름다운 장미창이 특징인 카탈루냐 고딕 양식의 성당. 종종 스페니시 기타나 성가대 등의 공연이 열리기도 한다. 종탑에 올라 시내를 한눈에 담을 수도 있다. 대성당보다 우아하고 고요한 분위기가 매력적이라 현지 사람들은 이 성당을 더 좋아한다.

📍 Plaça del Pi, 7, Ciutat Vella, 08002 Barcelona
🌐 basilicadelpi.com

13 몬주익 언덕
Montjuïc

'유대인의 언덕, 산'이라는 뜻의 몬주익은 많은 유대인들이 핍박 받다가 처형된 장소라 '눈물의 언덕'으로 부르기도 한다. 케이블카를 타고 올라가 풍경을 보면 학살의 아픔을 떠올릴 수 없을 정도로 아름답다. 1992년 바르셀로나 올림픽 마라톤 코스여서, 당시 금메달리스트 황영조 선수의 기념비도 남아 있다. 박물관으로 사용 중인 몬주익성, 저녁에 음악과 함께 분수 쇼가 펼쳐지는 분수, 문화 프로그램들을 운영하는 스페인 마을, 호안 미로 미술관 등 볼 것이 많다.

📍 Parc de Montjuïc, 08038 Barcelona

14 캄프 누
Camp Nou

경기가 없는 날에도 스타디움 투어를 통해 팀의 역사 박물관과 라커룸까지 살펴볼 수 있으니 경기 티켓을 구하지 못해도 한번 가 볼 만한 명소. 물론 10만 군중을 수용할 수 있는 유럽 최대 축구 경기장에서 홈 매치를 직관하는 재미도 엄청나다.

📍 Les Corts, 08028 Barcelona, Spain
🌐 www.fcbarcelona.cat/ca/club/installacions/spotify-camp-nou

NATURE

01 시우타데야 공원
Parc de la Ciutadella

19세기말 조성된 공원. 작은 호수와 자연사 박물관이 자리한 삼용성 Castell dels Tres Dragons, 바르셀로나 동물원 등으로 구성되어 있다. 시끄러운 도심에서 벗어나 푸르름을 만끽하기 좋은 산책로가 나 있다.

📍 Passeig de Picasso, 21, 08003 Barcelona

02 바르셀로네타 해변
Playa de la Barceloneta

바르셀로나가 정말 좋은 점은 시내에서 조금만 걸어 나와도 끝없는 해변이 펼쳐진다는 것. 바르셀로네타에서 시작하여 노바 이카리아, 보가텔, 마르벨라 등의 해변들이 모두 이어져 있다. 이곳에서 다양한 수상 레포츠를 즐길 수 있고 한가롭게 산책하기도 좋다. 곳곳에 설치 미술 작품들이 있어 눈이 즐겁다.

📍 Passeig Maritim de la Barceloneta, 16, 08003 Barcelona

03 포트 벨
Port Vell

바르셀로나 앞바다를 돌아볼 수 있는 크루즈를 비롯해 여러 배가 오가는 항구. 람블라 거리가 바다까지 이어진 람블라 데 마르 Rambla de Mar 길을 따라 산책하면서 항구 곳곳을 돌아보자. 상점과 해산물 맛집들이 모여 있다. 매달 두 번째 일요일에 열리는 벼룩시장 Plaça de Blanquerna, 08001 장소도 항구 근처다.

📍 Port Vell,, 08039 Barcelona

SHOP

01 엘 코르테 잉글레스
El Corte Inglés

유럽 최대 규모 체인 백화점으로 다양한 브랜드를 한 곳에서 만날 수 있다. 여러 지점이 있지만 바르셀로나에서 가장 번화한 카탈루냐 광장 지점을 추천한다.

📍 Plaça de Catalunya, 14, 08002 Barcelona
🌐 elcorteingles.es

03 그라시아 대로
Passeig de Gràcia

SPA부터 럭셔리까지 다양한 브랜드 상점들이 모인 널찍한 대로. 바르셀로나 쇼핑의 중추다. 거리가 꽤 길고 양 옆에는 상점이 많아서 쇼핑을 좋아한다면 반나절 머물러도 좋을 정도다.

📍 Pg. de Gràcia, 1, L'Eixample, 08007 Barcelona

02 람블라 거리 & 보케리아 시장
La Rambla & Mercat de Boqueria

본래 하수가 흐르는 거리였으나 1377년 도시 확장 계획이 실시되면서 바르셀로나 시가지의 중추가 되었다. 여러 축제와 주요 행사들이 여기에서 열리고 양 옆으로 상점과 식당들이 즐비하다. 잔가지처럼 뻗어 나간 작은 골목들도 돌아보고, 람블라 거리 중간쯤 대로변에 위치한 보케리아 시장도 꼭 들러 하몬 한 입, 갓 짠 오렌지 주스도 한잔 마셔 보자. 끝까지 내려가면 콜럼버스 기념비와 만난다.

📍 La Rambla, 91, Ciutat Vella, 08001 Barcelona

04 호프만 베이커리
Patisserie Hofmann

맛집이지만 쇼핑으로 소개하는 이유는 이곳의 빵을 먹어보면 절대 빈손으로 나올 수 없기 때문. 마스카르포네, 피스타치오 등으로 속을 채운 크루아상으로 한국 관광객들에게 이미 매우 유명하다. 쿠키류나 잼은 선물용으로도 좋다.

📍 Carrer dels Flassaders, 44, Ciutat Vella, 08003 Barcelona
🌐 hofmannpasteleria.com

04 카사 기스퍼트
Casa Gispert

유럽에서 가장 오래된 견과류 가게다. 1851년부터 가게 안에 있는 큰 로스터리 기계에 각종 고소한 견과류를 볶아 짭짤하거나 달콤하게 조리해 병에 담아 판매한다. 순식간에 혼자 한 병을 다 비울 수 있는 엄청난 맛이며, 기념품으로 사가기에 좋다.

📍 Carrer dels Sombrerers, 23, 08003 Barcelona
🌐 www.casagispert.com

05 라 마누알 알파르가테라
La Manual Alpargatera

스페인에서 나는 아프리카 수염새 풀을 꼬아 만들고 바닥에 천을 댄 에스파드류 신발 전문점. 여름이면 이보다 시원하고 편한 신발이 없는, 패셔너블한 아이템이다. 1941년 개업해 오랜 전통을 자랑하는 로컬 숍으로 현지인들의 신뢰가 대단한 곳이다. 여러 색과 다양한 디자인의 에스파드류를 만들며 주문 제작도 가능하다. 모자도 판매한다.

📍 Carrer d'Avinyó, 7, 08002 Barcelona
🌐 lamanual.com

HOTEL

01 호텔 미드모스트
Hotel Midmost

바르셀로나 정중앙에 있어서 '제일 가운데'라는 뜻의 이름을 단 곳. 역시 유명 관광지와 가깝고 교통이 편하다. 번화가에 있지만 안으로 들어서는 순간 우아하고 아늑한 분위기에 압도당한다. 세련된 객실 인테리어와 옥상 테라스 바, 작은 풀은 연중 내내 인기다. 체크아웃 후에도 짐을 맡길 수 있고 떠나기 전 샤워할 공간도 마련될 만큼 서비스가 좋다.

📍 Carrer de Pelai, 14, 08001 Barcelona
🌐 majestichotelgroup.com

02 카사 보네이
Casa Bonay

바르셀로나에서 힙하고 스타일리시하기로 유명한 부티크 호텔. 작은 서점, 멋진 바, 식당을 갖추었고 루프톱 테라스에서는 DJ 공연과 영화 상영 등의 즐거운 이벤트가 수시로 열린다. 호텔 1층에는 바르셀로나에서 커피 맛으로 손꼽히는 카페 사탄스 Satan's 지점도 있어 조식 옵션 대신 이곳에서 아침을 먹는 것도 추천한다.

📍 Gran Via de les Corts Catalanes, 700, 08010 Barcelona
🌐 casabonay.com

03 프락티크 비노테카
Praktik Vinoteca

다양한 테마로 꾸미는 것으로 유명한 프락티크 호텔들 중에서 와인을 주제로 한 호텔이다. 체크인과 동시에 웰컴 와인 한 잔을 제공하며 바·식당에서는 다양한 와인 메뉴를 선보인다. 와인 테이스팅 등 정체성에 충실한 행사도 종종 연다. 객실은 깔끔한 디자인에 오크 통에서 영감을 받은 듯 원목으로 마감했다.

📍 Carrer de Balmes, 51, 08007 Barcelona
🌐 hotelpraktikvinoteca.com

04 더 센트럴 하우스 바르셀로나 그라시아
The Central House Barcelona Gracia

호텔보다 인기가 많은 호스텔. 도미토리와 개인실로 나뉘어 있으며, 구석구석 자리한 공용 공간은 쾌적하고 넓다. 샤워실과 화장실도 부족하지 않고 무엇보다 매우 청결하다. 여행 정보를 아낌없이 알려주고 친절하게 참견하는 스태프들도 로다몬의 훌륭한 평판에 한몫한다.

📍 Carrer de Còrsega, 302, 08008 Barcelona
🌐 thecentralhousehostels.com

MADRID, SPAIN
마드리드, 스페인

이베리아 반도 한가운데 자리한 스페인의 수도. 스페인의 정치, 경제, 문화, 교통의 허브이자 위엄 있는 왕궁과 함께 찬란했던 스페인 왕국의 과거를 볼 수 있고, 스페인의 현재를 느낄 수 있는 현대적 도시의 모습을 모두 볼 수 있는 다면적인 대도시다. 특히 스페인이 자랑하는 최고의 미술관이 모두 자리하고 있어 예술 여행을 하기에 적합한 도시이다.

혼여 매력도 ★★★
수도이지만 스페인의 다른 도시에 비해 특색이 강하기 보다는 은은하다. 하지만 그렇기에 세계 각지에서 찾아오는 여행자들이 쉽게 어우러지는 곳.

혼여 난이도 ★
깨끗하고 잘 정돈된 도시로 이동도 편리하고 명소 안내도 잘 되어 있다.

추천 포인트
- 마드리드에서 딱 한 곳의 전시관만 가야 한다면 프라도 미술관!
- 추로스, 플라멩코 등 수도에서 쉽게 접할 수 있는 스페인 음식과 문화는 꼭 경험해 보자.

TRAVEL INFORMATION

▶▶ 마드리드 여행 정보 ◀◀

면적

604.3km²

시간대

UTC+1 (한국과 시차 -8시간)

인구

약 670만 명(2024년 기준)

기후
중앙 내륙에 위치해 연중 기온이 높고 건조한 대륙성 기후를 보인다. 때때로 한여름 기온이 40℃를 넘을 때도 있으나 대체로 습도가 높지 않아 불쾌지수는 낮은 편이다.

언어
스페인어

여행 정보 홈페이지
madrid.es (행정)
www.esmadrid.com (관광)

관광청 홈페이지가 무척 유용하다. 여러 패스나 입장권을 바로 살 수 있고 관광 관련 주요 사이트들을 모두 연결해 놓았다.

화폐
유로

관광 안내소
마드리드 바라하스 국제공항 2터미널, 4터미널과 대표 관광 명소 앞에 인포메이션 센터가 있어 찾기 쉽다. 마요르 광장, 왕궁, 프라도 미술관, 국립 소피아 왕비 예술 센터, 산티아고 베르나베우 스타디움, 그리고 시벨레스 궁Palacio de Cibeles과 칼라오 광장Plaza de Callao에 있다.

대사관
주스페인 대한민국 대사관은 마드리드 시내 중심가 북쪽 마드리드 차마르틴역Madrid Chamartin 가까이 자리한다.
주소 C/Gonzàles Amigó 15, 28033 Madrid
전화 +34-91-353-2000
홈페이지 overseas.mofa.go.kr/es-ko/index.do

항공편
대한항공에서 인천~마드리드 직항편을 운행 중이며 약 14시간이 걸린다. 외국 항공기를 타고 기타 유럽 도시를 경유하여 가는 것도 가능하다. 마드리드 바라하스 공항Aeropuerto de Madrid-Barajas Adolfo Suárez은 총 4개의 터미널로 이루어져 있으며, 1~3터미널은 걸어서 이동할 수 있고 4터미널은 셔틀버스를 타고 10분 정도 이동해야 한다.
공항에서 마드리드 시내까지는 공항 버스인 엑스프레스 아에로푸에르토Exprés Aeropuerto 버스를 타면 30분 만에 도착할 수 있다. 이 버스는 12월 24, 25, 31일과 1월 1일 단축 운행을 제외하고는 24시간 연중무휴 운행한다. 편도 요금은 €5이며, 자세한 스케줄은 홈페이지(www.esmadrid.com/en/airport-express-shuttle)를 참고하자.

기차편
스페인 철도청(렌페) www.renfe.com
유레일 www.eurail.com
홈페이지에서 스케줄 확인.

치안
바르셀로나보다 조금 덜하지만 역시 유럽 주변 국가에 비하면 소매치기 범죄율이 높으니 항상 유의하자.

시내 교통

A. 메트로 Metro
마드리드의 메트로는 12개 노선이 300여 개의 역을 거쳐, 유럽 메트로 중에서도 대규모로 손꼽힌다. 마드리드를 가장 편리하게 돌아볼 수 있는 교통수단으로, 보통 06:00~01:30까지 운행하며 배차 간격은 2~15분이다. 스마트 교통카드Tarjeta Multi를 구매할 때는 €2.5의 발급 비용이 더 들며, 발급 비용은 환불되지 않는다. 유효 기간은 발급 후 10년.

요금

1회권(1Viaje) *Zone A, ML1 이용 가능 *5개 역까지는 €1.5, 6~9개 역은 역당 €0.1 추가, 10개 역 이상은 €2 *1회 탑승은 구매일이 지나면 만료	€1.5~2
10회권(10Viajes) *Zone A, EMT 버스, ML1 이용 가능	€12.2
공항행 *10회권으로 이용할 경우 €3를 추가 충전하면 됨.	€4.50~5

홈페이지 www.metromadrid.es

B. 버스 Bus
시내 버스는 200여 개 노선이 평일에는 06:00~23:30, 주말과 공휴일에는 07:00~23:00까지 운행한다. 야간 버스는 27개 노선이며, 모두 시벨레스 광장이 시작이자 종점이다. 밤 11시 30분 이후에 12~35분 배차 간격으로 운행한다.

요금 단일권(환승 불가) €1.5
10회권(메트로 Zone A 공용, 카드 발급비 별도) €12.2
버스만 2회 탈 수 있는 Bus+Bus 10회권(1시간 이내 1회 환승 가능) €18.30

C. 택시 Taxi
앞문에 마드리드를 나타내는 엠블럼과 붉은 띠가 사선으로 그려진 흰색 택시가 공식이다. 빈 차일 때는 초록색 불을 켜고 달리니 손을 들어 세우면 된다. 푸른 바탕에 T라고 쓰인 표지판이 있는 택시 정류장도 도시 곳곳에 있다. 기본 요금은 평소에는 €2.5, 공휴일이나 출근 시간 등에는 €3.15이다. 교통량에 따라 km당, 시간당으로 요금이 추가되고 기차역, 공항 등에서 출발할 때도 추가 요금이 있다. 캐리어 추가 요금은 없다. 공항~시내 간 요금은 €33로 고정되어 있다. 이 외에도 유럽의 우버Uber라고 할 수 있는 프리 나우Free Now와 같은 콜택시 서비스를 이용할 수 있다.

홈페이지 www.esmadrid.com/en/getting-around-madrid-taxi

D. 세르카니아스 Cercanías
마드리드 사람들이 통학, 통근용으로 유용하게 이용하는 근교 연결 철도. 메트로와 버스용 교통카드로는 탈 수 없고, 따로 승차권을 구매해야 한다. 투어리스트 트래블 패스는 이용 가능. 평일 05:00~05:30부터 자정까지, 마드리드 7존까지 운행한다.

홈페이지 www.esmadrid.com/tren-cercanias-madrid

F. 마드리드 시티 투어 버스 Madrid City Tour Bus
여러 업체가 있으나 공식 홈페이지에서 안내하는 투어 버스를 소개한다. 버스가 도는 루트는 역사 지구와 현대적인 마드리드, 두 가지이며 티켓은 버스에서 사도 되고 홈페이지 또는 프라도 박물관이나 마요르 광장 인포메이션 센터 등에서 판매한다.

요금 어른 1일권 €28, 2일권 €33
홈페이지 madrid.city-tour.com/en/routes

투어리스트 트래블 패스 Tourist Travel Pass
공항 셔틀을 제외한 마드리드의 모든 대중교통을 자유롭게 이용할 수 있는 여행자 전용 교통 패스. A구역까지만 사용할 수 있는 Zone A와 모든 구역 제한 없이 사용 가능한 Zone T로 나뉜다. Zone A 티켓은 마드리드 시내 A구역까지의 메트로와 파란색 EMT 시내버스, 0과 A존을 오가는 렌페, 경전철 ML1를 이용할 수 있다. Zone T는 메트로 전체와 모든 파란색 시내버스, 초록색 마드리드 광역 버스, 모든 렌페 세르카니아스와 경전철 ML1~4를 이용할 수 있다. 두 가지 모두 공항행은 추가 요금 없이 이용할 수 있다. 톨레도, 아란후에스나 과달라하라 등의 근교를 여행할 예정이면 Zone T를 추천한다. 티켓은 메트로 교통카드와 동일한 모양이며, 메트로 역과 담배 가게, 경전철 역에서 판매한다.

요금

	1일권	2일권	3일권	4일권	5일권	7일권
Zone A	€10	€17	€22.5	€27	€32.5	€42
Zone T	€15	€25.5	€34	€42	€49	€61

3 DAYS IN MADRID
▶▶ 마드리드 베스트 3일 코스 ◀◀

왕궁, 성당, 신전, 투우 경기장 등 고전미 가득한 랜드마크들이 가득하다. 건물마다 역사의 한 페이지가 서려 있어 볼 것이 많지만 나만의 속도로 느긋하게 즐겨보자. 마드리드 여행의 정수를 느낄 수 있는 프라도 미술관과 레티로 공원에서는 오래 걸어야 하니 편한 신발은 필수.

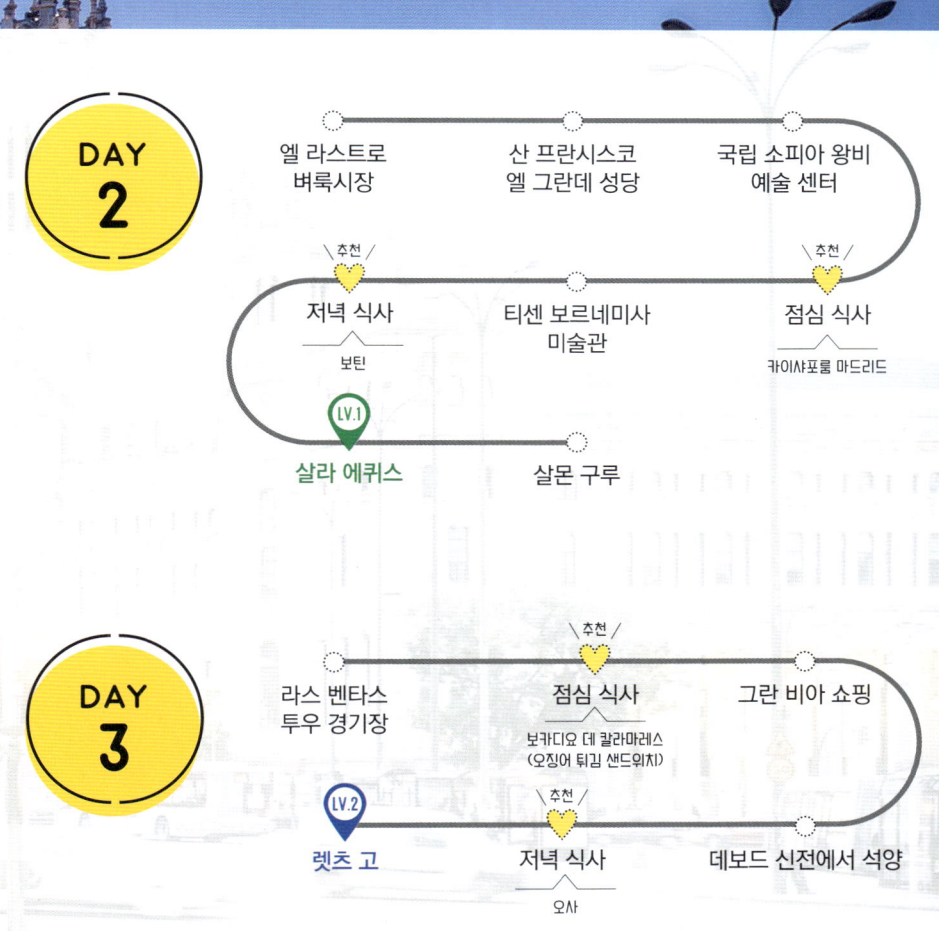

DAY 2

엘 라스트로 벼룩시장 → 산 프란시스코 엘 그란데 성당 → 국립 소피아 왕비 예술 센터

추천 / 점심 식사 / 카이샤포룸 마드리드

티센 보르네미사 미술관

추천 / 저녁 식사 / 보틴

LV.1 살라 에퀴스 — 살몬 구루

DAY 3

라스 벤타스 투우 경기장 → 추천 / 점심 식사 / 보카디오 데 칼라마레스 (오징어 튀김 샌드위치) → 그란 비아 쇼핑

데보드 신전에서 석양

추천 / 저녁 식사 / 오사

LV.2 렛츠 고

✅ 로컬들도 잘 모르는 트렌디한 공간 찾기
살라 에퀴스 Sala Equis

현지에서도 아는 사람만 아는 힙한 공간을 찾아가 보자. 살라 에퀴스는 테라스, 영화관, 라운지로 나뉘어 있는 칵테일 바 겸 아트하우스 영화관이다. 2015년 문을 닫은 성인 영화관을 리모델링해서 재개관했다. 콘서트와 다양한 문화 축제가 열리며, 스케줄은 홈페이지에 공지한다.

📍 Calle del Duque de Alba, 4, 28012 Madrid
🌐 salaequis.es

✅ 영화 세트 같은 극장에서 혼자 영화 감상
시네 도레 Cine Doré

할리우드의 클래식한 영화나 세계 각지의 작품성 뛰어난 영화들을 단돈 €2.5에 볼 수 있는 멋진 레트로 극장. 1920년에 지어졌으며 스페인 문화부 소속으로 오래된 영화를 복원하는 스페인 필모테카Filmoteca Española의 지부이다. 스페인 영화계의 거장 페드로 알모도바르Pedro Almodóvar의 작품 〈그녀에게Hable con Ella〉에도 등장했던 곳이다. 관광지를 바쁘게 돌아다니는 시간 말고도, 불 꺼진 극장에서 낯선 문화를 감상하는 시간도 여행의 특별한 추억으로 남을 것이다.

📍 Calle de Santa Isabel, 3, 28012 Madrid
🌐 www.culturaydeporte.gob.es/cultura/areas/cine/mc/fe/cine-dore/programacion.html

✅ 인터렉티브 공연에 참여해 보자
렛츠 고 Let's Go

관객이 극의 일부가 되는 창의적인 인터렉티브 공연을 기획하는 공연 전문 업체. 팀 버튼의 영화에서 영감을 받아 만든 〈팀 버튼의 미로〉, 플라멩코와 연극이 결합된 참여형 공연 〈타코네스 마놀리〉 등을 성공적으로 무대에 올린 바 있다. 최근에 제작된 〈오징어 게임 익스피리언스〉도 있다. 다양한 테마와 컨셉으로 관객에게 강렬하고 기억에 남는 경험을 만들어 준다.
마드리드뿐 아니라 스페인 주요 도시에서 다양한 액티비티와 투어를 진행하는 업체로, 혼자 가도 섞여 놀 수 있는 즐거운 이벤트가 많다.

📍 홈페이지에서 이벤트마다 안내함
🌐 letsgocompany.com/experiences/

먹킷 리스트

마드리드 베스트 먹거리

BEST MENU | 01

하몬 이베리코 데 벨로타
Jamón Ibérico de Bellota

하몬은 스페인 사람들이 기원전부터 먹어 온 전통 음식이다. 돼지 뒷다리를 소금에 절여 통째로 말리면서 숙성시킨 일종의 햄인데, 돼지의 품종에 따라 품질이 차이가 난다. 그중에서도 숲속에 방목되어 도토리만 먹고 자란 토종 돼지 이베리코로 만든 것을 최고 품질로 친다.

BEST MENU | 02

토르티야
Tortillas

스페인에서 토르티야는 도톰한 달걀 오믈렛을 뜻한다. 멕시코 음식 타코를 감싸는 얇고 둥근 옥수수 전병이 아니다.

BEST MENU | 03

파타타스 브라바스
Patatas Bravas

16세기부터 먹어 온 스페인을 대표하는 타파 종류. 감자를 작게 깍둑썰기해 매콤한 소스와 함께 먹는다. 초리조나 치킨 등 추가 토핑이 있는 경우도 많다.

BEST MENU | 04

가스파초
Gazpacho

차갑게 먹는 토마토 수프. 봄, 여름에 인기가 많다. 좀 더 걸쭉하게 만들면 남부 안달루시아 지역에서 먹는 살모레호 Salmorejo가 된다.

BEST MENU | 05

후에보스 로토스
Huevos Rotos

감자와 고기로 만드는 간단한 전통 요리. 하몬, 감자 위에 달걀 프라이를 얹으면 끝이다. 달걀 반숙 노른자를 터뜨려 소스처럼 섞어 먹는다.

BEST MENU | 06

보카디요 데 칼라마레스
Bocadillo de Calamares

칼라마레스(오징어 튀김)를 빵 속에 넣어 먹는 샌드위치. 마요르 광장 쪽에 있는 라 캄파나 La Campana라는 가게를 추천한다.

BEST MENU | 07

코시도 마드릴레뇨
Cocido Madrileño

날이 추워지면 더욱 인기가 좋은 스튜. 병아리콩에 고기와 채소를 듬뿍 넣어 함께 끓인다.

마드리드 베스트 맛집

BEST RESTAURANT | 01

소브리노 데 보틴
Sobrino de Botín

세계에서 가장 오래된 식당으로 기네스북에도 올랐다. 1725년 개업해 지금까지 영업 중인데, 스페인 최고의 돼지구이를 선보인다. 헤밍웨이가 작품 〈해는 또 다시 뜬다〉에도 썼을 정도로 좋아했던 곳이다. 메뉴 중 코치니요 아사도 Cochinillo Asado는 생후 2주쯤 된 새끼 돼지 통구이 요리로, 혼자 먹기에는 양이 많지만 한번쯤 먹어 보길 추천하는 요리다.

📍 Calle de Cuchilleros, 17, 28005 Madrid
🌐 botin.es

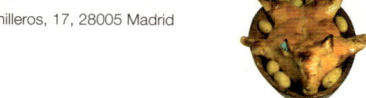

BEST RESTAURANT | 02

오사
OSA

프랑스와 일본 미식의 크로스오버. 오사는 최근 마드리드에서 가장 각광받고 있는 미슐랭 원 스타 레스토랑이다. 한 타임에 딱 20명만 서빙하는 아늑하고 프라이빗한 분위기가 특징으로, 세심한 케어를 받으며 식사할 수 있다. 여행 중 특별한 기분을 내고 싶거나 기념할 일이 있다면 예약해 보자.

📍 C. de la Ribera del Manzanares, 123, Moncloa - Aravaca, 28008 Madrid
🌐 osarestaurante.com

BEST RESTAURANT | 03

산 미겔 시장
Mercado de San Miguel

1916년에 문을 연 유럽 최대 규모 도심 시장으로 300여 개의 가판에서 신선한 식재료와 음식을 판다. 스페인 탄산주인 카바 Cava와 타파스로 간단히 점심을 먹기 좋은 곳.

📍 Plaza de San Miguel, S/N, 28005 Madrid
🌐 mercadodesanmiguel.es

BEST RESTAURANT | 04

카사 루치오
Casa Lucio

큼직한 하몬이 주렁주렁 매달려 있는 전통 스페인 식당. 석탄 오븐과 최고의 올리브유가 맛의 비법이라고 한다. 후안 카를로스 1세, 빌 클린턴 등 유명 인사들이 자주 찾았다.

📍 Calle Cava Baja, 35, 28005 Madrid
🌐 casalucio.es

BEST RESTAURANT | 05

산 히네스
San Ginés

마드리드에서 가장 유명한 추로스 가게. 1894년부터 24시간 내내 연중무휴로 초콜릿과 추로스를 판매해 온 동네 터줏대감이다. 나이만 많은 게 아니라 맛도 있다.

📍 Pasadizo de San Ginés, 5, 28013 Madrid
🌐 chocolateriasangines.com

BEST RESTAURANT | 06

살몬 구루
Salmon Guru

낮 혼맥도 좋지만 밤에 혼자 가 볼 만한 멋진 칵테일 바도 찾아보자. 아르헨티나 출신 바텐더 디에고 카브레라가 연 살몬 구루는 '세계 최고의 바'에 19위로 선정되었다. 독창적인 재료로 만드는 오리지널 칵테일과 휘황찬란한 네온사인 인테리어가 인상적이다. 칵테일 외 음식들도 훌륭하다.

📍 Calle de Echegaray, 21, 28014 Madrid
🌐 salmonguru.es

마드리드
베스트 스폿

BEST SPOTS IN MADRID

LANDMARK
NATURE
SHOP
HOTEL

LANDMARK

01 프라도 미술관
Museo Nacional del Prado

스페인에서 최다 방문객 수를 자랑하는 12~19세기 회화 전시관으로 1819년 개관했다. 스페인 회화의 3대 거장 벨라스케스, 고야, 엘 그레코의 대작들이 모두 모여 있다. 소장품은 7,000여 점에 달하는데 그중 1,500여 점만 선보인다. 컬렉션이 워낙 방대하여 미리 홈페이지로 어떤 작품을 보고 싶은지 동선을 대강 생각하고 찾아가는 것이 좋다. 성수기에는 매표소 줄이 끝도 없으니, 미리 미술관 홈페이지에서 예매를 하고 가는 것을 추천한다.

📍 Calle de Ruiz de Alarcón, 23, 28014 Madrid
🌐 museodelprado.es

02 마요르 광장
Plaza del Mayor

9개의 아치 문이 특징이다. 마드리드의 심장이라 할 정도로 사람들이 몰려 왔다 가는 역동적인 곳. 도시의 여러 행사가 수시로 열리고 주변에 식당과 상점이 많은 번화가다.

📍 Pl. Mayor, Centro, 28012 Madrid

03 왕궁
Palacio Real de Madrid

에스파냐 왕가의 공식 거처로 에스파냐 왕실을 상징하는 건축물. 현재 왕가는 마드리드 외곽의 자르주엘라궁에 거처하며, 이 왕궁은 공식 행사에만 사용한다. 거대한 왕궁 내 3,000여 개의 방 중 50여 개가 대중에게 개방되어 스페인 회화 작품, 화려한 왕실 가구 등을 볼 수 있다.

📍 Calle de Bailén, s/n, 28071 Madrid
🌐 patrimonionacional.es

04 알무데나 대성당
Catedral de Santa María la Real de la Almudena

1561년, 에스파냐 왕가가 수도를 톨레도에서 마드리드로 옮긴 후 교회의 중심지도 옮기기 위해 1879년에 지은 대성당. 왕궁 맞은편에 있다. 무슬림이 침략했을 때 약탈당할까 봐 성벽에 숨겼던 알무데나 성모상이 300년 후에 발견되자 이를 기리기 위해 성당에 헌정했다고 한다. 성당 공사에만 100년 이상 걸려 1993년 완공되었고 교황 요한 바오로 2세가 봉헌을 해주었다. 특히 알록달록한 천장이 아름답다.

📍 Calle de Bailén, 10, 28013 Madrid
🌐 catedraldelaalmudena.es

05 국립 소피아 왕비 예술 센터
Museo Nacional Centro de Arte Reina Sofía

소피아 왕비의 이름을 딴 전시관으로 살바도르 달리, 호안 미로, 안토니 타피에스, 로베르토 마타 등 스페인을 대표하는 근·현대 예술가들의 작품을 전시한다. 뭐니뭐니해도 가장 유명한 것은 피카소의 〈게르니카Guernica〉.

📍 Calle de Santa Isabel, 52, 28012 Madrid
🌐 museoreinasofia.es

06 티센 보르네미사 박물관
Museo Nacional Thyssen-Bornemisza

반 고흐, 에드워드 호퍼, 카라바지오 등 르네상스부터 팝 아트까지 13~20세기를 휩쓴 유럽 회화 작품들을 폭넓게 소장 전시한다. 티센-보르네미사 남작의 개인 컬렉션이 바탕이 되었다. 대표작으로는 로이 리히텐슈타인Roy Lichtenstein의 〈목욕하는 여인Woman in Bath〉이 있다.

📍 Paseo del Prado, 8, 28014 Madrid
🌐 museothyssen.org

07 카이샤포룸 마드리드
CaixaForum Madrid

발전소로 쓰이던 건물을 개조해 현재는 다양한 전시와 공연을 여는 공간이 됐다. 마드리드 대표 3대 미술관 프라도, 티센, 소피아를 황금 아트 트라이앵글이라 부르는데, 카이샤포룸은 여기와도 가까워 접근성도 뛰어나다. 무려 250여 종 1만 5,000개의 식물이 자라는 높이 24m짜리 수직 정원이 입구에서 관람객들을 맞이한다.

📍 Paseo del Prado, 36, 28014 Madrid
🌐 caixaforum.org/es/

08 데보드 신전
Templo de Debod

외스테 공원 내에 있으며 마드리드에서 가장 예쁜 석양을 볼 수 있기로 유명하다. 2200년 전에 이집트에서 만들어져 1968년 마드리드로 보내왔다. 스페인에서 유일한 이집트 신전으로, 아몬과 이시스 신에게 헌정되었다. 〈돈키호테〉를 쓴 작가 세르반테스의 동상이 있는 에스파냐 광장Plaza de España 바로 옆에 있다.

📍 Calle de Ferraz, 1, 28008 Madrid

09 산 프란시스코 엘 그란데 성당
Basílica de San Francisco el Grande

1784년 증축된 마드리드 최대 규모의 성당으로 6개의 예배당과 첨탑 등으로 이뤄졌다. 고야Goya 등 유명 화가들의 작품도 전시되어 있고, 이탈리아 건축가 사바티니Sabatini의 대형 원형 천장이 유명하다.

📍 C. de San Buenaventura, 1, Centro, 28005 Madrid

10 푸에르타 델 솔
Puerta del Sol

이곳은 광장인데 이름의 뜻은 '태양의 문'이다. 그 이유는 16세기까지 태양이 새겨진 중세 시대 성문이 있었기 때문이다. 활기 넘치는 광장 가운데에는 1997년 세워진 카를로스 3세의 조각상과 도시의 상징인 열매를 먹는 곰 조각상El Oso y El Madroño이 있다. 스페인 도로 표기를 규정하는 데 중심이 되는 지점 킬로메트로 세로Kilómetro Cero도 바로 이 광장에 있다.

📍 Prta del Sol, s/n, Centro, 28013 Madrid

11 푸에르타 데 알칼라
Puerta de Alcalá

독립 광장에 있는 기념문. 우아한 조각들로 장식되어 있다. 프랑스나 스페인의 다른 지역에서 마드리드로 들어갈 때 사용한 문 중 하나로, 1769년 완공되었다.

📍 Plaza de la Independencia, s/n, 28001 Madrid

12 국립 고고학 박물관
Museo Arqueológico Nacional

동굴 벽화부터 무슬림 도자기까지 인류의 역사가 전시된 곳이다. 선사 시대부터 발굴된 유적, 유물을 전시한다. 스페인 국립 도서관 내에 위치한다.

📍 Calle de Serrano, 13, 28001 Madrid
🌐 www.man.es

13 시벨레스궁과 광장
Palacio de Cibeles & Plaza de Cibeles

하늘과 땅의 여신 시벨레스의 이름을 딴 광장이다. 사자가 이끄는 수레에 탄 시벨레스가 새겨진 분수와 다양한 문화 행사가 열리는 시벨레스궁이 자리한다. 시벨레스궁은 현재 마드리드시 청사로 운영 중이라 6, 8층에 올라가면 시내를 한눈에 내려다볼 수도 있다.

📍 Plaza Cibeles, 1A, Retiro, 28014 Madrid

14 라스 벤타스 투우 경기장
Plaza de Toros de Las Ventas

신 무데하르 양식의 투우 경기장. 지름 65m에 달하는 세계 최대 규모의 경기장으로, 2만 3,000여 명을 수용할 수 있다. 프랑코 독재 시절에는 수용소로 쓰였고 현재는 투우 박물관으로 대중에게 개방 중이며 비틀즈, 다이애나 로스 등 유명 가수들의 공연장으로도 쓰인다. 투우 경기는 카탈루냐 지방에서는 금지이지만, 마드리드에서는 아직도 열리고 있다.

📍 Calle de Alcalá, 237, 28028 Madrid
🌐 las-ventas.com

NATURE

01 레티로 공원
Parque de El Retiro

19세기에 조성된 마드리드 최대 공원. 넓은 대지에 숲이 우거져 마드리드의 허파라 불리며, 보트를 탈 수 있는 호수와 장미 정원, 분수와 조각상 등으로 꾸며져 있다. 꼭 가 볼 곳은 반짝이는 유리 천장이 돋보이는 크리스털 궁Palacio de Cristal으로, 이곳에서는 전시도 자주 열린다. 바로 앞에 작고 사랑스러운 마드리드 왕립 식물원Real Jardín Botánico도 있다.

📍 Plaza de la Independencia, 7, 28001 Madrid

SHOP

01 그란 비아
Gran Vía

마드리드 교통의 중심 거리이자 메인 쇼핑 대로. 스페인을 대표하는 럭셔리 브랜드 로에베Loewe의 대형 상점도 여기에 있다. 마드리드는 그란 비아를 기준으로 위쪽을 신시가지, 아래쪽을 구시가지로 구분한다.

📍 Gran Vía, Centro, 28013 Madrid

> **TIP**
> 스페인 대표 SPA 브랜드 자라Zara의 카스텔라나 거리Paseo de la Castellana 지점은 세계 최대 규모로 유명하다. 다른 지점에 비해 종류도 훨씬 많고 가격도 한국보다 훨씬 싸다.

02 엘 라스트로
El Rastro

일요일마다 열리는 마드리드에서 가장 오래된 스트리트 마켓. 중세 시대부터 열렸던 장으로 수백, 수천 개의 가판에서 빈티지 옷, 보석, LP 판, 기념품 등 다양한 물건을 판매한다. 흥정은 기본.

📍 Calle de la Ribera de Curtidores, 28005 Madrid

HOTEL

01 캣츠 호스텔
Cat's Hostel

153명을 수용할 수 있는 호스텔로 17세기 궁전 건물에 위치한다. 바와 다양한 액티비티 시설도 있어 친구 만들기가 너무나 쉬운 곳이다. 주말에는 파에야 파티가 열리고, 워킹 투어도 진행한다. 예약한 것도 24시간 전까지 무료 취소가 가능해 일정 변경이 잦은 여행자에게도 좋다.

📍 Calle de los Cañizares, 6, 28012 Madrid
🌐 catshostels.com/madrid-sol/

02 라 포사다 델 레온 데오로
La Posada del León de Oro

19세기 건물에 위치한 4성급 부티크 호텔로, 모던하고 깔끔하게 꾸며 놓았다. 호텔 내에 위치한 라 에노타베르나La Enotaberna 레스토랑은 마드리드에서 가장 맛있는 코시도 마드릴레뇨Cocido Madrileño(소시지와 병아리콩 등 채소를 넣고 뭉근하게 끓인 스튜)를 만들기로 유명하다.

📍 Calle de la Cava Baja, 12, 28005 Madrid
🌐 www.posadadelleondeoro.com

03 그란 호텔 잉글레스
Gran Hotel Inglés

마드리드에서 가장 역사가 오래된 5성급 고급 호텔이다. 1886년부터 성업 중이며 객실은 48개로 우아하고 차분하게 꾸며져 있다. 화롯불이 타오르는 서재와 스파, 지중해 식당, 전통 스페인 타파스 식당도 갖추고 있다.

📍 Calle de Echegaray, 8, 28014 Madrid
🌐 www.granhotelingles.com

LISBOA, PORTUGAL
리스본, 포르투갈

유럽 최서단, 항해의 나라. 예로부터 취미 겸 특기가 탐험이고 호기심 많으며 예술적인 사람들이 사는 나라, 포르투갈의 수도. 포르투갈어로 '리스보아'라고 부른다. 포르투갈을 처음 여행하는 사람들은 스페인과 어깨를 맞대고 있지만 완전히 다른 이 나라의 매력에 놀라 잠시 머무는 것을 아쉬워하며 떠난다. 그러니 포르투갈에 간다면 가능한 오래 머물며 찬란한 역사와 맛있는 와인에 듬뿍 취해 보자.

 혼여 매력도 ★★★★
여유로운 분위기, 매력적인 명소와 식도락. 자신만의 속도로 탐험할 수 있다.

 혼여 난이도 ★
대중교통이 편리하고 사람들도 매우 친절해 혼자 여행하기가 비교적 쉽다.

 추천 포인트
- 도시 곳곳에 위치한 언덕 위 전망대에서 내려다보는 주황색 지붕과 강의 풍경
- 파두 음악, 전통 타일 아줄레주, 역사 깊은 트램 28번으로 대표되는 다채로운 문화
- 신선한 해산물 요리, 한 번 맛보면 잊을 수 없는 에그 타르트로 유명한 포르투갈 식도락

TRAVEL INFORMATION

▶▶ 리스본 여행 정보 ◀◀

면적

100.05km²

시간대

UTC+0 (시차 -9시간)

인구

약 56만 명 (2024년 기준)

기후

사계절이 뚜렷한 지중해성 기후. 연평균 기온은 13~38℃로 온화하다.

언어

포르투갈어

여행 정보 홈페이지

www.lisboa.pt (행정)
www.visitlisboa.com (관광)

관광청 홈페이지에서 최신 정보가 빠르게 업데이트된다.

화폐

유로

관광 안내소

공항과 코메르시우 광장, 메트로역 로시오Rossio, 테헤이로 두 파소Terreiro do Paço, 카이스 두 소드레Cais do Sodré 앞에 관광 안내소Ask Me Lisboa 있다.

대사관

주포르투갈 대한민국 대사관은 리스본 살다냐역Saldanha 근처에 있다.
주소 Avenida Miguel Bombarda 36, 1051-802 Lisboa
전화 +351-21-793-8200
홈페이지 overseas.mofa.go.kr/pt-ko/index.do

기차 · 버스편

국내에서 이동은 저가 항공, 기차 또는 버스를 이용한다. 리스본~포르투는 기차로 편도 약 3시간 거리이며, 버스는 레데 익스프레소스Rede Expressos나 에바Eva를 이용한다.

항공편

대한항공에서 인천~리스본 간 직항편을 운행하며 비행시간은 약 15시간이다. 다른 유럽 도시를 경유하는 것도 가능하다. 움베르투 델가두 공항Aeroporto Humberto Delgado은 시내에서 8km 정도 떨어져 있다. 시내로 이동하는 버스, 지하철은 짐을 가지고 타기 불편하고 환승이 복잡하여 오래 걸린다. 택시로 공항에서 시내까지 약 15분, 요금은 €10~15 정도이다. 코임브라에서 리스본이나 포르투 공항을 잇는 셔틀(www.airportshuttle.pt)도 있다. 편도 €45.

치안

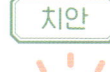

포르투갈은 스페인과 이웃하고 있지만 치안은 완전히 다르다. 소매치기도 드물고 범죄율도 낮아 유럽에서 가장 안전하다고 느낄 수준이다.

시내 교통

A. 메트로 Metro
1959년부터 리스본의 교통을 책임지고 있는 쾌적한 메트로는 4개 노선, 56개 역으로 이루어져 있다. 보통 새벽 6시 30분에 첫차가 출발하여 새벽 1시쯤 막차가 떠난다. 환승역이 많지 않고 벨렝은 가지 않는다는 단점이 있으나 그 외 지역은 대부분 이동하기가 쉽다.
요금 1회권 €1.85 / 7일권 €7

B. 버스 Bus
146개 노선이 있지만 다소 복잡해서 여행자들이 많이 이용하지는 않는다. 야간 버스도 있어 심야 이동도 가능하다는 것이 장점이다.
요금 1회권 €1.85 / 7일권 €7

C. 택시 Taxi
유럽의 다른 도시에 비해 저렴한 편이다. 호시우역 부근에서 쉽게 잡을 수 있다. 콜택시를 부르거나 짐이 있을 경우 비용이 추가된다.

D. 트램 Tram
5개 노선이 운행 중이다. 버스나 메트로보다 느리지만 낭만이 있다. 빨리 이동하는 게 목적이 아니라면 즐겁게 타 보자. 도심과 벨렝을 잇는 15번과 빈티지한 디자인의 28번이 가장 인기가 많다.
요금 1회권 €3.10

E. 아센소르 Ascensor
리스본의 가파른 언덕을 오르내리는 케이블카로, 19세기에 만들어져 2002년 국가 기념물로 지정됐다. 아센소르 다 글로리아Ascensor da Glória, 아센소르 두 라브라Ascensor do Lavra, 아센소르 다 비카Ascensor da Bica 세 종류가 있다.

F. 옐로 버스 투어 Yellow Bus Tour
코메르시우 광장에서 출발하며 다양한 루트로 운행하는 투어 버스. 근교 신트라Sintra도 가볼 수 있다.
홈페이지 www.yellowbustours.com

교통권

비바 비아젬 VIVA Viagem
리스본 시내 대중교통(버스, 메트로)과 페리, 기차를 이용할 때 반드시 비바 비아젬이라는 교통권을 발급받아야 한다. 구매 시 발급 비용 €0.5이 필요하며, 이 금액은 환불되지 않는다. 충전해서 재사용할 수 있으며, 1일권 소지자는 산타 주스타 엘리베이터 이용이 가능하다.

여행 패스

리스보아 카드 Lisboa Card
35개 명소 무료 입장, 리스본 시내 대중교통 메트로 · 버스 · 트램 · 엘리베이터, 카히스CARRIS 노선, CP 기차 자유 탑승, 10~50% 할인 혜택 등을 포함한 패스. 공항 관광 안내소와 시내 리스보아 웰컴 센터 등에서 판매한다.
요금 24시간권 €27 / 48시간권 €44 / 72시간권 €54
홈페이지 www.lisboacard.org

3 DAYS IN LISBOA

▶▶리스본 베스트 3일 코스◀◀

DAY 1

코메르시우 광장 — 리스본 대성당 — 빈티지 트램 28번 타고 시내 한 바퀴 (LV.1)

아 브라질레이라에서 비카 한 잔 — 점심 식사 \추천/ (칸티뇨 두 아빌레즈) — 에스트렐라 공원과 대성당

산타 주스타 엘리베이터 — 굴벤키안 박물관 — 저녁 식사 \추천/ (포르투갈 소울푸드, 바칼라우)

DAY 2

제로니무스 수도원 — 벨렝 탑 — 파스테이스 드 벨렝

산타 카타리나 전망대 — 점심 식사 \추천/ (타임 아웃 마켓) — Lx팩토리

아줄레주 국립 박물관 — 상조르즈성 — 저녁 식사 \추천/ (타베르나 다 후아 다스 플로르스)

노란 트램을 타고 골목과 언덕을 탐험하는 재미가 가득한 리스본. 같은 이베리아반도에 위치하지만 스페인과는 전혀 다른, 훨씬 더 느긋하고 여유로운 분위기를 풍긴다. 파두 음악, 에그 타르트, 대구 요리로 오감이 즐거운 여행을 만들어 보자.

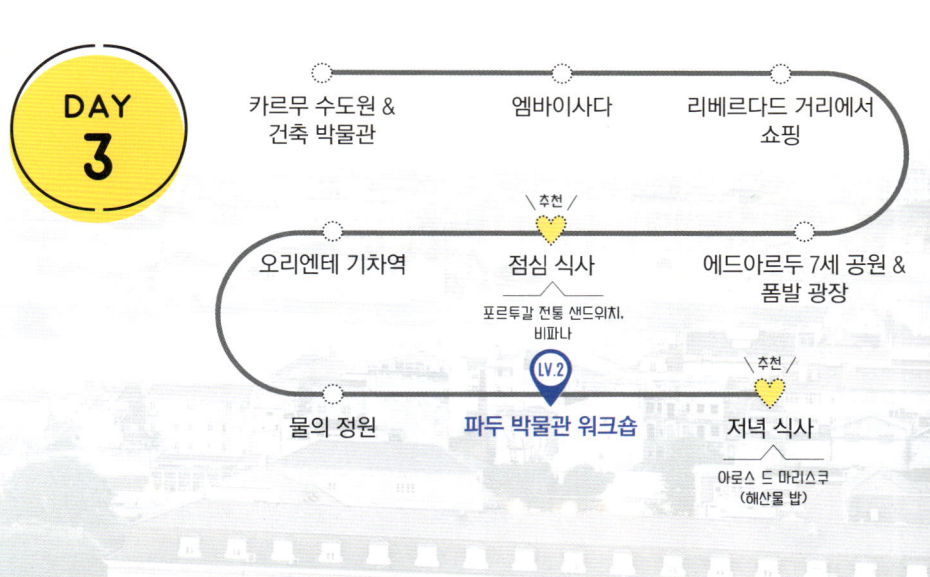

DAY 3

카르무 수도원 & 건축 박물관 → 엠바이사다 → 리베르다드 거리에서 쇼핑 → 에드아르두 7세 공원 & 폼발 광장 → 저녁 식사 (아로스 드 마리스쿠 (해산물 밥)) → 파두 박물관 워크숍 LV.2 → 점심 식사 추천 (포르투갈 전통 샌드위치, 비파나) → 오리엔테 기차역 → 물의 정원

+하루 더!

DAY 4

태양과 파도, 숲을 만나고 싶다면 LV.3 포르투갈 남부 알가르브 또는 마데이라로 떠나기

LEVEL 1

혼자 여행 · 버킷리스트

✓ 트램 타고 정처 없이 시내 구경
빈티지 트램 28번

타는 것 자체가 특별한 경험인 빈티지 트램. 나무로 만든 삐걱거리는 트램을 타고 바이후 알투, 알파마, 바이샤, 치아두 등 리스본 시내 동네를 모두 지나는 10km 루트를 여행해 보자. 걷기보다는 빠르고 자동차보다는 느린 속도로 지나치는 풍경을 놓치지 않고 편하게 감상하며 사색에 젖는 시간.

LEVEL 2

혼자 여행 · 버킷리스트

✓ 포르투갈의 영혼을 내 목소리로
파두 박물관 워크숍

포르투갈의 전통 음악 파두를 경험해 보려면 굳이 공연장에 가지 않아도 시내 곳곳에 공연하는 바에서 쉽게 들을 수 있다. 하지만 파두를 배워서 불러보는 것은 또 다른 경험이다. 파두 박물관 Museu do Fado에 개별 신청하면 파두 부르기 워크숍에 참가할 수 있다. 평생 파두를 불러 온 전문 가수가 영어로 된 곡을 가르쳐 주며, 파두를 부를 수 있다는 박물관의 공식 증명서도 발급해준다.

파두 박물관 Museu do Fado
📍 Largo do Chafariz de Dentro 1, 1100-139 Lisboa
🌐 museudofado.pt

✅ 좀 더 멀리 가 보자
포르투갈 남부와 마데이라섬

이미 잘 알려진 리스본 근교의 신트라, 카스카이스, 호카곶 등은 모두 버스로 쉽게 찾아갈 수 있다. 하지만 리스본보다 날씨가 더 맑고 청량한 남부와 마데이라Madeira섬은 발품을 좀 팔아야 한다. 한국 여행자들에게는 아주 낯선 지역이지만 때묻지 않은 천혜의 자연과 신선한 해산물의 맛을 제대로 느낄 수 있다. 서핑 천국인 남부 알가르브Algarve 지역도 좋고, 처음 보는 동식물이 살고 있는 신비로운 섬 마데이라도 좋다. 모험하는 기분으로 떠나볼 수 있는 곳.

⊕ www.visitmadeira.pt(마데이라 관광 홈페이지)
  www.visitalgarve.pt(알가르브 관광 홈페이지)

🍴 리스본 베스트 먹거리

BEST MENU | 01

파스텔 드 나타
Pastel de Nata

제로니무스 수도원의 수도사들이 만들어 먹기 시작한 디저트. 홍콩식 에그 타르트와 다른 방식으로, 겹겹이 쌓은 페이스트리 반죽에 커스터드 크림을 넣고 굽는다. 수도사와 수녀들의 옷을 빳빳하게 만드느라 달걀 흰자만 쓰고 나니 노른자가 너무 많이 남아 이를 해결하기 위해 개발한 디저트다.

BEST MENU | 02

바칼라우
Bacalhau

포르투갈 사람들의 소울 푸드 바칼라우(대구)는 포르투갈에서 많이 잡히다 보니 나라를 대표하는 요리가 되었다. 집마다 식당마다 요리법이 달라서 매 끼니 먹어도 다른 맛을 볼 수 있다.

BEST MENU | 03

아로스 드 마리스쿠
Arroz de Marisco

단어 뜻 그대로 해산물 밥이다. 스페인의 파에야보다 더 질어 부드러운 편이라 한국 사람들 입맛에 딱 맞는다.

BEST MENU | 04

폴보 그렐라두
Polvo Grelhado

입안에서 녹을 정도로 부드러운 문어 구이.

BEST MENU | 05

비페 아 포르투게사
Bife à Portuguesa

그레이비소스와 감자, 달걀 프라이를 얹은 스테이크 구이.

BEST MENU | 06

비파나
Bifana

샌드위치나 햄버거와 비슷하다. 가볍고 겉은 매우 바삭한 빵에 마늘, 허브, 화이트 와인으로 간을 해 구운 돼지고기로 속을 넣었다.

BEST MENU | 07

비카
Bica

포르투갈식 에스프레소. 모든 식사의 마무리이자 따분한 오후의 에너자이저 역할을 한다. 리스본 대표 카페 아 브라질레이라A Brazileira 카페에서 최초로 비카를 팔기 시작했다.

BEST MENU | 08

아제이탕 치즈
Queijo de Azeitão

리스본 근교 세투발Setúbal 아제이탕 마을이 원산지로, 살균하지 않은 양젖으로 만드는 치즈이다. 맛이 부드럽고 고소하다.

🍴 리스본 베스트 맛집

BEST RESTAURANT | 01

파스테이스 드 벨렝
Pastéis de Belém

세상에서 제일 맛있는 에그 타르트집이라고 해도 과언이 아닌 집. 1837년부터 전해오는 비밀 레시피로 만드는 부드러운 커스터드 크림과 고소하고 바삭한 타르트의 조화가 이루 말할 수 없다. 줄을 아무리 오래 섰어도 한 입 먹는 순간 다음날 또 와야겠다는 생각이 들 정도다. 하루에 1만 5,000여 개만 판다.

📍 R. de Belém 84 92, 1300-085 Lisboa
🌐 pasteisdebelem.pt

BEST RESTAURANT | 02

칸티뇨 두 아빌레즈
Cantinho do Avillez

미슐랭 별을 받은 셰프, 주제 아빌레즈가 이름을 걸고 낸 레스토랑으로 지점이 3개 있다. 전통 포르투갈 요리를 자신만의 감각으로 새롭고 현대적으로 해석했다. 웨이터들이 메뉴를 잘 알고 있으니 추천해 달라고 부탁하면 쉽게 주문할 수 있다. 오리지널 칵테일도 맛있다. 예약 권장.

📍 R. Duques de Bragança 7, 1200-162 Lisboa
🌐 cantinhodoavillez.pt

BEST RESTAURANT | 03

타베르나 다 후아 다스 플로르스
Taberna da Rua das Flores

유기농 와인과 전통 포르투갈 요리를 선보이는 로컬 맛집. 현지인들이 식사 시간마다 이 작은 식당을 가득 메운다. 그날 그날 가장 신선한 재료로 만드는 '오늘의 요리'는 늘 맛있다. 식료품, 와인도 판매하며, 현금만 받는다.

📍 Rua das Flores 103, 1200-194 Lisboa

BEST RESTAURANT | 04

타임 아웃 마켓
Time Out Market

19세기부터 리스본 최대 규모의 생선·과채 시장이었던 히베이라 시장Mercado da Ribeira에 들어선 실내 푸드코트. 매장마다 돌아다니면서 메뉴판을 잘 살펴보고 원하는 음식을 주문해 중앙 테이블이나 각 매장 앞에서 식사하면 된다. 다양한 포르투갈 음식과 와인, 디저트를 한 곳에서 맛볼 수 있다.

♀ Av. 24 de Julho 49, 1200-479 Lisboa
⊕ timeoutmarket.com

BEST RESTAURANT | 05

아 브라질레이라
A Brasileira

1905년 개업한 리스본 최초의 카페이자 가장 유명한 카페다. 브라질에서 원두를 들여와 판매하기 시작했으며, 지금은 낮에는 비카Bica(포르투갈식 에스프레소)를 비롯한 커피를, 밤에는 맥주도 판매한다. 단골이었던 포르투갈의 대문호 페르난두 페소아 Fernando Pessoa 동상이 카페 앞 테라스에 세워져 있다.

♀ R. Garrett 122, 1200-273 Lisboa
⊕ abrasileira.pt

리스본
베스트 스폿

BEST SPOTS IN LISBOA

LANDMARK
NATURE
SHOP
HOTEL

LANDMARK

01 코메르시우 광장
Praça do Comércio

리스본의 모든 길이 시작되는 곳. 코메르시우는 무역이라는 뜻인데, 과거 무역상들이 도시에 입성했던 장소라 '무역 부두'로 불렸던 데서 이름이 유래됐다. 광장 중앙에는 1755년 대지진으로 폐허가 된 도시를 폼발 후작과 함께 재정비한 호세 1세 왕의 기마상이 있고, 그 뒤로는 승리의 아치라 불리는 아르코 다 후아 아우구스타 Arco da Rua Augusta가 우뚝 서 있다.

📍 Praça do Comércio, 1100-148 Lisboa

02 리스본 대성당
Sé de Lisboa

포르투갈을 건국한 엔리케왕이 무어인들을 몰아낸 후 세운 성당이다. 무어인들이 모스크 양식으로 지었던 것을 로마네스크 양식으로 다시 지었는데, 온 도시를 폐허로 만든 1755년 대지진에도 끄떡없이 살아 남았다. 안에는 도시의 수호성인 안토니우의 탄생화, 성모 마리아의 어머니 성녀 아나의 성소가 있다.

📍 Largo da Sé, 1100-585 Lisboa
🌐 www.sedelisboa.pt

03 산타 주스타 엘리베이터
Elevador de Santa Justa

리스본 시내에 있는 여러 엘리베이터와 케이블카 중에서 가장 유명한 것이다. 100년도 더 된 엘리베이터이지만 45m 높이를 거뜬히 올라간다. 엘리베이터를 타고 올라가면 시내를 한눈에 볼 수 있다. 파리의 에펠탑을 설계한 구스타프 에펠의 제자 라울 메스니에르 뒤 퐁사르Raoul Mesnier du Ponsard가 설계했다. 한 번에 20명씩 태우고 올라가지만, 내려올 때는 15명만 탈 수 있다. 왕복권 요금은 €5.3.

📍 R. do Ouro, 1150-060 Lisboa

> **TIP**
> 리스보아 카드 소지 시 엘리베이터와 전망대가 무료이고, 비바 비아젬 카드 소지 시 엘리베이터 무료 이용이 가능하다.

04 카르무 수도원 & 건축 박물관
Convento do Carmo & Museu Arqueológico do Carmo

1755년 리스본을 초토화시켰던 대지진에 무너져, 당시만 해도 리스본에서 가장 큰 예배당이었으나 지금은 뼈대만 남았다. 250년 넘도록 재건되지 않고 이 상태로 보존되어 오고 있다. 수도원 맞은편에는 고고학 박물관이 있는데, 입구에 '교황 클레멘스 7세가 방문자 모두에게 40일간의 관용을 허락한다'는 내용의 글이 새겨져 있다. 기독교에서 죽은 자가 천국으로 가기 전 연옥에 머무르는 시간 중 40일을 차감해 준다는 의미다.

📍 Largo do Carmo, 1200-092 Lisboa
🌐 museuarqueologicodocarmo.pt

05 상조르즈성
Castelo de São Jorge

기원전 7세기에 로마인들이 터를 잡은 곳에 11세기에 포르투갈을 침략한 무어인들이 지었다. 성벽을 따라 한 바퀴 돌며 리스본 시내 구석구석을 감상할 수 있다.

📍 R. de Santa Cruz do Castelo, 1100-129 Lisboa
🌐 castelodesaojorge.pt

06 제로니무스 수도원
Mosteiro dos Jerónimos

15세기, 항해를 떠나는 탐험가 바스쿠 다 가마의 무사 귀환을 기원하며 지은 대형 수도원이다. 포르투갈의 대표적인 건축 양식 마누엘 양식으로 지어졌다. 해양 박물관 Museu de Marinha, 벨렝 문화센터 Centro Cultural de Belém와 함께 돌아보기 좋다.

📍 Praça do Império 1400-206 Lisboa
🌐 mosteirojeronimos.pt

07 벨렝 탑
Torre de Belém

테주강과 바다가 만나는 지점에 서 있는 탑으로, 본래 요새로 쓰였다. 지금은 제로니무스 수도원과 함께 벨렝 지역을 대표하는 명소가 되었다. 유네스코 문화유산으로 지정돼 입장 인원이 제한된다.

📍 Av. Brasilia, 1400-038 Lisboa
🌐 torrebelem.pt

08 Lx팩토리
LxFactory

'느리게 읽기'라는 뜻의 레르 드바가르 Ler Devagar 서점을 비롯하여 갤러리, 카페, 레스토랑, 공연장 등이 집약된 멋진 문화 공간.

📍 R. Rodrigues de Faria 103, 1300-501 Lisboa
🌐 lxfactory.com

09 아줄레주 국립 박물관
Museu Nacional do Azulejo

포르투갈 어디에서나 쉽게 볼 수 있는 파란색 타일을 아줄레주라 한다. 가까이 보면 같은 것이 하나도 없이 다 다르게 만들어져 매혹적이고 정교한 아줄레주는 포르투갈 고유의 예술 작품이다. 국립 박물관은 아줄레주의 역사와 종류를 알아볼 수 있는 곳으로, 15세기부터 현재까지 변천사와 수많은 회화, 도자기 등이 전시되어 있다.

📍 R. Me. Deus 4, 1900-312 Lisboa
🌐 www.museudoazulejo.pt

10 굴벤키안 미술관
Museu-Fundação Calouste Gulbenkian

영국인 석유 사업가 C.S. 굴벤키안이 전 세계에서 수집한 예술품 컬렉션을 기반으로 한 전시를 연다. 이집트, 그리스, 로마, 이슬람, 아시아 등에서 수집한 소장품은 회화, 보석, 가구 등 종류도 다양하다.

📍 Av. de Berna 45 A, 1067-001 Lisboa
🌐 gulbenkian.pt

11 오리엔테 기차역
Estação do Oriente

1998년 열린 엑스포 방문자들의 편의를 위해 세워졌다. 이곳에서 기차를 탈 일이 없더라도 일부러 들러 보면 좋을 정도로 건축미가 뛰어나다. 도심에서 조금 떨어진 올리베에 있는데, 이 지역은 한적하고 전원적이면서도 매우 현대적인 분위기가 풍겨 다른 지역들과 확연히 다른 매력을 볼 수 있다. 대형 쇼핑몰과 연결돼 있다.

📍 Av. Dom João II, 1900-233 Lisboa

12 전망대
Miradouro

리스본은 지대가 높고 언덕길이 많아 도보 여행자들이 힘들어 하지만, 그렇게 고지대인 덕분에 도시 곳곳에 전망대 Miradouro가 잘 되어 있다. 그중에서도 가장 인기 있는 곳은 4월 25일 다리Ponte 25 de Abril와 예수상Estatua do Cristo Rei이 잘 보이는 산타 카타리나 전망대Miradouro de Santa Catarina, 정원처럼 녹음이 짙은 상 페드로 알칸타라 전망대Miradouro de São Pedro de Alcântara이다.

산타 카타리나 전망대
📍 R. de Santa Catarina S/N, 1200-012 Lisboa

상 페드로 알칸타라 전망대
📍 R. de São Pedro de Alcântara, 1200-470 Lisboa

13 에스트렐라 대성당
Basílica da Estrela

에스트렐라 공원 맞은편에 18세기 후반 신고전주의 양식으로 지어진 에스트렐라 대성당이 있다. 아름다운 대리석으로 장식된 내부는 무료 관람이며, 입장료를 내면 전망 탑에 올라가 볼 수 있다. 근처에 포르투갈 국민 작가의 보금자리를 박물관으로 개조한 카사 페르난두 페소아Casa Fernando Pessoa가 있다.

♥ Praça da Estrela, 1200-667 Lisboa

NATURE

01 에스트렐라 공원
Jardim da Estrela

리스본 사람들이 주말이면 소풍을 즐기는 넓은 공원. 무려 5ha에 이르는 이 공원의 공식 명칭은 게하 중케이루 공원Jardim Guerra Junqueiro인데, 1910년 공화국 설립에 공을 세웠던 시인이자 정치가의 이름을 땄다. 세계 각지에서 가져온 선인장 등 다양한 식물들이 이국적인 풍경을 만들어낸다.

♥ Praça da Estrela, 1200-694 Lisboa

02 프린시프 헤알 공원
Jardim do Príncipe Real

이 공원의 매력은 한가운데에 있는 100년도 더 된 삼나무와 노천 카페만으로도 충분하다. 낮에는 평온하고 밤에는 새벽까지 북적거릴 정도로 온종일 리스본 사람들에게 사랑받는 공원이다.

♥ Praça do Príncipe Real, 1250-096 Lisboa

03 에드아르두 7세 공원 & 폼발 광장
Parque Eduardo VII & Praça Marquês de Pombal

1903년 영국과 포르투갈의 관계를 돈독히 하기 위해 영국 왕 에드워드 7세의 이름을 붙여 조성한 리스본 최대 공원. 온실과 파빌리온 등이 있다. 공원 한가운데 있는 폼발 광장은 1755년 대지진 후 도시 재건에 힘쓴 폼발 후작 Marques de Pombal의 이름을 땄다.

♥ Parque Eduardo VII, 1070-051 Lisboa

04 물의 정원
Jardim da Água

물을 모티프로 한 예술 작품과 위에서 아래로 쏟아져 내리는 분수로 꾸며진 작은 정원. 옷이 젖어도 상관없다는 듯 뛰어다니는 사람들이 많아 밝고 맑은 에너지로 가득한 공간이다.

♥ Passeio Ulisses, 1990-005 Lisboa

05 카스카이스
Cascais

리스본에서 1시간 거리의 그림 같은 항구 풍경이 아름다운 해안가 마을. 카이스 도 소드레역Cais do Sodre에서 기차로 약 50분 이동하는 것이 가장 편한 이동 방법이며 버스나 택시, 우버로도 편히 다녀올 수 있다. 기차가 산토스역, 벨렝역 등을 지나기 때문에 숙소가 산토스나 벨렝 가까이에 있다면 카이스 두 소드레역까지 가지 말고 가까운 곳에서 탑승하면 된다.

카스카이스는 어부들이 모여 살던 소박한 마을이었는데, 19세기 말 왕족들의 휴양지로 개발되며 유럽 각지의 관광객이 모여드는 깔끔하고 고급스러운 동네가 되었다. 산타 마리아 등대 박물관Farol Museu de Santa Marta과 해변에서 날씨 좋은 날 느긋한 오후를 보내보자.

📍 Praça 5 de Outubro, 2750-320 Cascais(카스카이스 관광청 사무소)
🌐 visitcascais.com/en

06 호카곶
Cabo da Roca

카스카이스에서 1624번 버스로 약 1시간이면 도착하는 호카곶은 유럽 최서단으로 '세상의 끝'이라는 별명을 가지고 있다. 카스카이스가 그리 크지 않고 호카곶도 그 자체로 명소이니 두 곳을 한 번에 다녀오는 것을 추천한다. 전망대에 있는 십자가 돌탑에는 포르투갈 대표 시인 루이스 드 카몽이스의 서사시 〈우스 루지아다스〉에 등장하는 유명한 구절 '여기, 땅이 끝나고 바다가 시작된다'가 새겨져 있으니 확인해 볼 것. 작은 호카곶 관광 사무소에서 유럽 최서단을 방문했다는 증명서도 발급받을 수 있다.

📍 Cabo da Roca, Azóia, 2705-001 Colares

SHOP

01 리베르다드 거리
Avenida da Liberdade

이 거리는 상점들이 문을 여는 오전 11시 전까지는 산책하기에 좋고, 11시 이후부터는 쇼퍼들에게 천국이다. 많은 디자이너 브랜드 상점들과 편집 숍, 카페들이 어깨를 나란히 하고 바쁘게 손님들을 불러 모은다.

📍 1250-096 Lisboa

02 엠바이사다
Embaixada

19세기 아랍 궁전 건물을 개조한 콘셉트 쇼핑몰. 윈도 쇼핑만 해도 즐거울 정도로 감각적으로 꾸며 놓았으며 우리에게는 생소하지만 다양한 포르투갈 브랜드를 만날 수 있다. 넓은 정원이 딸린 레스토랑도 있다.

📍 Praça do Principe Real 26, 1250-184 Lisboa
🌐 embaixadalx.pt

03 아 비다 포르투게사
A Vida Portuguesa

'메이드 인 포르투갈' 상품들을 취급하는 기념품 상점. 퍼즐, 아줄레주, 비누, 과자, 의류 등 웬만한 포르투갈 대표 기념품은 모두 이 곳에서 구매할 수 있다. 리스본 시내 여러 지점이 있고, 타임 아웃 마켓 안에도 지점이 있다.

📍 R. Anchieta 11, 1200-087 Lisboa
🌐 www.avidaportuguesa.com

HOTEL

01 리스본 데스티네이션 호스텔
Lisbon Destination Hostel

개인실과 도미토리, 공용 공간 모두 아늑하고 깨끗한 곳으로 가성비 좋은 포르투갈 숙소 중에서도 최고로 꼽히는 인기 호스텔이다. 친구도 손쉽게 사귈 수 있는 투어나 디너 파티 프로그램이 있지만 강요하는 분위기는 아니니, 혼자만의 시간을 보내기에도 최적이다.

📍 Estação do Rossio, Largo do Duque de Cadaval 2° andar, 1200-160 Lisboa
🌐 www.destinationhostels.com/lisbon-destination-hostel/

02 HF 페닉스 뮤직
HF Fénix Music

음악을 테마로 경쾌하게 꾸민 3성 같지 않은 3성급 호텔. 가성비가 폭우처럼 내리는 고급스럽고 넓은 숙소로, 야외 수영장과 루프톱 바, 정원도 갖추고 있다.

📍 R. Joaquim António de Aguiar 5, 1050-010 Lisboa
🌐 www.hfhotels.com/hoteis/hf-fenix-music-pt

03 에어비앤비
Airbnb

유럽에서 딱 한 번만 에어비앤비를 사용할 수 있다면 일말의 고민 없이 포르투갈을 고르겠다. 포르투갈 사람들은 타고난 미적 감각으로 집도 호텔처럼 꾸며놓고, 외부인들을 따뜻하게 맞이하는 문화가 정말 포근하기 때문이다.

🌐 www.airbnb.com

PORTO, PORTUGAL
포르투, 포르투갈

포르투갈을 여행한 대다수의 사람들은 리스본과 포르투, 둘 중 한 도시를 마음에 깊이 담는다. 그만큼 두 도시의 매력은 대조적이다. 아줄레주Azulejo든 나타Nata든 파두Fado든 어떤 것도 리스본과 포르투에서는 전혀 다른 모습이다. 선이 굵고 진한 리스본과 유려하고 섬세한 곡선으로 그린 듯한 포르투. 너무나 다르기에 더 아름답고 인상적인 또 하나의 매력적인 포르투갈을 만나 보자.

 혼여 매력도 ★★★★☆
고유한 매력과 평온한 분위기가 혼자 여행하는 사람들의 찬사를 이끌어 낸다.

 혼여 난이도 ★
비교적 작은 도시라 주요 명소들이 가까운 거리에 있어 혼자 여행하기 쉽고 안전하다.

 추천 포인트
- 포르투의 아름다운 경치를 도루강에서 즐길 수 있는 크루즈
- 대표 특산물인 포트 와인을 직접 맛보며 와인 제조 과정을 배워볼 수 있는 와이너리 투어

TRAVEL INFORMATION

▶▶ 포르투 여행 정보 ◀◀

면적

41.42km²

시간대

UTC+0 (한국과 시차 -9시간)

인구
23만 7,559명 (2024년 기준)

기후
사계절이 뚜렷한 지중해성 기후로, 겨울은 한국보다 따뜻한 편이다.

화폐
유로

언어

포르투갈어

여행 정보 홈페이지
www.cm-porto.pt (행정)
visitporto.travel (관광)

관광 안내소
포르투 공항, 상 벤투São Bento와 캄파냐Campanhã 기차역, 도심Rua Clube dos Fenianos, 25 - 4000-172 Porto, 대성당Calçada de D. Pedro Pitões, 15 - 4050-269 Porto, 히베이라 광장Praça da Ribeira, 4050-551 Porto에 관광 안내소가 있다.

항공편
현재 우리나라에서 연결하는 직항편은 없다. 리스본에서 포르투로 가려면 비행기, 기차, 버스 등을 한 번 더 이용해야 한다. 포르투의 프란시스쿠 사 카르네이루 공항Aeroporto Francisco Sá Carneiro에서 메트로를 이용해 시내까지 이동할 수 있다. 역에서 Z4 티켓(요금 €2.25)을 사서 메트로를 타면 시내까지 약 30분 걸린다. 버스나 셔틀도 운행하며, 택시는 요금이 약 €20~25 정도다.

대사관
주포르투갈 대한민국 대사관은 리스본에 위치한다.
주소 Avenida Miguel Bombarda 36, 1051-802 Lisboa
홈페이지 overseas.mofa.go.kr/pt-ko/

기차 · 버스편
포르투갈 국내에서 이동할 때는 저가 항공, 기차, 버스를 이용한다. 리스본~포르투는 기차로 편도 약 3시간 거리. 버스는 레데 익스프레소스Rede Expressos나 에바Eva를 이용한다.
홈페이지 포르투갈 철도청 www.cp.pt
레데 익스프레소스 www.rede-expressos.pt
에바 www.eva-bus.com

치안

포르투갈은 스페인과 이웃하고 있지만 치안은 완전히 다르다. 소매치기도 드물고 치안도 안전하다. 유럽에서 가장 안전하다고 느낄 수준이다.

시내 교통

A. 메트로 Metro
도심과 외곽을 잇는 6개의 노선이 운행한다. 포르투 도심은 Z2 존에 해당하고, 강 건너 빌라 노바 가이아로 넘어가면 1개 존 추가, 해변 쪽 마투시뇨스Matosinhos로 넘어가는 경우에도 존이 추가된다. 참고로 공항은 Z4에 속한다.
시간 06:00~01:00
요금 Z2(2개 존부터 요금 시작, 1시간 유효) 1회권 €1.4 / Z3 €1.8 / Z4 €2.25
홈페이지 en.metrodoporto.pt

B. 버스 Bus
포르투 버스는 STCP에서 운영하며, 메트로보다 더 촘촘한 노선으로 시내를 누빈다. 홈페이지에서 각 노선의 정보를 확인할 수 있다. 운행 시간은 05:00~24:30(일부 노선은 ~21:00)이며 나이트 노선(1M~13M)은 24:00~05:00까지이다. 1회권은 버스에 탑승하면서 살 수 있다.
요금 €1.4
홈페이지 www.stcp.pt

C. 트램 Tram
1, 18, 22번 3개 노선이 있고 시간표는 모든 정류장에 붙어 있다. 1회권은 트램 탑승 시 구매할 수 있다.
요금 €3.5

D. 군다이스 푸니쿨라르 Guindais Funicular
포르투의 주요 동네인 바탈랴Batalha와 히베이라Ribeira를 잇는 케이블카이다.
시간 11~3월 일~목요일 08:00~20:00, 금·토요일 08:00~22:00 / 4~10월 일~목요일 08:00~22:00, 금·토요일 08:00~24:00
요금 어른 €2.5, 어린이 €1.25

E. 택시 Taxi
택시 정류장에서 타거나, 전화로도 부를 수 있다. 24시간 운행하며 미터기와 영수증 발행은 필수.

> **TIP**
> 렌터카도 있지만 포르투에서 인근으로 이동할 때나 필요하지 도심에서는 대중 교통으로 충분하다.

F. 옐로 버스 투어 Yellow Bus Tour
포르투에서는 버스 투어뿐만 아니라 다양한 테마로 진행하는 워킹 투어를 제공한다. 포르투의 역사 지구를 돌아보는 루트, 도루강 와인 투어 등이 있다.
홈페이지 www.yellowbustours.com

교통권

안단테 티켓 Andante Ticket
포르투의 교통권은 안단테 티켓이라 부른다. 파란색의 이 카드를 사서 원하는 요금을 충전하여 계속 쓸 수 있다. 구매 시 발급 비용 €0.6이 더 들며, 이 금액은 환불되지 않는다. 메트로 역, 기차역, 관광 안내소, 담배 키오스크 등에서 판매한다. 여행 범위(Z2~Z20)에 따라 가격이 다르다. 존 구별 없이 사용 가능한 안단테 투어 카드(1일권 €7.5, 3일권 €16)도 있다.

요금

구역	1회권	24시간권
Z2	€1.4	€5.15
Z3	€1.8	€6.65
Z4	€2.25	€8.3

홈페이지 www.linhandante.com

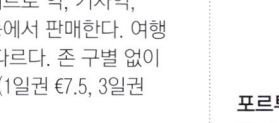

여행 패스

포르투 카드 Porto.CARD
6개 명소 무료 입장, 14개 명소 50% 할인, 공항~시내 구간 메트로 포함 대중교통 자유 이용 등 총 150여 개의 혜택을 제공하는 패스. 온라인과 오프라인 관광 안내소, 관광명소 등에서 판매한다.
요금 1일 €15 / 2일 €27 / 3일 €32 / 4일 €41.5
홈페이지 www.portocard.city

3 DAYS IN PORTO

▶▶ 포르투 베스트 3일 코스 ◀◀

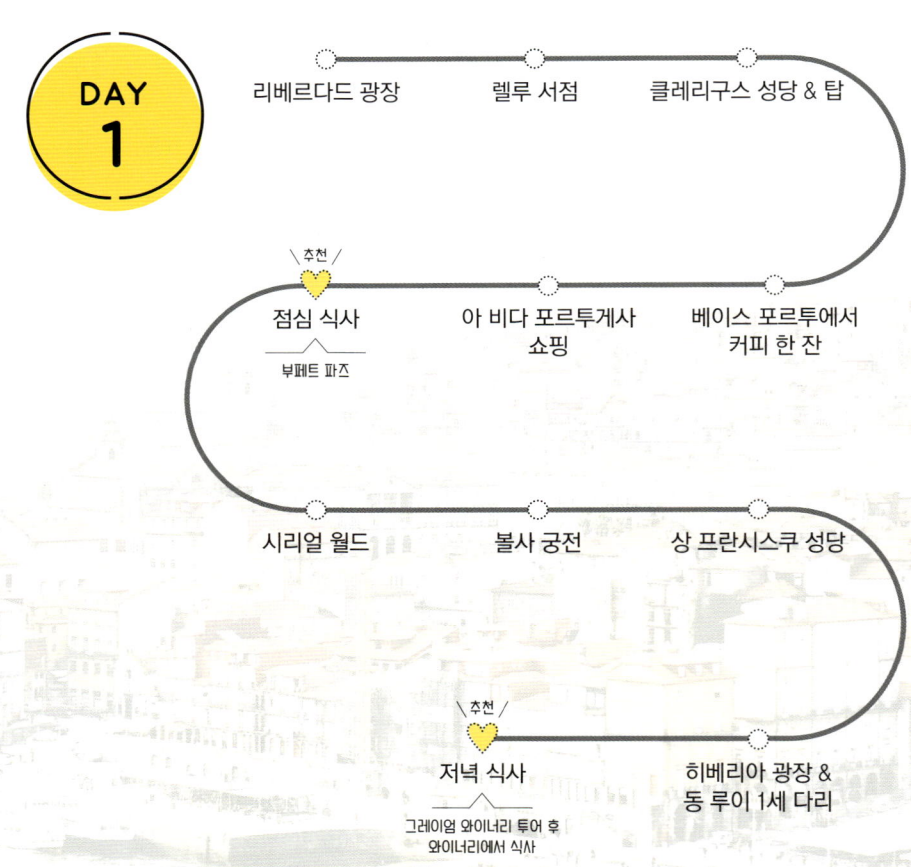

DAY 1

리베르다드 광장 → 렐루 서점 → 클레리구스 성당 & 탑

↓

점심 식사 (추천: 부페트 파즈) ← 아 비다 포르투게사 쇼핑 ← 베이스 포르투에서 커피 한 잔

↓

시리얼 월드 → 볼사 궁전 → 상 프란시스쿠 성당

↓

저녁 식사 (추천: 그레이엄 와이너리 투어 후 와이너리에서 식사) ← 히베리아 광장 & 동 루이 1세 다리

혼자 여행, 한 달 살기에 완벽한 도시로 종종 꼽히는 포르투. 이곳을 상징하는 달콤 쌉싸름한 포트 와인과 역사적인 건축물을 즐기며 천천히 시간을 보내기 안성맞춤이다. 도시 규모가 작아 3일이 빠듯하게 느껴지진 않지만 보고 즐길 거리가 많아 알차게 일정을 보낼 수 있다.

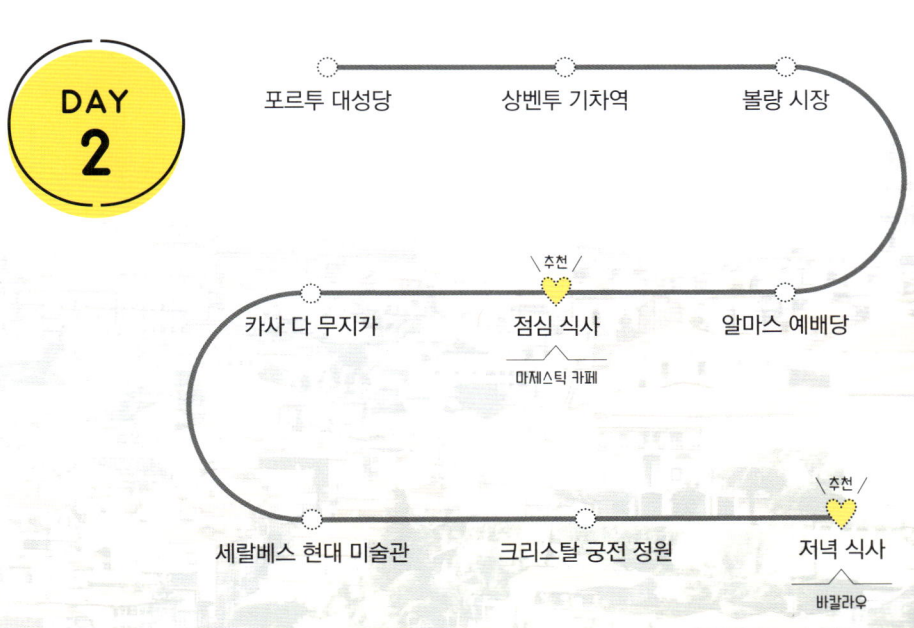

DAY 2
포르투 대성당 — 상벤투 기차역 — 볼량 시장 — 알마스 예배당 — 점심 식사 (추천: 마제스틱 카페) — 카사 다 무지카 — 세랄베스 현대 미술관 — 크리스탈 궁전 정원 — 저녁 식사 (추천: 바칼라우)

DAY 3
LV.1 포르투 근교 여행으로 가깝지만 완전히 다른 자연과 건축미, 문화를 가진 도시 방문하기. 또는 LV.2 도루강 와인 투어로 포트 와인을 제대로 경험해 보기

기차 타고 떠나보는
포르투 근교 여행

포르투 근교 여행은 말로는 쉬워 보일지 모른다. 직행편 기차가 있고, 근교 도시들은 포르투에 비해 그리 크지 않으니. 하지만 철도 파업을 밥 먹듯 하는 유럽에서 소매치기를 조심하고 플랫폼이 바뀌지는 않는지 확인하면서 기차나 버스에 올라타기까지, 오롯이 혼자 얼마나 많은 노력을 해야 하는지 겪지 않은 사람은 모른다. 그렇게 목적지에 도착해서 무사히 내리면 아직 여행은 시작하지 않았음에도 대단한 성취감이 밀려온다. 이 맛에 혼자 여행을 한다.

브라가 Braga

당일치기는 아쉽고 1박 정도는 해야 여유롭게 구석구석 볼 수 있는 소담한 도시. 역사가 깊고 건축미도 뛰어나 일부러 걸음을 한 보람이 있다. 주요 볼거리는 포르투갈에서 가장 오래된 대교구 브라가 대성당 Sé de Braga, 꽃이 만개한 정원이 아름다운 비스카뉴스 박물관 Museu dos Biscainhos, 116m 높이의 아름다운 계단으로 유명한 봄 제수스 성당 Bom Jesus do Monte 등이 있다.

🌐 www.cm-braga.pt/en

기마랑이스 Guimarães

브라가와 가까워 브라가에 여장을 풀고 함께 다녀오면 좋다. 주요 볼거리로는 아직 견고히 언덕 위에 서 있는 11세기 기마랑이
스 성채 Castelo de Guimarães와 직물 공예, 세라믹을 전시하는 국립 박물관으로 쓰이는 브라간자 공작 성 Paço dos Duques de Bragança, 오래된 도시 속 모던한 모습으로 한눈에 띄는 미술관 호제 데 기마랑이스 국제 예술 센터 Centro Internacional das Artes José de Guimarães, 케이블카를 타고 올라가는 도시 외곽 언덕 위의 페나 성소 Santuário da Penha 등이 있다.

🌐 www.guimaraesturismo.com

✅ 싱그러운 포트 와인의 세계에 빠져보는
도루강 와인 투어

향기가 풍부하고 맛이 부드러운 포트 와인Port Wine이 탄생하는 포도밭을 직접 가 보자. 도루Douro강을 중심으로 한 산악 지대는 포트 와인 생산지로 유명해서 와인 투어가 활발하다. 포트 와인으로 유명한 도시 빌라 노바 드 가이아Vila Nova de Gaia의 속성 투어가 성에 안 차는 와인 애호가들은 도루강 주변의 유명 와이너리들을 살펴보고 너른 포도밭 전경을 감상하며 포트 와인에 더욱 깊게 빠질 수 있을 것이다. 다양한 형태로 진행되는 영어 투어 에이전시들을 살펴보고 고를 수 있다. 마이리얼트립 등 한국어로 된 투어 사이트에서 프로그램 내용과 예약을 살펴볼 수도 있으나, 투어 자체는 영어로 진행된다.

> **TIP**
>
> ### 포르투갈 와인 더 알아보기
>
> #### 비뉴 베르드 *Vinho Verde*
> 포르투갈 최북단 미뉴Minho 지역에서 처음 양조한 와인. 이름을 직역하면 '녹색 와인'이라는 뜻이지만 양조하여 6개월 이상 숙성하지 않은 어린 레드, 화이트, 로제 와인을 통칭한다. 따라서 가볍고 신선한 맛이 나며 산도와 과일향도 진하다.
>
> #### 마데이라 와인 *Vinho da Madeira*
> 마데이라섬에서 나는 포도로 만드는 와인. 섬에서 출항하여 긴 항해를 하는 배 안에서 열과 움직임으로 맛이 변한 것이 시초로, 달콤하고 진한 포트와 매우 비슷한 것이다. 포트와의 차이점은 열로 숙성시키는 방법. 오랫동안 보관이 가능하고 스모키한 향이 난다.

🌐 www.tasteporto.com
www.portodouro.com
www.douroexclusive.com

포르투 베스트 먹거리

BEST MENU | 01

프란세지냐
Francesinha

'작은 프랑스 소녀'라는 뜻의 포르투 전통 샌드위치. 빵 사이에 햄, 소세지, 스테이크 등 여러 종류의 고기를 넣고 녹인 치즈와 토마토 소스를 토핑해 만든다. 리스본에서는 보기 어려운데, 이 음식이 유래한 포르투에서는 거리마다 보인다. 포르투 대부분의 카페와 식당에서 판매하나, 집집마다 소스와 요리 방법이 조금씩 다르다. 짭짤해서 맥주 안주로 최고다.

BEST MENU | 02

세라 다 이스트렐라 치즈
Queijo Serra da Estrela

버터처럼 부드러운 포르투갈산 최상급 치즈. 양젖으로 11~3월에만 만들어 최소 30일 숙성 기간을 거쳐야 하는 등 엄격한 기준에 맞춰 생산된다.

BEST MENU | 03

포트 와인
Vinho do Porto

프랑스나 이탈리아에 비해 덜 알려졌지만, 포르투갈은 로마 제국으로 와인을 수출할 정도로 역사가 긴 와인 강대국이다. 포르투갈 와인 중 가장 유명한 것은 주정을 첨가해 도수를 강화한 포트 와인이다. 도루 계곡에서 나는 포도만을 사용하여 만들며, 드라이한 종류도 있지만 디저트로 인기 있는 진하고 달콤한 레드가 유명하다. 가볍고 상큼한 비뉴 베르드 와인, 포트와 비슷한 마데이라 와인도 포르투갈 여행 중 마셔볼 만한 맛있는 술이다.

BEST MENU | 04

칼도 베르드
Caldo Verde

겨울에 특히 인기 있는 요리로 간단히 만들 수 있다. 감자와 녹색 채소를 듬뿍 넣고 뭉근하게 끓여내는데, 소시지를 넣기도 한다. 빵과 함께하면 간단하고 따끈한 한 끼가 된다.

포르투 베스트 맛집

BEST RESTAURANT | 01

바칼라우
Bacalhau

식당 이름이 재료 이름이라니, 이보다 더 정직한 이름일 수 없다. 탁 트인 강가에 면한 대구(바칼라우) 전문점이다. 최상급의 신선한 대구만 사용해 다양한 바칼라우 요리를 맛볼 수 있다. 양고기, 돼지고기 등 육류 메뉴도 있고 궁합이 맞는 와인에 잘 어울리는 디저트 메뉴도 다양하고 맛있다.

📍 Muro dos Bacalhoeiros 154, 4050-080 Porto

BEST RESTAURANT | 02

마제스틱 카페
Majestic Café

거울과 샹들리에로 화려하게 꾸민 포르투에서 가장 유명한 카페. 19세기 말 20세기 초 유럽의 벨 에포크 Belle époque(아름다운 시대) 정신을 담아 1921년 오픈했다. 〈해리 포터〉의 작가 조앤 K. 롤링도 이 곳에 앉아 시리즈의 첫 책을 쓴 것으로 유명하다.

📍 Rua Santa Catarina 112, 4000-442 Porto
🌐 cafemajestic.com

BEST RESTAURANT | 03

부페트 파즈
Bufete Fase

포르투 시민들이 사랑하는 포르투 특선 메뉴 프란세지냐를 잘하는 맛집. 유명하기로는 카페 산티아고 Café Santiago지만, 맛으로 따지자면 여기가 일등이다. 매장이 협소하고 현금 결제만 가능하지만 맛은 보장한다.

📍 Rua de Santa Catarina 1147, 4000-457 Porto
🌐 www.facebook.com/Bufete-Fase-279318019862/

BEST RESTAURANT | 04

타베르나 도스 메르카도레스
Taberna Dos Mercadores

강가에 자리한 해산물 레스토랑. 투박하면서도 다정한 가정식 분위기가 물씬 나고, 바다내음 가득 담긴 푸짐한 해산물 요리들이 맛있다. 야외 좌석도 있으니 날씨가 좋다면 바깥에 앉아보자.

📍 R. dos Mercadores 36, Porto
🌐 www.facebook.com/tabernamercadores/

BEST RESTAURANT | 05

그레이엄 와이너리
Graham's Port Lodge

포르투 시내와 도루강 사이에 있는 와이너리 동네, 빌라 노바 데 가이아에는 여러 와이너리들이 있다. 포트 와인의 역사와 제조 방법, 테이스팅으로 구성된 투어 프로그램은 거의 비슷하니 한 곳만 가도 된다. 그중 가장 추천하는 곳은 바로 그레이엄 와이너리. 1890년부터 포트 와인을 만들어 왔는데, 풍미가 좋기로 유명하고 언덕 위에 있어 전망도 좋다. 와인 바 겸 레스토랑에서 간단한 테이스팅뿐 아니라 와인을 곁들여 식사를 해도 좋다.

📍 Rua do Agro 141, 4400-281 Vila Nova de Gaia
🌐 grahams-port.com

BEST RESTAURANT | 06

베이스 포르투
BASE PORTO

클레리구스 탑 옆에 자리한 독특한 다문화 공간. 건축과 조명, 음악을 주제로 한 다양한 문화 프로그램을 함께 운영한다. 커피, 칵테일, 간단한 메뉴를 구비하고 있으며 넓은 정원에 놓인 테이블이 운치 있고 좋다.

📍 Passeio dos Clérigos - Jardim, 4050-162 Porto
🌐 baseporto.com

BEST SPOTS IN PORTO

포르투
베스트 스폿

LANDMARK
NATURE
SHOP
HOTEL

LANDMARK

01 리베르다드 광장
Praça da Liberdade

포르투의 정치, 문화적 중심지로 18세기에 조성되었다. 시청 및 여러 공공기관, 편의시설, 상점, 식당들이 있다. 광장 중앙에 세워진 것은 페드로 4세의 동상이다. '자유의 광장'이라는 뜻이다.

📍 4000-065 Porto

02 포르투 대성당
Sé do Porto

언덕 위에 세워진 로마네스크 양식의 대성당. 장미 문양 창과 고딕 회랑, 쌍둥이 탑이 특징이다. 18세기 아줄레주 장식의 회랑, 예배당과 성구 보관실에 놓인 니콜라우 나소니Nicolau Nasoni의 바로크 프레스코화도 유명하다. 성당 앞 광장에 세워진 기둥은 죄인과 노예를 묶어 놓고 매질을 했던 것으로, 페로우리뇨Pelourinho라 부른다.

📍 Terreiro da Sé, 4050-573 Porto
🌐 diocese-porto.pt

03 상 프란시스쿠 성당
Igreja Monumento de São Francisco

포르투에서 중요한 고딕 건축물 중 하나로 14세기에 지어졌고 1910년 국보로 지정됐다. 18세기에 수백kg의 황금빛 나뭇잎 장식을 추가하여 '황금 성당'이라 불리기도 했다. 화려한 아르보레 데 제세 예배당Capela da Árvore de Jessé과 지하 묘지 카타콤Catacomb이 주요 볼거리다.

📍 Rua do Infante D. Henrique, 4050-297 Porto

04 클레리구스 성당 & 탑
Igreja & Torre dos Clérigos

포르투의 상징인 바로크 시대 성당. 종탑의 높이가 75m에 달하며, 240개의 계단을 오르면 꼭대기에 오를 수 있다. 성당 안 예배당에 도금한 타원형 신도석과 4색 대리석으로 만든 제단도 아름답다. 설계자 나소니가 이곳에 묻혔는데 그 위치는 비밀이라고 한다.

📍 R. de São Filipe de Nery, 4050-546 Porto
🌐 torredosclerigos.pt

05 볼사 궁전
Palácio da Bolsa

19세기 신고전주의 스타일로 지어진 궁전으로, 한때 주식 거래소로 사용되었다. 지금은 모두 다르게 꾸며진 여러 방들이 일반인에게 개방되어 있다. 가장 인상적인 방은 스페인 그라나다의 알함브라 궁전에서 영감을 받아 장식한 아랍 방이다. 영어, 포르투갈어, 스페인어, 프랑스어로 진행하는 투어에 참여하면 더욱 자세히 구경할 수 있다.

📍 R. de Ferreira Borges, 4050-253 Porto
🌐 palaciodabolsa.pt

06 상벤투 기차역
Estação São Bento

아줄레주 타일로 바닥부터 천장까지 장식한 아름다운 기차역. 16세기 성 베네딕토 수도원이 화재로 전소하자, 그 자리에 역을 세웠다. 아줄레주 벽화는 20세기 초 역 건축 당시 당대 최고의 화가 조르즈 콜라수Jorge Colaço가 무려 11년간 2만 장의 타일 위에 작업한 것이다.

📍 Praça de Almeida Garrett, 4000-069 Porto

07 히베이라 광장 & 동 루이스 1세 다리
Praça da Ribeira & Ponte Luís I

강변에 조성된 광장으로, 노천 카페와 식당들로 가득해 포르투에서 가장 사진이 많이 찍히는 곳이다. 길이 172m의 동 루이스 1세 다리와 맞닿아 있다. 포르투의 상징과도 같은 이 아치형 다리는 히베이라와 와이너리들이 있는 빌라 노바 드 가이아를 잇는다. 2층에는 트램, 1층에는 자동차가 다니며 인도도 있어 걸어서 건너가 볼 수 있다.

📍 Praça Ribeira, 4050-513 Porto

08 세랄베스 현대 미술관
Museu de Arte Contemporânea de Serralves

포르투의 '에덴 공원'이라고 불리는 18ha에 달하는 넓고 아름다운 정원이 있는 현대 미술관. 여러 주제의 전시가 기획되어 주기적으로 새로운 작품들을 만날 수 있다. 티 하우스와 장미 정원, 목장, 야외 조각 작품 등 실내외에 볼 것이 아주 많다. 도심에서는 떨어져 있지만 포르투에서 전시를 단 한 곳 볼 수 있다면 여기를 추천한다.

📍 R. Dom João de Castro 210, 4150-417 Porto
🌐 serralves.pt

09 알마스 예배당
Capela das Almas

'영혼들을 위한 예배당'이라는 성스러운 이름의, 푸른 아줄레주 타일로 장식된 성당. 이 타일은 에두아르두 레이테 Eduardo Leite의 작품으로, 이탈리아 아시시의 성 프란체스코와 성녀 카테리나의 생애를 묘사한 것. 모두 1929년에 부착되어 여전히 반짝인다.

📍 Rua de Santa Catarina 428, 4000-124 Porto

10 카사 다 무지카
Casa da Música

현대와 미래의 포르투를 상징하는 미니멀한 디자인의 12층 건물로, 음악 공연장 설계 전문 건축가 렘 쿨하스 Rem Koolhaas의 작품이다. 세계 최고의 음향 시스템을 자랑하는 공연장과 함께 레스토랑과 기념품 상점도 있다. 공연의 특성에 맞추어 천장의 반사판이 움직이고, 특수 재질 좌석으로 관객이 얼마나 있는지와 관계없이 균일한 음질을 보장한다.

📍 Av. da Boavista 604-610, 4149-071 Porto
🌐 casadamusica.com

NATURE

01 크리스털 궁전 정원
Jardins do Palácio de Cristal

도루강의 전망이 펼쳐지는 아름다운 19세기 정원. 정원 내에는 박람회, 콘서트 등 여러 행사가 열리는 크리스털 궁전Palacio de Cristal과 사르데냐의 카를로스 알베르토왕Carlos Alberto da Sardenha이 유배되어 살던 당시의 모습을 재현한 낭만 박물관Museu Romantico도 있다.

📍 R. de Dom Manuel II, 4050-346 Porto

SHOP

01 렐루 서점
Livraria Lello

1906년 개업한 고풍스러운 서점으로 작가 조앤 K. 롤링J. K. Rowling이 〈해리 포터〉 시리즈의 영감을 받은 곳으로 유명하다. 천장에는 서점의 모토인 '노동의 존엄성Decus in Labore'이라는 문구가 아름다운 스테인드글라스에 새겨져 있다. 소정의 입장료가 있으나 그만 한 가치가 있는 아름다운 공간이다. 입장료는 책을 사면 안 내도 된다. 고급스러운 클라우스 포르투Claus Porto 비누 등 기념품도 판매한다.

📍 R. das Carmelitas 144, 4050-161 Porto
🌐 livrarialello.pt

02 볼량 시장
Mercado do Bolhão

19세기에 처음 문을 연 이래로 휴일 없이 포르투 사람들의 식료품을 책임져 온 시장. 다양한 식재료와 와인, 기념품, 꽃도 팔고 있고 주변 상권도 활발하다.

📍 Rua de Santa Catarina 220, 4000-252 Porto
🌐 mercadobolhao.pt

03 아 비다 포르투게사
A Vida Portuguesa

'메이드 인 포르투갈' 상품들을 취급하는 상점. 역사가 오랜 빈티지 브랜드들과 트렌디한 브랜드 모두 만날 수 있다. 퍼즐, 타일, 과자, 의류 등 품목이 다양하여 구경할 거리가 많다. 리스본에 본점이 있다.

📍 R. de Cândido dos Reis 36, Porto
🌐 avidaportuguesa.com

HOTEL

01 디 이트만 호텔
The Yeatman Hotel

포르투에서 가장 럭셔리한 호텔로 신혼부부들에게 특히 인기가 많지만 셀프 선물하는 셈 치고 묵어도 좋을 곳. 전 객실에는 낭만적인 강변 전망이 보이는 테라스가 딸려 있고, 스파와 자체 와인 셀러도 있다. 호텔 내에 미슐랭 2스타를 받은 레스토랑도 놓칠 수 없는 경험.

📍 Rua do Choupelo, 4400-088 Vila Nova de Gaia
🌐 the-yeatman-hotel.com

02 디 에디토리 아티스트 바이샤 포르투 호텔
The Editory Artist Baixa Porto Hotel

예술 학교로 사용되던 건물을 개조한 부티크 호텔. 객실 17개의 작은 호텔이다. 밝은 색으로 꾸며졌지만 화려하지 않고 깔끔하고 아늑하다. 모던 포르투갈 요리를 전문으로 하는 식당과 칵테일 바도 갖추고 있다.

📍 R. da Firmeza 49, 4000-228 Porto
🌐 www.editoryhotels.com

PRAGUE, CZECH REPUB
프라하, 체코

바다 건너 온 유럽에서 낯설지 않은 풍경은 없겠지만, 그중 가장 비현실적으로 아름다운 도시는 프라하다. 프라하는 중세 동화의 배경 같은 낭만과 예술성을 골목마다 품고 있다. 세계에서 가장 큰 성, 국민 작곡가 스메타나와 드보르자크의 음악처럼 흐르는 블타바강, 그림처럼 아름다운 시가지, 마차가 셀 수 없이 다녀 반질반질해진 돌길 위를 걸으며 도시의 한구석도 놓치지 말고 여행해 보자.

 혼여 매력도 ★★★★
고풍스러운 거리, 로맨틱한 강가의 풍경. 카프카와 무하가 남겨 놓은 예술품들과 프라하성의 건축미까지

 혼여 난이도 ★
지하철이 잘 발달되어 있고 주요 관광지가 도심에 밀집해 있어 혼자 여행하기에 매우 쉽다. 한국인 여행자들에게 꾸준히 사랑받아 여행 후기도 쉽게 찾아볼 수 있다.

 추천 포인트
- 유럽에서 가장 큰 성인 프라하성에서 도시 전체를 내려다 보자!
- 천문 시계와 고딕 건축물로 유명한 구시가지 광장에서 프라하의 역사를 느낄 수 있다.
- 하루 중 언제 걸어도 시시각각 변하는 매력을 느낄 수 있는 낭만적인 카를교

TRAVEL INFORMATION

▶▶ 프라하 여행 정보 ◀◀

면적

496km²

시간대

UTC+1 (한국과 시차 -8시간)

인구
약 138만 명(2024년 기준)

기후
해양성 기후와 대륙성 기후가 모두 있으며, 사계절이 있다. 평균 온도, 기후 등이 한국과 큰 차이가 없다.

언어
체코어

화폐
코룬 Kč

여행 정보 홈페이지
www.praha.eu (행정)
www.prague.eu (관광)

관광 안내소
프라하 공항 1, 2번 터미널과 구시청사, 바츨라프 광장과 나 무스트쿠Na Můstku 거리, 페트린 타워 등 시내 곳곳에 관광 안내소가 있다.

항공편
대한항공이 인천~프라하 간 직항을 운행하며 비행시간은 약 13시간 걸린다. 그 외 여러 항공사에서 경유편을 운행해 프라하 바츨라프 하벨 공항Václav Havel Airport Prague에 이착륙한다. 공항에서 시내의 프라하 중앙역까지 갈 때 나 홀로 여행자가 이용하기 가장 편리한 교통편은 에어포트 익스프레스Airport Express 버스다. 시내까지 25분이 걸리며, 배차 간격은 약 30분이다. 이외에 시내버스, 택시, 우버 등으로 갈 수 있다. 모두 1, 2터미널에서 타면 된다.

에어포트 익스프레스
시간 공항 출발 05:30~22:30, 시내 출발 05:45~21:15
요금 100Kč 홈페이지 www.prg.aero

> **TIP**
> **프라하 공항의 최대 장점**
> 공항의 모든 안내판에는 영어, 체코어와 함께 한글이 적혀 있다. 또 한국 여권 소지자는 대면 심사(유인 심사) 없이 편리하게 자동 입국 심사를 받을 수 있는데, 만 15세 이상 전자 여권 소지자에 인천~프라하 직항 노선으로 입국했을 때만 해당된다. 전자 여권 전용 게이트를 이용해 여권 스캔과 안면 인식 등 간단한 절차를 거치는데 최소 12초, 최대 30분이면 통과 가능.

대사관
주체코 대한민국 대사관은 프라하 시내 북쪽 레트나Letenské Sady 공원 근처에 위치한다.
주소 Slavickova 5, 160 00 Praha
전화 234-090-411
홈페이지 overseas.mofa.go.kr/cz-cs/index.do

기차편

프라하 중앙역은 체코 전역과 주변 국가들을 잇는 열차편에 탑승하는 곳이다. 메트로와도 연결되어 있다. 표는 온라인 예매, 현장 예매 모두 가능하다.
홈페이지 www.cd.cz

치안

서유럽에 비해 동유럽의 치안은 비교적 안전한 편이다. 혼자 여행하며 카페나 음식점에 가방을 두고 화장실을 다녀오는 정도까지는 권하지 않지만, 소매치기가 흔하지는 않다.

시내 교통

A. 메트로 Metro

프라하에서 가장 많이 이용되는 교통수단으로 한국과 시스템이 비슷하다. 탑승하기 전에 꼭 티켓을 노란색 검침기에 넣어 펀칭해야 한다. 메트로만으로도 시내 여행이 충분하다. 노선은 A B C, 3개로 복잡하지 않다. 운행 시간은 05:00~24:00.

B. 버스 Bus

시내 중심부를 가로지르는 노선은 많지 않지만 일부 노선은 트램보다 효율적이다. 24:00~04:30까지는 나이트 버스가 운행한다. 정류장에 알파벳 M 표시가 있으면 근처 메트로 역에서 환승이 가능하다.

TIP

시외버스

체스키 크룸로프, 카를로비 바리 등 프라하 주변 도시로 여행을 떠날 때는 기차 못지않게 버스를 많이 타기도 한다. 홈페이지에서 미리 예매하는 것을 추천.

홈페이지 www.regiojet.com
www.studentagencybus.com
global.flixbus.com/bus/prague

C. 트램 Tram

노선이 매우 촘촘해, 가까운 거리도 걷기 싫다면 가장 많이 타게 될 교통수단. 낮에는 25개 노선이, 심야(24:00~05:00)에는 9개 노선이 달린다. 버스처럼 트램 정류장도 알파벳 M 표시가 있으면 메트로 역과 닿아 있다는 뜻. 구글 맵을 이용해 이동 경로를 검색하면 정류장과 시간표를 알려주어 편하다. 경치가 가장 좋은 노선인 국립극장과 프라하성을 지나는 22번과 하절기 주말과 공휴일에만 달리는 42번 빈티지 트램(요금 35Kč)이 인기가 많다.

홈페이지 pid.cz

D. 택시 Taxi & 우버 Uber

짐이 많거나 멀리 이동하는 경우 유용하다. 프라하는 특히 돌길이 많아서 캐리어를 끌고 다니기는 힘들다. 길에서 잡는 것보다는 앱, 전화, 호텔 프런트에 부탁하는 편이 낫다.

E. 투어 버스 Tour Bus

한국어 오디오 가이드를 지원하면서 프라하 카드에 포함된 업체 외에도 여럿이 있다. 가장 많이 보이는 것은 빨간색의 이층 버스로 돌아다니는 시티 사이트싱City Sightseeing 버스다. 이 투어는 중세, 유대인 지구, 성 등의 루트를 도는 다양한 프로그램이 있다. 그중에서 시내 구석구석을 3개 루트로 돌아보는 홉온 홉오프 프라하 버스Hop-On Hop-Off Prague Bus가 가장 인기 있다. 보트 탑승도 추가 옵션에 있으며, 인터넷 예매, 정류장에서 현장 결제 모두 가능하다.

요금 24시간 13세 이상 $32, 4~12세 $18.13
48시간 13세 이상 $40.53, 4~12세 $21.33
홈페이지 city-sightseeing.com/en/102/prague

> **TIP**
>
> **투어 기차 에코익스프레스** Ekoexpress
>
> 3~11월, 10:00~17:00 동안 30분 간격으로 구시청사 광장에서 출발하는 귀여운 투어 기차다. 1시간 동안 9.5km 루트를 달린다.
>
> 요금 어른 300Kč, 학생 250Kč, 어른 동반 12세 이하 무료
> 홈페이지 www.ekoexpres.cz

교통권

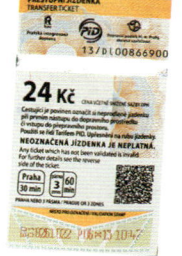

매표기, 관광 안내소, 담배 가게, 메트로 역에서 판매한다. 버스, 트램은 탑승 시 운전사에게 구매할 때 90분권만 더 비싼 가격에 판매하니 미리 사 두자. 교통 패스는 주요 메트로 역과 관광 안내소에서 판매한다. 단일권이나 패스를 첫 번째 사용할 경우 버스, 트램에 타자마자 기계에 티켓을 넣어 탑승 시간을 체크한다.

요금

	어른(15~60세)	61세 이상
30분권	30Kč	15Kč
90분권	40Kč	20Kč
1일권	120Kč	60Kč
3일권	330Kč	

※ 25×45×70cm 이상의 짐이 있는 경우 짐 티켓(16Kč) 구매(1일권 이상은 따로 구매하지 않아도 됨)
※ 15세 미만 무료
홈페이지 www.dpp.cz

여행 패스

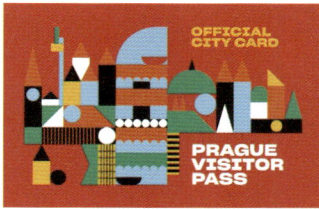

프라하 비지터 패스 Prague Visitor Pass
70여 개 명소 무료 입장, 50여 개 명소 할인, 투어 버스, 크루즈, 대중교통 이용권을 통합한 패스로, 관광 안내소를 포함해 여러 판매처는 홈페이지에서 확인할 수 있다.

요금

	어른	학생(15~25세)	어린이(6~14세)
48시간	2400Kč	1800Kč	1200Kč
72시간	3000Kč	2300Kč	1500Kč
120시간	3600Kč	2700Kč	1800Kč

홈페이지 praguevisitorpass.eu

3 DAYS IN PRAGUE

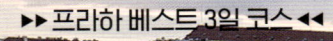
▶▶ 프라하 베스트 3일 코스 ◀◀

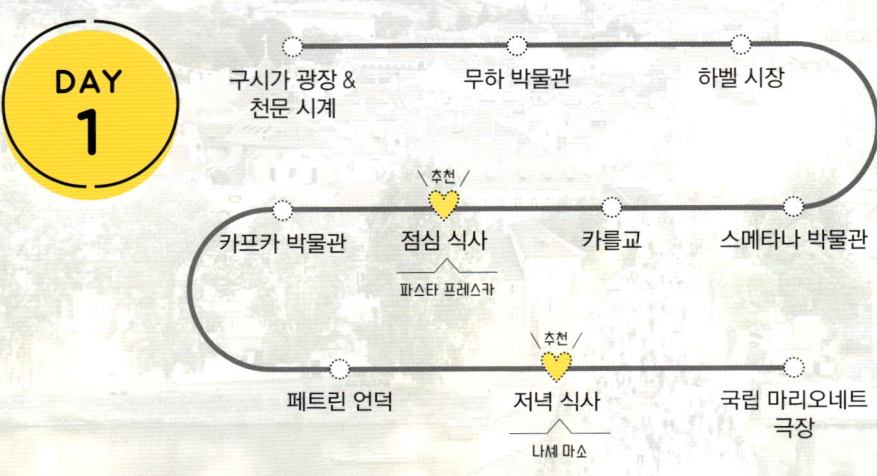

DAY 1
- 구시가 광장 & 천문 시계
- 무하 박물관
- 하벨 시장
- 카프카 박물관
- 점심 식사 (추천: 파스타 프레스카)
- 카를교
- 스메타나 박물관
- 페트린 언덕
- 저녁 식사 (추천: 나셰 마소)
- 국립 마리오네트 극장

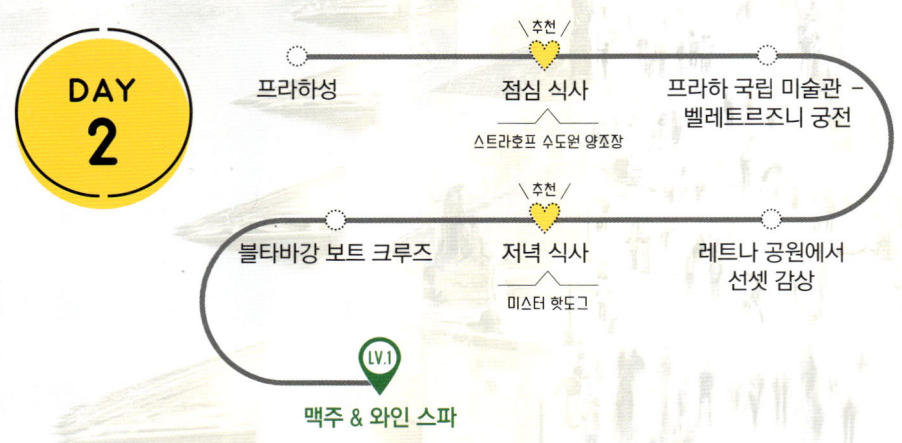

DAY 2
- 프라하성
- 점심 식사 (추천: 스트라호프 수도원 양조장)
- 프라하 국립 미술관 – 벨레트르즈니 궁전
- 블타바강 보트 크루즈
- 저녁 식사 (추천: 미스터 핫도그)
- 레트나 공원에서 선셋 감상
- LV.1 맥주 & 와인 스파

역사와 예술, 낭만적인 풍경이 조화를 이루는 도시. 프라하의 정체성이라 할 수 있는 프라하성과 카를교는 절대 놓칠 수 없다. 구시가지를 걸으며 중세 시대의 향수를 느껴보고, 햇살에 반짝이는 블타바강 풍경도 감상하자. 일정이 허락한다면 근교 도시로도 떠나 체코의 다양한 면모를 탐색할 수 있다.

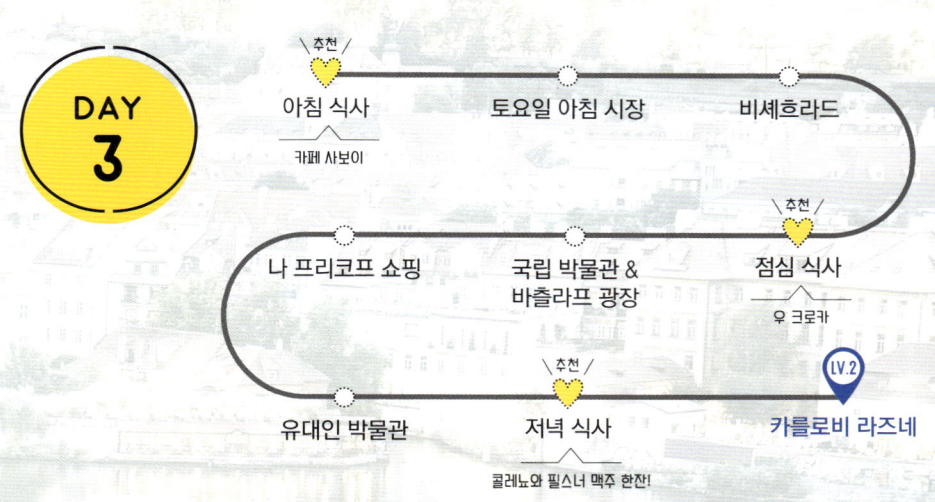

DAY 3

추천 ♥
아침 식사
― 카페 사보이 ―

토요일 아침 시장

비셰흐라드

나 프리코프 쇼핑

국립 박물관 & 바츨라프 광장

추천 ♥
점심 식사
― 우 크로카 ―

유대인 박물관

추천 ♥
저녁 식사
― 콜레뇨와 필스너 맥주 한잔! ―

LV.2
카를로비 라즈네

+하루 더!

DAY 4

취향에 따라 떠나는 LV.1 프라하 테마 근교 여행

✓ 버스로 쉽게 다녀오는
프라하 테마 근교 여행

프라하는 유럽의 어느 도시보다 근교 여행이 쉽다. 동유럽에서 시작하는 솔로 여행을 계획한다면 프라하에서 근교 여행 연습을 해보는 것도 좋을 것이다. 프라하 중앙역과 버스 정류장에는 근교로 떠나는 한국 여행자들이 사계절 내내 있기 때문에 그 무리를 따라가면 될 정도다.

맥주의 도시, 플젠
Plzeň

플젠은 필스너가 탄생한 맥주의 도시. 필스너 공장 투어와 양조장에서 갓 나온 생맥주를 바로 마시는 경험만으로도 플젠 나들이의 이유는 충분하다. 맥주 축제가 열리는 가을에 찾으면 더욱 흥이 넘친다. 필스너 양조장 외의 주요 볼거리는 성 바르톨로뮤 성당, 시나고그 등이 있다. 프라하에서 기차로 1시간 소요.

🌐 www.visitplzen.eu

온천의 도시, 카를로비 바리
Karlovy Vary

예로부터 스파(온천) 휴양지로 유명했던 지역. 지금도 도시 곳곳에 훌륭한 스파 시설을 갖춘 고급 호텔과 무료로 마실 수 있는 온천수 수도꼭지들이 있다. 짭조름한 미네랄 워터를 마실 때 필요한 작은 세라믹 컵과 웨이퍼 과자는 카를로비 바리의 특산품이다. 다이애나 전망대, 모제르 Moser 유리 박물관, 체코 전통술 베체로브카 Becherovka의 역사를 볼 수 있는 얀 베커 박물관이 주요 명소. 프라하에서 버스로 2시간 10분 소요.

🌐 www.karlovyvary.cz/cs

동화 속 세상, 체스키 크룸로프
Český Krumlov

아름다운 성으로 유명한 아기자기한 소도시. 시내는 정말 작지만 성 주변의 멋진 다리와 경관이 아름다워 아무것도 하지 않고 산책만 하다 돌아와도 행복해지는 곳이다. 에곤 실레 미술관, 성 비투스 성당, 세이델 사진 박물관 등 도시 규모에 비해 명소도 많고 상점, 식당, 숙소도 많다. 프라하에서 버스로 2시간 50분 소요.

🌐 www.ckrumlov.info

✓ 푹 쉬고 취해 보자
맥주 & 와인 스파

맥주와 와인으로 유명한 프라하에서는 몸에 좋은 효소와 포도를 먹기만 하는 것이 아니라 몸에도 아낌없이 바른다. 도시 곳곳에는 맥주, 와인 스파가 있는데 각각의 음료 성분을 넣은 목욕물에 몸을 담그고 피곤을 씻어내면서 맥주나 와인은 무제한 제공된다. 요금은 시간당, 인원당으로 지불하는데 한국 스파에 비하면 합리적인 편이다. 노곤함을 덜고 싶지만 맥주나 와인 물에 몸을 씻는 것이 부담스러운 경우, 물줄기로 마사지할 수 있는 욕조와 핀란드식 사우나, 샤워 시설, 원목 라운지 체어, 작은 아일랜드 키친으로 구성된 부티크 호텔 미스 소피스 스파를 추천한다. 아일랜드 키친에 와인과 과일 등도 준비되어 있다.

오리지널 맥주 스파 The Original Beer Spa
 www.beerspa.com
프라멘 스파 Lázně Pramen
 www.pivnispa.cz
미스 소피스 스파 Miss Sophie's
 miss-sophies.com/blog/rediscover-wellness-at-miss-sophies

LEVEL 2
혼자 여행 ・・・・・・ 버킷리스트

✓ 동유럽 최대 규모 클럽에서 신나는 밤을!
카를로비 라즈네 Karlovy Lazne

시내 중심에 있고 워낙 사람도 많아 입장이 어렵지는 않은데 난이도 레벨 2인 이유는 이곳에서 신나게 놀려면 흥이 꽤 많이 필요하기 때문이다. 이비자나 미코노스 등 소문난 파티 섬을 제외하면 한국보다 더 신나는 클럽 문화를 가진 도시는 찾기 어렵다. 하지만 이곳, 카를로비 라즈네에는 5층짜리 대형 건물에 플로어마다 DJ가 있으며, 2018년에는 로봇 DJ도 도입했다. 얼음으로 가득한 아이스 바도 있다. 이 정도면 밤새 춤 추지 않더라도 흥미로운 나이트 라이프를 경험할 수 있다. 도심 가운데에 위치해 치안도 좋다.

 Novotného lávka 198/13, 110 00 Staré M sto
 www.karlovylazne.cz

프라하 베스트 먹거리

BEST MENU | 01

프라하 햄
Pražská šunka

보헤미아 지방에서 탄생한 프라하 햄은 종종 길거리 간식으로 보일 정도로 사랑받는 전통 음식. 소금물로 간을 하고 너도밤나무로 훈제한다. 맥주와 잘 어울리는 것은 두말할 필요도 없다.

BEST MENU | 02

필스너 맥주
Pilsner

1842년 체코 플젠에서 처음 제조하기 시작한 라거 스타일의 맥주. 독일 바이에른의 라거 제조법을 들여와 홉을 더 넣어 강하고 진한 맛과 향, 황금빛이 특징이다.

BEST MENU | 03

트르들로
Trdlo

동유럽 여러 나라에서 볼 수 있는 트르들로는 트르델니크Trdelník라고도 부르는 체코 국민 빵이다. 회전하는 꼬치에 반죽을 감아 굽는데, 그 속에 생크림, 잼, 아이스크림을 넣어 먹기도 하고, 그대로 먹어도 고소하다.

BEST MENU | 04

콜레뇨
Koleno

쫄깃 바삭한 돼지 무릎 구이. 돼지고기를 맥주와 함께 삶은 후 구워 만든다. 혼자 먹기에 커 보이지만 먹다 보면 어느새 바닥을 다 보일 정도로 맛있고, 체코 맥주와 궁합도 매우 좋다.

BEST MENU | 05

체스네치카
Česnečka

마늘을 듬뿍 넣어 끓이는 수프로, 마지막에 달걀을 넣어 먹는다. 소시지나 치즈 등을 넣기도 하며 바삭한 크루통과 함께 먹는다. 체코에서 인기 있는 전채 메뉴.

BEST MENU | 06

크네들리키
Knedlíky

빵 또는 감자로 만드는 쫄깃한 만두. 체코의 육류 요리에는 단짝처럼 사이드 메뉴로 등장한다. 빵으로 만든 것은 하우스코베 크네들리키 Houskové Knedlíky, 감자로 만든 것은 브람보로베 크네들리키 Bramborové Knedlíky라 한다.

프라하 베스트 맛집

BEST RESTAURANT | 01

카페 사보이
Café Savoy

그랑 카페 오리엔트Grand Café Orient, 카페 루브르Café Louvre, 카페 슬라비아Café Slavia 등 프라하를 대표하는 오랜 역사의 우아한 카페들 중 가장 추천하는 곳이다. 매일 아침 구워내는 베이커리, 핫 초콜릿도 맛있고 식사 메뉴도 좋은 데다 와인 메뉴도 훌륭하다. 개인적으로는 일찍 와서 아침을 푸짐하게 먹고 강변을 산책하며 하루 일정을 시작하는 것을 추천!

📍 Vítězná 124/5, Vítězná 5, 150 00
🌐 cafesavoy.ambi.cz/en/

BEST RESTAURANT | 02

우 크로카
U Kroka

1895년부터 영업 중이니 역사도 오래된 데다, 프라하에서 전통 체코 요리로 둘째 가라면 서러운 곳이다. 맥주도 맛있어 식사에 곁들여 든든히 먹고 싶을 때 좋다. 저녁에는 예약을 추천한다.

📍 Vratislavova 28/12, 128 00 Praha
🌐 www.ukroka.cz

BEST RESTAURANT | 03

미스터 핫도그
Mr. Hotdog

줄 서서 먹는 동네 맛집. 다양한 종류의 소시지와 토핑의 조합, 든든한 사이드 메뉴, 체코 맥주까지 있으니 완벽한 한 끼다. 가격이 착한 것은 보너스.

📍 Kamenická 24, 170 00 Praha
🌐 mrhotdog.cz

BEST RESTAURANT | 04

나셰 마소
Naše Maso

역시 혼자 여행자에게는 싸고 간단하고 빠른 햄버거가 가장 만만하다. 하지만 자주 먹는 메뉴라도 이왕이면 맛있는 것으로 챙겨 먹자. 정육점 겸 식당인 이곳은 고기 품질이 정말 뛰어나 프라하 사람들이 매일 줄을 서서 먹거리를 사간다. 햄, 살라미, 소시지 등 다양한 부위를 팔고 간단한 고기 요리도 먹고 갈 수 있다. 시그니처는 풀드 비프 샌드위치와 프라하 햄 샌드위치.

📍 Dlouhá 727/39, 110 00 Praha
🌐 nasemaso.cz

BEST RESTAURANT | 05

파스타 프레스카
Pasta Fresca

프라하 최고의 파스타 레스토랑. 면부터 직접 만들어 식감이 훌륭하고, 제철 재료로 만드는 다양한 소스를 고르는 재미가 있다. 이탈리아 와인도 다양하게 마련되어 있다.

📍 Celetná 598/11, 110 00 Praha
🌐 pastafresca.ambi.cz

BEST RESTAURANT | 06

브니트로 블록
Vnitro Block

카페 좀 다닌다는 사람이라면 꼭 가 봐야 할 곳. '프라하의 대림 창고'라는 별명으로 한국 여행자들에게도 이미 꽤 알려졌다. 오래 방치되었던 건물을 개조하여 넓은 공간을 여유 있게 사용하는데, 편집숍, 전시, 카페 등 다목적으로 활용했다. 음식 메뉴는 다양하지 않지만 커피 맛은 좋은 편이다. 비슷한 콘셉트로 '이름을 찾고 있는 중인 카페'라는 뜻의 카바르나 초 흘레다 이메노Kavárna co hledá jméno도 있다.

📍 Tusarova 791/31, 170 00 Praha
🌐 vnitroblock.cz

BEST RESTAURANT | 07

EMA 에스프레소 바
EMA Espresso Bar

프라하에서 커피가 맛있는 곳이 어디인지 물으면 순위 안에 꼭 드는 카페. 아직도 중세 시대의 돌길이 깔려 있고 아스팔트 길은 찾아볼 수 없는 프라하의 숨은 매력은 빠르게 변하는 카페들이다. EMA 에스프레소 바 외에도 원십 커피Onesip Coffee, 슈퍼 트램프 커피Super Tramp Coffee와 마마커피Mamacoffee도 트렌디하기로 유명하다.

📍 Na Florenci 1420/3, 110 00 Praha
🌐 emaespressobar.cz

프라하 베스트 스폿
BEST SPOTS IN PRAGUE

LANDMARK
NATURE
SHOP
HOTEL

LANDMARK

01 프라하성
Pražský Hrad

9세기부터 자리를 지켜온, 세계 최대 규모의 성으로 유명하다. 프라하성에는 체코 대통령의 집무실이 있으며 넓은 부지 안에 여러 건물들로 구성되어 있다. 대표적인 볼거리는 성 비투스 대성당, 옛 왕궁, 성 이르지 성당, 황금 소로, 프라하성 역사 전시관, 화약탑, 프라하성 회화 갤러리, 로젠베르크 궁전 등이 있다. 밤에 조명이 들어오면 더욱 화려한 풍경이 연출되며, 그중 하이라이트는 성 비투스 대성당과 카프카의 작업실이었던 22번지 집이 있는 황금 소로Golden Lane로 꼽힌다. 3시간 이상 넉넉하게 시간을 들여 둘러보기를 추천한다.

📍 Hradčany, 119 08 Praha
🌐 www.hrad.cz

02 카를교
Karlův Most

블타바강을 가로지르는 다리 중 가장 아름다운 다리로 꼽힌다. 14세기 말, 카를 4세의 명으로 지은 것이라 그의 이름을 땄다. 길이 516m, 너비 10m로 아주 길지는 않지만 성 얀 네포무크의 동상, 고난의 예수상과 같은 조각상들이 촘촘히 세워져 있고 화가와 악사, 기념품 상인 등 다리 위에서 펼쳐지는 구경거리도 많다.

📍 Karlův most, 110 00 Praha

03 구시가 광장
Staroměstské

구시청사 앞에 자리한 넓은 광장으로 프라하의 심장, 만남의 광장 역할을 한다. 크리스마스 마켓을 비롯한 프라하시의 주요 행사가 열리는 곳이다. 북동쪽에 자리한 큰 조각상은 1415년 처형당한 체코의 종교 개혁가 얀 후스Jan Hus를 기리는 기념비Pomník mistra Jana Husa로, '서로를 사랑하고 모두에게 진실을 기원하라'라고 새겨져 있다. 광장 바닥에는 1652년부터 1918년까지 시계 역할을 했던 자오선Pražský Polednik이 표시되어 있다. 원래는 그림자로 시간을 가리키는 기둥이 있었는데 합스부르크 제국의 상징으로 알려지자 체코가 독립하면서 없애버렸다.

📍 Staroměstské nám., 110 00 Praha

04 구시청사 종탑
Staroměstská Radnice

구시가 광장의 대표 건물. 69.5m의 종탑 전망대에 오르면 프라하를 대표하는 구시가 광장이 한눈에 보인다. 전망대까지 올라가는 엘리베이터가 있어 편하며, 구시가지를 360도로 조망할 수 있다.

📍 Staroměstské nám. 1, 110 00 Praha

05 천문 시계
Pražský Orloj

1410년에 설치되어, 아직까지 작동하는 것으로는 세계에서 가장 오래된 천문 시계다. 프라하 구시청 남쪽 벽에 자리한다. 해와 달의 위치 등을 표시하는 천문학 눈금 판, 12사도와 해골 조각으로 구성된 '사도들의 행진', 달력 눈금 판으로 구성되어 있다. 매시 정각이 되면 해골이 종을 당겨 주변의 인형들이 고갯짓을 하며 죽음을 상징하는 움직임을 보이고, 12사도가 나타나 황금 수탉이 울며 새로운 삶을 뜻하는 작은 공연이 펼쳐진다.

📍 Staroměstské nám., 110 00 Praha

06 국립 박물관
Národní Muzeum

바츨라프 광장 끝에 위치해 찾기도 좋은 국립 박물관의 본관과 신관이다. 바로 옆에는 오페라 극장이 있다. 체코 국립 박물관은 1818년 설립되었으며 주로 자연과학과 역사 위주로 전시한다. 박물관 자료가 무척 방대해 여러 건물을 사용하는 중인데, 스메타나 등 국립 박물관으로 이용되는 전시관도 여럿 있다. 이 자리의 본관과 신관은 2011년부터 2019년까지 대대적인 개보수를 거친 후 최근 재개관했다.

📍 Václavské nám. 68, 110 00 praha
🌐 www.nm.cz

07 유대인 박물관
Židovské Muzeum

체코의 유대인들이 모여 살던 흔적이 아직 남아 있는 유대인 지구 요세포프 Josefov의 대표적 명소. 클라우스 시나고그, 마이셀 시나고그, 신구 시나고그, 핀카스 시나고그, 스페인 시나고그와 옛 유대인 묘지, 로버트 구트만 갤러리로 이뤄졌다. 유대인들의 문화와 생활상, 나치 핍박의 역사 등을 자세히 살펴볼 수 있다.

📍 U Staré školy 141/1, 110 00 Praha
🌐 jewishmuseum.cz

08 스메타나 박물관
Bedřich Smetana Museum

체코를 대표하는 음악가 베드르지흐 스메타나를 위한 전시관. 스메타나의 소장품과 악보 등이 고풍스러운 건물에 전시 중이, 대표 작품들을 연주하는 오디오 · 비디오 인터랙티브 전시도 있다. 블타바강에 면해 있어 전망도 아름다워 생각보다 오래 머물다 가게 된다.

📍 Novotného lávka 1, 110 00 Praha
🌐 www.nm.cz/en/visit-us/buildings/bedrich-smetana-museum

09 무하 박물관
Mucha Museum

체코의 국민 화가 알폰스 무하에게 헌정된 세계 유일의 박물관이다. 우아하고 섬세한 선과 은은하고 조화로운 색채가 특징인 아르 누보의 대가 무하의 작품들을 만날 수 있다. 무하의 아름다운 작품이 새겨진 기념품 숍도 둘러볼 만하다.

📍 Panská 7, 110 00 Praha
🌐 www.mucha.cz

10 카프카 박물관
Kafka Museum

체코를 대표하는 작가 프란츠 카프카의 생애와 작품 세계를 소개한 공간. 원고, 사진, 편지, 그림과 3D 전시 등으로 풍성한 전시를 선보인다. 카프카와 그의 작품을 좋아한다면 들러볼 만하다. 무하 박물관과 묶인 통합 티켓을 구매하면 조금 더 저렴하다.

📍 Cihelná 635, 118 00 Praha
🌐 kafkamuseum.cz

11 스트라호프 수도원
Strahovský Klášter

1140년 프라하성 부근에 지어진 수도원. 학자들의 연구 기관, 국립 문학 박물관 등 여러 번 용도가 바뀌었다가 현재는 문학 박물관과 수도원을 겸하고 있다. '철학의 방'과 '신학의 방'으로 이루어진 도서관은 특히 아름답기로 유명하다. 자체 양조장 겸 레스토랑이 있는데, 맥주도 맛있고 간단한 음식도 있으니 식사하고 가는 것도 추천한다.

📍 Strahovské nádvoří 1/132, 118 00 Praha
🌐 www.strahovskyklaster.cz

12 프라하 국립 미술관 – 벨레트르즈니 궁전
Národní galerie Praha – Veletržní Palác

블타바강 건너 북쪽 지역인 홀레쇼비체 Holešovice에 자리한 프라하 국립 미술관. 체코 현대 미술을 대표하는 작가들과 작품들을 전시한다. 18세기 말부터 현대까지 연대별로 나누어 전시하는 영구 전시와 주기적으로 작품들이 바뀌는 특별전이 있다. 몇 블록 떨어진 DOX Poupětova 1, 170 00 Praha 역시 현대 미술관인데 체코의 현대 미술, 건축, 디자인을 전시한다. 이곳도 혁신적이고 참신한 공간이라 함께 추천한다.

📍 Dukelských hrdinů 47, 170 00 Praha
🌐 www.ngprague.cz

13 비셰흐라드
Vyšehrad

체코어로 '높은 성'이라는 뜻의 비셰흐라드는 체코 건국 설화에 등장하는 장소다. 스메타나가 작곡한 교향시 〈나의 조국〉의 두 번째 곡의 제목이기도 하다. 성 베드로와 성 바울 성당, 묘지, 넓은 공원과 블타바강이 눈앞에 아름답게 펼쳐지는 전망대로 이뤄져 있다.

📍 V Pevnosti 159/5b, 128 00 Praha
🌐 www.praha-vysehrad.cz

14 국립 극장
Národní Divadlo

시민들의 모금으로 완공되어 의미가 더욱 남다른 건축물이자 체코를 대표하는 극장이다. 오페라, 발레와 연극을 상연하는데, 고전과 현대 작품들을 고루 선정하며 특히 체코어를 사용하는 가장 중요하고 의미 있는 작품들을 선보인다. 이 극장 외에도 프라하 시내에 오페라 극장State Opera, 에스테이트 극장Estates Theater, 뉴 스테이지New Stage 극장들에서도 공연이 열린다.

📍 Národní 2, 110 00 Praha
🌐 www.narodni-divadlo.cz

15 국립 마리오네트 극장
Národní Divadlo Marionet, NDM

1929년부터 마리오네트 인형으로 극을 했던 장소에 세워진 국립 극장. 모차르트의 오페라 〈돈 조반니〉가 대표 작품이며, 거의 매일 밤 공연이 열린다. 마리오네트 인형의 움직임이 생각보다 정교하여 보는 재미가 상당하다.

📍 Žatecká 1, 110 00 Praha

NATURE

01 페트린 언덕
Petřínské Sady

블타바강 좌안에 위치한 해발 고도 327m의 푸르고 완만한 언덕. 장미 정원과 에펠 탑을 닮은 페트린 타워가 유명하고, 옆에 작은 거울 미로와 예배당도 있다. 봄여름이면 간단히 간식을 챙겨 피크닉 가기에 좋다.

📍 Petřínské sady 633, 118 00 Praha(페트린 타워)

02 레트나 공원
Letenské Sady

놀이터와 바로크풍의 파빌리온(정자와 비슷한 건축물), 여러 갈래의 산책로로 구성된 공원. 구시가지에서 강을 건너가야 해서 비교적 한적하고 전원적인 분위기가 특징이다. 석양을 감상하기 정말 좋은 곳이라 해 질 녘 찾는 것을 추천한다.

📍 Letná, 170 00 Praha

SHOP

01 하벨 시장
Havelské Tržiště

1232년부터 문을 연 작은 시장. 과일 채소류와 기념품을 판매하는데, 규모가 작지만 그냥 지나칠 가판이 없을 정도로 알차고 구경하는 재미가 쏠쏠하다.

📍 Havelská 13, 110 00 Praha

02 마누팩투라
Manufaktura

기념품 1등으로 꼽히는 100% 체코 원산지 브랜드. 맥주 효모, 포도 등 천연 체코 재료로 만든 미용, 스파 제품, 공예품을 판매한다. 합리적인 가격과 뛰어난 제품 질로 한국 여행자들에게 이미 인기가 많다. 체코와 슬로바키아에 매장이 52개나 있어 일부러 찾지 않아도 프라하 여행 중에 자연스레 만날 수 있다.

🌐 manufaktura.cz

03 토요일 아침 시장
Farmers' Market at Náplavka

토요일 아침마다 열리는 대규모 시장. 시내에서 강을 따라 약 20분 정도는 걸어 내려 와야 해서 관광객보다는 동네 사람들이 많이 찾는다. 특히 먹거리가 맛있으니, 아침에 들러 시장 안에서 식사하고 시장 구경하는 것을 추천한다. 토요일 오전엔 이 시장을 구경하고 이후엔 근처의 비셰흐라드를 함께 돌아보는 계획으로 찾아오면 딱 좋다.

📍 náplavka Rašínova nábřeží, 120 00 Praha
🌐 www.farmarsketrziste.cz

04 나 프리코프
Na Příkopě

프라하를 대표하는 쇼핑 지구. 구시가지와 신시가지를 구분하는 역할도 한다. 여러 대형 쇼핑몰과 브랜드 상점, 대형 장난감 상점 햄리스Hamleys 등이 위치한다. 명품 쇼핑으로는 유대인 지구에 위치한 파리쉬스카Pařížská 대로를 추천한다.

📍 Pařížská, 110 00 Praha

HOTEL

01 비엔나 하우스 안델스 프라하
Vienna House Andel's Prague

최근 빠르게 개발되면서 트렌디한 지역으로 떠오르는 블타바강 좌안의 안델Andel 지역에 위치한 숙소. 트램과 버스, 메트로가 모두 모여 있는 안델역과 가까워 교통이 좋고 주변에 상점, 식당가도 많다. 깔끔하고 서비스도 친절하며 가격 역시 합리적이다. 한 블록 뒤에 안젤로 바이 비엔나 하우스 프라하Angelo by Vienna House Prague도 함께 운영하고 있다.

📍 Stroupežnického 21, 150 00 Praha
🌐 www.wyndhamhotels.com/vienna-house/prague-czech-republic/vienna-house-andels-prague/overview

02 에메랄드
Emerald

좋은 숙소가 중요한 여행자에게 추천하는 부티크 호텔. 디자인 회사가 특별히 전 객실을 다른 콘셉트로 꾸몄는데, 고풍스럽고 로맨틱한 프라하의 도시 분위기와 정말 잘 어울린다. 호텔에서 보내는 시간을 늘리고 싶을 정도로 숙소 자체가 예쁘다. 단점은 엘리베이터가 없어 고층에서 1박만 묵는다면 짐을 가지고 오르락내리락하는 수고를 해야 한다는 것.

📍 Žatecká 17/7, 110 00 Praha
🌐 emeraldprague.com

BUDAPEST, HUNGARY
부다페스트, 헝가리

숨막히는 야경을 가진 도나우의 진주. 왕가와 귀족 등 지배층이 살았던 '부다Buda' 지구와 도자기 굽는 마을이란 뜻의 '페스트Pest' 지구가 합쳐져 탄생한 동부 유럽 최대 도시다. 끝나지 않기를 기원하고 싶은 밤이 지나면 햇살에 반짝이는 수많은 명소들이 모습을 드러내 쉴 틈 없이 아름답다.

 혼여 매력도 ★★★
혼자서도 즐길 수 있는 명소, 야경과 온천 등 여유롭게 즐길 수 있는 액티비티가 가득!

 혼여 난이도 ★★
편리한 대중교통, 치안도 좋다. 유로를 사용하지 않는다는 점이 약간의 단점

 추천 포인트
- 유럽 최대의 온천인 세체니 온천에서 노곤함을 모두 떨치고 오자!
- 부다페스트를 대표하는 랜드마크, 화려한 건축미를 자랑하는 국회의사당
- 다뉴브강 변에서 바라보는 부다와 페스트의 야경

TRAVEL INFORMATION

▶▶ 부다페스트 여행 정보 ◀◀

면적
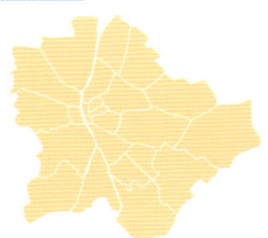
525.2km²

시간대
UTC+1 (한국과 시차 -8시간)

인구
약 178만 명 (2024년 기준)

기후
거대한 분지 평원에 자리하여 해양성 기후와 대륙성 기후의 중간인 습한 대륙형 기후. 1월 평균 0.4℃, 7월 평균 21.5℃이며 연교차가 21.1℃이고, 위도에 비해 여름이 긴 편이다.

언어
헝가리어

화폐
포린트 Ft

여행 정보 홈페이지
budapest.hu (행정)
www.budapestinfo.hu (관광)

관광 안내소
공항 터미널 2A, 2B와 페렌츠 광장, 영웅 광장, 부다성채에 부다페스트 인포 포인트 Budapest Info Point가 있다.

항공편
대한항공, 폴란드항공이 인천~부다페스트 간 직항을 운행하며 비행시간은 약 12시간 걸린다. 그 외 여러 항공사에서 경유 항공편을 운행한다. 주 이용 공항은 부다페스트 페렌츠 리스트 국제공항Budapest Ferenc Liszt International Airport이다. 공항에서 시내까지는 버스 200E, 100E, 메트로 M3 노선이 운행하며 뉴가티Nyugati 역까지 기차도 운행한다. 택시와 미니버드 셔틀(www.minibud.hu)을 타고 이동하는 방법도 있다.
홈페이지 www.bud.hu

대사관
주헝가리 대한민국 대사관은 부다페스트 영웅 광장 근처에 위치한다.
주소 Andrássy út 109, 1062 Budapest
전화 +36-1-351-1179
홈페이지 overseas.mofa.go.kr/hu-hu/index.do

기차편
헝가리 국철MÁV이 운영하는 기차는 시내의 주요 역인 부다페스트 동역Keleti, 부다페스트 서역Nyugati, 부다페스트 남역Déli에서 헝가리 전역과 유럽 여러 도시로 발착한다.
홈페이지 www.mavcsoport.hu/en

치안
서유럽에 비해 동유럽은 비교적 안전한 편이다. 혼자 여행하며 카페나 음식점에 가방을 두고 화장실을 다녀오는 정도까지는 권하지 않지만, 소매치기가 흔하지는 않다.

시내 교통

A. 메트로 Metro
총 4개 노선(M1, M2, M3, M4)이 운행 중이다. 오랜 역사와 가치를 인정받아 메트로 중에서는 세계 최초로 유네스코 세계유산에 등재됐다. 운행 시간 05:00~14:00.

C. 트램 Tram
33개 노선이 있으며 4, 6호선은 세계에서 가장 바쁜 트램 노선이라고 알려졌다. 운행 시간 04:00~24:00(노선마다 다름).

B. 버스 & 트롤리 버스 Bus & Trolley Bus
시외까지 다니는 200개 이상의 낮 노선과 40개의 심야 노선이 시내를 촘촘히 연결한다. 친환경 교통수단으로 알려진 트롤리 버스는 15개 노선이 있다.

D. 택시 Taxi
1913년부터 운행한 포택시Főtaxi를 비롯해 여러 업체가 운행 중이다. 차체가 노란색이라 쉽게 알아볼 수 있으며, 운행 기간 5년 미만인 차량에 외국어를 최소 1개 이상 할 줄 아는 기사들이 운전하는 택시는 A카테고리로 따로 분류한다. 전 차량 신용카드 결제 가능하며, 요금은 기본요금 700Ft에 1km당 300Ft씩 추가된다.

교통권

부다페스트의 시내 대중교통은 BKK(부다페스트 교통 공사)가 관리한다. 교통권은 매표기, 메트로 역, 신문 가판대 등에서 판매한다. 탑승 시 개찰기에 넣고 펀칭을 해야 한다.

요금 1회권 성인 450Ft (탑승 시 구매 Ft 600) / 10회권 4000 Ft / 30분 티켓 530 Ft / 90분 티켓 750 Ft / 24시간권 2,500 Ft / 72시간권 5,500 Ft
홈페이지 bkk.hu

여행 패스

부다페스트 카드 Budapest Card
일정에 따라 최소 36개, 최대 100여 곳의 명소 무료 입장과 할인 혜택, 대중교통 무제한 승차 혜택을 포함한다. 홈페이지, 관광 안내소와 여러 명소, 호텔에서 판매한다. 교통권 미포함으로 관광 명소 혜택만 있는 카드 종류도 있으니 홈페이지에서 카드별 혜택을 살펴보고 선택하자.

요금 교통권 포함 티켓 기준 24시간 14,990Ft / 48시간 19,990Ft / 72시간 25,990Ft / 96시간 32,990Ft
홈페이지 www.budapestinfo.hu/budapest-card

3 DAYS IN BUDAPEST
▶▶ 부다페스트 베스트 3일 코스 ◀◀

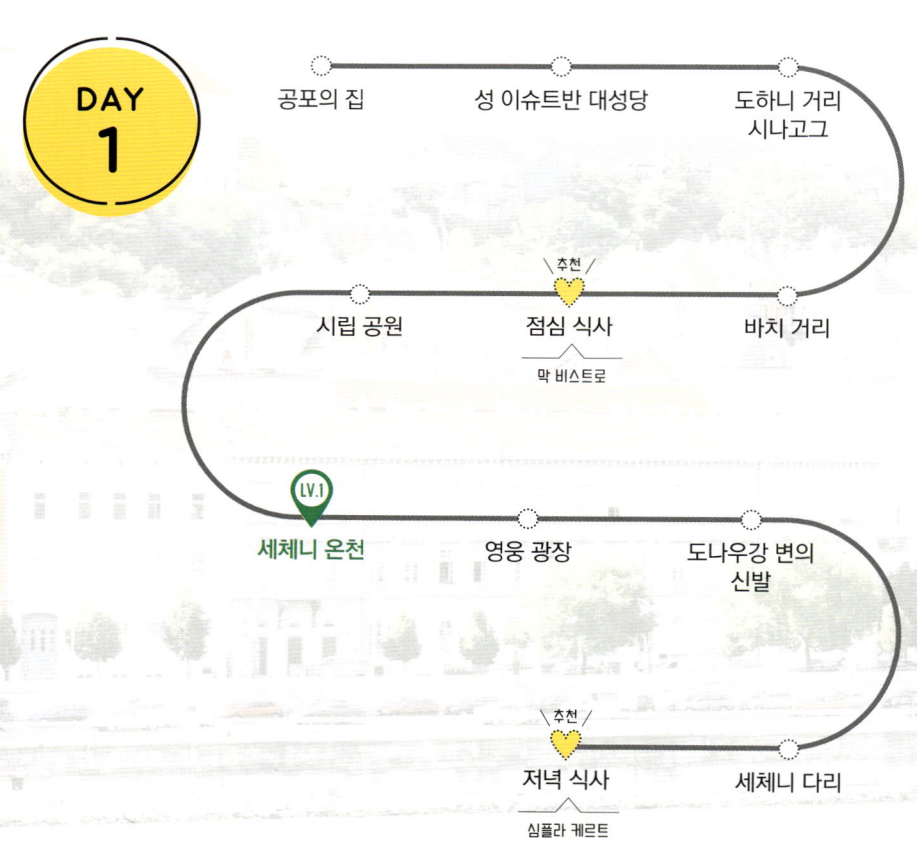

DAY 1

공포의 집 — 성 이슈트반 대성당 — 도하니 거리 시나고그

시립 공원 — 점심 식사 (추천: 막 비스트로) — 바치 거리

세체니 온천 (LV.1) — 영웅 광장 — 도나우강 변의 신발

저녁 식사 (추천: 심플라 케르트) — 세체니 다리

도시 곳곳에 독특한 매력이 숨어 있어 매일이 색다른 3일을 보낼 수 있다. 대표 건축물이 대성당과 시나고그(유대교 회랑)인 것에서부터 그 다채로운 면모를 알 수 있다. 여독을 풀기 제격인 세체니 온천에 시간을 충분히 할애할 것. 유럽 최고의 야경으로 꼽히는 부다페스트의 야경도 매일 밤 감상해보자.

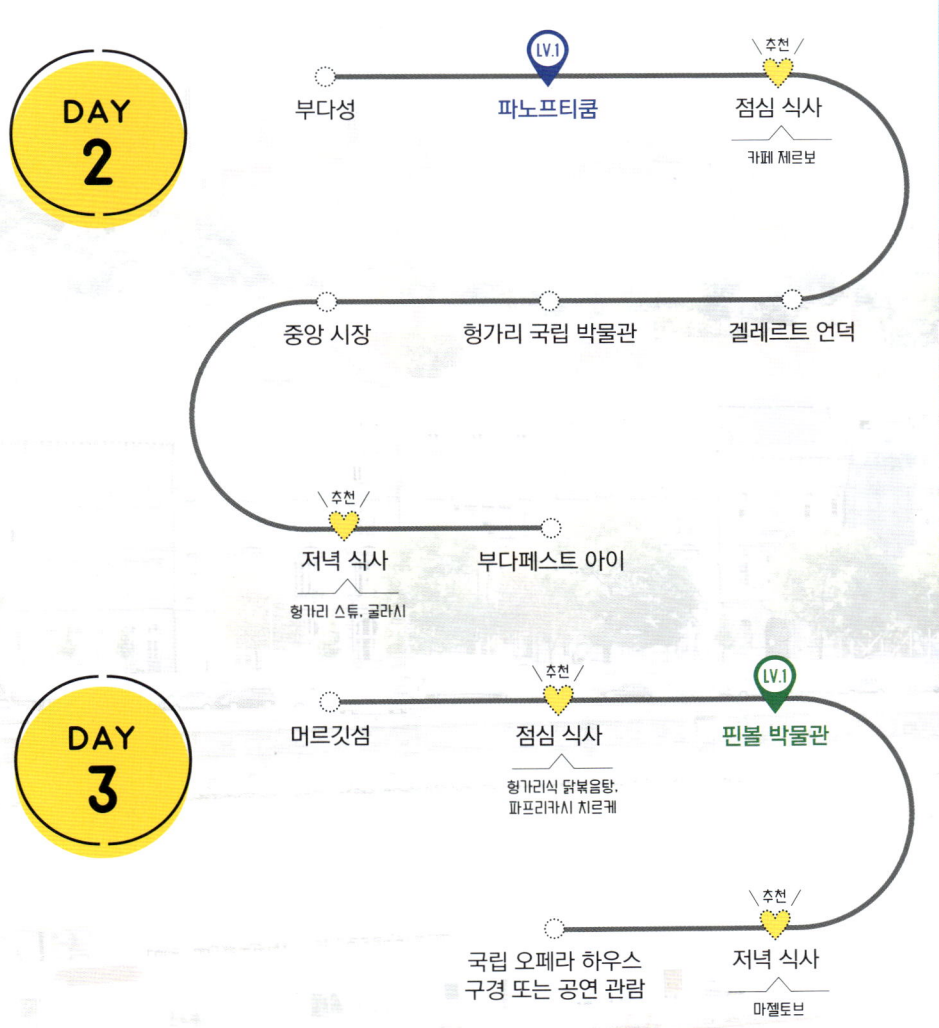

✓ 뜨끈하고 맑고 개운하게
세체니 온천 Széchenyi Gyógyfürdő és Uszoda

1,000개가 넘는 천연 온천이 솟는 헝가리에서도 대표적인 온천이다. 1913년 문을 연 이래, 유럽에서도 큰 규모로 알아주는 온천 중 하나다. 가까운 공원 내에 메트로 역이 있어 교통도 편리하다. 오스트리아풍의 궁전 건물에 있다 보니 눈도 몸도 행복한 경험을 할 수 있다. 다양한 온도의 21개 실내외 온천탕과 사우나, 월풀, 머드 등 바디 케어 시설이 있고 여름 주말 밤에는 일렉트로닉 음악과 함께 온천 파티가 열리기도 한다. 수건과 수영복, 편히 신을 슬리퍼 정도는 챙겨가면 좋다(대여 가능). 온천욕을 혼자 할 때는 소지품을 잘 챙겨야 하니, 간단한 소지품을 넣어 다닐 방수 가방이 있으면 좋다. 세체니에 갈 시간이 안되지만 온천욕을 하고 싶다면 도나우강 변에 위치한 루다스 온천Rudas gyógyfürdő을 추천한다.

📍 Állatkerti krt. 9-11, 1146 Budapest
🌐 szechenyifurdo.hu

✓ 7080 감성의 핀볼 머신 총집합
핀볼 박물관 Flippermúzeum

부다페스트에서 가장 과소평가된 명소로 꼽히는 곳. 헝가리에서 만든 유일한 핀볼 머신인 메소노밧Mesovonat을 포함하여 115개의 핀볼 머신과 30여 개의 레트로 아케이드 게임들을 전시한다. 전부 실제로 작동할 수 있는 기기들이다. 핀볼 게임을 처음 해보는 젊은 층도, 오락실의 추억을 되새길 중장년층도 즐거워할 곳이다. 입장권으로 무제한 즐길 수 있으며, 현금만 사용 가능하다.

♀ Radnóti Miklós u. 18, 1137 Budapest
⊕ flippermuzeum.hu

LEVEL 2 혼자여행 · · · · · · · 버킷리스트

✓ 드라큘라의 동굴 미로
파노프티쿰 Panoptikum

담력이 약한 사람이라면 혼자 갈 때 겁부터 날 동굴 미로. 길이는 1km로, 모두 돌아보는 데 약 30분 정도 걸린다. 소설 《드라큘라》 속 주인공의 모델로 잘 알려진 블라드 체페슈Vlad Tepes 공작이 15세기에 14년간 투옥되었던 동굴이다. 지도가 없어서 습하고 어두운 동굴을 혼자 헤매야 한다. 중간중간 마네킹이나 호스 등 안내판 역할을 하는 것들이 나타나고, 아무것도 보이지 않는 암흑의 구간도 있다. 마지막을 장식하는 것은 드라큘라의 관. 추천 프로그램은 저녁 6시에 가스등을 들고 돌아보는 오일 램프 투어다. 파노프티쿰 바로 옆에는 전설적인 마술사 후디니의 박물관The House of Houdini, 기괴한 약재와 연금술사들의 실험 도구들을 전시하는 황금 독수리 약국 박물관Arany Sas Patikamúzeum이 있다. 옆 거리에는 제2차 세계대전 당시 비밀 병원이었고 냉전 시대에는 핵 대피소로 쓰이던 곳을 박물관으로 개조한 동굴 병원 핵 벙커 박물관Sziklakórház Atombunker Múzeum(투어로만 방문 가능)도 있어 함께 돌아보면 스릴 넘치는 색다른 시간을 보낼 수 있다.

♀ Úri u. 9, 1014 Budapest
⊕ labirintus.eu

부다페스트 베스트 먹거리

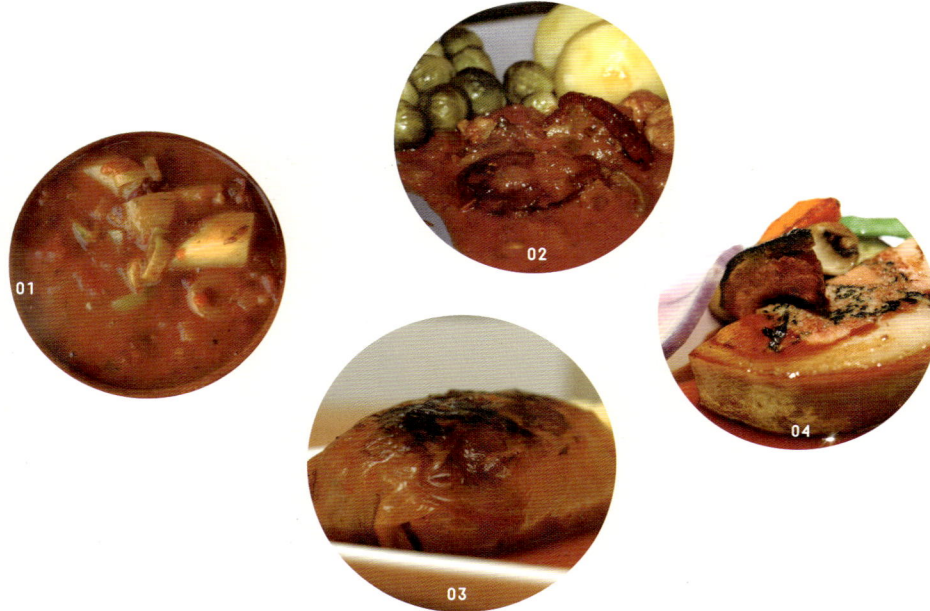

BEST MENU | 01

굴라시
Goulash

소고기, 양파, 파프리카 등을 넣어 오랫동안 뭉근하게 끓인 스튜. 매운맛이 빠진 육개장과 비슷한 맛으로 헝가리 어디에서든 쉽게 볼 수 있다.

BEST MENU | 02

파프리카시 치르케
Paprikas Csirke

닭고기를 버터에 구워 걸쭉한 토마토 크림 파프리카 소스와 함께 먹는 요리. 마지막에 사워크림을 얹어 낸다. 헝가리 요리에는 파프리카가 많이 쓰인다.

BEST MENU | 03

퇼퇴트 커포스터
Töltött Kaposzta

고기와 향신료, 쌀 등을 양배추 잎으로 말아 쪄내는 양배추 말이 요리. 토마토 소스와 곁들여 먹는다.

BEST MENU | 04

그릴레제트 리버마이
Grillezett Libamáj

거위 간 구이 요리로, 주로 구워서 소스를 얹어 먹는다. 헝가리는 세계에서 두 번째로 푸아그라를 많이 생산하는 나라다. 때문에 질도 좋고 가격도 저렴한 편이다.

BEST MENU | 05

쥐묄츨레베시
Gyümölcsleves

헝가리인들이 여름에 많이 먹는 새콤한 과일 수프. 체리, 사워크림, 설탕 등을 넣고 끓여 차갑게 두었다가 후식으로 많이 먹는다.

BEST MENU | 06

팔린커
Pálinka

브랜디와 유사한 헝가리 전통 술로, 체리 등 다양한 과일을 넣어 만든다. 식전, 식후에 두루 애용한다.

BEST MENU | 07

우니쿰
Unicum

20가지가 넘는 허브를 넣어 만드는 헝가리 전통 리큐르. 18세기 초, 왕실 의사가 처음 제조했을 때는 허브가 40여 종이 쓰였다고 한다. 세계적으로 유명한 우니쿰 브랜드 츠박Zwack은 중부 유럽에서 최대의 미니 보틀 컬렉션을 전시하는 우니쿰 박물관Zwack Unicum Museum도 운영한다.

BEST MENU | 08

랑고시
Lángos

튀긴 둥근 빵 위에 크림치즈, 마늘, 볼로녜제 소스 등을 올려 먹는 헝가리 국민 간식. 길거리에서 파는 모습도 종종 볼 수 있다. 오페라 극장 부근의 레트로 랑고시 뷔페Retró Lángos Büfé가 유명한 랑고시 맛집이다.

🍴 부다페스트 베스트 맛집

BEST RESTAURANT | 01

심플라 케르트
Szimpla Kert

2002년 문을 연 이래로 부다페스트 나이트 라이프의 대명사가 된 바. 부다페스트에는 허물어져 가는 건물을 개조한 콘셉트의 루인 바Ruin Bar가 여럿 있는데, 그중 가장 인기가 많아 대표적인 곳이 여기다. 맛집이 많은 유대인 지구에 있으며 24시간 운영하는 푸드 트럭 집합소 캐러밴Karavan도 바로 옆에 있다. 영화 상영, 벼룩 시장, 음악 공연 등 다양한 행사가 열리고 일요일에는 신선한 식재료와 맛있는 음식을 판매하는 파머스 마켓이 열린다. 루인 바 콘셉트가 마음에 들면 첸데스 빈티지 바 & 카페 Csendes Vintage Bar & Café도 추천한다.

📍 Kazinczy u. 14, 1075 Budapest
🌐 szimpla.hu

BEST RESTAURANT | 02

막 비스트로
Mák Bistro

세련된 공간에서 고급스러운 코스 요리를 합리적인 가격에 맛볼 수 있는 헝가리 스타 셰프의 식당. 어린 나이에 천재 셰프로 인정받아 수많은 매체에서 호평을 받는 곳으로, 신선한 제철 식재료와 창의적인 요리를 선보인다. 헝가리 요리를 기본으로 하되 세계 각국의 사람들의 입맛에 맞ुन 퓨전 음식이다. 예약 추천.

📍 Vigyázó Ferenc u. 4, 1051 Budapest
🌐 mak.hu

BEST RESTAURANT | 03

마젤 토브
Mazel Tov

부다페스트 모든 맛집 리스트에 올라 있는 명소. 높은 천장 아래 길게 늘어진 식물들이 정원 분위기를 내는 지중해풍 레스토랑. 간단한 스낵이나 샌드위치도 판매하며 칵테일도 맛있다. 비건 요리도 있어 건강하고 간단한 식사에도 좋다. 워낙 핫한 곳이라 대기 시간이 길기 때문에 예약하고 가거나 식사 시간을 피해 가는 것이 좋다.

📍 Akácfa u. 47, 1072 Budapest
🌐 mazeltov.hu

BEST RESTAURANT | 04

카페 제르보
Café Gerbeaud

부다페스트의 명물 뉴욕 카페New York Café는 30분 이상 줄을 서야 한다. 일행 없이 혼자 줄 서서 기다리기가 싫다면, 그 대신 카페 제르보로 가 보자. 1858년 개업한 오랜 역사의 카페로, 샹들리에가 매달린 높은 천장과 실내가 무척 고급스럽고 다양한 헝가리 요리와 전통 디저트를 맛볼 수 있다.

📍 Vörösmarty tér 7-8, 1051 Budapest
🌐 gerbeaud.hu/en/

부다페스트 베스트 스폿

BEST SPOTS IN BUDAPEST

LANDMARK
NATURE
SHOP
HOTEL

LANDMARK

01 부다성
Budavári Palota

부다 지구의 대표 명소. 원래는 바로크 양식으로 지어졌는데 현재 모습은 1950년대에 복구된 것이다. 역사 박물관과 국립 박물관, 국립 도서관으로 쓰인다. 성 앞에 있는 널찍한 바자르 정원 Várkert Bazár과 세체니 다리는 푸니쿨라로 이어져 있다. 이 푸니쿨라는 1870년에 만들어져 1987년 성채와 함께 유네스코 세계문화유산으로 지정됐다. 푸니쿨라를 타고 올라가는 것이 가장 빠른 방법이다. 정류장 한쪽은 부다 쪽, 다른 한쪽은 페스트 쪽에 있다.

📍 Szent György tér 2, 1014 Budapest
🌐 budavar.hu

02 마차시 성당
Mátyás Templom

1015년에 세워진 이래 여러 번의 침공과 재건축이 반복된 성당. 역대 왕가 결혼식, 대관식 등이 치러진 유서 깊은 곳이다. 성당을 대대적으로 개축한 마차시 1세를 기리기 위해 이름도 따오고 그의 머리카락도 성당에서 보관하고 있다.

📍 Szentháromság tér 2, 1014 Budapest
🌐 matyas-templom.hu

03 어부의 요새
Halászbástya

어부의 요새는 마차시 성당 옆에 위치한 신고딕, 신로마네스크 양식의 테라스로, 헝가리 건국 1,000년을 기념하기 위해 증축했다고 한다. 헝가리를 건국한 7개의 마자르족을 상징하는 뾰족한 7개의 탑이 특징이다. 어부의 요새라는 이름은 19세기 전쟁 당시 이 도시를 보호하기 위해 어부들이 쌓았던 요새였다는 설도 있고, 예전엔 어시장이 있던 자리라 그렇게 부른다고 하기도 한다.

📍 Szentháromság tér, 1014 Budapest

04 국회 의사당
Országház

1904년에 완공된 신고딕 양식의 아름다운 건축물로, 유명한 부다페스트의 야경에 크게 기여하는 강변의 볼거리다. 의사당 건물은 691개의 방으로 구성되어 있으며, 특히 헝가리 왕국에서 대대로 군주들이 물려받았던 성 이슈트반의 왕관을 소장 중이다. 국회 의사당 투어 프로그램에 참가해야 둘러볼 수 있는데 빨리 매진되므로 예약하기를 추천한다.

📍 Kossuth Lajos tér 1-3, 1055 Budapest
🌐 www.parlament.hu

05 성 이슈트반 대성당
Szent István-bazilika

50종류 이상의 대리석을 이용해 세운 부다페스트 최대 규모의 성당. 헝가리 왕국의 초대 왕이자 가톨릭 성인인 성 이슈트반에게 헌정한 곳으로, 성인의 오른손이 미라로 보관되어 있다. 스테인드글라스가 아름다운 중앙 돔, 모르탄과 쥴러 벤추르 등 여러 헝가리 작가들의 예술품이 유명하다.

📍 Szent István tér 1, 1051 Budapest
🌐 bazilika.biz

06 도하니 거리 시나고그
Dohány utcai Zsinagóga

1854년에 세워진 유럽 최대 규모의 시나고그(유대교 회당)로, 2009년에 150주년을 맞아 보수를 끝냈다. 2개의 탑과 무어풍으로 정교하게 꾸며진 외관과 내부가 아름답다. 회당 옆에는 박물관과 유대인 묘지도 있다. 헝가리 건국 1000년 기념식이나 콘서트 등 여러 행사가 열린다.

📍 Dohány u. 2, 1074 Budapest
🌐 dohany-zsinagoga.hu

07 국립 오페라 하우스
Magyar Állami Operaház

헝가리를 대표하는 건축가 미클로쉬 이블Miklós Ybl의 대표작. 천장에 프레스코화가 그려져 있고 작곡가들의 동상으로 장식한 신고전 양식의 극장이다. 밀라노의 스칼라 극장과 파리의 오페라 가르니에의 뒤를 잇는 훌륭한 음향 시설을 자랑한다. 가장 유명한 레퍼토리는 〈호두까기 인형〉이다.

📍 Andrássy út 22, 1061 Budapest
🌐 opera.hu

08 공포의 집
Terror Háza

나치와 소련이 헝가리에 미쳤던 역사와 영향을 기록한 박물관. 억울하게 박해당한 피해자들을 추모하는 사진, 영상 등 다양한 전시물이 있다. 파시스트 정권 당시 사용된 소품이나 감옥, 고문실 등도 볼 수 있다.

📍 Andrássy út 60, 1062 Budapest
🌐 terrorhaza.hu

09 영웅 광장
Hősök Tere

헝가리 건국 1,000년을 기념하며 1896년 조성된 웅장한 광장으로, 한가운데에는 가브리엘 대천사상이 올라간 높이 36m의 기념탑이 우뚝 서 있다. 헝가리의 역대 왕들과 영웅들의 조각상들이 광장 주변을 에워싸고, 동상 아래는 역사 속 중요한 순간들을 담은 청동 부조가 새겨져 있다.

📍 H sök tere, 1146 Budapest

10 세체니 다리
Széchenyi Lánchíd

헝가리 최초로 도나우강을 건너 부다와 페스트를 잇는 다리. 1849년에 개통한 현수교이며, 다리 건설의 후원자이자 헝가리의 영웅인 이스트반 세체니 Istvan Szechenyi의 이름을 땄다. 밤에는 수많은 조명들이 켜져 강에 반사되는 모습이 특히 아름답다. 걸어서 건너는 데는 15분이면 충분하다.

📍 Széchenyi Lánchíd, 1051 Budapest

11 도나우강 변의 신발
Cipők a Duna-parton

제2차 세계대전 중 부다페스트에서 파시스트들에게 목숨을 잃은 유대인들을 추모하는 작품이다. 당시 파시스트들은 유대인을 총살한 후 시체를 강에 떠내려 보내기 쉽도록 유대인들에게 신발을 벗도록 했다. 낡은 흔적들까지 생생하게 재현한 쇠로 만들어진 신발들은 막 벗어놓은 것처럼 강을 향해 놓여 있다.

📍 Id. Antall József rkp., 1054 Budapest

12 부다페스트 관람차
Budapest Óriáskereke

부다페스트의 전망을 360도 파노라마로 볼 수 있는 65m 높이의 관람차. 332명이 동시 탑승할 수 있으며 1만 개의 조명이 달려 있어 유명한 부다페스트의 야경에도 한몫하는 시설이다.

📍 Erzsébet tér, 1051 Budapest
🌐 oriaskerek.com

13 헝가리 국립 박물관
Magyar Nemzeti Múzeum

선사 시대부터 현대에 이르기까지 헝가리의 유물을 소장, 전시하는 역사 박물관이다. 특히 헝가리 건국 이후의 자료가 방대하다. '위대한 헝가리인'으로 알려진 이스트반 세체니의 부친이 개인 소장품을 국가에 기증한 것을 토대로 박물관이 조성됐다. 한 블록 옆, 19세기에 지어진 궁전에 위치한 아름다운 사보 에르빈 도서관 Fővárosi Szabó Ervin Könyvtár도 가볼 만하다.

📍 Múzeum krt. 14-16, 1088 Budapest
🌐 mnm.hu

01 머르깃섬
Margit-sziget

부다와 페스트 사이에 위치한 2.5km 길이의 섬으로 호텔 몇 개 외에는 주거 건물이 없어 쾌적하고 평온하다. 아름다운 뮤지컬 분수와 작은 동물원, 워터 슬라이드와 수영장이 있는 팔라티누스 스트랜드 온천Palatinus Strand Baths이 대표 명소다. 섬 끝에 있는 머르깃 다리를 지나 성 쪽으로 건너가면 부다페스트에서 가장 오래되고 예쁘며 가파른 거리인 귈 바바 거리Gül Baba Utca가 나온다. 이름의 주인공인 귈 바바는 16세기에 헝가리로 장미를 들여와 '장미의 아버지'라 불리는 인물로, 이슬람 성직자이자 군인이며 시인이었다. 이 거리에는 귈 바바의 영묘와 장미 정원이 있다.

◉ Soó Rezs stny. 1, 1007 Budapest

02 겔레르트 언덕
Gellért-hegy

강가와 시가지가 어우러진 멋진 전망을 선사하는 겔레르트 언덕에도 올라 보자. 이곳에는 1854년에 오스트리아의 합스부르크 왕가가 헝가리의 독립을 막고 감시하려고 세운 길이 220m, 너비 60m, 4m 높이의 치타델라 Citadella 요새가 유명하다. 언덕 꼭대기에 고요한 철학자의 정원Filozófusok Kertje 등 곳곳에 볼거리가 있다. 언덕을 열심히 걸어 보다가 잠시 쉬고 싶다면 주변에 위치한 켈렛 카페Kelet Kávézó és Galéria를 추천한다. 책이 빼곡히 꽂혀 있고 커피와 간단한 음식도 판매한다.

◉ Citadella stny. 1, 1118 Budapest

03 시립 공원
Városliget

세계 최초로 일반인에게 개방된 공원이며 호수, 아이스 링크, 동물원, 온천 등 여러 명소가 한데 있어 볼거리도 다양하다. 부다페스트 미술관 Szépművészeti Múzeum과 1년마다 뒤집어야 하는 세계 최대 규모의 모래 시계 타임 휠Timewheel이 눈길을 끈다. 또 건국 1,000년을 기념해 임시로 만들었다가 인기가 많아지자 석조로 다시 세운 바이더후녀드성Vajdahunyad Stny도 공원 내에 있다. 고딕, 바로크, 르네상스와 로마네스크 양식을 모두 볼 수 있다. 이곳 외에 도시 남쪽에 자리한 부다페스트에서 가장 오래된 정원인 ELTE 식물원 ELTE Füvészkert에서도 맑은 공기와 짙은 녹음을 누릴 수 있다.

📍 Kós Károly stny., 1146, Budapest
🌐 ligetbudapest.hu/en

SHOP

01 바치 거리
Váci út.

익숙한 브랜드가 가득한 대표 쇼핑 대로다. 여유롭게 쇼핑하다가 초콜릿 박물관 겸 초콜릿 카페인 사모스Szamos Gourmet Ház에도 들러 보자. 파리의 샹젤리제 거리를 모방하여 플라타너스를 심어 놓은 안드라시 거리Andrássy út.도 볼만하다. 바치 거리 바로 옆에는 헝가리를 대표하는 패션 브랜드 나누슈카의 상점 겸 카페Nanushka Store & Café가 있으니 함께 들러보기 좋다.

📍 Váci u., 1056 Budapest

02 중앙 시장
Nagy Vásárcsarnok

리버티 다리 앞에 위치한 시장으로 식재료와 음식, 기념품을 판매한다. 신고딕 양식의 거대한 터널을 개조해 만들었는데 윈도 쇼핑만 해도 좋은 아름다운 건축물이다.

📍 Vámház krt. 1-3, 1093 Budapest
🌐 piaconline.hu

HOTEL

01 D8 호텔
D8 Hotel

바치 거리, 세체니 다리 등 대표 명소와 가까운 모던한 3성급 호텔. 강이 보이는 전망이 훌륭하고 트램 정류장도 매우 가깝다. 객실은 121개로 밝고 화려하게 꾸며졌다.

📍 Dorottya u. 8, 1051 HBudapest
🌐 d8hotel.hu

02 페스트 부다 디자인 호텔
Pest-Buda Design Hotel

부다성에서 가까운 호텔. 1696년부터 숙소로 운영되었고, 현재는 가족이 운영하는 스타일리시한 부티크 호텔이다. 객실은 단 10개인데 와인 라벨 디자이너로 유명한 이팩스 게자Ipacs Géza가 디자인 기획을 맡았다. 1층에 자리한 비스트로의 음식 맛이 좋아 맛집을 찾아갈 필요가 없다. 자매 호텔인 발타자르 부다페스트 부티크 호텔 Baltazár Budapest Boutique Hotel도 추천한다.

🌐 www.pest-buda.com

WIEN. AUSTRIA
빈, 오스트리아

슈베르트와 브람스가 태어나고 모차르트와 베토벤이 활발히 활동했던 음악의 도시. 중부 및 동부 유럽을 호령했던 합스부르크 왕가의 자취가 진하게 남아 있고, 클림프의 작품 〈키스〉가 있는 문화 예술의 도시. 잔잔한 것 같으면서도 강하고 진한 여운이 남는 오스트리아의 수도 빈으로 떠나 보자.

 혼여 매력도 ★★★★
우아한 분위기 속에서 클래식 음악, 예술, 카페 문화를 깊이 있게 즐길 수 있다.

 혼여 난이도 ★☆
도시가 잘 정돈되어 있고 주요 명소들이 가까운 거리에 있어 도보 이동이 편하다. 영어로 의사소통도 비교적 수월

 추천 포인트
- 클래식 음악의 중심지인 오스트리아! 모차르트, 베토벤, 슈베르트 등 음악 거장들의 흔적을 느낄 수 있는 공연장과 박물관이 가득하다.
- 벨베데레 궁전, 쇤브룬 궁전, 성 슈테판 대성당 등 유럽식 궁정과 고딕 양식의 건축물 감상하자.

TRAVEL INFORMATION

▶▶ 빈 여행 정보 ◀◀

면적

414.78km²

시간대

UTC+1 (한국과 시차 -8시간)

인구

약 200만 명(2024년 기준)

기후
여름은 온화한 편이며 겨울은 춥고 건조하다. 6월부터 9월까지가 여행하기 가장 좋은 시기.

언어

독일어

화폐

유로

여행 정보 홈페이지
www.wien.gv.at (행정)
www.wien.info (관광)

관광 안내소
공항과 알베르티나 광장Albertinaplatz에 관광 안내소Tourist Info가 있다. 숙소와 다양한 투어 예약, 여행 패스를 판매하며, 무료 와이파이도 연결된다. 베토벤을 주제로 하는 워킹 투어 프로그램도 운영한다. 아이폰 사용자는 오디오 가이드를 이용할 수 있다.

대사관
주오스트리아 대한민국 대사관은 빈 중심가 북서쪽 18구 베링Währing 지역에 있다.
주소 Gregor-Mendel-Straße 25, 1180 Wien
전화 +43-1-478-1991
홈페이지 overseas.mofa.go.kr/at-en/index.do

항공편

대한항공이 인천~빈 구간 직항을 운행하며 비행시간은 약 12시간 걸린다. 그 외 여러 항공사에서 경유편이 빈 국제공항Flughafen Wien에 취항 중이다. 공항에서 시내까지 16분이면 도착하는 시티 에어포트 트레인CAT(City-Airport-Train)을 비롯하여 중앙역과 메이들링Meidling 역으로 이동하는 기차ÖBB Railjet, 익스프레스 기차 S7선, 중앙역까지 가는 에어라이너 버스(www.wienerlinien.at) 등을 이용할 수 있다.
시티 에어포트 트레인
시간 05:37~23:38, 연중무휴
홈페이지 www.cityairporttrain.com

기차편
인스브루크, 잘츠부르크, 린츠 등 오스트리아 주요 도시와 유럽 전역을 잇는 기차편이 오가는 중앙역Wien Hauptbahnhof을 비롯해 시내에 여러 기차역이 있다. 홈페이지와 앱을 통해 미리 예약해 두면 편리하다.
홈페이지 www.oebb.at

치안
서유럽에 비해 동유럽은 비교적 안전한 편이다. 혼자 여행하며 카페나 음식점에 가방을 두고 화장실을 다녀오는 것은 권하지 않지만 소매치기가 흔하지는 않다.

시내 교통

A. 우반 U-Bahn
U1, U2, U3, U4, U6 5개의 노선이 있으며, 일부 구간은 지상에서도 운행하는 메트로. 운행 시간은 평일 05:00~24:30이지만 금·토요일과 공휴일 전날에는 24시간 운행한다. 주변 위성 도시를 연결하는 교외선 에스반S-Bahn도 있으나 여행자들은 특별히 이용할 일이 없다.

B. 버스 Autobus
여행자들은 우반과 트램만 타고도 충분히 시내 여행이 가능하지만, 밤 늦게까지 이동할 예정이라면 버스도 유용하다. 주간은 129개 노선, 'N'으로 표시된 나이트 버스는 26개 노선이 24:30~05:00까지 운행하며 배차 간격은 30분이다.

C. 트램 Tram
슈트라센반Straßenbahn이라고 부른다. 30여 개 노선이 운행하며, 운행 시간은 노선마다 다르지만 보통 05:00~24:00까지다.

D. 피아커 Fiaker
1693년 첫 운행을 시작한 오스트리아의 명물 관광 마차를 피아커라 부른다. 레오폴트 1세 당시에는 무려 1,000여 대가 달리기도 했다. 이런 식의 마차는 다른 도시에서도 가끔 보이지만 빈에서는 훨씬 더 많다. 호프부르크 궁전 앞에 특히 많으며 요금은 20분 €60, 40분 €105로 정찰제라 흥정할 필요 없이 탈 수 있다.

E. 택시 Taxi
전화, 앱, 택시 정류장 등으로 부를 수 있다. 요금은 시내 안에서는 €10 정도, 시내와 공항 구간은 예약 시 공항 택시를 요청하면 고정 요금 €42로 이용 가능하다. 모든 택시에 미터기가 있다. 신용카드 결제가 안 되는 택시도 있다.

교통권

주요 명소가 위치한 코어 존Core zone/Zone 100에서 공항 버스와 시티 에어포트 트레인CAT, 웨스트반Westbahn 기차를 제외한 모든 대중교통을 이용할 수 있다. 홈페이지, 메트로 역, 대부분의 담배 가게 등에서 판매한다. 첫 탑승 시 개찰기에 넣어 사용 시작 시간을 체크해야 한다.
요금 1회권(한 방향 이동, 환승 가능) €2.4 / 24시간권 €8 / 48시간권 €14.1 / 72시간권 €17.1
1주일권(월요일 자정~다음주 월요일 09:00까지 유효) €22.6
홈페이지 www.wienerlinien.at

여행 패스

비엔나 시티 카드 Vienna City Card
대중교통 무제한 이용과 여러 명소의 입장 할인 혜택을 포함한다. 트랜스퍼 옵션 추가로 공항~시내 이동을 포함하거나 관광 버스Hop-on Hop-off 이용 옵션을 추가해 시내 이동을 편하게 할 수 있다.
요금 24시간 €17 / 48시간 €25 / 72시간 €29 / 7일 €35
(Hop-on Hop-off 버스 1일 이용권 추가 €31, 공항 트랜스퍼 추가 €22)
홈페이지 www.viennacitycard.at

	일반	트랜스퍼	투어	트랜스퍼+투어
24시간권	€17	€34	€43	€60
48시간권	€25	€42	€51	€68
72시간권	€29	€46	€55	€72

비엔나 패스 Vienna Pass
최대 90개 명소를 모두 이용 가능한 일반 패스와 2, 3, 4, 5개 명소만 골라서 이용 가능한 플렉시 패스가 있다. 패스 전용 관광 버스 무제한 이용권도 포함된다. 홈페이지에서 명소 목록을 찾아보고 일정에 맞는 것으로 골라 구입하자.
요금 일반 패스 1일권 €99, 2일권 €139, 3일권 €165
*자정을 기준으로 1일을 계산한다.
홈페이지 www.viennapass.de/en

3 DAYS IN WIEN

▶▶ 빈 베스트 3일 코스 ◀◀

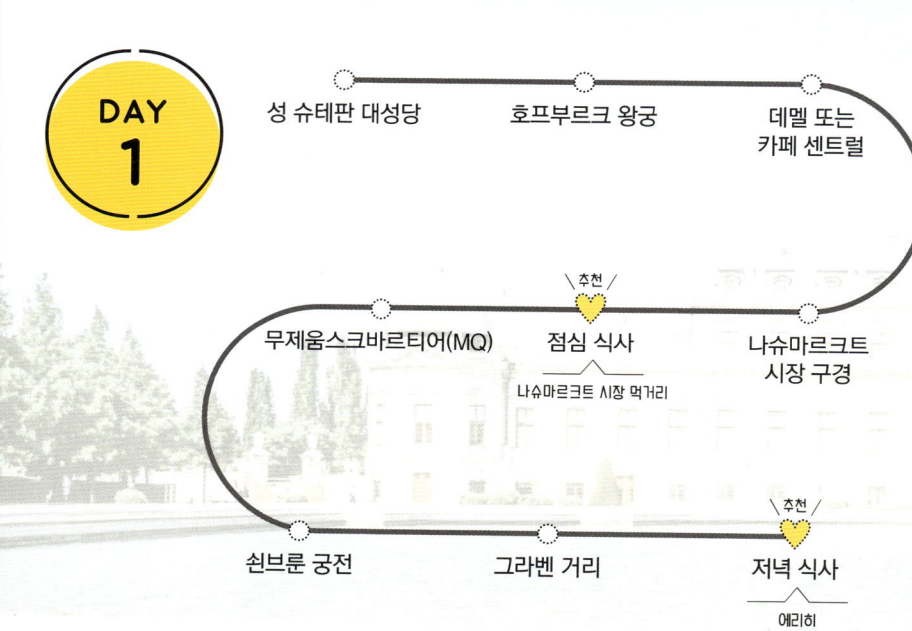

DAY 1

성 슈테판 대성당 — 호프부르크 왕궁 — 데멜 또는 카페 센트럴 — 나슈마르크트 시장 구경 — 점심 식사 (추천: 나슈마르크트 시장 먹거리) — 무제움스크바르티어(MQ) — 쇤브룬 궁전 — 그라벤 거리 — 저녁 식사 (추천: 에리히)

빈에는 유난히 성당과 궁전이 많지만, 각 건물에 깃든 역사와 건축미가 완전히 달라 지루하지 않다.
또 지나다니는 거리 풍경이 아름답고, 쇼핑거리나 구경거리도 많아 매일이 색다르게 느껴질 것이다.
일정 중간중간 유명 카페의 달콤한 토르테로 에너지를 충전하는 것도 잊지 말 것!

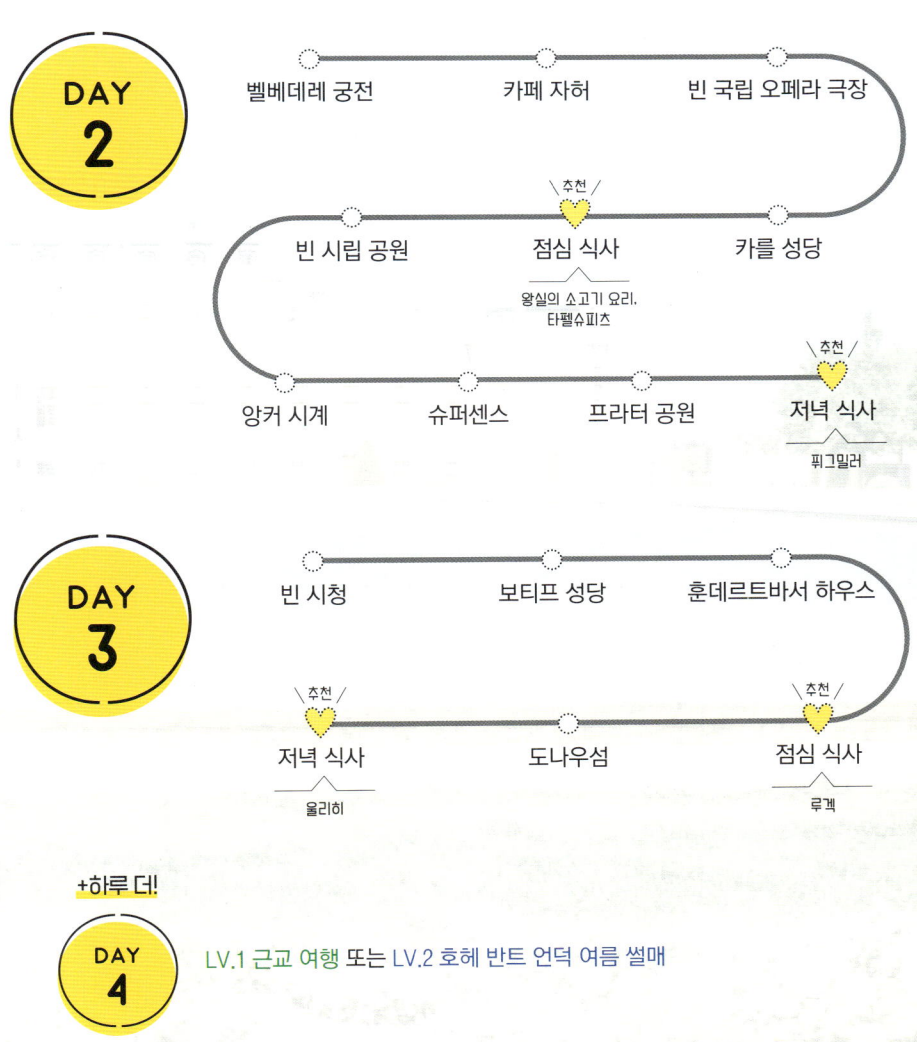

DAY 2
벨베데레 궁전 → 카페 자허 → 빈 국립 오페라 극장 → 카를 성당 → 점심 식사 (추천 · 왕실의 소고기 요리, 타펠슈피츠) → 빈 시립 공원 → 앙커 시계 → 슈퍼센스 → 프라터 공원 → 저녁 식사 (추천 · 피그밀러)

DAY 3
빈 시청 → 보티프 성당 → 훈데르트바서 하우스 → 점심 식사 (추천 · 루겍) → 도나우섬 → 저녁 식사 (추천 · 울리히)

+하루 더!

DAY 4
LV.1 근교 여행 또는 LV.2 호헤 반트 언덕 여름 썰매

근교 여행
✓ 쉽게 떠나는 사랑스러운 마을들

빈에만 머무르기엔 오스트리아 곳곳에 매력 넘치는 크고 작은 도시들이 너무나 많다. 여느 유럽 나라와 마찬가지로 기차 시스템이 무척 잘 되어 있어 기차 여행을 추천한다. 공항으로 이동하는 번거로움이 없고, 대부분 도시는 기차역이 도심에 위치해 이동이 편리하기 때문.
영화 〈사운드 오브 뮤직〉의 배경인 음악의 도시 잘츠부르크, 눈이 내리면 더욱 아름다운 동계 올림픽의 도시 인스브루크, 동화 속 한 장면처럼 환상적인 할슈타트. 모두 혼자 다니기 충분히 안전하고 즐거운 곳들이다.

잘츠부르크 Salzburg

도시 어디에서나 모차르트의 얼굴이 보이는 음악의 도시. 영화 〈사운드 오브 뮤직〉의 배경으로 유명한 아름다운 미라벨 정원Mirabellgarten, 호헨잘츠부르크 궁전Festung Hohensalzburg, 헬브룬 궁전Schloss Hellbrunn, 대성당Dom zu Salzburg, 쇼핑 대로이자 모차르트 생가Mozarts Geburtshaus가 있는 게트라이데가세Getreidegasse 등이 주요 명소다.

가는 방법 빈에서 기차 또는 사철 웨스트반 직행편으로 약 2시간 20분 소요
🌐 www.salzburg.info

인스브루크 Innsbruck

동계 올림픽을 두 번, 동계 패럴림픽을 두 번 주최한 겨울 스포츠의 도시. 아기자기하면서도 동화 같은 분위기가 매력적이다. 주요 명소로는 구시가지에서 가장 반짝이는 황금 지붕Goldenes Dachl과 중심가인 마리아 테레지엔 거리Maria-Theresien-Straße, 호프부르크 궁전Hofburg, 성 야콥 성당Dom zu St. Jakob, 시 첨탑Stadtturm, 부근의 스와로브스키 박물관Swarovski Kristallwelten이 있다.

가는 방법 빈에서 기차로 4~5시간, 잘츠부르크에서는 2시간 소요
🌐 www.innsbruck.info

할슈타트 Hallstatt

가는 방법이 복잡하지만 오스트리아 여행자들이 일정에 꼭 넣고 싶어하는 호반 마을. 시내가 아주 작아 돌아보는 데 오래 걸리지 않지만 하루 숙박하는 일정을 추천한다. 통나무로 지은 샬레 호텔에 묵으며 고요한 호숫가의 밤을 구경하는 경험은 매우 특별하니까 말이다. 세계에서 가장 오래된 소금 광산과 고도 350m에 자리한 스카이 워크도 걸어 보자.

가는 방법 빈이나 잘츠부르크에서 기차를 타고 푸흐하임Attnang-Puchheim 역까지 간 다음, 준급행 열차 REX로 갈아타고 할슈타트Hallstatt Bahnhof 하차. 마을까지는 보트로 이동한다. 또는 잘츠부르크에서 150번 버스를 타고 바트 이슐Bad Ischl 역으로 가서 할슈타트행 기차를 타고 이동하여 보트를 타도 된다.

🌐 www.hallstatt.net

LEVEL 2
혼자 여행 · · · · · · · 버킷리스트

✓ 여름에만 즐길 수 있는 스릴
호헤 반트 언덕 여름 썰매
Hohe Wand Wiese Sommerrodelbahn

초록 숲속을 최대 시속 40km로 달리는 신나는 썰매를 타러 빈 인근 호헤 반트 숲으로 가 보자. 5월부터 9월까지만 오픈하는 여름 썰매가 기다리고 있다. 850m 길이의 레인 위에 앉아 14번이나 꺾이는 스릴 넘치는 구간을 달려 내려오면 모든 스트레스가 풀린다. 물론 스피드 조절을 위한 브레이크가 있다. 아직까지 여행자에게 유명하지 않아 혼자 타야 할 수도 있지만, 그래서 더욱 자유롭게 마음껏 소리지를 수 있다. U4를 타고 휘텔도르프Hütteldorf까지 간 다음, 249나 250번 버스로 갈아타 호헤 반트Hohe-Wand-Wiese까지 가면 된다.

📍 Mauerbachstraße 174-178, 1140 Wien
🌐 www.hohewandwiese.com

먹킷 리스트

🍴 빈 베스트 먹거리

BEST MENU | 01

슈니첼
Wiener Schnitzel

송아지 고기를 얇게 저며 버터나 오일에 튀긴 오스트리아 대표 요리. 우리나라의 돈가스와 비슷하다.

BEST MENU | 02

타펠슈피츠
Tafelspitz

소고기 또는 송아지 고기와 채소를 육수와 함께 끓인 요리로, 국물이 자작하게 나온다. 사과 소스나 고추냉이 소스를 곁들여 먹는다.

BEST MENU | 03

비너 뷔르스텔
Wiener Wurstel

영어로 '비엔나 소시지'라 말하는 것이 바로 이것. 소고기, 돼지고기를 양 내장에 넣어 만드는 깔끔한 맛의 소시지다. 톡 쏘는 머스터드소스와 잘 어울린다. 길거리 음식으로도 쉽게 볼 수 있다.

BEST MENU | 04

에르다펠살라트
Erdäpfelsalat

화이트 와인 식초와 머스터드, 양파 등을 넣어 깔끔하게 만드는 오스트리아식 감자 샐러드. 전채로 먹거나 고기 요리의 사이드메뉴로 곁들여 나오기도 한다.

BEST MENU | 05

멜란지
Melange

에스프레소에 스팀 우유와 우유 거품을 반반 더하면 오스트리아 사람들이 좋아하는 멜란지 커피가 된다. 우유 거품 대신 휘핑 크림을 얹은 것은 프란지스카너Franziskaner라 한다.

BEST MENU | 06

아인슈페너
Einspänner

'비엔나 커피'라는 이름으로 익숙한, 블랙 커피 위에 휘핑크림을 듬뿍 얹은 커피. '말 한 마리가 끄는 마차'라는 뜻으로, 과거 빈의 마부들이 피곤을 풀기 위해 설탕과 크림을 듬뿍 얹은 진한 커피를 마신 것에서 유래됐다는 설이 전해진다.

BEST MENU | 07

자허 토르테
Sachertorte

초콜릿 스펀지 케이크에 살구 잼을 바르고 도톰한 초콜릿 가나슈를 얹어 만드는 빈의 대표 디저트. 레시피는 대외비로, 자허 카페와 데멜에서만 알고 있다. 쉽게 알 수 있는 차이점은, 데멜의 자허 토르테는 살구 잼을 한 번만 바르고, 자허의 것은 두 번 바른다는 정도다.

BEST MENU | 08

아펠슈트루델
Apfelstrudel

페이스트리 빵 사이에 얇게 저민 사과와 건포도, 계피, 정향을 넣어 구워 낸 오스트리아식 사과 파이. 슈거 파우더를 뿌려 완성하며, 휘핑 크림이나 바닐라 아이스크림을 곁들여 먹기도 한다. 커피와도 잘 어울린다.

빈 베스트 맛집

BEST RESTAURANT | 01

카페 센트럴
Café Central

1876년 문을 연 이래로 빈의 카페 문화를 대표하는 명소가 됐다. 프로이드, 트로츠키 등의 명사들이 토론했던 장소로 잘 알려져 있다. 성당 못지않게 웅장한 돔 천장 아래서 찻잔을 드는 경험이 특별하다 보니 늘 줄이 길다. 아인슈페너(일명 비엔나 커피)와 슈트루델(페이스트리 종류), 오스트리아 요리도 맛있다.

📍 Herrengasse 14, 1010 Wien
🌐 cafecentral.wien

BEST RESTAURANT | 02

카페 자허 빈
Café Sacher Wien

자허 호텔 1층에 자리한 카페로, 왕궁을 연상케 하는 고풍스러운 붉은색과 황금색의 인테리어가 눈부시다. 1832년 프란츠 자허가 개발하고 그의 아들 에두아르트가 완성한 디저트 케이크 자허 토르테Sachertorte의 원조이다. 자허 토르테는 당연히 맛있고, 다양한 커피 메뉴도 모두 추천한다. 가격은 좀 높지만 맛뿐 아니라 경험에 대한 비용이라고 생각한다면 수긍이 간다.

📍 Philharmoniker Str. 4, 1010 Wien
🌐 www.sacher.com/de/restaurants/cafe-sacher-wien/

BEST RESTAURANT | 03

데멜
Demel

1786년 문을 열었으며, 달콤한 케이크와 슈트루델, 커피로 유명하다. 카페 자허 빈과 자허 토르테에 대한 원조 논란이 있었다. 자허 호텔 창립자 에두아르트의 아들이 데멜에서 일자리를 얻어 자허 토르테를 팔았는데, 자허 호텔에서도 자허 토르테를 팔기 시작하며 상표권 다툼이 생겼다. 이후 '원조Original 자허 토르테'라는 문장은 자허 호텔이, '에두아르트 자허 토르테'라는 장식은 데멜이 나누어 갖는 것으로 정리가 되었다.

📍 Kohlmarkt 14, 1010 Wien
🌐 www.demel.com

BEST RESTAURANT | 04

피그뮐러
Figlmüller

빈에서는 흔한 슈니첼을 특히 맛있게 만들기로 소문난 곳. 최고의 소고기 부위만을 사용하며, 피그뮐러에서만 쓰는 바삭한 빵가루를 입혀 튀긴다. 1905년 개업하여 4대째 피그뮐러 가문이 운영하고 있다. 오스트리아 요리와 잘 어울리는 지역 와인을 추천받아 곁들여도 좋다.

📍 Bäckerstraße 6, 1010 Wien
🌐 figlmueller.at

BEST RESTAURANT | 05

에리히
Erich

빈에서 유행을 선도하는 7구역을 대표하는 맛집인데, 타코 식당이면서 커피와 디저트도 잘한다. 분위기도 좋아 저녁에 칵테일을 마시러 오는 사람들도 많다. 자매 식당인 울리히 Ulrich도 추천한다.

📍 Neustiftgasse 27, 1070 Wien
🌐 erichwien.at

BEST RESTAURANT | 06

루젝
Lugeck

피그뮐러 가문이 운영하는 또 다른 오스트리아 요리 명가. 세계 요리들도 포함해 오스트리아 요리를 현대적으로 해석한 루젝만의 요리를 선보인다. 제철 재료를 반영하여 매달 스페셜 메뉴가 바뀐다.

📍 Lugeck 4, 1010 Wien
🌐 www.lugeck.com

BEST SPOTS IN WIEN

빈
베스트 스폿

LANDMARK
NATURE
SHOP
HOTEL

LANDMARK

01 호프부르크 왕궁
Hofburg Wein

현재 대통령 집무실과 박물관 등으로 쓰이는 옛 궁전. 합스부르크 왕가의 보물을 소장 중인 왕실 보물관과 왕궁 예배당이 있는 스위스궁, 영화 박물관, 은 박물관, 오스트리아 사람들이 사랑했던 시시 황후의 인생사를 볼 수 있는 시시 박물관Sisi Museum 등 여러 건물들로 이루어졌다. 황실 은 식기 전시관, 스페인 승마 학교 등도 있다.

📍 Michaelerkuppel, 1010 Wien
🌐 www.sisimuseum-hofburg.at/en/

02 오스트리아 국립 도서관
Österreichische Nationalbibliothek

1만 5,000권의 '오이겐 사보이 왕자 컬렉션'을 비롯해 20만 권 이상의 고서들이 보관되어 있는 국립 도서관. 메인 홀의 프레스코화와 바로크 스타일의 실내 장식이 아름답기로 유명하다.

📍 Josefsplatz 1, 1015 Wien
🌐 www.onb.ac.at

03 성 슈테판 대성당
Domkirche St. Stephan

기독교 최초의 순교자 성 슈테판에게 헌정된 성당. 오스트리아에서 가장 큰 종이 걸려 있으며 모차르트의 결혼식과 장례식이 열린 곳이기도 하다. 12세기에 주춧돌을 놓았으나 파손과 재건이 여러 번 반복됐다. 엘리베이터를 타고 북쪽 탑으로 올라가 전망대에서 23만 개의 타일을 얹은 지붕과 시가지를 감상할 수 있고 지하에는 기독교인의 유골 안치소인 카타콤이 있다.

📍 Stephansplatz, 1010 Wien
🌐 www.stephanskirche.at

TIP

모차르트의 집Wien Museum Mozartwohnung도 보고 가자!

성 슈테판 대성당 바로 앞에 위치한 '모차르트의 집'은 1700년대 모차르트가 3년 동안 머물렀던 집을 보수한 박물관이다. 이곳에서 천재 작곡가는 〈피가로의 결혼〉을 썼다. 친필 편지와 악보 등이 남아 있으며, 오디오 투어가 가능하다.

📍 Mozarthaus, Domgasse 5, 1010 Wien
🌐 wienmuseum.at

04 벨베데레 궁전
Schloß Belvedere

1718년 터키 군대를 무찌른 사보이의 오이겐 공Prinz Eugen von Savoyen을 위해 세운 궁전. 세계 최고의 바로크 건축물로 꼽히는 궁전으로, 정원을 기준으로 위채와 아래채로 나뉘어 있고 위채에는 그 유명한 구스타프 클림트의 회화 작품 〈키스〉가 걸려 있다.

◉ Prinz-Eugen-Straße 27, 1030 Wien
⊕ belvedere.at

05 쇤브룬 궁전
Schloß Schönbrunn

프랑스의 베르사유 궁전을 모델로 지어서 1,440개의 방이 있는 화려한 로코코 양식의 18세기 궁전이다. 모차르트가 여섯 살 때 이곳에서 연주를 하기도 했다. 가장 인기 높은 방은 마리 앙투아네트와 마리아 테레지아의 방이며, 미로가 있는 정원과 3개의 파빌리온 안에 이국적인 식물들이 자라는 온실Palmenhaus도 아름답다.

◉ Schönbrunner Schloßstraße 47, 1130 Wien
⊕ schoenbrunn.at

06 빈 시청
Rathaus

3,000만 개 이상의 벽돌로 쌓아 올린 아름다운 시청 건물. 빈의 상징인 98m 높이의 중앙 시계탑이 멀리서도 눈에 띈다. 12월에는 유럽에서 가장 예쁜 크리스마스 마켓 중 하나가 시 청사 앞 광장에서 열린다. 오른쪽에는 국회 의사당과 요한 슈트라우스가 연주하기도 했던 시민 정원Volksgarten이 있다.

◉ Friedrich-Schmidt-Platz 1, 1010 Wien
⊕ wien.gv.at

07 무제움스크바르티어
MuseumsQuartier

90,000㎡에 달하는 부지에 세워진 대형 박물관 단지. MQ라고도 부른다. 세계 최고의 에곤 실레Egon Schiele 컬렉션이 있는 레오폴드 박물관Leopold Museum을 비롯하여 현대 미술관 MUMOK, 무용 극장과 뉴 미디어관 등으로 구성돼 있다.

◉ Museumsplatz 1, 1070 Wien
⊕ mqw.at

08 보티프 성당
Votivkirche

1853년, 프란츠 요제프 1세 황제의 암살 시도가 실패한 것을 다행으로 여겨 세운 성당으로, 황제와 황후의 결혼 25주년을 기념하여 1879년 완공되었다. 근처에 철학자 프로이트 박물관 Sigmund Freud Museum도 있으니 인문학에 관심이 있다면 함께 들러 보자.

◉ Rooseveltplatz, 1090 Wien
⊕ votivkirche.at

09 빈 국립 오페라 극장
Wiener Staatsoper

'비너 슈타트오퍼'라고 하며 '빈의 오페라 극장'이라는 뜻이다. 1869년 모차르트의 오페라 〈돈 지오반니〉를 시작으로 막을 올렸다. 시즌마다 60개 이상의 오페라와 발레를 선보이며 350회 이상의 공연을 올린다. 매일 다른 공연을 올린다는 것이 특징이며, 공연이 없을 때는 내부 투어로도 둘러볼 수 있다.

📍 Opernring 2, 1010 Wien
🌐 wiener-staatsoper.at

TIP
링슈트라세Ringstraße를 따라 여행하면 간단하다!
슈타트오퍼와 시 청사, 무제움스크바르티어 등 빈의 대표 명소들은 19세기 후반에 조성된 대로, 링슈트라세를 따라 서 있다. 구시가지를 둘러싼 5.3km에 달하는 동그란 대로를 찾으면 된다.

10 카를 성당
Karlskirche

18세기 유럽을 초토화시킨 페스트가 잠잠해지자 이를 기념하여 건축했다. 16세기에 활동한 가톨릭의 개혁가 성 가롤로 보로메오에게 헌정된 것으로, 고대 그리스 신전 느낌이 나는 웅장한 기둥과 돔 양옆의 완벽한 좌우 대칭이 특징이다.

📍 Kreuzherrengasse 1, 1040 Wien
🌐 karlskirche.at

11 훈데르트바서 하우스
Hundertwasser House

건축가이자 조각가, 화가, 환경 예술가였던 프리덴슈라이히 훈데르트바서 Friedensreich Hundertwasser가 설계한 이상적인 사회 주택 건물. 1986년 완공되었으며, 1,543㎡ 면적에 52개의 알록달록한 주택과 5개 상점, 놀이터와 정원도 조성되어 있다. 내부는 볼 수 없지만 외관만 봐도 훈데르트바서의 작품에 깊은 인상을 받을 것이다. 가구 공장을 개조하여 훈데르트바서의 회화와 디자인, 그래픽 작품들을 전시하는 쿤스트 하우스Kunst Haus Wien도 함께 찾아보면 좋다.

📍 Kegelgasse 36-38, 1030 Wien
🌐 hundertwasserhaus.info

12 앙커 시계
Ankeruhr

건물 2개를 잇는 독특한 구조의 아르누보풍 시계. 매일 낮 12시 5분이면 오스트리아를 대표하는 인물 12명이 음악에 맞추어 시계 속에서 차례로 등장한다.

📍 Hoher Markt 10-11, 1010 Wien

NATURE

01 프라터 공원
Prater

과거 왕실의 사냥터였던 곳으로, 1766년 일반인에게 공원으로 개방됐다. 영화 〈비포 선라이즈〉에도 등장했는데, 공원 북쪽에는 놀이공원 부르스텔프라터Wurstelprater가 있다. 놀이공원의 랜드마크는 15개의 곤돌라를 단 대관람차Wiener Riesenrad로, 1897년 프란츠 요제프 1세 황제의 즉위 50주년을 기념하기 위해 만들어졌다. 117m 높이에서 회전하는 카루셀 프라터 텀Prater Turm도 인기 많은 놀이기구다.

📍 Riesenradplatz 2, A-1020 Wien
🌐 praterwien.com

02 빈 시립 공원
Stadtpark

작곡가 요한 스트라우스 2세의 동상이 있는 빈 시립 공원. 19세기에 영국풍으로 조성됐으며 도나우강 물줄기가 흐르던 개울이 공원을 지나가고, 몇 개의 예쁜 다리와 작은 호수가 있다.

📍 Parkring 1, 1010 Wien

03 도나우섬 & 도나우 운하
Donauinsel & Donaukanal

3.9㎢ 넓이의 도나우강 위에 길게 뻗은 도나우섬은 너비는 최대 210m지만 길이가 21km가 넘는다. 메트로 U1, U6 노선을 타면 시내에서 쉽게 찾을 수 있다. 무료로 입장하는 5,000㎡넓이의 워터 놀이터, 세계에서 가장 큰 트램펄린, 클라이밍 센터, 식당 등이 있어 다양한 액티비티를 즐길 수 있다. 6월에는 빈 최대의 야외 축제 도나우인셀페스트Donauinselfest가 열린다. 시내와 섬을 잇는 도나우 다리Donaustadtbrücke를 건너가면 도나우 탑Donauturm과 빈 국제 센터Internationales Zentrum Wien 등 현대적인 건물들이 들어선 신도시 도나우 시티Donau City가 나타난다.

📍 Donauturmplatz 1, 1220 Wien(도나우 탑)

SHOP

01 나슈마르크트
Naschmarkt

16세기부터 문을 연 대형 시장으로 와인이나 치즈 등 오스트리아를 대표하는 다양한 특산물을 판매하는 식료품점과 식당 등으로 이루어져 있다. 카드 결제가 안 되는 곳이 많으니 현금을 챙겨 가자.

◉ Naschmarkt, 1060 Wien

02 케른트너 거리
Kärntner Straße

빈 국립 오페라 극장에서 성 슈테판 대성당까지 빈 중심지를 세로로 가로지르는 최대 번화가이자 쇼핑 거리. 유명 브랜드 숍, 다양한 카페와 레스토랑, 기념품 상점 등이 밀집해 있으며 언제나 활기가 넘친다.

◉ Kärntner Str., 1010 Wien

03 그라벤 거리
Graben Straße

케른트너 거리Kärntner Str.와 함께 빈을 대표하는 쇼핑 거리. 명품 브랜드와 로컬 브랜드 등에서 다양한 쇼핑 경험을 할 수 있다. 대로 중앙에 위치한 황금색의 삼위일체상Wiener Pestsäule도 볼 만한데, 페스트가 사라진 것을 기념하여 레오폴트 1세 황제가 세운 것이다.

◉ Graben Str., 1010 Wien

04 슈퍼센스
Supersense

'디지털 세계 속의 아날로그Analog in a Digital World'라는 슬로건 아래, 스타일리시한 디자인 상점과 카페, 비닐 레코드 녹음실과 조향 스튜디오 등이 들어선 다목적 공간이다. 1898년 세워진 신고딕 양식의 건물을 활용했다. 요즘 핫한 뉴트로(뉴+레트로) 감성을 느낄 수 있는 공간.

◉ Praterstraße 70/1, 1020 Wien
⊕ supersense.com

HOTEL

01 호텔 암 브릴란텐그룬트
Hotel am Brillantengrund

빈티지 가구로 꾸며져 감각적이고 합리적인 가격의 3성급 호텔. 호텔 주인의 어머니가 운영하는 집밥 스타일의 필리핀 식당도 있고, 사진전이나 샘플 세일 등 흥미로운 이벤트가 종종 열리기도 한다.

◉ Bandgasse 4, 1070 Wien
⊕ brillantengrund.com

02 그랑 페르디난트 호텔 빈
Grand Ferdinand Hotel Wien

빈 시립 공원 옆 링 대로에 위치한 5성급 호텔. 샹들리에와 두툼한 카펫으로 화려하게 꾸몄으며 오스트리아 식당과 루프톱 수영장도 갖추고 있다. 요금이 저렴한 도미토리 객실도 있다는 점이 특이하다.

◉ Schubertring 10-12, 1010 Wien
⊕ grandferdinand.com

ZÜRICH, SWITZERLAND
취리히, 스위스

스위스의 수도인 베른보다도 훨씬 큰 존재감으로 여행자들을 맞이하는 아름답고 역동적인 도시. 스위스 하면 떠오르는 깨끗한 자연 환경은 물론 최신 유행에 따라 변하는 모습으로 모두를 만족시킨다. 다른 도시로 이동하기도 쉬워 스위스 맛보기로 돌아보기에 최적인 도시, 취리히를 여행해 보자.

 혼여 매력도 ★★★★
고요하고 깨끗하며 자연과 도시가 적당히 어우러지는 곳

 혼여 난이도 ★
관광청 하나만 믿고 여행해도 충분할 정도로 정보가 빠르고 다양하며 정확하다. 대중 교통과 영어 사용이 매우 편하다.

 추천 포인트
- 맑고 평화로운 리마트 호수에서 보트나 자전거를 대여해 호숫가를 더욱 만끽할 수 있다.
- 좁고 아기자기한 골목길과 중세 건축물들로 가득한 구시가지

TRAVEL INFORMATION

▶▶ 취리히 여행 정보 ◀◀

면적

87.88km²

시간대

UTC+1 (한국과 시차 -8시간)

인구

약 144만 명 (2024년 기준)

기후
온대 기후에 속하며 사계절이 있다. 겨울에는 종종 영하로도 떨어지며 한여름에는 30℃ 이상으로 오르는 등 한국과 크게 다르지 않다.

언어
 독일어

스위스는 지역별로 독일어, 프랑스어, 이탈리아어, 로만슈어 중 하나를 주요 언어로 사용한다.

화폐
스위스 프랑
CHF

여행 정보 홈페이지
www.stadt-zuerich.ch (행정)
www.zuerich.com (관광)

관광 안내소
공항과 중앙 기차역에 안내소가 있어, 관광청 투어 프로그램과 다양한 관광 정보를 제공하며 휴대용 와이파이 라우터도 대여하는 등 친절하고 세심한 서비스를 제공한다. 홈페이지에도 신속한 정보가 넘쳐난다. 취리히 도시 가이드 앱 Zürich City Guide App도 참고하면 좋다.

항공편

대한항공이 인천~취리히 간 직항을 운행하며 비행시간은 약 13시간 30분이 걸린다. 그 외 여러 항공사의 경유편이 취리히 국제공항 Flughafen Zürich에 취항한다. 스위스 최대 국제공항인 취리히 공항은 유럽의 공항들 중 시내와의 거리가 가장 가까운 곳 중 하나다. 기차, 지역열차 S-Bahn, 10번 트램 등을 타면 시내의 중앙역까지 약 10분이면 도착한다. 시내의 호텔들은 대부분 미니 셔틀버스를 운행하니 숙소에 문의해도 된다.

기차편
다양한 편의 시설이 마련된 중앙역을 비롯해 외곽 쪽에도 기차역들이 있다. 시계의 나라답게 스위스 철도는 시간을 칼같이 지키는 것으로 유명하다. 쾌적하고 깨끗해 스위스 내 다른 도시로 갈 때도 기차가 좋다. 짐이 많다면 대형 역에 한하여 미리 짐만 보내는 서비스도 있으니 역사 안 안내소나 사무실에 문의해 보자.
홈페이지 스위스 국철 www.sbb.ch

대사관
주스위스 대한민국 대사관은 수도 베른에 위치한다.
주소 Kalcheggweg 38, 3006 Bern
전화 +41-31-356-2444
홈페이지 overseas.mofa.go.kr/ch-en/index.do

치안
스위스는 유럽에서 치안이 좋은 나라 중 하나로 꼽힌다. 예민하게 다닐 필요는 없으나, 역시 여행 중이므로 너무 느슨해지는 않도록 주의하자.

시내 교통

취리히 도심은 걸어서도 충분히 돌아볼 수 있지만, 시내에 약 300m마다 버스나 트램 정류장이 있어 도보 여행을 좋아하지 않는 여행자에게도 친절한 도시다. 교통 카드인 취리히 카드를 처음 사용할 때와 트램, 버스 탑승 시에는 개찰기 안에 표를 넣어 개시해야 한다.

A. 트램 Tram & 버스 Bus

트램은 도시 끝에서 끝까지 이동해야 할 때 가장 유용하고 편리한 수단이다. 트램 정거장 옆에 매표기가 있어 탑승 전에 살 수 있다. 11~3월 초까지 겨울에만 즐길 수 있는 '퐁듀 트램'도 따로 운행한다. 스위스 샬레(산속 오두막)처럼 꾸며진 트램을 타고 2시간 동안 시내를 한 바퀴 돌며 퐁듀를 먹는다. 홈페이지에서 예약해야 하며, 벨뷰 광장Bellevueplatz에서 출발한다. 버스는 트램보다 많이 이용하게 되지 않지만, 장거리 이동 시 유용하다.

홈페이지 www.fonduetram.ch

B. 택시 Taxi & 우버 Uber

취리히 시내에는 약 1,550대의 택시가 운행한다. 시내에 택시 정류장도 여럿 있고 전화로도 부를 수 있으나 스위스는 물가가 만만치 않아 택시보다 우버를 쓰는 여행자들이 많다. 모든 택시에는 미터기가 장착되어 있으며, 기본 요금은 CHF6, 1km마다 CHF3.8이 추가된다.

홈페이지 www.zuerich.com/en/visit/by-taxi

교통 카드

교통권을 살 때는 목적 지역Zone을 확인하고 사자. 취리히 도심은 110존에 속하며 공항은 121존에 속하는데 1~2존이면 주요 명소를 보는데 어려움이 없다. 휴대폰 앱ZVV Ticket App으로도 이용 가능하다. 운행 시간은 주간은 05:00~24:30, 야간은 금·토요일 01:00~09:00이며 별도 탑승권으로 이용한다. 장기 여행자를 위한 1개월, 1년, Z-pass 등의 패스도 있다.

요금

	1회권	24시간권
도심	CHF2.8	CHF5.6
1~2존	CHF4.6	CHF9.2

홈페이지 www.zvv.ch

여행 패스

취리히 카드 Zürich Card

관광지 입장과 대중교통 이용을 합한 다목적 카드. 대부분의 박물관 무료 입장, 공항~시내 이동과 단거리 보트, 크루즈 여행을 포함해 취리히와 부근 지역의 대중교통을 자유롭게 이용할 수 있다. 상점과 레스토랑, 시에서 주관하는 투어 할인 혜택도 포함한다. 홈페이지, 여행자 인포메이션 센터와 SBB, ZVV 티켓 판매기에서 판매한다.

요금 24시간 CHF29 / 72시간 CHF55
홈페이지 www.zuerich.com/en/visit/your-city-travel-pass

스위스 트래블 패스 Swiss Travel Pass

스위스 전역을 여행하면서 전시에 관심이 많은 여행자들을 위한 패스로, 특급 열차를 포함한 스위스의 모든 대중교통을 자유롭게 이용할 수 있고 전국 500여 개의 전시관을 무료로 방문할 수 있다. 하지만 스위스 내 이동이 많지 않고 대표 전시관 정도만 방문할 예정이라면 별 이점이 없을 수 있다. 연달아 사용하지 않고 1달 안에 3일 사용하는 식의 플렉스 패스도 있으니 일정에 맞춰 구입하는 것을 추천한다.

요금

	2등석	1등석
3일	CHF244	CHF389
4일	CHF295	CHF469
8일	CHF419	CHF665

※26세 이상 성인 요금 기준

홈페이지 www.sbb.ch

> **TIP**
> 스위스 뮤지엄 패스 Schweizer Museumspass
> 500여 개 전시관 무료 이용을 제공한다. 홈페이지로 가고 싶은 명소를 먼저 살펴보고 나에게 맞는 패스를 결정하자.
> 요금 연간 패스 어른 CHF177
> 홈페이지 www.museumspass.ch

3 DAYS IN ZURICH

▶▶ 취리히 베스트 3일 코스 ◀◀

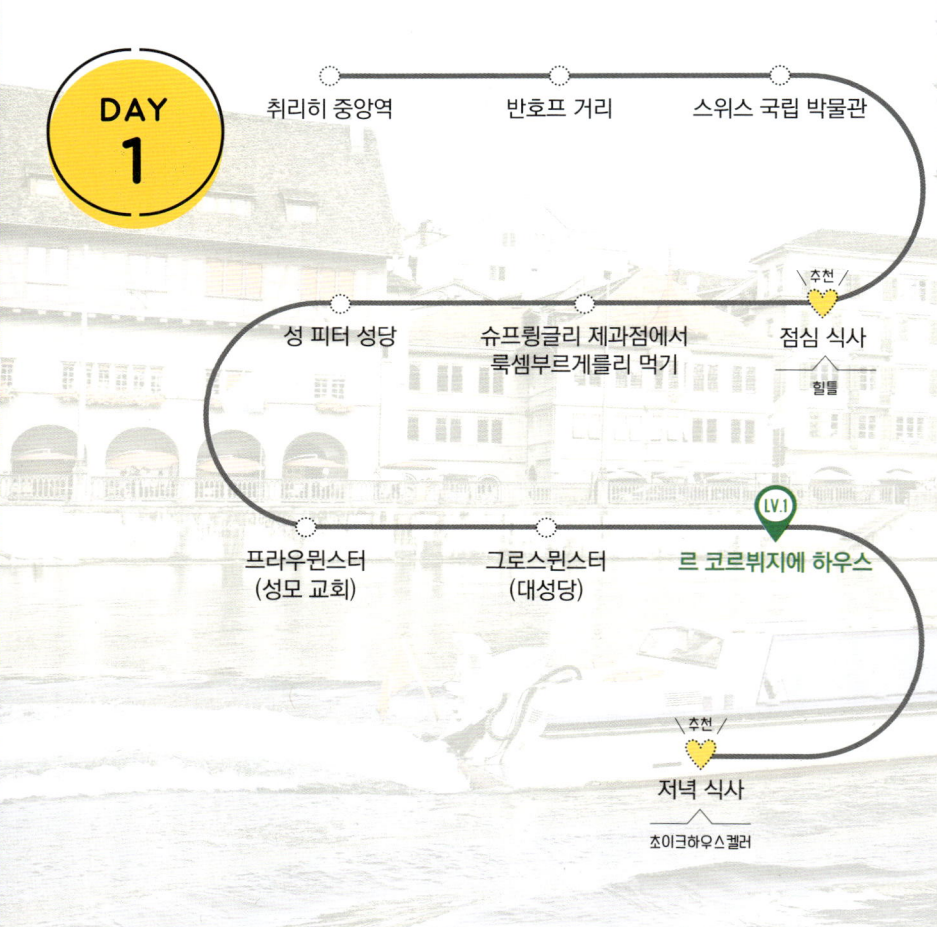

DAY 1

취리히 중앙역 — 반호프 거리 — 스위스 국립 박물관 — 점심 식사 (추천: 힐틀) — 슈프륑글리 제과점에서 룩셈부르게를리 먹기 — 성 피터 성당 — 프라우뮌스터 (성모 교회) — 그로스뮌스터 (대성당) — 르 코르뷔지에 하우스 (LV.1) — 저녁 식사 (추천: 초이크하우스켈러)

맑고 깨끗한 넓은 호수와 반호프 거리를 따라 달리는 트램, 세련된 디자인 박물관부터 수 세기 전 작품들을 전시하는 미술관과 건축미를 뽐내는 성당을 방문하는 취리히 기본 코스. 여기에 나만의 독특한 일정을 추가하고 싶다면 관심사에 따라 르 코르뷔지에 하우스나 피파 축구 박물관을 추가하자. 요즘 핫한 취리히 임비아둑트 부근도 추천한다.

DAY 2

피파 축구 박물관 — 점심 식사 (추천: 하테커) — 쿤스트하우스 취리히 — 취리히 디자인 박물관 — 임비아둑트 — 프라이탁 플래그십 스토어 쇼핑 — 저녁 식사 (추천: 프라우 게롤즈 가르텐)

DAY 3

리트베르크 박물관 — 로테 파브릭 (LV.2) — 점심 식사 (추천: 송아지 고기 요리, 게슈넷첼테스) — 리마트강 수영 (LV.3) — 저녁 식사 (추천: 슈테르넨 그릴)

+하루 더!

DAY 4

LV.1 루체른 근교 여행

세계적인 건축가의 마지막 건축물을 보러 떠나자
르 코르뷔지에 하우스
Le Corbusier House

세계적인 건축가 르 코르뷔지에가 설계한
마지막 건축물을 보러 도심을 벗어나 보자.
4번 트램을 타고 20분 정도만 가면 찾을 수 있다.
〈예술의 총 집합Gesamtkunstwerk〉이라 불리는
작품으로 유리와 철로만 만든 르 코르뷔지에의
유일한 건축물이다. 1967년 완공되었고,
이후 대대적인 보수 공사를 거쳐 2019년
재개관했다. 르 코르뷔지에의 일대기를 전시해
놓았으며 부근의 중국풍 정원 차이나가르텐
취리히Chinagarten Zürich도 함께 보면 피크닉
기분을 내며 반나절 정도를 보내기 좋다.

◉ Höschgasse 8, 8008 Zürich
⊕ www.pavillon-le-corbusier.ch

✓ 기차로 1시간이면 도착!
루체른 근교 여행 Luzern

루체른 호수의 서안에 면한 호반 도시로, 취리히와는 확연히 다른 매력을 자랑한다. 주변에 리기Rigi, 필라투스Pilatus, 티틀리스Titlis 등의 산들이 있어 하이킹, 전망대, 스키 등 다양한 레저를 즐길 수 있고 매년 성대한 음악 축제가 세 번이나 열린다. 유럽 최장이자 최고(最古) 목조 다리인 카펠교, 루체른 축제의 장(場)인 루체른 문화 컨벤션 센터KKL, 빈사의 사자상, 그리고 전시의 규모와 수준이 엄청나게 훌륭한 스위스 교통 박물관Verkehrshaus der Schweiz 등이 주요 명소다.

📍 www.luzern.com

✓ 로컬들만 가는 문화 센터
로테 파브릭 Rote Fabrik

중심지에 약간 외곽에 있는 현대적인 문화 공간으로, 옛 공장을 개조한 붉은 벽돌 건물이 인상적이다. 연극과 콘서트, 예술 행사, 전시 등이 매년 100회 이상 열린다. 강좌나 워크숍 등이 많아 새로운 것을 배워볼 수 있는 기회가 될 곳이다.

📍 Seestrasse 395, 8038 Zürich
📍 rotefabrik.ch

혼자 여행 · **LEVEL 3** · 버킷리스트

✓ 취리히의 여름이 행복한 이유
리마트강 수영

여름에 취리히를 여행한다면 수영복을 챙겨 가자. 다이빙대와 비치 발리볼, 선 테라스 등 여느 해수욕장, 수영장 부럽지 않은 편의 시설을 갖춘 수영 시설들이 강변에 꽤 많다. 중앙역 근처의 오버허 레텐 수영장Flussbad Oberer Letten, 여성 전용 슈타트하우스케 수영장Frauen bad am Stadthausquai, 남성 전용 슈안젠그라벤 수영장Freibad am Schanzengraben 등이 인기다. 무료로 운영되는 곳들도 있으며 평균 입장료는 어른 기준 CHF85.

⊕ www.zuerich.com/en/visit/outdoor-pools-in-zurich
 www.zuerich.com/en/visit/summer-in-zurich

먹킷 리스트

🍴 취리히 베스트 먹거리

BEST MENU | 01

게슈넷첼테스
Geschnetzeltes

송아지를 화이트 와인 버섯 크림 소스로 조리한 것이다. 1940년대 취리히에서 처음 만들어진 후 취리히를 대표하는 메뉴로 자리 잡았다. 뢰스티Rösti, 혹은 샐러드가 곁들여 나온다.

BEST MENU | 02

뢰스티
Rösti

감자를 잘게 채 썰거나 갈아서 둥글게 구워내 겉은 바삭하고 속은 부드러운 요리. 베른 지방 농부들이 아침으로 즐겨 먹던 것이 현재는 스위스 전역에서 매일 먹는 국민 요리가 되었다.

BEST MENU | 03

비르허뮤즐리
Birchermüesli

건강식으로 인기인 뮤즐리는 취리히의 한 의사가 고안한 음식이다. 취리히에서는 뮤즐리에 견과류나 베리, 요거트를 섞어 아침으로 많이 먹는다. 호텔 조식 코너에서 쉽게 볼 수 있다.

BEST MENU | 04

룩셈부르게를리
Luxemburgerli

1836년 데이비드 슈프륑글리David Sprüngli가 취리히에 문을 연 슈프륑글리 제과점Confiserie Sprüngli의 대표 메뉴. 마카롱과 거의 같은데 크기가 좀 더 작고 더 쫄깃하다. 샴페인, 솔트 카라멜 등 다양한 맛 중에서 취향대로 골라 먹어 보자. 최고의 스위스 초콜릿을 먹어 보고 싶다면 슈프륑글리 부근에 있는 초콜릿 전문점 토이셔Teuscher를 추천한다.

BEST MENU | 05

초프
Zopf

반죽을 땋은 머리 모양으로 꼰 다음 굽는 빵. 윗면에 달걀 노른자를 발라 반짝이고 노릇하게 만든다. 전통적으로는 일요일 아침에만 먹었지만 요즘은 스위스 어느 빵집에서나 쉽게 볼 수 있다.

취리히 베스트 맛집

BEST RESTAURANT | 01

힐틀
Hiltl

1898년 개업하여 힐틀 가문이 4대째 운영 중인 세계 최초의 베저테리언(채식주의자) 식당이다. 100가지 이상의 건강한 메뉴 중에서 주문해도 좋고, 다양하게 먹어볼 수 있는 뷔페도 추천한다. 포장도 가능하며 취리히에 여러 지점이 있다.

- Sihlstrasse 28, 8001 Zürich
- hiltl.ch

BEST RESTAURANT | 02

초이크하우스켈러
Zeughauskeller

15세기 건물에 자리한 전통 스위스 요리로 소문난 식당. 넓은 내부가 거의 항상 만석이다. 한국어를 포함해 11개 언어로 메뉴를 표기해 주문하기도 쉽다.

- Bahnhofstrasse 28A, 8001 Zürich
- www.zeughauskeller.ch/home

BEST RESTAURANT | 03

그란데
Grande

강가에 위치하여 전망 좋은 카페 겸 바. 지친 다리를 쉬어가기에도, 한끼 식사를 하기에도, 하루를 마무리하며 한 잔 하기에도 모두 좋은 곳이다.

- Limmatquai 118, 8001 Zürich
- www.grande.bar

BEST RESTAURANT | 04

슈테르넨 그릴
Sternen Grill

취리히에서 가장 인기 있는 소시지 가게. 육즙이 가득 찬 여러 가지 소시지 중에 하나 선택해 함께 주는 빵과 먹는 방식이다. 취리히 오페라 하우스Opernhaus Zürich가 있는 젝세로이텐 광장 Sechseläutenplatz에 위치해 있어 포장해서 광장에서 먹어도 좋다.

📍 Sihlstrasse 28, 8001 Zürich
🌐 hiltl.ch

BEST RESTAURANT | 05

프라우 게롤즈 가르텐
Frau Gerold's Garten

작은 정원 내에 있는 식당으로, 인기가 많아 자리가 늘 부족하니 실내에서 먹고 싶다면 미리 예약하기를 추천한다. 꼬마 전구에 불이 켜지는 밤에 더욱 분위기가 좋다. 혼자 가면 시끌한 분위기에 위축될 수도 있지만, 시내 중심부에서 약간 떨어진 취리히 웨스트에 있어 산책하는 기분으로 찾아가 식사해도 좋다.

📍 Geroldstrasse 23/23a, 8005 Zürich
🌐 www.fraugerold.ch

BEST RESTAURANT | 06

하테커
Hatecke

지역 농장에서 품질 좋은 고기를 수급해 판매하는 고급 정육점 겸 식당. 고기 좀 먹는다 하는 사람이라면 꼭 한 번 가볼 만하다. 장크트 모리츠에 본점이 있다.

📍 Usteristrasse 12, 8001 Zürich
🌐 hatecke.ch

취리히 베스트 스폿

BEST SPOTS IN ZURICH

LANDMARK
NATURE
SHOP
HOTEL

LANDMARK

01 그로스뮌스터(대성당)
Grossmünster

높이 솟은 쌍둥이 탑 덕분에 멀리서도 알아볼 수 있는 취리히의 대표적인 로마네스크 양식 성당. 16세기 종교 개혁가 울리히 츠빙글리 Huldrych Zwingli가 개혁을 주도했던 장소이며, 성당 앞에는 또 다른 종교 개혁가 하인리히 불린저 Heinrich Bullinger의 대형 석상이 있다. 꼭대기 전망대로 가려면 187개의 계단을 올라가야 한다.

📍 Grossmünsterplatz, 8001 Zürich
🌐 grossmuenster.ch

02 프라우뮌스터(성모 교회)
Kirche Fraumünster

성경 속의 다섯 가지 이야기를 묘사한 마르크 샤갈 Marc Chagall의 스테인드글라스로 아름답게 꾸며진 성당. 지붕 한쪽에 우아한 청색 탑이 눈길을 끈다. 내부 촬영이 불가하니 오래 머무르며 천천히 내부를 감상하고 나오자.

📍 Münsterhof 2, 8001 Zürich
🌐 fraumuenster.ch

TIP
바서 교회 Wasserkirche
그로스뮌스터와 프라우뮌스터 사이에 자리한 성당으로 이름 '바서'의 뜻은 '물'이다. 교회 앞에는 스위스 출신 종교 개혁가 츠빙글리 Zwingli의 동상이 세워져 있다. 무료 입장.
📍 Limmatquai 31, 8001 Zürich 🌐 wasserkirche.ch

03 성 피터 성당
St. Peter Pfarrhaus

1534년에 완성된, 취리히에서 가장 오래된 성당이다. 로마네스크 & 고딕 양식으로 지어졌으며, 지름이 8.64m에 달하는 유럽에서 가장 큰 시계로도 유명하다. 시계탑의 5개 종 중 가장 큰 것은 무게가 6,000kg에 달한다. 성당 앞 광장은 예로부터 포도를 사고 팔았던 곳이라 '와인 광장 Weinplatz'이라 불린다.

📍 St. Peterhofstatt 2, 8001 Zürich
🌐 st-peter-zh.ch

04 스위스 국립 박물관
Schweizerisches Nationalmuseum

중세 성채를 닮은 건물에서 선사 시대부터 현재까지 스위스의 역사를 전시한다. 시대별로 전시가 진행 중이고, 여러 오디오, 비디오 매체를 활용하여 재미있게 볼 수 있다. 특별 테마 임시전도 종종 열린다.

📍 Museumstrasse 2, 8001 Zürich
🌐 nationalmuseum.ch

05 취리히 디자인 박물관
Museum für Gestaltung Zürich

스위스 디자인의 역사를 볼 수 있는 전시관으로 스위스 모던 건축을 대표하는 건물에 자리한다. 디자인, 비주얼 커뮤니케이션, 건축 등 흥미로운 테마의 특별전도 열리고 넓은 정원과 카페도 있어 전시 후 머무르다 갈 만하다. 두 번째 전시관 Pfingstweidstrasse 96 8005 Zürich 과 컬렉션을 나누어 전시한다.

📍 Ausstellungsstrasse 60, 8005 Zürich
🌐 www.museum-gestaltung.ch

06 쿤스트하우스 취리히
Kunsthaus Zürich

입구에서 오귀스트 로댕August Rodin의 청동 주조 작품 〈지옥의 문〉이 관람객을 맞이하는 취리히 대표 미술관. 중세 시대 조각과 패널, 네덜란드와 바로크 이탈리아 시대의 작품들, 19~20세기의 스위스 회화 등을 전시한다.

📍 Heimplatz 1, 8001 Zürich
🌐 www.kunsthaus.ch

07 피파 축구 박물관
FIFA World Football Museum

국제축구연맹 피파FIFA와 월드컵의 역사 등 축구에 관련된 1,000점 이상의 물품을 전시 중인 현대적인 박물관. 관람객이 직접 참여할 수 있는 전시가 많아 체험하는 재미가 있다. 스포츠 바와 도서관도 있다.

📍 Seestrasse 27, 8002 Zürich
🌐 fifamuseum.com

08 리트베르크 박물관
Museum Rietberg

스위스 박물관 중 유일하게 유럽 외 지역 미술품을 전시하는 곳이다. 유리 파빌리온 전시관 '에메랄드'와 19세기 빌라들로 구성되었고, 리터 공원Reiterpark에 위치한다. 바그너가 이 박물관 빌라에 머무르며 오페라 〈트리스탄과 이졸데〉를 완성한 것으로도 유명하다. 여름에는 피크닉 바구니를 빌려주기도 한다.

📍 Gablerstrasse 15, 8002 Zürich
🌐 rietberg.ch

NATURE

01 취리히 호수
Zürichsee

스위스에서 세 번째로 큰 호수. 반호프 거리 끝까지 내려오면 드넓게 펼쳐진 호수가 나타나는데, 빙하가 녹아 만들어져 매우 깨끗하다. 산책로, 벤치 등이 조성되어 있고 배를 타고 나가면 바다 못지않게 넓은 호수를 가로지를 수도 있다. 호수 주변 31개 정류장에서 자유롭게 내리고 탈 수 있는 등 여러 코스를 선택해 탑승할 수 있다. 호수 옆 초원은 아르보레툼Arboretum(수목원)이라 부르며 나무 그늘에서 더위를 피하거나 간단한 식사나 주전부리를 먹으며 시간을 보내기에도 좋다.

📍 Lindenhof, 8001
🌐 www.zuerich.com/en/visit/nature/cruises-on-lake-zurich#internal

02 리마트강
Limmat

취리히 호수와 시내가 만나는 지점에서 시작되는 리마트강. 10개의 수력 발전소가 있어 도시의 전력에도 기여한다. 리마트강 유람선이 하루 세 편 운행되며, 중앙역 바로 앞에 위치한 선착장에서 표를 구매하고 탑승할 수 있다.

📍 Bürkliplatz, 8001 Zürich
🌐 www.zsg.ch

> **TIP**
> **명소가 모두 모인 린덴호프**
> 리마트강을 따라 왼쪽 기슭에 조성된 완만한 지형의 린덴호프 Lindenhof에는 도시의 주요 명소가 모여 있어, 명소 하나하나를 따로 찾지 않아도 된다. 기원전부터 로마인들이 살았던 지역이고, 이곳에 오르면 시내 전망을 한눈에 담을 수 있다.

SHOP

01 취리히 중앙역 & 반호프 거리
Zürich Hauptbahnhof & Bahnhofstrasse

취리히 중앙역은 스위스 최대 규모의 기차역으로, 역사 내 200여 개 상점이 자리한 쇼핑 아케이드 숍 빌ShopVille도 도시의 대표 명소다. 역에서 나오자마자 직선으로 뻗은 반호프 거리도 양옆에 여러 상점과 백화점이 즐비한 쇼핑 대로다. 트램 외에는 차가 들어갈 수 없어 여유롭게 돌아볼 수 있다. 거리에서 약간 벗어나면 취리히에서 가장 화려한 백화점 젤몰리Jelmoli가 있다.

📍 Bahnhofstrasse, 8001

02 임비아둑트
Im Viadukt

한동안 방치되었던 오래된 철로와 고가 아래의 공간이 쇼핑 구역으로 새롭게 태어났다. 요즘 떠오르는 취리히 서쪽 지역에서 쇼핑을 담당한다. 약 서른 개의 상점, 갤러리, 맛집, 시장이 36개의 아치 아래에 모여 있다. 비아둑트는 고가, 구름다리라는 뜻.

📍 Viaduktstrasse, 8005 Zürich
🌐 im-viadukt.ch

HOTEL

03 프라이탁 플래그십 스토어
FREITAG Flagship Store

프라이탁은 폐타이어 등을 재활용하여 연간 약 12만 개의 가방과 액세서리를 제작하는 친환경 브랜드다. 알록달록한 트럭 덮개 타플린Tarpaulin 천으로 만드는 가방으로 유명하다.

📍 Geroldstrasse 17, 8005 Zürich
🌐 www.freitag.ch

01 25아워스 호텔 랑스트라세
25Hours Hotel Langstrasse

25아워스 호텔은 멋진 디자인으로 눈길을 사로잡고, 전 객실에 대여 가능한 프라이탁 가방과 취리히 관광에 도움이 될 읽을 거리를 비치하는 독특한 서비스도 선보인다. 이스라엘 레스토랑 네니NENI와 기념품 상점, 카페와 칵테일 바도 갖추고 있다. 호텔 바로 옆에는 영화관, 상점, 살롱, 식당과 바가 있는 문화 예술 공간 코스모스Kosmos도 있다.

📍 Langstrasse 150, 8004 Zürich
🌐 www.25hours-hotels.com/hotels/zuerich/langstrasse

02 마르크트가세 호텔
Marktgasse Hotel

39개의 객실로 이루어진 부티크 호텔. 도시 한가운데 자리한 15세기 건물에 내부는 세련되고 간단하게 꾸며 놓았다. 1인을 위한 아늑한 싱글 룸이 따로 있으며, 레스토랑과 카페, 칵테일 바, 서재도 갖추었다.

📍 Marktgasse 17, 8001 Zürich
🌐 www.marktgassehotel.ch

> **TIP**
> 취리히는 외곽으로 갈수록 숙소 가격이 낮아진다. 예산이 빠듯하다면 시내와 오가는 시간을 계산해 교통편이 잘 연결되어 있으면서 시내에서 떨어진 곳에 머물러도 좋다.

INTERLAKEN, SWITZERLAND
인터라켄, 스위스

호반의 도시로 유명한 인터라켄은 그 이름도 '호수와 호수 사이'라는 뜻이다. 스위스 어느 도시보다도 한국어 안내판을 많이 볼 수 있을 정도로 한국을 비롯해 전 세계 많은 여행자들에게 사랑받는 이유는 바로 호수와 산, 천혜의 자연 환경 덕분이다. 시가지 자체는 아주 작지만 주변에 볼 것이 많아 인터라켄에 짐을 풀고 오래 머물러도 좋다.

 혼여 매력도 ★★★
알프스 산맥의 아름다운 풍경으로 풍덩!

 혼여 난이도 ★★
평화롭고 여유로운 시간을 보장한다. 다만 다양한 자연 속 액티비티를 일행과 함께 즐길 수는 없다는 단점이 있다.

 추천 포인트
- 유럽의 지붕, 융프라우에서 바라보는 장엄한 알프스의 풍경
- 인터라켄 시내와 주변 산맥을 한눈에 내려다볼 수 있는 전망대 하더 쿨름. 가벼운 하이킹으로도 올라갈 수 있다.
- 썰매, 스키, 행글라이딩 등 사계절 내내 즐길 수 있는 다양한 액티비티

TRAVEL INFORMATION

▶▶ 인터라켄 여행 정보 ◀◀

면적

베른주
인터라켄

4.4km²

시간대

UTC+1 (한국과 시차 -8시간)

인구

약 6,000명 (2024년 기준)

기후

온화한 대륙성 기후로 여름에는 습한 편이다. 인터라켄에 오면 대부분 융프라우를 오르는데, 만년설이 있는 산 꼭대기는 추우니 여름에도 겨울처럼 챙겨 입어야 한다.

언어

 독일어

스위스는 지역별로 독일어, 프랑스어, 이탈리아어, 로만슈어 중 하나를 주요 언어로 사용한다.

화폐

 스위스 프랑

CHF

여행 정보 홈페이지

www.interlaken-gemeinde.ch (행정)
www.interlaken.ch (관광)

관광 안내소

인터라켄 여행 정보를 받을 수 있으며 버스 시간표, 호텔, 투어 예약 등을 진행한다.
시내 중심부 Marktgasse 1, 3800 Interlaken에 있어 찾기 편하다.

기차편

많은 여행자들이 취리히, 루체른, 베른 등의 도시에서 기차로 들어간다. 게다가 주변 동네로 이동하거나 산을 오를 때도 기차편이 더 편하고 많기 때문에 기차를 한 번 이상은 타게 된다. 기차역은 2개로 동역 Interlaken Ost과 서역 Interlaken West이 있는데, 두 역 사이가 멀지는 않지만 이왕이면 숙소와 더 가까운 역을 이용하자.

도시 간 기차편 소요 시간
베른~인터라켄 (직행) 약 50분
취리히~인터라켄 (베른에서 1회 경유) 약 2시간
제네바~인터라켄 (베른에서 1회 경유) 약 2시간 40분

대사관

주스위스 대한민국 대사관은 수도 베른에 위치한다.
주소 Kalcheggweg 38, 3006 Bern
전화 +41-31-356-2444

항공편

현재 인천~인터라켄 간 직항은 없다. 취리히까지 직항편으로 들어가 기차로 이동하는 것이 빠르고, 제네바로 들어가 기차로 이동해도 좋다. 인터라켄은 취리히에서 약 100km (도로 거리 119km), 제네바에서는 142km (도로 거리 218km) 떨어져 있다.

치안

스위스 여행의 큰 장점 중 하나가 바로 괜찮은 치안이다. 한국과 비슷한 정도라 안전하게 다닐 수 있다.

시내 교통

A. 버스 Bus
기본적으로 동역과 서역을 오가면서 시내 곳곳을 잇는 노란색 버스가 있다. 주변 지역으로도 운행하니, 기차와 함께 이용하면 더 편하다.

여행 패스

인터라켄 비지터 카드 Interlaken Visitor's Card
인터라켄에서 숙박을 하는 경우 숙소 요금에는 여행자 세금이 포함되어 있다. 이 카드는 그 세금에 포함되어 있는 것이다. 머무는 숙소나 관광 안내소에서 발급해 주며, 인터라켄을 포함한 융프라우 지역 내Libero Zone 750에서 대중교통(택시 제외)을 무료로 이용할 수 있다. 또한 각종 액티비티 및 입장권 할인 혜택도 포함되어 있다.

> **TIP**
> **다양한 스위스 여행 패스를 활용하자!**
> 가장 유명한 것은 스위스 트래블 패스Swiss Travel Pass로 열차, 버스, 보트, 트램 등 스위스 내 모든 교통편을 자유롭게 이용할 수 있고 명소 할인 등의 추가 혜택이 있다. 이외에도, 원래 요금의 50% 할인을 보장해주는 스위스 하프 페어 카드Swiss Half Fare Card, 한 달 이상 머무르는 장기 여행자를 위한 GA 트래블 카드GA Travel Card, 스위스 패스 1일권 혜택과 같은 세이버 데이 패스Saver Day Pass를 활용하면 더욱 알뜰하게 여행할 수 있다.

3 DAYS IN INTERLAKEN

▶▶ 인터라켄 베스트 3일 코스 ◀◀

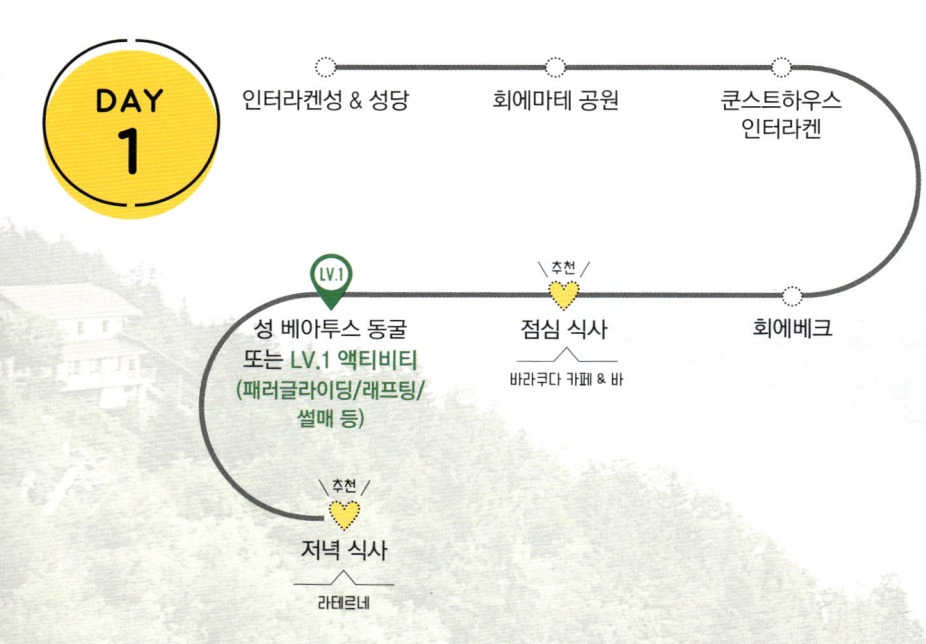

DAY 1

인터라켄성 & 성당 — 회에마테 공원 — 쿤스트하우스 인터라켄 — 회에베크 — 점심 식사 (추천: 바라쿠다 카페 & 바) — 성 베아투스 동굴 또는 **LV.1 액티비티** (패러글라이딩/래프팅/썰매 등) [LV.1] — 저녁 식사 (추천: 라테르네)

평화로운 자연을 여유 있게 느껴보자. 만년설이 덮인 스위스 알프스의 절경과 높은 고도에서 내려다보는 숲속 오두막들의 모습은 평생 잊을 수 없을 것! 마을 자체가 무척 작아 금세 익숙해져 편히 도보로 돌아다니게 된다. 인기 많은 골든 패스 기차는 부지런히 예매해서 주변 지역으로 이동할 때 탑승해 보자.

DAY 2
융프라우요흐 → 저녁 식사 (추천: 그랑 카페 레스토랑 슈)

DAY 3
하더 쿨름 (LV.2) → 점심 식사 (추천: 쿱 또는 미그로스) → 툰이나 브리엔츠 호수 유람선 또는 카약 투어 → 저녁 식사 (추천: 후시 비어하우스)

+하루 더!
DAY 4
LV.2 골든 패스 등 특급 열차를 타고 다른 도시로 이동

LEVEL 1

혼자 여행 · 버킷리스트

✓ 인터라켄을 더욱 신나게 즐기는 방법
사계절 재미난 액티비티

하이킹, 패러글라이딩, 래프팅, 겨울 썰매 등 인터라켄의 환상적인 자연 환경을 백방으로 누릴 수 있는 다양한 액티비티를 즐겨 보자. 대부분 최소 인원만 채우면 운행하기 때문에 혼자 찾아가도 문제없이 경험할 수 있다. 추천하는 액티비티 업체는 한국인 직원도 있어 장비 대여나 만나는 장소, 악천후 취소나 변경 등을 쉽게 안내 받을 수 있는 '아웃도어 인터라켄'이다. 인터라켄에서 가장 다양한 활동을 진행하는 비교적 안정적인 업체 중 하나다.

아웃도어 인터라켄 Outdoor Interlaken
📍 Hauptstrasse 15, 3800 Matten bei Interlaken
🌐 www.outdoor-interlaken.ch/ko

LEVEL 2

혼자 여행 · 버킷리스트

✓ 용기 한 스푼 더해 좀 더 넓은 자연으로 나가 보자
하더 쿨름 Harder Kulm

해발 고도 1,321m의 산봉우리인 하더 쿨름에는 보행자 전용 다리, 구름 위 전망대와 야생 동물들을 만날 수 있는 하더 알파인 야생동물 공원Harder Alpine Wildlife Park, 공원 정상에 레스토랑 등이 조성돼 있다. 50분짜리 코스부터 몇 시간에 이르는 다양한 하이킹 코스가 있으니 도보로 내려와 보자. 인터라켄 동역 근처에서 관광 푸니쿨라 하더반Harderbahn을 타고 10분이면 입구에 도착한다.

📍 Harder Kulm, 3800 Unterseen
🌐 www.jungfrau.ch/en-gb/harder-kulm/

그 외 스위스의 특급 열차들

스위스의 시그니처인 아름다운 산과 호수를 모두 눈에 담으려면 기차를 타자. 독특한 테마로 운행하는 기차를 타면 다시 없을 추억을 남길 수 있다.

글래시어(빙하) 특급 Glacier Express

무려 8시간 동안 달리는 파노라마 열차로, 스위스의 대표 스키 타운 체르마트Zermatt와 장크트 모리츠St. Moritz를 잇는다. 시속 34km로 달려 세계에서 가장 느린 특급 열차라고도 한다. 7개의 계곡과 291개의 다리, 91개의 터널을 지난다. 오디오 가이드가 있어 마을, 도시, 랜드마크 등에 대한 설명을 들을 수 있고 코스 식사도 주문 가능하다. 엑설런스 클래스Excellence Class를 이용하면 창측 좌석 우선권 보장, 전용 바, 객차 내 엔터테인먼트, 컨시어지 서비스, 개별 여행 가이드를 받을 수 있다. 목적지 외에도 쿠어Chur나 다보스Davos에서도 탑승 가능하다. 여행하는 구간에 따라 요금이 다르다.

🌐 www.glacierexpress.ch

베르니나 특급 Bernina Express

쿠어Chur에서 이탈리아의 티라노Tirano까지 이어지는 특급 열차. 많은 여행자들이 잘 계획하지 않는 목적지라 희소성이 있지만, 여러 특급 열차 중 가장 풍경이 예쁘다는 평이고 빙하부터 야자수까지 다채로운 풍경을 감상할 수 있다. 유네스코 세계문화유산에 지정된 레티안Rhaetian 철도의 65m 높이 란트바서 구름다리Landwasser Viadukt를 지날 때 특히 비현실적인 전망을 감상할 수 있다.

🌐 www.myswitzerland.com/en-us/experiences/bernina-express/

고트하르트 파노라마 특급
Gotthard Panorama Express

스위스를 종단하는 고트하르트는 배와 열차를 모두 이용하는 루트다. 루체른에서 플뤼엘렌Flüelen까지는 외륜 증기선으로 이동하고, 플뤼엘렌에서 열차로 갈아타 루가노Lugano까지 가는 긴 여정이다. 1882년 지어진 고트하르트 터널을 지난다.

🌐 www.myswitzerland.com/ko/gotthard-panorama-express.html

✅ 스위스 여행의 백미
골든 패스 Golden Pass

루체른Luzern—인터라켄Interlaken—츠바이짐멘Zweisimmen—몽트뢰Montreux를 잇는 특급 관광 열차. 자연경관이 아름답기로 유명한 스위스의 매력적인 도시들을 지난다. 특히 몽트뢰—츠바이짐멘 구간이 가장 유명해, 이 구간만 천장과 열차 양옆이 모두 유리로 된 파노라마 열차로 이동한다. 차창 밖을 감상할 수 있도록 일반 열차보다 천천히 달리니, 빨리 가고 싶다면 루체른—인터라켄 구간은 일반 열차를 타도 좋다. 총 5시간이 걸리고, 취리히를 여행한 후 루체른을 거쳐 인터라켄으로 올 때 타거나 인터라켄에서 몽트뢰로 이동할 때 츠바이짐멘을 거쳐 몽트뢰행으로 갈아타는 것이 좋다. 1930년대의 인테리어로 꾸며 놓은 골든 패스 클래식 열차도 있다. 스위스 트래블 패스와 유레일 패스 소지자는 자유롭게 열차를 탈 수 있으며, VIP 좌석이나 몽트뢰—츠바이짐멘 구간은 예약을 하는 것이 좋다(예약 수수료 필요).

🌐 mob.ch

먹킷 리스트

🍴 인터라켄 베스트 먹거리

BEST MENU | 01

퐁뒤
Fondue

프랑스어로 '녹은' 이라는 뜻의 대표적인 스위스 요리다. 그루이에나 에멘탈 등 여러 종류의 치즈에 화이트 와인 등을 넣고 보글보글 끓여 빵이나 감자, 고기 등을 찍어 먹는다.

BEST MENU | 02

라클레트
Raclette

치즈를 전용 도구로 녹여 빵이나 감자 등에 얹어 피클과 먹는다. 고릿한 냄새가 강하지만 진한 맛이 일품이다. 알프스 지역의 수도원에서 먹었다는 기록이 13세기부터 전해오는 오랜 역사의 요리다.

BEST MENU | 03

엘플러마그로넨
Älplermagronen

스위스의 독일어권 지역에서 탄생한 음식. 목동들이 즐겨 먹었던 것으로, 마카로니 위에 치즈를 올려 익혀 먹는데 감자와 양파가 들어가기도 한다. 사과 졸임이나 양파 튀김과 곁들여 먹는다.

BEST MENU | 04

누스토르테
Nusstorte

스위스 동부에서 유래한 견과류 타르트. 바삭하고 도톰한 크러스트 안에 캐러멜을 덧입힌 달콤한 견과류를 듬뿍 넣어 굽는다.

TIP

인터라켄 동네 맥주를 맛보자!

인터라켄에서 양조장을 운영하는 루겐브로이Rugenbräu 맥주를 시내 음식점에서 쉽게 볼 수 있다. 식당 메뉴에 있다면 한번 주문해서 먹어 보자.

🌐 www.rugenbraeu.ch

인터라켄 베스트 맛집

BEST RESTAURANT | 01

바라쿠다 카페 & 바
Barracuda Cafè & Bar

언제 가도 늘 사람들이 북적이며 유쾌한 분위기의 카페 겸 바로, 동네 식당 중에서 일등으로 꼽히는 맛집이다. 맥주나 칵테일 등 주류도 다양하고 신선한 재료로 간단하고 맛있게 만들어 내는 식사 메뉴도 있다. 음악 공연 등 이벤트도 종종 열린다.

📍 Hauptstrasse 16, 3800 Interlaken
🌐 www.barracudacafe.ch

BEST RESTAURANT | 02

그랑 카페 레스토랑 슈
Grand Café Restaurant Schuh

1818년부터 스테이크가 맛있기로 인터라켄에서 가장 유명한 식당이다. 인터라켄에 초콜릿을 잘 만들던 '슈라'는 이름의 아가씨가 살았다는 설에서 상호를 따왔다. 매일 바뀌는 점심 메뉴와 직접 만드는 디저트도 추천한다.

📍 Höheweg 56, 3800 Interlaken
🌐 schuh-interlaken.ch

BEST RESTAURANT | 03

후시 비어하우스
Hüsi Bierhaus

인터라켄에서 가장 맛있는 맥주집이자 독일식 요리도 유명하다. 시내의 또 다른 맛집 '3 텔스 아이리시 펍3 Tells Irish Pub'의 주인들이 운영한다. 인터라켄의 지역 양조장 및 세계 각지의 크래프트 맥주를 맛볼 수 있다. 최근에 생산돼 살균 처리하지 않은 신선한 생맥주도 맛볼 수 있으며, 양조장 투어에도 참가할 수 있다.

📍 Postgasse 3, 3800 Interlaken
🌐 huesi-bierhaus.com

BEST RESTAURANT | 04

쿱 & 미그로스
COOP & Migros

스위스의 물가는 주머니 가벼운 여행자들에게 부담스럽기로 유명하다. 이런 여행자들에게 추천하는 팁은 '쿱'이나 '미그로스'라는 대형 프랜차이즈 슈퍼마켓에서 샌드위치 등 간단한 식사거리를 사서 해결하는 것이다. 물만 부어 먹을 수 있는 한국 라면부터 다양한 샐러드, 샌드위치 등을 판매한다. 시내에는 대로인 회에베크 외에도 여러 군데에 지점이 있어 쉽게 찾아갈 수 있다.

📍 www.coop.ch
🌐 www.migros.ch

BEST RESTAURANT | 05

라테르네
Laterne

가정집 분위기의 포근한 동네 맛집. 채식 메뉴와 간단한 햄버거는 물론 스위스 요리를 포함한 다양한 메뉴가 있다. 인심이 좋아 음식의 양도 넉넉하다.

📍 Obere Bönigstrasse, 3800 Interlaken
🌐 restaurant-laterne.ch

BEST SPOTS IN INTERLAKEN

인터라켄
베스트 스폿

LANDMARK
NATURE
SHOP
HOTEL

LANDMARK

01 인터라켄성 & 성당
Schloss & Schlosskirche Interlaken

고딕 양식의 성과 함께 1133년에 세워진 수도원을 18세기에 성당으로 개조했다. 특히 부속 성당은 스테인드글라스가 예쁘다. 종탑은 14세기에 세워진 것으로 큼직한 건물들이 별로 많지 않은 인터라켄 시내에서 쉽게 눈에 띈다.

📍 Lindenallee 10, 3800 Interlaken
🌐 schlosskirche.ch

02 쿤스트하우스 인터라켄
Kunsthaus Interlaken

인터라켄 문화 예술의 보고. 연극, 무용, 영화 상영 및 미술과 음악 관련 행사도 열린다. 지역 예술가들의 활동도 후원한다. 볼거리가 자연 환경뿐이라고 생각했던 인터라켄에서 뭔가 다른 것 하고 싶다면 이곳 홈페이지에서 일정을 살펴 보자.

📍 Jungfraustrasse 55, 3800 Interlaken
🌐 kunsthausinterlaken.ch

NATURE

01 툰 호수
Thunersee

인터라켄 서쪽에 자리한 호수. 산으로 둘러 싸인 좁고 긴 호수인데 빙하가 녹은 물이라 아주 투명하고 맑다. 인터라켄에서 툰 가까이 가면 지금은 호텔로 쓰이는 예쁜 샤다우성Schloss Shadau을, 툰 시내까지 들어가면 14세기 가구와 직물 등을 전시하는 작은 박물관도 볼 수 있다. 인터라켄 서쪽에서 유람선을 타고 툰 호수를 구경하는 투어가 잘 알려져 있다.

📍 Thunersee, 3800 Interlaken

02 브리엔츠 호수
Brienz

인터라켄 동쪽에 위치한 호수. 툰보다 해발 고도가 7m 더 높다. 스탠드 업 패들이나 카약을 타고 돌아보는 프로그램을 이용하면 더욱 재미있게 호수를 감상할 수 있다. 대표적인 업체는 하이타이드hightide.ch가 있다. 중간에 위치한 리겐버그 교회 겸 성 Kirchgemeindehaus Ringgenberg에 올라 호수 전망을 감상하고 쉬어갈 수 있다.

📍 Brienz, 3800 Interlaken

TIP
유람선 타기

툰 호수나 브리엔츠 호수의 선착장에서 2시간 남짓 호수 주변을 돌아 보는 유람선을 탈 수 있다. 툰에서 출발하는 운행 편이 더 잦다. 스위스 패스, 유레일 패스 소지자는 무료로 탑승할 수 있다. 보통은 툰과 브리엔츠, 슈피츠 기차역이 있어 기차와 배를 한 번씩 탄다.

🌐 www.interlaken.ch/en/experiences/lakes-waterfalls/

03 융프라우요흐
Jungraujoch

해발 3,466m에 자리한 스위스에서 가장 높은 전망대. 알프스의 거봉인 융프라우Jungfrau, 4,158m와 묀히Mönch, 4,107m 사이에 있다. 유럽 최고봉이라는 뜻의 'Top of Europe'이라 부른다. 만년설이 쌓여 있어 유네스코 세계자연유산에 지정된 길이 22km, 최고 깊이 800m의 알레취 빙하Aletschgletscher, 360도로 펼쳐지는 융프라우 파노라마, 슈핑스 전망대 테라스Sphinx Observation Terrace, 융프라우 철도 공사의 역사를 보여주는 알파인 센세이션Alpine Sensation, 얼음으로 다양한 동상을 만들어 세워 놓은 얼음 궁전Ice Palace 등의 볼거리와 기념품점, 카페, 식당이 있다.

융프라우요흐는 전망뿐 아니라 다양한 활동을 즐길 수 있어 하루를 온전히 할애해도 좋다. 여름(5월 초~10월 중순)에는 튜브 썰매, 스키, 집라인 등을 포함하는 스노 펀Snow Fun이 있고 겨울에는 역시 스키와 보드가 제격이다. 또 융프라우요흐에서 먹는 컵라면은 그 어디보다 맛있다는 평이 자자하니, 한국에서 미리 챙겨오는 것도 좋다. 전망대에서도 팔지만 꽤 비싸다.

인터라켄에서 융프라우요흐로 올라가는 산악 열차는 세 구간으로 나뉘고 중간에 노선이 갈리기도 한다. 스키나 보드를 타려면 초급~상급 레벨에 맞추어 내리면 된다. 스키 및 보드 장비와 의류도 현지에서 빌려주지만 비용이 상당히 비싸니 여러 날 머물며 즐길 예정이라면 한국에서 챙겨 가는 것도 좋다. 하프 페어 카드, 유레일 패스, 인터레일 패스로 할인받을 수 있다.

📍 JJungraujoch, 3801 Wengen
🌐 www.jungfrau.ch, www.jungfrau.co.kr(티켓 한국 총판)

1구간 베르너 오버란트 산악 열차(BOB)
인터라켄 동역 – 그린델발트Grindelwald
인터라켄 동역 – 라우터브루넨Lauterbrunnen

2구간 벵게르날프 산악 열차(WAB)
그린델발트 – 클라이네 샤이덱Kleine Scheidegg
라우터브루넨 – 클라이네 샤이덱

3구간 융프라우 산악 열차(JB)
클라이네 샤이덱 – 융프라우요흐

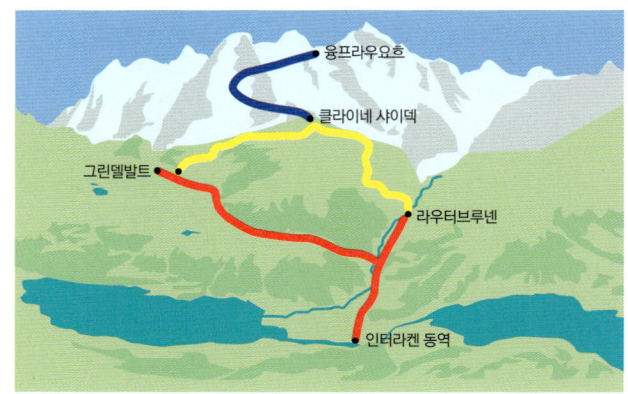

04 회에마테 공원
Höhematte

14ha에 이르는 넓고 푸른 평원으로, 인터라켄에서 진행하는 패러글라이딩은 대부분 이곳에 착지한다. 작은 정원들이 있고 마차도 다닌다. 겨울(12~2월)에는 대형 아이스 링크인 아이스 매직Ice Magic이 개장한다.

📍 Höhematte, 3800 Interlaken
🌐 icemagic.ch

05 성 베아투스 동굴
St. Beatus-Höhlen

기원전 6세기경 기독교를 전도하러 온 아일랜드인 성인 베아투스가 용을 쫓아냈다는 전설이 전해지는 동굴. 폭포 사이에 있어 더욱 멋지다. 용을 물리친 성인은 이 동굴에서 100년을 머물렀다고 한다. 동굴 입구에는 성인의 무덤이 있고, 내부는 종유석으로 가득하다. 일반인에게 공개된 부분은 1km 정도이고 나머지 비공개인 부분은 훨씬 크다. 동굴의 역사 등을 안내하는 박물관도 있다. 독일어, 영어, 프랑스어로 진행하는 오디오 가이드가 있어 더욱 자세한 설명과 함께 구경할 수 있다. 동굴 내부의 온도는 8~10℃로 약간 서늘한 편이니 적당한 옷을 준비하면 좋다.

📍 Seestrasse 974, 3800 Sundlauenen
🌐 www.beatushoehlen.swiss/en

SHOP
01 회에베크
Höheweg

인터라켄 동역과 서역을 잇는 마을의 주요 대로. 대부분의 상점들이 이 대로에 있다. 인터라켄은 쇼핑하기에는 적합한 곳은 아니나, 스키용품이나 간단한 기념품은 살 수 있다. 호텔과 식당들도 이 대로에 많다.

📍 Höheweg, 3800 Interlaken

HOTEL
01 백패커스 빌라 소넨호프
Backpackers Villa Sonnenhof

물가 높은 스위스에서는 아무래도 숙소도 비용 고민을 하게 된다. 이곳은 이미 가성비 좋기로 한국 여행자들에게 소문이 많이 나서 동행을 찾기도, 친구를 사귀기에도 좋다. 주방 시설과 컴퓨터도 있고 한국어 안내도 있다. 넓은 정원과 공영 실내, 야외 수영장도 이용 가능.

📍 Alpenstrasse 16, 3800 Interlaken
🌐 www.villa.ch

02 발머스 호스텔
Balmer's Herberge

1907년부터 손님을 맞이해 온 오랜 역사의 숙소. 전통 샬레(스위스 오두막) 건물에 위치하여 스위스 알프스 산속 기분을 실컷 낼 수 있다. 발머 가족이 3대째 운영 중이다. 도미토리와 싱글, 더블 룸 등 여러 종류의 객실이 있고 여름에만 운영하는 텐트 방이 있어 인터라켄 자연과 더욱 어울리는 밤을 보낼 수 있다.

📍 Hauptstrasse 23, 3800 Interlaken
🌐 www.balmers.com

BERLIN, GERMANY
베를린, 독일

독일 북동부에 위치한 수도. 분단과 통일의 경험, 나치의 만행을 참회하는 명소가 도시 곳곳에 있어 여행하는 내내 한시도 이를 잊을 수 없다. 브렉시트Brexit* 이후 유럽의 여러 기업과 예술가들이 대거 이주하여 더욱 트렌디하고 핫한 도시로 떠올랐다. 물가도 유럽의 대도시에 비해 저렴해 '한 달 살기'를 하러 찾는 사람들이 점점 많아지고 있다. 베를린은 오래 머무는 여행이 잘 어울리는 곳임을 단박에 느낄 수 있을 것이다.

*브렉시트 : 영국이 유럽 연합(EU)에서 탈퇴한 사건

 혼여 매력도 ★★★★☆
과거와 현재, 미래가 강렬하게 교차하는
독특한 에너지의 글로벌 도시

 혼여 난이도 ★
대중교통이 잘 발달되어 있고 영어가 널리 통용된다.
도시 규모가 상당히 커서 구석구석 보고 싶다면
3일로 부족할 것

 추천 포인트
- 브란덴부르크 문, 베를린 장벽 등 독일의 중요한 역사적 사건들이 담긴 명소
- 다양한 장르의 전시관과 힙한 카페, 맛집, 동네마다 다른 분위기를 자랑하는 바들이 여행 내내 색다른 경험을 선물한다.

TRAVEL INFORMATION

▶▶ 베를린 여행 정보 ◀◀

면적

891.1km²

시간대

UTC+1 (한국과 시차 -8시간)

인구

약 357만 명 (2024년 기준)

기후
해양성, 내륙성 기후의 중간쯤 되는 지역에 위치한다. 한국과 비슷하나 여름은 그리 심하게 덥지는 않다.

언어
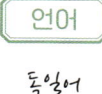
독일어

화폐

유로

여행 정보 홈페이지
www.berlin.de (행정)
www.visitberlin.de (관광)

관광 안내소

브란덴부르크 공항, 브란덴부르크 문, 훔볼트 포럼, 중앙역에 주요 관광 안내소가 있다. 역별로도 운영 중이며, 관광청 홈페이지에서 모든 관광 안내소 정보를 찾아볼 수 있다. 베를린 관광에 대한 다양한 정보를 제공하며 지도, 기념품, 베를린 웰컴 카드, 박물관 패스 등을 판매한다.

기차편
베를린 시내 중앙역에는 독일 국내와 유럽 도시들을 편리하고 신속하게 연결하는 철도 도이치반Deutsche Bahn이 발착한다. 중앙역은 전철 S반과 U반과도 연결되어 있어 교통이 편리하다.
홈페이지 int.bahn.de

대사관

베를린에 주독일 대한민국 대사관이 있으며, 그 외에 본 분관, 프랑크푸르트 총영사관, 함부르크 총영사관이 있다.
주소 Stülerstraße 8-10, 10787 Berlin
전화 +49-30-260-650
홈페이지 overseas.mofa.go.kr/de-de/index.do

치안

서유럽 다른 도시에 비해 치안은 괜찮은 편. 그래도 밤 늦게 인적이 드문 곳은 피하자.

항공편

아쉽게도 인천~베를린 직항편은 없다. 하지만 여러 항공사의 경유편이 베를린 브란덴부르크 공항Flughafen Berlin Brandenburg으로 취항한다. 에어포트 익스프레스Airport Express (FEX), 기차, S반 열차 S9와 S45, BER2, X7, X71 버스 등 다양한 대중교통편이 베를린 시내와 공항을 잇는다.
홈페이지 ber.berlin-airport.de/en.html

시내 교통

A. U반 U-Bahn
'우반'이라고 부르는 노란색 지하철. 대부분 지하로 다니지만 몇 개 노선은 지상 역에 정차하기도 한다. 동서를 가로지르는 U1은 슈프레강의 오베르바움 다리를 지난다. 월~금요일 04:00~01:00, 주말에는 24시간 운행한다.

B. S반 S-Bahn
330km를 달리는 15개 노선의 지상 전철. 녹색 바탕에 흰색 알파벳 S로 역을 표시한다. 월~금요일 04:30~01:30, 주말에는 24시간 운행한다.

C. 트램 Tram
U반 노선을 확장하여 달리는 베를린 트램은 20개 이상의 노선이 운행 중이고 주로 도시의 동쪽에 집중되어 있다. 일반 트램과 메트로 트램(노선 앞에 알파벳 M이 붙어 있다), 두 종류가 있다. 밤 12시 30분이 넘으면 야간 노선 운행으로 바뀐다.

D. 버스 Bus
낮에는 100~399번 노선이 운행하며, 번호 앞에 N이 붙는 야간 전용 나이트 버스도 있다. 나이트 버스는 일~목요일 24:30~04:00, 30분 간격으로 운행하며 U반 노선을 따라 이동한다.

E. 택시 Taxi
베를린 시내에는 약 7,500대의 택시가 있다. 보통 택시 정류장에서 타거나 전화로 부를 수 있고 요즘은 택시를 호출하는 앱도 많이 이용한다. 모든 택시에는 미터기가 장착되어 있으며, 기본 요금 €4.3에 추가 1km당 €2.10~2.80가 부과된다. 테겔 공항과 시내 사이는 보통 €40~50 정도의 금액이 나온다.

TIP

베를린 주요 동네
베를린은 워낙 큰 도시이므로, 특정 지역들을 미리 알아두면 좋다. 주요 동네로는 관광지가 집약되어 있는 중앙의 미테Mitte와 그 아래의 힙한 크로이츠베르크Kreuzberg, 옛 동독 자리에 있는 프리드리히샤인Friedrichshain이 있다.

교통권

교통권 한 가지만으로 모든 대중교통에서 이용 가능하다. 요금제는 A존(도심)과 도시 경계 부근까지 뻗어 있는 B존, 근교 C존으로 나뉜다. 매표기와 U반/S반 역에서 판매하며, 트램이나 버스는 탑승하면서 살 수도 있다. 차내 구매는 현금만 가능하다. 탑승하면서 산 교통권 외에는 탑승 시 개찰기에 넣어 탑승 시각을 찍어야 한다.

AB존 요금
단거리권 €2.60 / 1회권 €3.80 / 1일권 €10.60 / 7일권 €44.60
홈페이지 www.bvg.de

여행 패스

베를린 웰컴 카드
Berlin Welcome Card
200여 개 전시관, 상점, 식당 등 할인 혜택, 대중교통 무료 이용을 포함하는 만능 여행 패스. 올 인클루시브 옵션을 선택하면 30여 개 명소 무료 입장과 투어 버스 1회 이용이 포함된다.

요금

AB존	일반	올 인클루시브
48시간	€23	€89
72시간	€33	€109
72시간+무제움인셀	€51	
4일권	€40	€129
5일권	€46	€149
6일권	€49	€169

시티 투어 카드 City Tour Card
모든 대중교통을 이용할 수 있으며, 20여 개 명소에서 35%까지 할인을 받을 수 있다.

요금

	AB존	ABC존
2일	€22.9	€26.5
3일	€34.5	€39.9
4일	€45.5	€52.9
5일	€47	€55.4
6일	€47.9	€55.9

홈페이지 www.citytourcard.com

뮤지엄 패스 Museum Pass Berlin
유네스코 세계유산인 무제움인셀을 포함하여 30개 이상의 전시관에 무료로 입장할 수 있다. 3일 연속 사용 가능.

요금 €32
홈페이지 www.visitberlin.de/en/museum-pass-berlin

3 DAYS IN BERLIN

▶▶ 베를린 베스트 3일 코스 ◀◀

DAY 1

베를린 대성당 — 무제움인셀 — 독일 역사 박물관

홀로코스트 추모 공원 — 점심 식사 (추천: 독일식 학밥 스테이크, 불레트) — 브란덴부르크 문

몰 오브 베를린 — 카이저 빌헬름 기념 교회 — 쿠르퓌르스텐담 거리

저녁 식사 (추천: 크래커스) — 카데베 백화점

브란덴부르크 문과 베를린 장벽을 따라 걸으며 독일의 역사를 체험하고, 다양한 미술관과 갤러리를 방문하며 현대 예술을 즐길 수 있다. 카페 문화와 밤 문화도 유럽에서 손꼽히기 때문에 베를린에서는 자는 시간도 아까울 것이다. 낮부터 마시고 싶을 정도로 맛있는 독일 맥주도 꼭 맛보자.

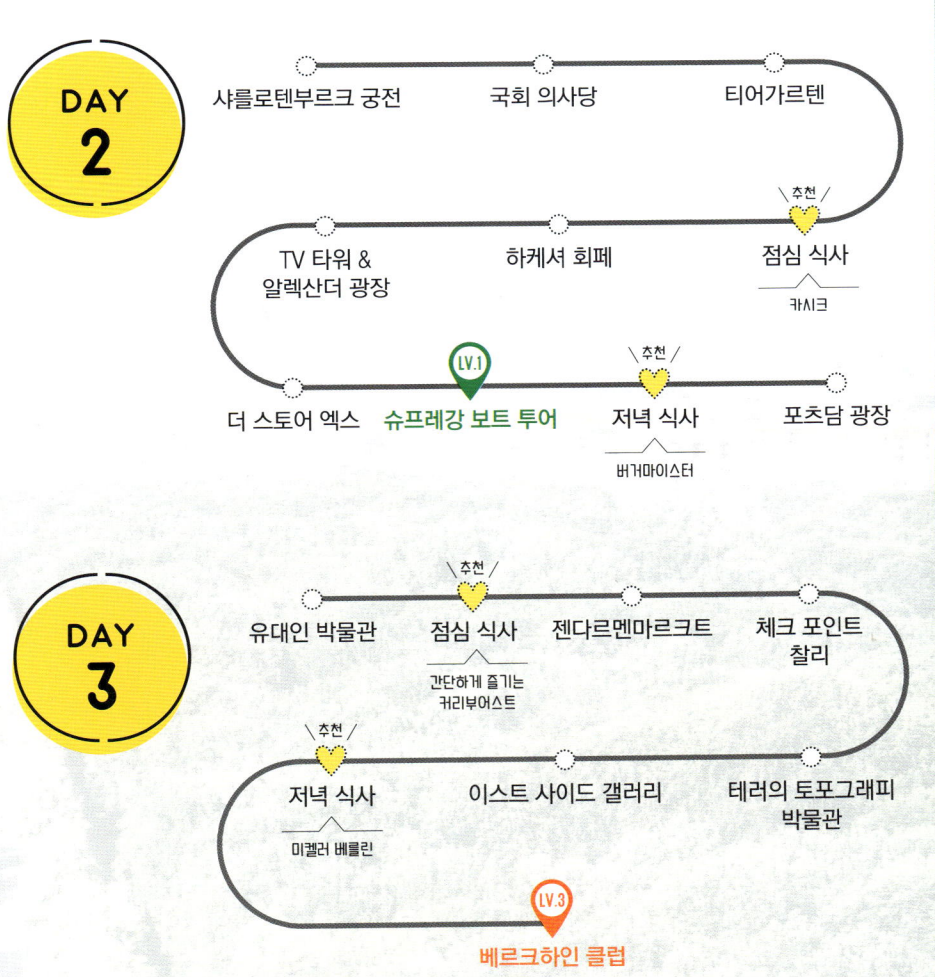

LEVEL 1

✓ 강 따라 유유자적
슈프레강 보트 투어 Spree Fluss

베를린 시가지를 가로지르는 슈프레강은 발트해로 흘러 들어간다. 보트를 타고 40여 개의 다리 밑으로 여행해 보는 투어가 있다. 1시간 30분부터 6시간이 넘는 반나절 일정까지 다양한 루트 중 골라 돌아볼 수 있다. 곳곳에서 분자 맨Molecule Man과 같은 설치 미술품들을 볼 수 있으며 동서독을 구분하는 경계 역할을 했던 오베르바움 다리Oberbaumbrücke도 눈에 담아 보자. 겨울에는 운행하지 않는다.

📍 www.spreeboote.de
🌐 www.berlin.de/en/tourism/rivercruises-boattrips/

⊘ 쉽게 들어갈 수 없는 세계 최고의 클럽

베르크하인 Berghain

사진을 찍어 입장이 가능할지를 점치는 웹 사이트까지 생기고, 클럽을 지키는 안내원은 유명 인사가 되었을 정도로 입장하기 까다로운 베를린 최고의 클럽. 베르크하인은 발전소 건물을 개조한 EDM 클럽으로, 훌륭한 음향 시스템에 세계 어디서도 찾아볼 수 없는 독특한 분위기를 자랑한다. 내부 사진 촬영이 엄격히 금지되어 실제로 가 보지 않으면 절대 알 수가 없다. 클럽에 입장하려면 부랑자 차림으로 가야 한다거나, 그날의 DJ 이름을 대면서 아는 체를 해야 한다는 등의 무수한 설이 있다. 하지만 똑같은 옷차림이라도 어제는 되고 오늘은 안 된다니, 그저 운명에 맡기는 수 밖에 없다. 그래도 유력한 조건 중 하나는 우르르 몰려가는 것보다 한두 명이 들어갈 확률이 더 높다는 것. 혼자 가면 어색할 순 있어도 입장할 가능성은 더 높다. 비용은 현금만 가능.

📍 Am Wriezener Bahnhof, 10243 Berlin
🌐 berghain.berlin

먹킷 리스트

베를린 베스트 먹거리

BEST MENU | 01

베를리너
Berliner

€1 동전 하나면 쉽게 길에서도 사 먹을 수 있는 베를린 대표 간식. 잼 필링이 가득 들어 있는 도넛 빵인데, 큰 도시를 바쁘게 돌아다니다 출출할 때 하나 사 먹기에 좋다.

BEST MENU | 02

커리부어스트
Currywurst

구운 소시지에 카레와 케첩을 섞은 듯 짭짤 달콤한 소스와 카레 파우더를 얹어 빵이나 감자 튀김과 함께 먹는다. 별 것 아닌 것 같지만 계속 먹게 되는 중독성이 있다. 여러 상점에서 커리부어스트 소스를 판매하니 기념품으로 사가기도 좋다. 가장 유명한 커리부어스트 맛집은 커리 36Curry 36.

BEST MENU | 03

되너 케밥
Döner Kebab

제2차 세계대전 후 도시를 재건할 때 터키 이민자들이 대거 이주하자 터키 음식도 전파되어 이제는 베를린 어디서나 쉽게 볼 수 있다. 플랫 브레드에 양고기, 소고기, 닭고기와 채소, 소스를 넣어 편하게 한 끼 먹기 좋다.

BEST MENU | 04

불레트
Bulette

프리카델레Frikadelle라고도 부른다. 고기를 부드럽게 다져서 굽는 음식인데, 우리가 흔히 아는 함박 스테이크와 비슷하다.

BEST MENU | 05

쾨니히스베르거 클로프제
Königsberger Klopse

프로이센 시대부터 독일인들이 즐겨 먹던 요리. 크림 케이퍼 소스를 얹은 미트볼이다.

BEST MENU | 06

맥주
Bier

독일 여행에서 맥주를 빼놓을 수는 없다. 15세기에 제정된 맥주 순수령에 따르면 맛있는 독일 맥주는 물과 맥아, 홉만 이용해 양조해야 한다. 맥주 마니아들의 사랑을 듬뿍 받는 미켈러 Mikkeller 펍에서 다양한 종류의 미켈러를 마셔보자. 베를린 시내 양조장에서 바로 만들어 파는 아워 베를린Our Berlin은 이 도시에서만 맛볼 수 있는 술이다.

베를린 베스트 맛집

BEST RESTAURANT | 01

크래커스
Crackers

나이트 클럽이 있던 곳에 들어선 멋진 분위기의 식당. 기분 내고 싶은 저녁에 예약해 보자. 주요 메뉴들은 다양한 세계 요리인 인터내셔널 퀴진International Cuisine으로, 자체 농장이 있어 육류와 채소를 신선하게 공급받아 사용한다. 칵테일도 맛있으니 반주로 곁들여 보자. 금, 토요일에는 DJ가 진행하는 공연도 열린다.

📍 Friedrichstraße 158, 10117 Berlin
🌐 crackersberlin.com

BEST RESTAURANT | 02

버거마이스터
Burgermeister

베를린에서 가장 유명한 햄버거 가게. 지하철 역 아래에 있던 화장실 부스를 개조한 곳에 위치한다. 가게가 낡고 좁아 손님들은 대부분 서서 먹고, 기다리는 줄도 늘 길다. 하지만 이 모든 단점을 참고 기다릴 만큼 버거가 맛있다. 시내 여러 곳에 지점이 있다.

📍 U1 Schlesisches Tor, Oberbaumstraße 8, 10997 Berlin
🌐 burger-meister.de

BEST RESTAURANT | 03

파더 카펜터
Father Carpenter

베를린은 최근 카페 문화가 빠르게 발달하는 중이다. 곳곳에 훌륭한 카페들 중에서도 손꼽히는 곳이 바로 파더 카펜터다. 예쁜 뜰 안에 숨어 있어 찾아가는 재미도 있으며, 호주 출신 바리스타들이 기가 막히게 맛있는 커피를 내려준다. 음식들도 다 맛있어 식사하러 찾는 것도 추천한다.

📍 Münzstraße 21, 10178 Berlin
🌐 www.fathercarpenter.com

BEST RESTAURANT | 04

카페 올리브
Café Oliv

유기농 재료로 만든 음식을 내놓는 레스토랑. 미테 지구에서 인기 많은 식당 겸 카페로, 건강한 식사를 하러 오는 단골들이 많다. 빵과 커피도 맛있다.

📍 Münzstraße 8, 10178 Berlin
🌐 oliv-cafe.de

BEST RESTAURANT | 05

카시크
Kaschk

커피, 맥주, 와인 전부 다 잘하는 힙한 분위기의 카페 겸 바. 크래프트 맥주 종류가 많고 저녁에는 시끌시끌한 아래층이 인기가 많다. 셔플 보드 게임이 있어 여행 중 친구들을 사귀게 된다면 여럿이 와서 즐겨도 좋다.

📍 Linienstraße 40, 10119 Berlin
🌐 kaschk.de

BEST RESTAURANT | 06

미켈러 베를린
Mikkeller Berlin

맥주 애호가라면 이미 알고 있을 덴마크 브루어리 미켈러가 베를린에서 운영하는 펍. 다양한 미켈러 맥주를 탭과 병으로 마실 수 있고 안주도 다양하다. 캐주얼하면서도 맥주를 제대로 즐기는 사람들이 모여 있어 정돈된 분위기도 느낄 수 있는 곳. 예약은 받지 않으니 여유롭게 시간 내서 편하게 방문하면 된다.

📍 Torstraße 102, 10119 Berlin
🌐 www.mikkeller.com/locations/mikkeller-berlin

BEST SPOTS IN BERLIN

베를린
베스트 스폿

LANDMARK
NATURE
SHOP
HOTEL

LANDMARK

01 베를린 대성당
Berliner Dom

독일 최대 규모의 개신교 성당으로, 검은색이 군데군데 묻어 있는 듯 묵직한 분위기에 푸른 돔 지붕이 웅장함을 뽐낸다. 처음에 프로이센 왕과 독일 제국 황제를 배출한 호엔촐레Hohenzolle 가문의 묘지로 지어졌기 때문에 지금도 내부에는 그 가문의 관이 있다. 7,000여 개의 파이프가 달린 유럽에서 가장 큰 오르간은 여전히 연주될 정도로 건재하다. 돔 천장은 화려한 모자이크화로 꾸며져 있는데 계단 270개를 오르면 가까이 볼 수 있다.

📍 Am Lustgarten, 10178 Berlin
🌐 berlinerdom.de

02 브란덴부르크 문
Brandenburger Tor

고대 그리스의 아크로폴리스를 본떠 세운 개선문으로 18세기에 완공되었다. 높이는 26m, 폭은 65.5m로 6개 기둥과 중앙 상단에 전차를 탄 승리의 여신 조각상이 큰 특징이다. 분단 시기에는 동/서 베를린의 경계 역할을 하다가, 통일과 함께 화합의 상징이자 도시의 랜드마크가 되었다.

📍 Pariser Platz, 10117 Berlin

TIP
운터 덴 린덴 Unter den Linden을 걸어 보자
'린데 나무 아래'라는 뜻의 거리. 브란덴부르크 문에서 시작해 무제움인셀 안의 베를린 궁전에 이르는 1.5km의 대로다. 이 길을 따라 역사 박물관, 국립 도서관, 국립 오페라 하우스 등의 명소들이 자리한다.

03 젠다르멘마르크트
Gendarmenmarkt

독일 극작가 실러의 동상이 중앙에 우뚝 서 있고, 뒤로는 베를린 심포니 오케스트라 극장과 프랑스 대성당, 독일 대성당이 자리한 광장. 프랑스 대성당의 탑에 올라가 시내 전망을 구경할 수도 있다. 12월에는 베를린에서 최고로 꼽히는 크리스마스 마켓이 열린다.

📍 Gendarmenmarkt, 10117 Berlin

04 무제움인셀
Museumsinsel

'박물관 섬'이라는 이름대로 5개의 박물관으로 이루어졌다. 1824~1930년에 걸쳐 조성된 박물관들은 전시와 유기적인 관계를 맺도록 설계됐다고 한다. 유네스코 세계유산에 지정됐다.

📍 museumsinsel-berlin.de

구박물관 Altes Museum

박물관 섬 중에서 가장 먼저 증축된 베를린 최초의 공공 박물관. 그리스 로마 시대 유물과 고예술품을 전시한다.

📍 Bodestraße 1-3, 10178 Berlin
🌐 www.smb.museum/museen-einrichtungen/altes-museum/home/

신박물관 Neues Museum

네페르티티 왕비 흉상과 파피루스 문서를 비롯한 고대 이집트 컬렉션이 대표적인 전시관으로 선사 시대 유적도 볼 수 있다. 신박물관 맞은편에 2019년 개관한 제임스 시몬 갤러리James-Simon-Galerie가 있다. 이곳에서 박물관 섬에 대한 정보를 얻을 수 있다. 매표소, 물품 보관소, 기념품점, 카페와 식당도 있다.

📍 Bodestraße 1-3, 10178 Berlin
🌐 www.smb.museum/museen-einrichtungen/neues-museum/home/

구국립미술관 Alte Nationalgalerie

모네와 르누아르 등의 유명 작품들이 걸려 있으며 인상파와 낭만파, 19세기 독일 회화, 초기 모더니즘 등 다양한 시대의 미술을 전시한다.

📍 Bodestraße 1-3, 10178 Berlin
🌐 www.smb.museum/museen-einrichtungen/alte-nationalgalerie/home/

보데 박물관 Bode-Museum

박물관의 첫 큐레이터였던 빌헬름 폰 보데Wilhelm von Bode의 이름을 딴 박물관. 비잔틴 미술품과 콥트 정교회의 종교 예술품을 비롯하여 다양한 조각, 주화 전시 등을 소장 전시 중이다.

📍 Am Kupfergraben, 10117 Berlin
🌐 www.smb.museum/museen-einrichtungen/bode-museum/home/

페르가몬 박물관 Pergamonmuseum

박물관 섬에서 가장 인기 있는 전시관으로 고대 로마, 그리스 컬렉션과 이슬람 미술 전시로 유명하다.

📍 Bodestraße 1-3, 10178 Berlin
🌐 www.smb.museum/museen-einrichtungen/pergamonmuseum/home/

05 독일 역사 박물관
Deutsches Historisches Museum

독일과 유럽 국가들의 중세부터 현대 역사를 전시한다. 운터 덴 린덴에서 가장 오래된 건물이자 프로이센 군의 무기고로 쓰였던 초이크하우스Zeughaus에 자리한다. 2004년 파리 루브르 박물관의 유리 피라미드를 설계한 건축가 페이I.M. Pei가 유리 홀 전시관을 설계해 증축했다.

📍 Unter den Linden 2, 10117 Berlin
🌐 dhm.de

06 홀로코스트 추모 공원
Denkmal für die ermordeten Juden Europas

정식 명칭은 '학살된 유럽의 모든 유대인을 위한 기념 공간'으로 지하에는 홀로코스트 기념관이 있다. 2005년, 나치 정권에 학살당한 유럽의 유대인 희생자 600만 명을 기리기 위해 축구장 2.5배 크기의 공간에 2,711개의 콘크리트 추모비를 세웠다.

📍 Cora-Berliner-Straße 1, 10117 Berlin
🌐 stiftung-denkmal.de

07 카이저 빌헬름 기념 교회
Kaiser-Wilhelm-Gedächtnis-Kirche

1895년, 독일을 통일한 카이저 빌헬름 1세를 위해 세운 교회. 제2차 세계대전 당시 폭격으로 첨탑이 파손되었는데, 전쟁의 참혹함을 되새기고자 복원하지 않고 그대로 두었다고 한다. 이것이 충치처럼 보여 '충치'라고 부르기도 한다. 실제 예배가 열리는 신관 건물 4개와 본당으로 이루어져 있다.

📍 Breitscheidplatz, 10789 Berlin
🌐 gedaechtniskirche-berlin.de

08 포츠담 광장
Potsdamer Platz

1924년 세계 최초 신호등이 설치된 광장으로, 지금은 베를린 국제 영화제가 열리는 곳으로 유명하다. 베를린 남서쪽의 근교 도시 포츠담에서 이름을 따왔다. 소니사의 유럽 본사 소니 센터와 아이맥스 영화관, 영화 박물관 등 현대적인 건물들로 가득해 야경이 화려하다.

📍 Potsdamer Platz, 10785 Berlin

09 유대인 박물관
Jüdisches Museum Berlin

유대계 건축가 다니엘 리베스킨트Daniel Libeskind의 대표작으로, 유대교 다윗의 별을 상징하는 지그재그 선이 특징적인 건물이다. 1933년에 지어진 유대인 박물관을 나치가 폐쇄한 후, 1975년 유대인 문화 단체가 다시 짓기로 결정했다. 이후 국제 건축 공모전을 통해 다니엘 리베스킨트가 당선됐고, 1992년부터 공사를 시작해 2001년 개관했다. 현재 이 박물관에는 유대인의 역사와 나치 학살 등 방대한 자료가 전시되어 있다. 연속의 계단, 추방과 이주의 정원, 홀로코스트 탑 등 건물의 각 부분들은 개별 전시라고 할 수 있을 정도로 상징성이 뛰어나다.

📍 Lindenstraße 9-14, 10969 Berlin
🌐 jmberlin.de

10 국회 의사당
Reichstagsgebäude

독일 정치의 심장부인 국회 의사당 건물은 세계적인 건축가 노먼 포스터 Norman Foster가 대대적으로 보수한 신르네상스 양식의 건축물이다. 도시 전망을 감상할 수 있는 유리 돔이 특징이다. 홈페이지에 접속해 방문 시간을 예약 등록해야 한다. 투어 후에 돔을 찾아가거나 돔만 방문할 수 있다.

📍 Platz der Republik 1, 11011 Berlin
🌐 bundestag.de

11 체크포인트 찰리
Checkpoint Charlie

1961~1990년에 지속됐던 냉전 중에 연합군과 외국인, 외교관, 여행객들이 동서 베를린을 넘나들 때 거쳐 가던 관문소. 독일이 통일되면서 철거되었고, 지금은 재현해 놓은 모습만 볼 수 있다. 옆에는 분단과 통일 관련 자료를 전시하는 박물관Mauermuseum이 있다.

📍 Friedrichstraße 43-45, 10117 Berlin

12 샤를로텐부르크 궁전
Schloss Charlottenburg

독일 황제 프리드리히 1세가 아내를 위해 지은 여름 별장을 증축한 궁전. 조경이 아주 훌륭하며 베를린에서 가장 큰 궁전이다. 내부에서는 트로이의 고대 유물 전시, 중국과 일본 도자기 전시와 낭만주의 작품 등을 전시 중이다.

📍 Spandauer Damm 10-22, 14059 Berlin
🌐 spsg.de

13 이스트 사이드 갤러리
East Side Gallery

1.3km 길이의 베를린 장벽 일부에 그려진 세계 최장 야외 그라피티 갤러리. 세계 각국에서 모인 118명의 작가들이 역사와 행복, 희망, 자유로운 미래를 주제로 완성한 작품들이 벽을 메운다. 가장 유명한 그림은, 소련 서기장이었던 레오니트 브레즈네프와 동독 서기장이었던 에리히 호네커가 키스를 하고 있는 작품이다.

📍 Mühlenstraße 3-100, 10243 Berlin
🌐 eastsidegallery-berlin.com

14 테러의 토포그래피 박물관
Topographie des Terrors

허물어진 베를린 장벽 근처에서 나치 집권 당시의 기록을 전시하는 야외 박물관. 나치 비밀 경찰인 게슈타포 사령부 건물과 히틀러 친위대였던 SS의 본부였던 건물 근처에 있다. 1987년 베를린시 750주년을 기념해 첫 전시를 열었다.

📍 Niederkirchnerstraße 8, 10963 Berlin
🌐 topographie.de

15 TV 타워 & 알렉산더 광장
Berliner Fernsehturm & Alexanderplatz

알렉산더 광장은 현대적인 건물들이 많아 쇼핑과 식도락을 즐길 수 있는 번화가다. 이 광장의 상징은 높이 368m의 TV 텔레비전 탑이다. 203m 높이에 전망대가, 그 위층에는 회전하는 식당이 있다. 광장에는 24개 섹션으로 구분되어 세계 각지의 시간을 알리는 세계 시간 시계Weltzeituhr도 세워져 있다.

📍 Panoramastraße 1A, 10178 Berlin
🌐 tv-turm.de

NATURE
01 티어가르텐
Tiergarten

브란덴부르크 문을 지나면 만나게 될 총 면적 200ha의 쾌적하고 넓은 공원이다. 내부에는 베를린 동물원과 전승 기념탑Victory Column Siegessäule, 독일 대통령 관저인 벨뷰 궁전Schloss Bellevue, 다양한 문화 행사가 열리는 세계 문화의 집Haus der Kulturen der Welt이 있다.

📍 Spreeweg 1, 10557 Berlin
🌐 bundespraesident.de

SHOP
01 카데베 백화점
KADAWE Kaufhaus des Westens

1907년 개점한 백화점으로, 유럽에서는 두 번째이고 독일에서는 가장 큰 규모를 자랑한다. '서쪽에 있는 백화점'이라는 뜻의 긴 이름을 줄여 카데베라고 부른다. 다양한 브랜드와 푸드코트, 식당이 입점했고 규모가 큰 데다 인기도 많아 늘 사람들이 북적거린다.

📍 Tauentzienstraße 21-24, 10789 Berlin
🌐 kadewe.de

02 하케셔 회페
Hackesche Höfe

20세기 초, 여러 건물을 서로 가깝게 지어 중정(건물 사이의 마당)을 조성한 건물에 위치한 상점 지구. 독일 최대 규모의 중정형 단지로 패션, 식료품 등 다양한 상점들이 자리한다. 강추하는 곳은 베를린에만 있는 베를린의 아이콘 '암펠만(신호등 남자)'을 주인공으로 한 각종 상품들을 판매하는 암펠만 숍Ampelmann shop이다.

📍 Rosenthaler Str. 39, 10178 Berlin
🌐 hackesche-hoefe.de

03 쿠르퓌르스텐담 거리
Kurfürstendamm

3.5km쯤 되는 거리이며, 구어로 '쿠담'이라고 간단하게 부른다. 베를린을 대표하는 쇼핑 대로인데, 양옆으로 유명 브랜드의 플래그십 상점과 백화점들이 자리한다. 카이저 빌헬름 기념 교회에서 직선으로 뻗어 나간다.

📍 10707 Berlin

04 몰 오브 베를린
Mall of Berlin

300여 개의 상점과 푸드코트가 들어선 대형 백화점. 유리 지붕이 덮인 아케이드 형태로 맑은 날이면 환하게 밝은 햇살이 들어와 쇼핑하는 기분이 더 좋아진다.

📍 Leipziger Pl. 12, 10117 Berlin
🌐 mallofberlin.de

05 부
Voo

베를린에서 가장 유명한 편집 숍으로 상품 선정과 진열 등이 훌륭하다. 세계 여러 브랜드의 가장 멋진 상품들을 모아 의류, 잡화, 소품, 액세서리를 판매하며 작은 카페도 겸한다.

📍 Oranienstraße 24, 10999 Berlin
🌐 voostore.com

06 더 스토어 엑스
The Store X

브런치하기 좋은 더 스토어 키친The Store Kitchen과 공간을 나누어 쓰는 콘셉트 상점. 소호 하우스 호텔 1층에 위치한다. 패션, 가구, 음악, 미술, 서적까지 판매하여 윈도 쇼핑하는 재미가 상당하다.

📍 Torstraße 1, 10119 Berlin
🌐 www.thestorex.com/berlin

HOTEL

01 서커스 호스텔
Circus Hostel

호스텔처럼 느껴지지 않는 멋진 숙소. 착한 가격의 도미토리와 개별 객실을 모두 갖추고 있다. 호텔 부럽지 않게 꾸민 객실과 €5만 내면 마음껏 먹을 수 있는 아침, 다양한 투어 프로그램이 인기다.

📍 Weinbergsweg 1A, 10119 Berlin
🌐 www.circus-berlin.de/hostel/

02 호텔 인디고 베를린-이스트 사이드 갤러리
Hotel Indigo Berlin - East Side Gallery

이스트 사이드 갤러리 맞은편, 멋진 공연이 종종 열리는 메르세데스 벤츠 아레나 옆에 위치한 호텔. 합리적인 가격, 깔끔하고 세련된 객실, 24시간 피트니스 센터, 칵테일을 잘하는 루프탑 바, 1층에 위치한 맛있는 식당을 자랑한다.

📍 Mühlenstraße 13-19, 10243 Berlin

03 카사 캠퍼
Casa Camper

신발로 유명한 브랜드 캠퍼는 베를린과 바르셀로나에서 멋진 부티크 호텔도 운영한다. 베를린 미테 지구에 자리한 카사 캠퍼는 54개 객실을 운영 중이다. 채광이 좋아 밝은 객실은 강렬한 레드와 원목 인테리어로 꾸몄고 24시간 운영하는 무료 뷔페가 특징이다. 또 투숙객은 무료로 레트로 자전거를 빌려 베를린을 더 빠르고 재미있게 돌아볼 수도 있다.

📍 Weinmeisterstraße 1, 10178 Berlin
🌐 www.casacamper.com

〈사진 제공〉

혼자 여행 시작하기
유럽 내 이동_렌터카 MikroKon / Shutterstock.com
심카드 Claudio Divizia / Shutterstock.com

파리
오 프티 그렉 Elena Dijour / Shutterstock.com

피렌체
트램 Thanida Siritan / Shutterstock.com
택시 Threecharlie / Wikimedia Commons
투어 버스 sailko / Wikimedia Commons
아카데미아 미술관 lornet / Shutterstock.com
바르젤로 국립 미술관 Evgenii Iaroshevskii / Shutterstock.com

베네치아
바포레토 Bob Hilscher / Shutterstock.com
버스 Vereshchagin Dmitry / Shutterstock.com
아카데미아 미술관 Mongolo1984 / Wikimedia Commons
라 페니체 극장 Heracles Kritikos / Shutterstock.com

이탈리아 남부
시타 버스 Ceri Breeze / Shutterstock.com
메트로 Savvapanf Photo / Shutterstock.com
택시 Gennaro Leonardi / Shutterstock.com
푸니콜라레 robert paul van beets / Shutterstock.com
나폴리 소르빌로 DinoPh / Shutterstock.com
소렌토 빌라 코무날레 lindasky76/Shutterstock.com
카프리 움베르토 1세 광장 Roman Babakin / Shutterstock.com

바르셀로나
엘 코르테 잉글레스 Veniamin Kraskov / Shutterstock.com, alvarog1970 / Shutterstock.com

마드리드
국립 소피아 왕비 예술 센터 astudio / Shutterstock.com

리스본
파스테이스 드 벨렝 Marc Bruxelle / Shutterstock.com
아줄레주 국립 박물관 Zabotnova Inna / Shutterstock.com
아 비다 포르투게사 Frances Ellen / flickr.com

프라하
메트로 airbus777 / flicker.com
버스 Art Konovalov / Shutterstock.com
택시 Chmee2 / Wikimedia Commons
투어 버스 smereka / Shutterstock.com
무하 박물관 hydra viridis / Shutterstock.com
카프카 박물관 Hans C. Schrodter / Shutterstock.com

부다페스트
심플라 케르트 PHOTOMDP / Shutterstock.com

빈
자허토르테 Stefano Politi Markovina / Shutterstock.com
나슈마르크트 Alberto Zamorano / Shutterstock.com
케르트너 거리 Baloncici / Shutterstock.com

취리히
택시 eGuide Travel / flickr.com
르 코르뷔지에 하우스(내부) thomas stein / flickr.com

인터라켄
인터라켄 성 & 성당 Zabotnova Inna / Shutterstock.com